国学经典｜典藏版

长短经

[唐]赵蕤 著

刘国建 刘 华 注译

中州古籍出版社
·郑州·

图书在版编目(CIP)数据

长短经 /（唐）赵蕤著；刘国建，刘华注译 . —郑州：中州古籍出版社，2017. 1（2022. 3重印）
（国学经典典藏版）
ISBN 978-7-5348-6681-4

Ⅰ.①长… Ⅱ.①赵…②刘…③刘… Ⅲ.①政治–谋略–中国–古代②《长短经》–注释③《长短经》–译文 Ⅳ.① D691

中国版本图书馆 CIP 数据核字（2016）第 290611 号

CHANGDUAN JING
长短经

出 版 人	许绍山
出版策划	汪继林
责任编辑	张 雯
责任校对	张牛琴
装帧设计	曾晶晶
出 版 社	中州古籍出版社（地址：郑州市郑东新区祥盛街27号6层 邮编：450016 电话：0371-65723280）
发行单位	河南省新华书店发行集团有限公司
承印单位	河南新华印刷集团有限公司
开 本	640 mm×960 mm 1/16
印 张	32.75
字 数	400千字
印 数	7 001—9 000 册
版 次	2017年1月第1版
印 次	2022年3月第4次印刷
定 价	78.00元

本书如有印装质量问题，请与出版社调换。

前　言

在汗牛充栋的中国古代文化典籍中，有关谋略理论的阐释著作占有相当的比例。抛开正史、编年史，单说诸子百家，至少儒家、法家、道家、兵家、纵横家等这些地位显赫的学派，其学说的核心便是治国用兵之术。这治国用兵之术便是中国古代谋略的中心议题。或许，分久必合、合久必分的政治版图的嬗变，异姓禅让、黄袍加身的朝代更迭，血雨腥风的宫廷厮杀，诸侯相争的战争搏击，以及对万世一系的帝王梦的渴望，为往圣继绝学、为万世开太平的责任感，甚至于对立德立功立言立名的冲动，对功高震主的恐惧，对成功的立身处世之术的向往，都可能是催生发达的中国古代谋略思想的土壤。不管什么原因，一个不争的事实是：谋略已成为中国古代政治、军事、经济、外交以至于社会生活不可或缺的一部分，甚至在人类生活的每一处都能找到它的踪迹。难怪席勒说谋略和爱情才是人类生活的永恒主题。

大体说来，中国古代谋略经典可分为三大派系：法家谋略侧重于政治领域，以《韩非子》为其代表；兵家谋略侧重于军事领域，以《孙子兵法》为其代表；纵横家谋略侧重于外交领域，以《鬼谷子》为其代表。三家齐辉，各伸所长，你中有我，我中有你，导演了一幕幕威武雄壮、可歌可泣、令人叹为观止的历史活剧。然而，合流三家，融汇诸子，删繁摘要，高屋建瓴，集中国古代谋略思想之大成的，当首推唐代赵蕤的《长短经》了。

赵蕤，字太宾，梓州人，为唐朝中期的一名隐士。赵蕤操行高尚，唐明皇屡征不仕，潜心研读，学问博大，桃李满天下。据说，唐代一大批文臣武将即出自赵蕤门下。他弃绝守成，主张变通。他说："三代不同理，五霸不同法"；"御世理人，罕用沿袭"。他以历史学家的博大、政治学家的敏锐和谋略学家的睿智，纵观上起尧舜下迄隋末的活生生的历史事实，分门别类，从六十四个方面，发思古之幽情，究成败之得失，淋漓尽致地总结了历史的经验和人生的智慧，升华出了博大深邃的谋略思想，令人体味无穷。以文治武功彪炳史册、号称"十全老人"的乾隆皇帝读了《长短经》，兴奋不已，欣然题诗，在盛赞《长短经》的同时，不禁发出了"既是梓州善经济，不应辟召又何焉"的感叹，惋惜之情溢于言表。

《长短经》的内容大体分为五个方面：识人用人之真谛，是非正反之辨析，历史画卷之展示，人生智慧之杂说，用兵理论之总结。其中尤以识人用人方面着力最重。

第一，识人用人之真谛。这是一个亘古恒新的课题。赵蕤无成见，无偏私，登临绝顶，博采众家，融会贯通，从品目到量才，从知人到善任，从君德到臣行，从主体到客体，从上级到下级，从正面到反面，多方位多视角观照中国古代的人才理论，充分展现了中国古代人才理论的博大与精深。中国古代的人才理论虽然还不能纳入现代人才科学的范畴，但它极富智慧，极富感情；它世故，它老到，它生动，它有趣；它举一反三，它灵活多变；它既重视一般原则，又强调因时而变，因地而变，因人而变，因机而变；它史论结合，娓娓道来；它高屋建瓴，铿锵有力。识人，它从人伦亲情着眼，渐次推进，直透人的心理深层；用人，它循着理性光芒的照耀，以事功为大，不以个人好恶定夺。总之，它重情而入理，狡黠而不诡诈，较真而不失大度。

重情而入理。人是情感之物，再刚强再粗暴的人，也有他细腻柔弱的情感世界。所以，推知为人，而直视人的情感世界，是中国古代人才理论的一个特点。人生天地间，父、母、兄、弟、妻、子是天伦之亲，古代称之为"六戚"。如何对待"六戚"，就成为古圣先贤考量人的品质的一个重要尺度。试想：一个无孝于父母、无爱于妻子、无怜于兄弟的人，还谈什么忠？还谈什么友？还谈什么情？还谈什么义？所以当齐桓公向病危中的国相管夷吾请教国事时，管夷吾力劝齐桓公驱逐那些不惜煮子为桓公、毁身为桓公、不奔父丧为桓公的人，也正是基于这种天伦之情的考虑。所谓"忠臣必由孝子出"，这句中国古代的至理名言，正是披沙拣金的经验之谈。这是重情。

所谓入理，是说情中有理，重情而不重偏激之情、疯狂之情、如痴如醉之情，而是大众之情、普天下之情。这情，便是入理之情。伯夷、叔齐谏阻武王克商不果，义不食周粟，饿死于首阳山；尾生与女约会，女子失约，大水将至，尾生义不爽约，抱柱而死；孝子曾参不肯离父母半步，如此等等，皆属偏激之情、疯狂之情、如痴如醉之情。这情怀令人感动，却不令人羡慕；它不是中国古代鉴识人才的价值尺度。中国古代鉴识人才的价值尺度从某种意义上说是实用的、功利的，因而它贵忠、贵能、贵智、贵谋、贵节、贵义、贵胆、贵勇、贵廉、贵信，贵一切有利于事功的品质。惟其如此，巧言令色、矫情伪饰、顺风转舵、阿谀奉承等，就为充满了理性光辉的主流人才观所不齿；相反，"听其言而观其行"才是中国古代鉴识人才之术的主心骨。这是"重行"；"重行"才是最具特色的"入理"。所谓"远使之而观其忠，近使之而观其敬，烦使之而观其能，卒然问焉而观其智，急与之期而观其信，杂之以处而观其色"；所谓"通则观其所礼，贵则观其所进，富则观其所养，听则观其所行，近则观其所好，习则观其所言，穷则观其所不爱，贱则观其所不为"；所谓"喜之以验其守，乐之以验其僻，怒之以验其节，哀之以验其仁，苦之以验其志"，如此等等的观人之法，真可谓用心良苦，费尽心机。这种将观人由感性上拔（至理性）和下沉（至实践）的方法充分说明了中国古代人才理论的智慧和成熟。

狡黠而不诡诈。孔子说："凡人心险于山川，难知于天。天犹有春秋冬夏旦暮之期，人者厚貌深情。"这位睿智而世故的圣人在识人方面也时常走眼，所以才有"险于山川"、"难知于天"的感叹，才有许多关于识人用人的警句名言。作为经验的总结，中国古代的人才理论在识人方面可谓言行、容貌、情志均观，真假、虚实、奇正并用。诸如以言钓情、以事钓情、以物钓情、以志钓情、以视钓情、以色钓情，所谓揣情，所谓摩情，所谓于人甚喜之时极其欲，于人甚惧之时极其恶，以至于用取悦、用激励、用利益、用谄媚、用名誉、用廉洁、用成功、用信用，如此等等钓取人的心理的方法，都颇有些狡黠刁鬼的味道。但不能说是诡诈。想想看，对于那些"厚貌深情"的人，对于那些紧闭自己心灵大门的人，没有"引蛇出洞"的方法，没有投放竹竿引人上爬的方法，没有诱导，没有激励，不"苦其心志"、"饿其体肤"、"空乏其身"，不置之于一定的场景中，是难以了解其内心情怀的。这些方法或心理暗示，或实践验证，是鉴识人才的必由之路，谈不上诡诈。诈者，欺也。上述方法谈不上欺。所谓"听其言而观其行"之"观行"，不仅仅是被动地"等着看"，还在于主动出击，去发现、去验证、去品评、去举荐，于是便有了这五彩缤纷、实用而有趣的鉴识人才的方法。

较真而不失大度。这一特点主要表现在用人方面。较真，是说中国古代对人才的品评与论列繁富细腻，不厌其烦。所谓人才十二种，偏才十二种，所谓庸人、士人、君子、圣人、贤人，所谓英、俊、豪、杰，所谓英，所谓雄，所谓英雄，所谓人臣"六正"、"六邪"，以及各色人等的长短优劣，不能一一。这便为人才的鉴识和使用提供了多角度、多层次的参考坐标。但中国古代的人才观决不追求完美。

如果说追求完美的话，它追求各得其用的完美，而不追求人格的完美。深得汉高祖刘邦器重、并曾为刘邦六出奇计的陈平是"盗嫂受金"之徒，魏武帝曹操"唯才是举"、余者不问的求贤令多少有些饥不择食的嫌疑，但这些故事之所以被传为历史的佳话，正是因为刘邦和曹操具有宽广的胸怀和驾驭人才的高超技能。

不但不追求人格完美，相反，对于具有完美人格的所谓贤人君子往往会束之高阁。管仲病重，齐桓公向管仲请教鲍叔牙是否可以接任国相，管仲说鲍叔牙清正廉洁，不与不如自己的人为伍，看到别人的缺点一辈子忘不掉，他决不适合为相。战国时期的苏秦奉燕王之命出使齐国，劝说齐王归还了燕国的十座城池，燕王十分高兴。有人便向燕王谗毁苏秦，说苏秦是一个时常出卖国家、反复无信的贼臣，燕王因此疏远了苏秦。苏秦便向燕王说：我的不诚信的品质正是大王的福气，假设我守信如尾生，廉洁如伯夷，孝悌如曾参，也就不可能来侍奉大王您了。守信的品质是自我修炼的结果，不是进取成功的方法。苏秦的话尖锐而深刻。黄石公说："使智、使勇、使贪、使愚。智者乐立其功，勇者好行其志，贪者决取其利，愚者不爱其死。因其至情而用之，此军之微权也。"伊尹负责土木建设时，让膀大腰圆的人背土，让瞎子推车，让驼背的人涂抹，各得其宜。这便是黄石公所说的"因其至情而用之"。魏武帝曹操说富于进取精神的人未必有高尚的德行，具有高尚德行的人未必有进取的精神；难道陈平算得上德行高尚的人，苏秦算得上守信的人吗？然而，陈平辅佐刘邦奠定了汉王朝的基业，苏秦使得弱小的燕国自强于诸侯之林，这是用人之长的结果。曹操老辣，目光如炬，所言颇得用人之要。

不追求完美，"因其至情而用之"，这便是中国古代的主流人才观。

第二，是非正反之辨析。这部分赵蕤虽然用墨不多，但却是全书的灵魂之所在。《长短经》之被称为"反经"，也正是因这部分（卷三"权变"内有"反经"一篇)而得名。"是非之辨"与"正反之辨"并无本质的区别。如果说有区别的话,"是非之辨"主要是指对同一个人、同一件事、同一命题、同一理论、同一方法、同一学说、同一学派的截然不同的看法;"正反之辨"则主要是讲任何事物都有其两面性,事物在其发展的进程中逐渐走向了其反面。或者以"正"之名行"反"之实,或者近观为"正"、远观为"反",或者成中有败、是中有非、进中有退、强中有弱,如此等等。"是非之辨"与"正反之辨"往往你中有我、我中有你,甚至合二为一,浑然莫辨。是与非、正与反的辩证逻辑贯穿于《长短经》的全篇。

是非也好,正反也罢,核心就是一个"变"字,没有纯粹而又纯粹、笔直而又笔直、亘古不变的事物。无论粗细之理、仁贤之用、德才之比、上下之宜,无论刑罚与教化、治家与治天下、窃家与窃国、游侠与儒士、用才与妒才,都有个是非之说、正反之论。赵蕤说,仁、义、礼、乐、名、法、刑、赏这八宗,是五帝三王治理天下的方法。所谓仁,要求泛爱博施,却容易催生偏私之情;所谓义,要求守节立行,却容易流于哗众取宠;所谓礼,要求恭敬谨慎,却容易流于繁琐怠慢;所谓乐,能够调和情志,也容易使人生发淫逸放荡之心;所谓名,可以用来正尊卑之序,也容易使人生矜持篡逆之心;所谓法,可以使众人整齐如一,也容易使人越法背分;所谓刑,可以震伏那些不服法令的人,也容易导致凌辱、暴虐百姓的行为发生;所谓赏,既可以激励人们尽忠效能,也容易导致人们之间的纷争。

慢说如此复杂的问题,即便是众人为之欢呼、看似毫无争议的成功或胜利也未必就是真正的胜利。赵蕤举例说,战国时期,秦、赵"长平之战",赵国失利,四十万将士向秦军投降。而秦将白起背信弃义,将四十万将士全部坑杀。有人问:白起所为可谓奇将之举吗?魏人何晏对此论议颇详:白起诱降坑杀四十万赵军之举,岂止是"残酷"一词能概括得了的吗?恐怕他以后也难以重新得志了!假使赵国将士预知降而必死，必定戮力而战，即便赤手空拳犹可畏惧，更何况四十万披坚执锐之士呢？诸侯各国看到降秦的将士头颅依山，归秦的士卒骸积成丘，则日后交兵，何众肯服，何城可下？必定根绝杂念，与秦决一死战。所以白起之举虽然损灭了赵国四十万生命，但相反的结果却强化了诸侯各国团结抗秦的决心。这正是欲得一朝之功，却强天下之守。从整个战争态势上说，白起是在凯歌行进之中削弱了自己的优势，军事上表面的胜利反而阻塞了秦国政治、外交的道路，从而延迟了统一天下的进程。为什么这样说呢？赵国虽然败于长平，但并没有亡国，假若重整再战，再出一个像马服君赵奢这样的大元帅，究竟鹿死谁手，恐怕就非往昔可比了。此后，秦国之所以不敢加兵于邯郸，不仅是因为赵国又请出平原君做统帅，秦国畏惧平原君，更为重要的是秦国惧怕各诸侯国联合救赵，秦国对此心知肚明，只是讳莫如深，不便言说罢了。如此说来，白起之举，何"奇"之有呢！

这便是"是"中之"非"、"正"中之"反"。所以，无论是儒家的仁爱，道家的无为，法家的严峻，兵家的神奇，纵横家的诡谲，还是仁、义、礼、乐、名、法、刑、赏，均各有所长，各有所短。运用之妙，贵在"适变"，因人而变，因事而变，因时而变，因地而变，因情而变，才能缓解"是"中之"非"、"正"中之"反"。赵蕤在《时宜》篇中特别指出，事情往往有目标相同、方法相同，但造成的结果却截然不同的情况，这并不是因为方法本身有什么问题，而是时势不同造成的。所谓时势之不同，有"形"之异，有"势"之异，有"情"之异，有"情"、"形"、"势"之异。所以须"随时变通，不可执一矣"！赵蕤"趋同势异"之论，取材精当，对比鲜明，人物生动，议论充分，将其视为全书的点睛之笔再恰当不过，请读者诸君注意。

第三，历史画卷之展示。这部分共有三篇：《霸图》、《七雄略》、《三国权》。三篇从三个层面或三个视角总结了历史的经验。这是赵蕤对历史经验的战略性思考和总结。

《霸图》以人物为经,以史实为纬,从周朝八百年的盛衰历史到秦朝帝国的崛起与崩溃,从刘邦龙兴沛国、项羽垓下自刎到汉室的覆灭,从三国鼎立到晋室一尊,从六朝的急速更替到隋朝的顷刻瓦解,其间开国皇帝的雄才大略,末代君王的暴虐荒淫,成功的轨迹,失败的辙鉴,英雄的创业与悲欢,百姓的力量与心愿,以及历史行进的大势脉络,赵蕤都悉数道来。他总结前人的观点,认为帝业之兴,有待两条:一为大势所趋,二为人心所向。

所谓大势所趋,指的是天命大势。他引述干宝之论:帝王的兴起,有待天命相助;朝代的更替,亦非人力可为。尧舜在部落内部禅让,体现的是文德;汉魏异姓间的禅让,则是态势所逼;商汤周武以革命的手段夺取政权,则是天命人愿;汉高祖和汉光武转战征伐,则是奠定功业之举。各因其天运大势而得天下。他感叹:顺应天时大势的意义实在是太大了!所谓人心所向,是指用在得人。他引述范晔之论:凡帝业之失、祭祀之绝,其由盛至衰以至败亡的过程,自然是有原因的。夏商周三代由贪宠女色致祸,嬴氏秦朝因奢汰暴虐灭亡,西汉因外戚专权而崩溃,东汉则因宦官之祸而倾覆。自秦汉至周隋,观察其兴亡轨迹,虽然也有命运天数的因素,但大体说来,得天下者,皆因有贤人豪杰的辅佐,能为百姓兴利除害;失天下者,皆因任用奸佞小人、奢侈无度所致。孔子说:"以约失之者鲜矣。"又说:"远佞人,去僻恶。"这些话都是很有见地的。你看,赵蕤强调的还是识人用人的重要。

《七雄略》和《三国权》则通过"七雄逐鹿"和"三国相争"这两个恢弘惨烈、可歌可泣的特殊历史时代的特殊历史现象的展示,活生生血淋淋地阐释了纵横家学派的谋略思想。苏秦、张仪的纵横捭阖,诸葛孔明的隆中运筹;六国纵亲以御强秦,孙刘联合以抗曹操;秦王的远交近攻,曹操的各个击破;六国的覆灭,三国的归一……这两个英雄辈出的伟大时代有太多的相似之处，这里还暂且不去说那"白骨露于野，千里无鸡鸣"的战争苦难。赵蕤在展示史实、凸显谋略的同时，笔锋一转，提出了一个重大的战略性课题：时势造英雄，而这不断造出英雄的"时势"又是怎么造成的呢？或者说，如何才能维持天下一统，实现长治久安，使苏秦、张仪之徒无用武之地呢？

赵蕤说，周朝统治天下历时八百余年，周朝后期，周王室衰微，诸侯也就恣意横行，不以周天子为意了。虽然东周时期王室衰微，但周朝仍能枝叶相持，各国诸侯依然扶持着周王室，周天子名义上仍然是天下的共主。其间虽然也有楚王问鼎、晋侯请隧（请用天子葬仪）等不轨之图谋出现，但都被姬姓诸侯所扼制。难道当时就没有奸雄吗？端赖诸侯对周王室的维护啊！谚语所谓"百足之虫，至死不僵，扶之者众"，讲的不正是这个道理吗？及秦始皇一统海内，鉴于周朝诸侯强大、王室衰弱的教训，废封建，立郡县，其子弟也沦为匹夫百姓，功臣虽然也勤勉效力，拥有统治城邑大都的权力，但却没有尺寸之封地，皇帝一人宰制天下，独擅其利。然而，陈胜、吴广以一介匹夫振臂一呼，群雄蜂起，秦帝国顷刻间土崩瓦解。陈胜、吴广、刘邦、项羽等布衣百姓之所以敢于唤起民众与天子抗衡，除了秦政酷暴、百姓思乱的因素之外，更在于秦王孤身一人，使他们毫无诸侯勤王的担忧。赵蕤据此得出结论：采用郡县制统治国家，易使百姓萌生篡逆之心；采用五等封建制统治国家，又容易招致诸侯横暴的祸端。但综合衡量，封建制还是优于郡县制的。鉴于西汉诸侯王中，大者强者反、弱者小者忠的特点，赵蕤认为，贾谊的"众建诸侯而少其力"的建议不失为治国安邦的两全之策。

第四，人生智慧之杂说。其实，智慧并不太好"说"。但赵蕤"说"了。准确地说，他说的并不是智慧本身，而是提出了在一些特殊的困难和问题面前，智慧应该如何应对的问题。意识到智慧所面临的困难和问题，这本身也是智慧。因此，这里所讲的"人生智慧"，正是赵蕤体验人情之复杂、感悟人生之艰难的智慧。

试举几例。人心如面而又"厚貌深情",虽然人情必于相应的事物中显现,故有"钓情七法",但茫茫人海、芸芸众生,"七法"绝难包打天下人心。所以智如孔子,也愤然说道:"予欲无言。"这是讲钓情之难、说人之难。魏将乐羊率军攻打中山国,其子在中山,中山国君煮了乐羊的儿子并送给乐羊一杯肉羹,乐羊忍住眼泪,一饮而尽,以示必战的决心。魏文侯十分感动,说:"乐羊为了我而吃了自己亲生儿子的肉。"而有人却向魏文侯进谗言说:"自己儿子的肉尚且吃得下去,还有谁的肉不能吃呢!"乐羊凯旋,魏文侯奖赏了乐羊的战功但却因此怀疑其心的残忍。这是讲忠君之难。孔子说,君子贞洁正直但不必诚实("君子贞而不谅")。又说"信近于义,言可覆也"。他的意思是说只要符合义的原则,不必讲求诚信,所谓"父为子隐,子为父隐,直在其中矣"。义者,宜也。难道诚信不"宜"吗?这是讲信守义之难。父子兄弟君臣之间,"贤"是可以依靠的吗?狐卷子说,贤也靠不住。做父亲的贤超不过唐尧,但他的儿子丹朱却被尧流放了;做儿子的贤超不过舜,但他却被自己的父亲瞽叟囚拘;做兄长的贤超不过舜,但他的弟弟象却傲慢无礼;做弟弟的贤超不过周公,但他的哥哥管叔和蔡叔都被他杀掉了;做臣子的贤超不过商汤、周武,但他们分别讨灭了自己的君王夏桀和商纣。这讲的是恃贤之难。人之常情是:越是恩情深的人,对他的敬养须特别谨慎周到;特别亲爱的人,其要求也特别细腻周到。关系亲密而得不到特殊的对待,谁能不产生怨恨的情绪呢?由此可知,所谓忿怨的情绪,恰恰是亲人之间的一种感情;所谓恩情,正是怨恨赖以产生的源泉。这讲的是人情的恩怨纠葛。其他诸如取予之道、命运之数、祸福之变、人格与环境、理想与现实,等等,赵蕤都细致入微,逐一论列。所以称这一部分内容为社会之总览、人生之百科,亦不为过。限于篇幅,笔者在这里就不逐一评述了。

至于第五部分，用兵理论之总结，则是对《孙子》军事思想的总结与阐发，此不赘言。

以上从五个方面对《长短经》作了简略介绍，分析与讲评仅为笔者的一得之见，挂一漏万亦在所难免。《长短经》博大精深，但愿笔者的一得之见能够成为催动读者进一步体悟、思考和创新的激石，使赵蕤的谋略思想在这竞争激烈的新时代焕发出新的生命力。

"花外春来路，芳草不曾遮。"这才是谋略的真谛。

此次整理《长短经》，底本采自《四库全书》，并参校其他版本，择善而从。注文为赵蕤本人对文义的阐发，现限于篇幅，此次将注文一并删去，并无伤大体。

刘国建

2006 年 10 月

目 录

自序 1

卷一（大政）

大体第一 7
任长第二 10
品目第三 13
量才第四 16
知人第五 20
察相第六 30
论士第七 36
政体第八 48

卷二（德行）

君德第九 53
臣行第十 76
德表第十一 97
理乱第十二 102

卷三 （权变）

反经第十三 ……………………………………… 109

是非第十四 ……………………………………… 116

适变第十五 ……………………………………… 160

正论第十六 ……………………………………… 170

卷四 （霸纪上）

霸图第十七 ……………………………………… 181

卷五 （霸纪中）

七雄略第十八 …………………………………… 207

卷六 （霸纪下）

三国权第十九 …………………………………… 241

卷七 （权议）

惧戒第二十 ……………………………………… 283

时宜第二十一 …………………………………… 334

卷八 （杂说）

钓情第二十二 …………………………………… 347

诡信第二十三 …………………………………… 357

忠疑第二十四 …………………………………… 363

用无用第二十五 ………………………………… 368

恩生怨第二十六 ………………………………… 370

诡顺第二十七 …………………………………… 372

难必第二十八 ———————————— 381

运命第二十九 ———————————— 385

大私第三十 —————————————— 388

功败第三十一 ———————————— 390

昏智第三十二 ———————————— 392

卑政第三十三 ———————————— 396

善亡第三十四 ———————————— 399

诡俗第三十五 ———————————— 401

息辩第三十六 ———————————— 403

量过第三十七 ———————————— 406

势运第三十八 ———————————— 408

傲礼第三十九 ———————————— 410

定名第四十 —————————————— 412

卷九（兵权）

出军第四十一 ———————————— 424

练士第四十二 ———————————— 428

结营第四十三 ———————————— 431

道德第四十四 ———————————— 433

禁令第四十五 ———————————— 435

教战第四十六 ———————————— 438

天时第四十七 ———————————— 441

地形第四十八 ———————————— 445

水火第四十九 ———————————— 449

五间第五十 —————————————— 452

将体第五十一 ———————————— 457

料敌第五十二 ———————————— 463

势略第五十三 467

攻心第五十四 470

伐交第五十五 472

格形第五十六 475

蛇势第五十七 478

先胜第五十八 481

围师第五十九 485

变通第六十 487

利害第六十一 490

奇正第六十二 494

掩发第六十三 496

还师第六十四 499

周广业跋 502

自 序

赵子曰：匠，成舆者忧人不贵①，作箭者恐人不伤。彼岂有爱憎哉？实伎业驱之然耳。是知当代之士，驰骛之曹②，书读纵横，则思诸侯之变；艺长奇正，则念风尘之会。此亦向时之论，必然之理矣。故先师孔子，深探其本，忧其末，遂作《春秋》，大乎王道；制《孝经》，美乎德行。防萌杜渐，预有所抑，斯圣人制作之本意也。然作法于理，其弊必乱。若至于乱，将焉救之？是以御世理人，罕闻沿袭。三代不同礼，五霸不同法。非其相反，盖以救弊也。是故，国容一致，而忠文之道必殊；圣哲同风，而皇王之名或异。岂非随时设教沿乎此，因物成务牵乎彼？沿乎此者，醇薄继于所遭；牵乎彼者，王霸存于所遇。故古之理者，其政有三：王者之政化之，霸者之政威之，强国之政胁之。各有所施，不可易也。管子曰："圣人能辅时，不能违时。智者善谋，不如当时。"邹子曰："政教文质，所以匡救也。当时则用之，过则舍之。"由此观之，当霸者之朝，而行王者之化，则悖矣；当强国之世，而行霸者之威，则乖矣。若时逢狙诈，正道陵夷，欲宪章先王，广陈德化，是犹待越客以拯溺，白大人以救火。善则善矣，岂所谓通于时变欤？夫霸者，驳道也③。盖白黑杂合，不纯用德焉。期于有成，不问所以；论于大体，不守小节。虽称仁引义，不及三王；而扶颠定倾，其归一揆。恐儒者溺于所闻，不知王霸殊略，故叙以长短术，以经论通变者。创立题目，总六十有三篇，合为十卷，名曰《长短经》。大旨在乎宁固根蒂，革易时弊。兴亡治乱，具载诸篇。为沿袭之远图，作经济之至道，非欲矫世夸俗，希声慕名。辄露见闻，逗机来哲。凡厥有位，幸望详焉。

[注释]

①舆：车。②骛：纵横奔跑。③驳：毛色不纯；杂。

[译文]

赵蕤说：木匠们制成了车子，担忧的是人们不富贵而买不起；做箭矢的人，唯恐自己做的箭不能伤人。难道做车的人爱别人而做箭的人恨别人吗？只不过他们所从事的职业不同而使他们作不同的考虑罢了。由此可知，当代饱学之士，谋求进取之徒，读了纵横谋略之书，想的就是诸侯间的攻伐兼并；擅长奇正之术，念的就是社会战乱和动荡。这些也是符合时事的论说，人情世故的必然之理。因此，先师孔子深刻探知这一道理的本质，并深深担忧这种人心世情的后果，于是作《春秋》，以张扬王道；制《孝经》，以赞美德行。防萌杜渐，预先有所抑制，这就是圣人著书立说的本意。然而，按照治世的要求去制定法律制度，其弊端是必然导致混乱。如果发生了社会动乱，将采取什么方法去救治呢？因此，统治国家，治理人民，很少听说沿袭古制、一成不变的。夏、商、周三代所采用的礼制不同，春秋五霸所采用的法制不同。他们彼此间并非有意标新立异，而是拯救时弊所要求的。因此，国与国之间，礼仪面貌虽然一致，然而忠诚之说、教化之道必然不同；代与代之间，虽有古圣先哲的同风化育，然而或为皇或为王的名号却彼此各异。这岂不是因时设教沿袭此法、因物制宜承继彼法吗？沿袭此法者，其方法的醇厚或淡薄决定于所遭遇的时事；承继彼法者，其治理方法的王道或霸道同样决定于时宜的要求。所以古代治理天下的途径和方法大致有三种：王道政治重教化；霸道政治重威慑；强国之政重胁迫。各有各的适用对象，是不可随意替代的。管子说："圣人能够顺应、辅佐时势，不能够违背时势；富于智慧的人虽然善于谋划，但不如顺应时势更可靠。"邹子说："政治教化，无论形式或内容，都是用来匡救时弊的。符合时用就用它，不符合时用就抛弃它。"由此看来，正值运用霸道的朝代却运用王道教化，是悖逆时代的做法；正值运用强国之政的时代而运用霸者之威，也是与时代相脱节的做法。如果狡诈横行，传统正道破坏殆尽，你还打算效法先王，不遗余力地广泛推行道德教化，这就好比等待水性好的越人来拯救溺水者、呼吁尊贵的人进火场救火一样徒劳。愿望尽管很善良，但这能说是精通于时变的做法吗？所谓霸道，就是杂道。即所谓黑白杂糅，不单纯使用道德教化的统治方法。其宗旨是期望成功，而不问用什么方法成功；强调大体，而不拘泥于小节。这样的治世方法虽然在张扬仁义道德方面远不及夏商周三王，但其扶危难、定倾斜的效用，与三王之道可谓殊途同归。笔者唯恐迂腐的儒生们沉溺于有限的见闻，不懂得王道与霸道的区别，因此专门阐释长短之术，借以论证变通的道理。创立的题目，共有六十三篇，合为十卷，书名为《长短经》。大体宗旨是为了维护和巩固根本，革易时弊。国家的兴亡治乱，朝代的兴衰更迭，都记载于诸篇之中。谋划长治久安的远图，总结经世致用的法则，并非想要哗众取宠，博取名声。只希望自己的这一点见解能为后来的贤哲们所参考。在位诸君，敬请详察。

卷一（大政）

大体第一

臣闻老子曰①："以正理国，以奇用兵，以无事取天下。"荀卿曰②："人主者，以官人为能者也；匹夫者，以自能为能者也。"傅子曰③："士大夫分职而听，诸侯之君分土而守，三公总方而议，则天子拱己而正矣。"

何以明其然耶？当尧之时，舜为司徒，契为司马，禹为司空，后稷为田官，夔为乐正，倕为工师，伯夷为秩宗，皋陶为理官，益掌驱禽。尧不能为一焉，奚以为君？而九子者为臣，其故何也？尧知九赋之事，使九子各授其事。皆胜其任以成九功。尧遂乘成功以王天下。

[注释]

①老子：春秋时期道家创始人。生卒年月不详。名老聃。著有《道德经》。②荀卿（约前313—前238）：战国时期思想家。名况，时人尊号为卿。著有《荀子》。③傅子（217—278）：即傅玄。西晋哲学家、文学家。

[译文]

我听老子说过："用正当的方法治理国家，用诡奇的方法用兵打仗，用清静无为的方法夺取天下。"荀子说："做国君的人以知人善任为己任，普通百姓则以提高发挥自身的能力为己任。"傅子说："士大夫恭谨各自的职守，诸侯国王治理好自己的封国，三公总揽各方从长计议,这样,天子就可以躬行修身达到天下大治了。"

如何证明这个道理呢?

在尧的时代,舜做司徒,契做司马,禹做司空,后稷做田官,夔做乐正,倕做工师,伯夷为秩宗,皋陶为理官,益做驱禽。以上九个方面的事情,尧一个方面的事情也做不了,为什么尧做了君主,而另外九人却做了他的臣子呢?因为尧熟知九种职务的内容,使九人各尽其才,才尽其用,尧得以在九人事功的基础上称王于天下。

汉高帝曰:"夫运筹策于帷幄之中,决胜于千里之外,吾不如子房①;镇国家,抚百姓,给饷馈,不绝粮道,吾不如萧何;连百万之军,战必胜,攻必取,吾不如韩信。三人者,皆人杰也,吾能用之,此吾所以有天下也。"

[注释]

①子房(?—前186):即张良,字子房。汉高祖刘邦的重要谋士。汉朝建立封留侯。

[译文]

汉高祖说:"在营帐中筹策运谋就可以决定千里之外战场上的胜利,我不如子房;稳定国家,安抚百姓,保障军饷军粮源源不断输往前线,我不如萧何;统帅百万雄师,战无不胜,攻无不取,我不如韩信。这三个人都是人中豪杰,却都能为我所用,这就是我之所以能够夺取天下的原因。"

故曰,知人者,王道也;知事者,臣道也;无形者,物之君也;无端者,事之本也。鼓不预五音①,而为五音主;有道者不为五官之事,而为理事之主。君守其道,官知其事,有自来矣。先王知其如此也,故用非其有如己有之,通乎君道者也。人主不通主道者则不然：自为之则不能任贤；不能任贤则贤者恶之。此功名之所以伤，国家之所以危。汤武一日而尽有夏商之财，以其地封，而天下莫敢不悦服；以其财赏，而天下皆竞劝。通乎用非其有也。故称设官分职，君之体也；委任责成，君之体也；好谋无倦，君之体也；宽以待众，君之体也；含垢藏疾，君之体也。君有君人之体，其臣畏而爱之，此帝王所以成业也。

[注释]

①五音：宫、商、角、徵、羽五个音级。

[译文]

因此说，知人善任是做帝王的人应具备的素质和修养；善于处理具体事物是做臣子的人应具有的素质；那个看不见摸不着的无形的东西正是看得见摸得着的有形的物品的主宰；渺茫遥远不可及的东西正是事物的本源。鼓音不在五音之列，却是五音的主导；通晓帝王之道的人不具体去做众官所做的事情，却是具体理事的人的主导。君主恪守任人之道，百官各司其事，这是有充分根据的。先王明悉这一道理，所以善于利用他人的长处如同自己所有一样，这是通晓为君之道的表现。不通晓为君之道的人则不然：事必躬亲而不重用有才能的人；不能任用能人，能人必定厌恶他。这就是君王的事业受到损害、政权日趋危机的原因。商汤、周武在一日之内便拥有了夏朝、商朝的政权和财货，而把所取得的土地分封给各诸侯，天下人莫不心悦诚服；把所取得的财货赏赐给臣民百姓，天下的人都相互劝勉，拥护商汤、武王做天子。这是商汤、周武精通充分利用自己所不具备、他人所具备的长处的道理所致。所以说，设官分职是为君之本；委任官职，劝勉督察是为君之本；善于谋划，不知疲倦是为君之本；宽厚待人是为君之本；胸怀宽博，含垢藏疾是为君之本。做国君的人如果具备做国君的素质，使臣民对国君既敬畏又爱戴，这是做帝王的能够成就大业的最根本的前提。

任长第二

臣闻料才核能，治世之要。自非圣人，谁能兼兹百行，备贯众理乎？故舜合群司，随才授位；汉述功臣，三杰异称。况非此俦而可备责耶？昔伊尹之兴土工也①，强脊者使之负土，眇者使之推②，伛者使之涂，各有所宜，而人性齐矣。

[注释]

①伊尹：商代大臣。本是有莘氏陪嫁至商的奴隶，受商汤赏识，任为冢宰。辅佐商汤灭夏，建立商朝。②眇者：眇，一只眼瞎，这里泛指瞎子。

[译文]

我听说识别人才，考核才能是治理国家的关键。若非圣人，谁能兼通百行、穷极事物的道理呢？所以舜集合部属，根据各人不同的才能，授予相应的职位；汉初序列功臣，对三杰所封的爵位和官职也不一样。更何况还有与此不同的种种复杂人等，怎能求全责备呢？过去，伊尹负责土木建设时，让膀大腰圆的人背土，让瞎子推车，让驼背的人涂抹，使人们各自发挥利用自己的特点和长处。

管仲曰："升降揖让，进退闲习，臣不如隰朋，请立以为大行①；辟土聚粟，尽地之利，臣不如宁戚，请立以为司田②；平原广牧，车不结辙，士不旋踵，鼓之而三军之士视死如归，臣不如王子城父，请立以为大司马；决狱折中，不杀不辜，不诬不罪，臣不如宾胥无，请立以为大理③；犯君颜色，进谏必忠，不避死亡，不挠富贵，臣不如东郭牙，请立以为大谏。君若欲治国强兵，则五子者存焉；若欲霸王，则夷吾在此。"

[注释]

①大行：古代官名。掌接待宾客。②司田：古代官名。掌农田农事。③大理：古代官名。掌刑狱。

[译文]

管仲说："升降、揖让、进退、起居等方面的礼节，我不如隰朋熟悉，请任命他做大行；开垦土地、聚集粮食，最大限度地利用土地资源，这些方面我不如宁戚，请任命他做司田；在广阔的战场上，能指挥战车奔突而不乱，将士勇往直前，义无反顾，战鼓擂响后三军将士视死如归，这方面我不如王子城父，请任命他做大司马；决疑理案，公正无私，不杀无辜，不诬陷无罪之人，这方面我不如宾胥无，请任命他做大理；敢于犯颜直谏，尽忠报国，不避杀身之祸，不屈服于富贵权势，这方面我不如东郭牙，请任命他做大谏。君王如果想治国强兵，任用这五人就行了；如果要想做天下的霸主，则非用我管夷吾莫属。"

黄石公曰①："使智，使勇，使贪，使愚。智者乐立其功，勇者好行其志，贪者决取其利，愚者不爱其死。因其至情而用之，此军之微权也。"《淮南子》曰："天下之物，莫凶于豁毒，然而良医橐而藏之，有所用也。麋之上山也，大章不能跂，及其下也，牧竖能追之，才有修短也。胡人便于马，越人便于舟，异形殊类，易事则悖矣。"魏武诏曰②："进取之士，未必能有行；有行之士，未必能进取。陈平岂笃行，苏秦岂守信耶？而陈平定汉业，苏秦济弱燕，任其长也。"由此观之，使韩信下帏③，仲舒当戎④，于公驰说，陆贾听讼⑤，必无曩时之勋，而显今日之名也。故任长之道，不可不察。

[注释]

①黄石公：秦代隐士。相传为圯上授张良《太公兵法》的老人。②魏武：即魏武帝曹操。③韩信（？—前196）：汉初诸侯王，军事家。为刘邦建立汉朝立下汗马功劳。后因谋反被降为淮阴侯。公元前196年被吕后所杀。④仲舒（前197—前104）：即董仲舒。汉代思想家。提出"罢黜百家，独尊儒术"的主张，被汉武帝采纳，从而确立了儒学的正统地位。⑤陆贾：汉代政论家、辞赋家。以出色的辩才而著称。有《新语》十二篇传世。

[译文]

黄石公说："富于智慧的人，勇敢的人，贪婪的人，愚鲁的人都要加以任用。富于智慧的人乐于建功立业，勇敢的人矢志不渝，贪婪的人为取得利益而不顾一切，愚鲁的人不贪生怕死。要根据他们的性情分别予以使用，这是用兵的微妙权谋。"

《淮南子》说："天下的物品没有比豁毒更骇人的了，然而良医却把它装在药袋中收藏起来，因为它能用来治病。麋鹿上山的时候，大章（传说善走的人）都追不上它；而等它下山的时候，连三尺的牧童都能追上它，这是才有所长有所短的缘故。北方的胡人擅长马术，南方的越人便于舟船，情形不同，种类互异，若让越人骑马、胡人操舟，则于事理相背。"

魏武帝的诏书上说："富于进取精神的人未必有高尚的德行，具有高尚德行的人未必有进取的精神。难道陈平算得上德行高尚，苏秦算得上守信的人吗？然而陈平辅佐刘邦奠定了汉王朝的基业，苏秦使弱小的燕国自强于诸侯之林。这是人的特长得以充分发挥的缘故。"

由此看来，假若令韩信著书立说，令董仲舒统兵打仗，令于公（善断狱）游说诸侯，令陆贾听讼断狱，他们必定难以建立济世的功勋而扬名至今日。所以任用人的长处的道理和方法，是不可不认真研究的。

品目第三

夫天下重器①，王者大统②，莫不劳聪明于品材，获安逸于任使。故孔子曰："人有五仪：有庸人、有士人、有君子、有圣、有贤。审此五者，则治道毕矣。"

所谓庸人者，心不存慎终之规，口不吐训格之言，不择贤以托身，不力行以自定，见小暗大而不知所务，从物如流而不知所执。此则庸人也。

所谓士人者，心有所定，计有所守。虽不能尽道术之本，必有率也；虽不能遍百善之美，必有处也。是故智不务多，务审其所知；言不务多，务审其所谓；行不务多，务审其所由。智既知之，言既得之，行既由之，则若性命形骸之不可易也。富贵不足以益，贫贱不足以损。此则士人也。

所谓君子者，言必忠信而心不忌，仁义在身而色不伐，思虑通明而辞不专，笃行信道，自强不息，油然若将可越而终不可及者。此君子也。

所谓贤者，德不逾闲，行中规绳，言足法于天下而不伤其身，道足化于百姓而不伤于本。富则天下无菀财，施则天下不病贫。此则贤者也。

所谓圣者，德合天地，变通无方，穷万事之终始，协庶品之自然，敷其大道，而遂成情性，明并日月，化行若神，下民不知其德，睹者不识其邻。此圣者也。

[注释]

①重器：指治理天下的关键。②大统：亦指治理天下的原则。

[译文]

国家社稷的长治久安，王位的稳定和延续，莫不决定于对人才的鉴识和正确使用。所以，孔子说："人可分为五类：庸人、士人、君子、圣人和贤人。能详察这五种人并分别妥当运用的，就算完全掌握了治国安邦的方法了。"

所谓庸人是指：胸无大志，不求声名，谈吐中缺乏有教养的语言，既不能选择贤明之主赖以托身，又不能以自己的努力安身立命，目光短浅，不识大局，不知道自己应该做什么，随波逐流毫无主见。这样的人就是庸人。

所谓士人是指：胸中有目标，行动有计划，虽然不能穷尽道术的本义，但也能言有所据；虽然不能遍行百善之美，但总有可称道的善行美德。智慧并非多多益善，贵在精通；说话演讲也并非多多益善，贵在抓住要领；做事也不必贪多，贵在明了做事的原因目的和方法。道理既明，言语得当，行动有序，这样，人的志向就如同性命与形体的关系不可动摇一样。处富贵无所增益，处贫贱无所损减。这样的人就是士人。

所谓君子是指：出言忠诚守信，不避忌讳，充满仁义之举而面无夸耀之色，思路清晰，通情达理而语言谦和，行动扎实，信守原则，自强不息，看起来超过他们很容易，但终究不可企及。这样的人就是君子。

所谓贤人是指：德不超越礼法约束，行为合乎规范，其语言足以令天下的人效法而不会引起人们的诋毁，其道德思想足可用来教化百姓而不损伤道德的本体。使天下富有而又不囤积财货；引导人们施舍，天下人不因此而忧贫。这样的人就是贤人。

所谓圣人是指：其德足可以同天地相类比，变通无穷，洞悉万事万物运行的规律，协和万物，顺应自然。奉行符合道德的统治方法，使万民百姓充分发挥自己的性情和才能，圣明的统治可与日月同辉，教化的推行若有神助，百姓不知道他的道德，时常见他的人也不知道正是自己的邻人。这样的人就是圣人。

《钤经》曰①："德足以怀远，信足以一异，识足以鉴古，才足以冠世，此则人之英也；法足以成教，行足以修义，仁足以得众，明足以照下，此则人之俊也；身足以为仪表，智足以决嫌疑，操足以厉贪鄙，信足以怀殊俗，此则人之豪也；守节而无挠，处义而不怒，见嫌不苟免，见利不苟得，此则人之杰也。"《家语》曰："昔者明王必尽知天下良士之名，既知其名，又知其实，然后用天下之爵以尊之，则天下理也。"此之谓矣。

[注释]

①《钤经》：即《玉钤经》。古代兵书。

[译文]

《钤经》上说："一个人的德行足以波及和感召远方的百姓，诚信足以统一具有不同见解的人，学识足以明鉴历史的经验，才能足以雄冠当世，无与匹敌，这样的人可称为人中的精英；制定的法律足以成就教化之功，其行为足以修节义，仁爱之举足以博得众人，眼睛的明亮足以洞悉下情，这样的人可称为人中之俊；言行举止足以为大众的仪表，智慧足以决断嫌疑，节操足以警诫贪婪鄙薄的人，诚信足以感召异邦之人，这样的人可称为人中的豪士；坚守节操而不屈服，恒守大义而不愤怒，被人嫌弃而不苟且求免，见到利益而不无原则地夺取，这样的人可称为人中杰士。"

《孔子家语》说："古代英明的君王必然尽知天下良士的名字，既知道他们的名声，又了解他们的实际才干，然后授予他们高官爵位以示尊崇，这样就能达到天下大治了。"说的就是这个道理。

量才第四

夫人才能参差，大小不同。犹升不可以盛斛，满则弃矣。非其人而使之，安得不殆乎？故伊尹曰："智通于大道，应变而不穷，辨于世物之情，其言足以调阴阳，正四时，节风雨，如是者举以为三公。故三公之事常在于道。不失四时，通于地利，能通不通，能利不利，如是者举以为九卿①。故九卿之事常在于德。通于人事，行犹举绳，通于关梁，实于府库，如是者举以为大夫。故大夫之事常在于仁。忠正强谏而无有奸诈，去私立公而言有法度，如是者举以为列士。故列士之事常在于义也。故道德仁义定而天下正。"

[注释]

①九卿：中央政府九大职能部门的长官。名称时有变化。秦代以奉常、郎中令、卫尉、太仆、廷尉、典客、宗正、治粟内史、少府为九卿。

[译文]

人的才能参差不齐、大小不同。好比用容器盛物品，一升的容量难装下一斛容量的东西，满则外溢，溢则丢弃。用人也是同样的道理，如果用非其才，怎么会不失败呢？所以伊尹说："智慧精通事物运行的法则，临机制变，至于无穷，通晓世情物理，其言足以调和阴阳，端正四时，节制风雨，这样的人可以推举做三公。可见三公做的事情常常符合'道'的标准。不失四时，通晓土地之利，能化不畅通为畅通，化不顺利为顺利，这样的人可推举做九卿。可见九卿所做的事情常符合'德'的标准。通晓世事人情，做事颇得要领，通晓赋税差粮方面的事情，保障国库充实，这样的人可推举做大夫。可见大夫所做的事情符合'仁'的标准。忠诚正直，犯颜直谏，不怀奸诈之心，去私立公，言有法度，这样的人可推举做列士。可见列士所做的事情常常符合'义'的标准。道德仁义确立了，天下就能走向正轨。"

太公曰："多言多语，恶口恶舌，终日言恶，寝卧不绝，为众所憎，为人所疾。此可使要遮闾巷，察奸伺祸。权数好事，夜卧早起，虽剧不悔①，此妻子之将也。先语察事，劝而与食，实长希言，财物平均，此十人之将也。忉忉截截②，垂意肃肃，不用谏言，数行刑戮，刑必见血，不避亲戚，此百人之将也。讼辩好胜，嫉贼侵凌，斥人以刑，欲整一众，此千人之将也。外貌作作，言语时出，知人饥饱，习人剧易，此万人之将也。战战栗栗，日慎一日，近贤进谋，使人知节，言语不慢，忠心诚毕，此十万人之将也。温良实长，用心无两，见贤进之，行法不枉，此百万人之将也。勖勖纷纷，邻国皆闻，出入豪居，百姓所亲，诚信缓大，明于领世，能效成事，又能救败，上知天文，下知地理，四海之内，皆如妻子，此英雄之率，乃天下之主也。"

[注释]

①剧：操作劳苦之意。②忉忉截截：忉忉，忧念貌。截截，决断貌。

[译文]

太公说："平日多言多语，而且恶语伤人，懒睡不起，为众人所憎恶。这样的人可使他在街巷拦截行人，举察奸情祸患。喜弄权数,特别好事,晚睡早起,虽劳无悔,此等人只配去统帅妻子儿女,可称为妻子之将。富于先见之明,洞察事理,善长劝勉,与下属同食,忠实厚道,分配财物平均,这样的人可做十人的首领。对上殷勤备至,恭敬无比;对下不听劝谏之言,动辄施以刑罚,不留情面,不避亲戚,这样的人可以做百人的首领。诉讼辩论中争强好胜,对敌人疾之如仇,以刑罚治军,整齐部众,这样的人可做千人的首领。外貌谦逊,语言适时得体,了解部属的饥饱和甘苦,这样的人可做万人的将领。谨慎小心,如临深渊,如履薄冰,亲近贤者,听取他们的谋略,使用人有分寸,有节制,说话不傲慢,忠正诚实,这样的人可做十万人的将领。为人温良厚道,一心一意,遇贤者即予举荐,不徇私枉法,这样的人可做百万人的将领。功名显赫,声震四邻,出则有盛大的仪仗,入则有豪华的居所,尽管如此,百姓却能亲附他,诚实守信,宽缓大度,明悉治世的方法,能圆满完成既定的任务,又能挽狂澜于即倒,反败为胜,上知天文,下知地理,厚爱天下的人如同自己的妻子儿女一样,这样的人属英雄之辈,可做天下的君主。"

经曰:"智如源泉,行可以为表仪者,人师也;智可以砥砺,行可以为辅弼者,人友也;据法守职而不敢为非者,人吏也;当前快意,一呼再诺者,人隶也。故上主以师为佐,中主以友为佐,下主以吏为佐,危亡之主以隶为佐。"欲观其亡,必由其下。故同明者相见,同听者相闻,同志者相从,非贤者莫能用贤。故辅佐左右所欲任使者,存亡之机,得失之要。孙武曰①:"主孰有道?将孰有能?吾以此知胜"之谓矣。

[注释]

①孙武:即孙子。春秋末期著名军事家。齐国东安人。以兵法十三篇求见吴王阖庐,被吴王重用为将军。孙子率兵西破强楚,北威齐、晋。有《孙

子兵法》传世，被世界公认为兵法经典。

[译文]

经书上说："智慧之富如不竭的源泉，行为可为人表率的人，可做人的老师；智慧足以与人切磋砥砺，行为可以为人辅佐、供人借鉴的人，可做人的朋友；秉法守职不敢胡作非为的人，可做低级的官；能鞍前马后侍奉主人，主人一呼而数应的，可做人的仆从。所以，英明的君主用老师辅佐自己治理国家；次一等的君主重用朋友辅佐自己治理国家；再次一等的人重用低级官吏辅佐自己治理国家；而危亡君主则重用奴才仆从辅佐自己治理国家。"要观察一朝的兴亡，只看君主重用的人就可以了。所以说，视力相同的人才能看到同样的事物，听力相同的人才能听到同样大小的声音，志向相同的人才能结为团体，君主不贤，就不会重用贤人。因此，君主身边的左右辅佐以及他所重用的人，直关政局的得失和王朝的存亡。孙武说："哪一国的君主通明道义，哪一方的将帅有才能，据此便可以判断谁胜谁负了。"讲的正是这个道理。

知人第五

臣闻主将之法，务览英雄之心。然人未易知，知人未易。汉光武，聪听之主也，谬于庞萌；曹孟德①，知人之哲也，弊于张邈。何则？夫物类者，世之所惑乱也。故曰，狙者类智而非智也，愚者类君子而非君子也，戆者类勇而非勇也，亡国之主似智，亡国之臣似忠，幽莠之幼似禾，骊牛之黄似虎，白骨疑象，碔砆类玉②，此皆似是而非也。孔子曰："凡人心险于山川，难知于天。天犹有春秋冬夏旦暮之期，人者厚貌深情。故有貌愿而益，有长若不肖，有顺怀而达，有坚而缦，有缓而钎。"③

[注释]

①曹孟德：即魏武帝曹操。字孟德。②碔砆（wǔ fū）：美如玉的石头。③钎（hàn）：急。

[译文]

我听人说驾驭将帅的方法，务必明悉英雄们的内心世界。然而人不容易被了解，了解人也确非易事。汉光武帝是一位善于听取并明辨各种意见的人，但却犯了谬信庞萌的错误；曹操算得上知人善任的楷模，但却被张邈所蒙蔽。为什么会发生这种情况呢？因为世上的事物纷繁复杂，乱人心目。探头探脑、喜欢窥伺别人的人貌似聪明但实际上并不聪明，愚鲁的人貌似君子但却不是君子，憨直的人貌似勇敢实际上并不勇敢，亡国之君好像足智多谋，亡国之臣好像忠心耿耿，莠草的幼苗好似庄稼，黑黄相间的牛皮类似虎皮，白骨类似象牙，赤底白彩的石头酷似美玉，这些都是似是而非的例子。孔子说："人心比山川还要险恶，了解人心比预测天候变化还要困难；天还有春秋冬夏朝暮等较为固定的循环周期，而人却与此不同。人外貌淳厚，但其真实的情感却深藏心底，所以，有的人外貌温逊而内心骄慢，有的人貌有长者之风实际却品行不端，有的外貌温顺而内心刚直，有的貌似坚强果断实则软弱少断，有的貌似舒缓而实则迅急。"

太公曰[①]："士有严而不肖者，有温良而为盗者，有外貌恭敬中心欺慢者，有精精而无情者，有威威而无成者，有如敢断而不能断者，有恍恍惚惚而反有忠实者，有倭倭佁佁而有效者，有貌勇狠而内怯者，有梦梦而反易人者。无使不至，无使不遂。天下所贱，圣人所贵，凡人莫知，惟有大明，乃见其际。"此士之外貌而不与中情相应者也。

[注释]

① 太公：西周吕尚的称号。姜姓，吕氏，名望，一说字子牙。辅佐周武王灭商有功，封于齐，为齐国的始祖。

[译文]

太公说："士人有的貌似严正而实际心怀叵测，有的貌似温和善良而实际却男盗女娼，有的外貌恭敬而内心骄慢，有的外貌富于情感而实则无情无义，有的表面威风凛凛实际却一事无成，有的好似果断却又无能力处断，有的外貌三心二意，游移不定，内心却忠实如一，有的貌似拖拖拉拉而实际做事却效率很高，有的人貌似勇敢而内心胆怯，有的貌似痴癫反而赢人。总之，各种意想不到的事情都可能发生。普通大众所鄙视的，圣人反而将其视为宝贝，普通人难以理解的人和事，只有圣明的人才能理出头绪来。"这是人的外貌与实情不相符合的情况。

知此士者而有术焉。微察问之，以观其辞；穷之以辞，以观其变；与之间谋，以观其诚；明白显问，以观其德；远使以财，以观其廉；试之以色，以观其贞；告之以难，以观其勇；醉之以酒，以观其态。《庄子》曰①："远使之而观其忠；近使之而观其敬；烦使之而观其能；卒然问焉而观其智；急与之期而观其信；难之以处而观其色。"《吕氏春秋》曰②："通，则观其所礼；贵，则观其所进；富，则观其所养；听，则观其所行；近，则观其所好；习，则观其所言；穷，则观其所不爱；贱，则观其所不为；喜之，以验其守；乐之，以验其僻；怒之，以验其节；哀之，以验其仁；苦之，以验其志。"

[注释]

①《庄子》：亦称《南华经》。庄子及其后学者所著。具有较高的哲学价值和文学价值。②《吕氏春秋》：战国时期曾任秦相的吕不韦集合门客共同编写。本书汇集了先秦时期各学派的思想，故属于杂家。

[译文]

真正了解这些外貌与实情不符的人还是有方法的。详细察问，听他说些什么；追问到底，观察他如何应变；略施计谋，看他是否诚实；公开地广泛地询问，看他在群众中是否有德行；让他到偏远的地方管理财货，看他是否廉洁；用美色去引诱他，看他是否贞洁；告他欲使他赴危难之地，看他是否勇敢；让他喝醉酒，看他是否失态。

《庄子》说："让人赴任远方，以观察他是否忠诚；让人在身边供职，以观察他是否恭敬；让人处理繁杂棘手的事情，以观察他的才能；突然提出问题，以观察他是否机智；紧急约定会合时间，以观察他是否守信；置人于危难之处，以观察他的气度和神色。"

《吕氏春秋》说："当人通达得意之时要看他是否骄慢失礼；显贵时要看他举荐什么样的人；富有时要看他是否能恩及大众，广泛施舍；听人的言辞，还要看人的行动；收揽近侍随从则看他喜欢什么人，日常生活中则听他说些什么话；当人身处困境时，要看他不喜欢做的事情；贫贱时，要看他不屑于做什么事；投人所好，以检验他的操守；使人欢乐，以检验他有什么邪僻；令人愤怒，以检验他自我节制的能力；做出令人悲哀的事情，以检验他是否有仁义之心；置人于艰苦的环境，以检验他的志向是否坚定。"

经曰："任宠之人，观其不骄奢；疏废之人，观其不背越；荣显之人，观其不矜夸；隐约之人①，观其不慑惧；少者，观其恭敬好学而能悌；壮者，观其廉洁务行而胜其私；老者，观其思慎，强其所不足而不逾；父子之间，观其慈孝；兄弟之间，观其和友；乡党之间，观其信义；君臣之间，观其忠惠。"此之谓观诚。

[注释]

①隐约之人：指身份地位不显耀的人。

[译文]

《经》书上说："受任用和宠信的人，要观察他是否因此而骄慢奢侈；被疏远和罢黜的人，要观察他是否因此而实施背逆和越轨的行为；荣耀显赫的人，要观察他是否因此而矜夸；名位不显耀的人，要看他是否能做到不畏惧权贵；年少的人，要看他是否恭敬好学、对兄弟爱护谦让；壮年人，要看他是否能做到脚踏实地、廉洁奉公；老年人，要看他是否能做到思虑谨慎，加强不足的方面但却不超越礼法去获取；父子之间，要看做父亲的是否慈爱，做儿子的是否孝顺；兄弟之间，要看他们是否相互和睦友爱；乡里之间，要看他们是否相互遵守信义；君臣之间，要看臣对君是否忠心耿耿，君对臣是否宽大恩惠。"以上讲的是观察诚心的方法。

《人物志》曰："骨植而柔者，谓之宏毅；宏毅也者，仁之质也。气清而朗者，谓之文理；文理也者，礼之本也。体端而实者，谓之贞固；贞固者也，信之基也。筋劲而精者，谓之勇敢；勇敢也者，义之决也。色平而畅者，谓之通微；通微也者，智之原也。五质恒性，故谓之五常。故曰直而不柔则木，劲而不精则力，固而不端则愚，气而不清则越，畅而不平则荡。然则，平陂①之质在于神，明暗之实在于精，勇怯之势在于筋，强弱之植在于骨，躁静之决在于气，惨怿②之情在于色，衰正之形在于仪，态度之动在于容，缓急之状在于言。若质素平淡，中睿外朗，筋劲植固，声清色怿，仪崇容直，则纯粹之德也。

"夫人有气，气也者，谓诚在其中必见诸外。故心气粗厉者，其声沈散；心气详慎者，其声和节；心气鄙戾者，其声粗犷；心气宽柔者，其声温润。信气中易，义气时舒，和气简略，勇气壮立。"此之谓听气。

又有察色。察色，谓心气内蓄，皆可以色取之。夫诚智必有难尽之色，诚仁必有可尊之色，诚勇必有难慑之色，诚忠必有可观之色，诚洁必有难污之色，诚贞必有可信之色。质色浩然固以安，伪色曼然乱以烦，此之谓察色。

[注释]

①陂（bì）：不平。②怿：喜悦。

[译文]

《人物志》说："内骨刚毅而外表柔和的称为宏毅；所谓宏毅，是仁的本质的体现。气度清新而爽朗的，称为文理；所谓文理，是礼的本质的体现。形体端正健壮的，称贞固；所谓贞固，是守信用的基础。筋力强劲而有神气的，称为勇敢；所谓勇敢，是行使义举的关键；气色平和畅达的，称为通微；所谓通微，是智慧的本原。以上五种类型都具有恒常的特性，故称为五常。所以说，虽然正直而不兼具柔性就显得木然；强劲而不精致则徒费功力；固执而不端正则显得愚蠢；辞气不清顺则越发无成；畅达而不平和则失之放荡。然而，平与不平的关键在于是否有神气，明智或昏暗取决于精气的明惠或污浊，勇敢或怯懦取决于筋力是否强劲，坚强或软弱取决于骨架的粗细，浮躁或沉静取决于气的旺盛或冲和，惨、悦的情感表现在人的气色上，形貌的衰败或正肃取决于仪表，态度的变化表现在容颜的变化上，缓急的情状表现在言语的速率上。如果气质素雅平淡，内心富于智慧，外貌开朗，筋骨强健，声音清爽，气色和悦，仪容高尚端正，这是道德纯粹的表现。

"人都有气，所谓气，如果真诚的情感潜藏于内心，那么就必然要在气上表现出来。所以心气粗豪的人，发出的声音就沉重散慢；心气安详谨慎的人，发出的声音就平和有节奏；心气鄙薄暴戾的人，发出的声音就粗犷；心气宽广柔和的人，发出的声音就温和滋润。信气中庸平易，义气稳定舒展，和气简略，勇气雄壮。"这是"听气"的方法。

还有"察色"的方法。所谓察色，是说内在的心气都可从气色上观察出来。富于智慧的人必然有令人说不清、道不尽的气色，仁慈的人必然有令人尊敬的气色，勇敢的人必然有无所畏惧的气色，忠心耿耿的人必然有令人赏心悦目的气色，高雅廉洁的人必然有不可玷污的气色，贞洁的人必然有令人信赖的气色。能够表现一个人的本质的气色浩然博大，具有稳定性；不能表现一个人的本质的伪装的气色，蔓然纷乱。这是"察色"的方法。

又有考志。考志者，谓方与之言以察其志。其气宽以柔，其色检而不谄，其礼先人，其言后人，每自见其所不足者，是益人也。若好临人以色，高人以气，胜人以言，防其所不足，而废其所不能者，是损人也。其貌直而不侮，其言正而不私，不饰其美，不隐其恶，不防其过者，是质人也。若其貌曲媚，其言谀巧，饰其见物，务其小证，以故自说者，是无质人也。喜怒以物而色不作，烦乱以事而志不惑，深导以利而心不移，临慑以威而气不卑者，是平心固守人也。若喜怒以物而心变易，乱之以事而志不治，示之以利而心迁动，慑之以威而气恇惧者①，是鄙心而假气人也。设之以物而数决，惊之以卒而屡应，不文而慧者，是有智思之人。若难设以物，难说以言，守一而不知变，固执而不知改，是愚佷人也②。若屏言而勿顾，自私而不护，非是而强之，是诬嫉人也。此之谓考志。

[注释]

①恇（kuāng）：怯弱貌。②佷（hěn）：狠。这里引申为刚愎、固执。

[译文]

还有"考志"的方法。所谓考志，是指同考察的对象交谈，以考察他的志向。如果某人声气宽厚柔和，神色检点而不谄媚，先于人施礼，后于人发言，每每主动向人公开自己的缺点和不足之处，这样的人是对人有益处的人。如果某人神色傲慢，盛气凌人，说话往往压人一筹，隐藏自己的不足之处，才能不及之处也不虚心弥补，这样的人是于人有损的人。如果某人外貌刚直而不可欺侮，说话正直无私，不粉饰自己的美德，也不隐瞒自己的错误，也不掩盖自己的过失，这样的人是质朴的人。如果外貌曲婉媚人，说话阿谀乖巧，对自己所做的事情多方修饰，以显示自己，这样的人是不具备质朴品德的人。不因外物喜形于色或怒形于色，不因烦乱事情的困扰而搅乱了自己的志向，诱之以利而初衷不移，面临淫威而不低声下气，这样的人是正直而具有高尚情操的人。如果因对外物的喜怒而变易初衷，因烦杂事情的困扰而抛弃了自己的志向，诱之以利而心迷意迁，在威势的逼迫面前惊恐不安，这样的人是心灵卑鄙、志气不坚的人。为他设置种种障碍而屡能处断解决，以突然的变故使其受惊而屡能应变，语言虽不文雅，但却充满了智慧，这样的人是富于才思的人。如果以物象作比喻也难以启发他的思智，用语言阐述也不能使他明白道理，守残抱缺而不知变通，固执一念而不知改革，这样的人是愚鲁固执的人。如果私下风言风语而无所顾忌，自私自利而不爱护他人，明知是错还要强制而行，这样的人是诬罔忌妒的人。以上就是"考志"的方法。

又有测隐。测隐者，若小施而好得①，小让而大争，言愿以为质，伪爱以为忠，尊其行以收其名，此隐于仁贤。若问而不对，详而不穷，貌示有余，假道自从②，困之以物，穷则托深，此隐于艺文也。若高言以为廉，矫厉以为勇，内恐外夸，亟而称说，以诈气临人，此隐于廉勇也。若自事君亲而好以告人，饰其见物而不诚于内，发名以君亲，因名以私身，此隐于忠孝也。此谓测隐矣。

[注释]

①小施：较少的施舍、给予。②自从：自我放纵。从，通"纵"。

[译文]

还有"测隐"的方法。所谓测隐可从以下几个方面来分析：如果某人施小惠而得大利，局部利益上退让而在整体利益上争夺，信誓旦旦以争取人心，伪装爱以示忠厚，伪装行为高洁以邀取名声，这样的人就是把自己的真面目隐藏于仁贤的外衣里；如果问而不答，谈吐详细却没完没了，表现出学问有余、道义在身的样子，如果被某些事物所困惑，无从解答，则托言高深，这样的人就是把自己的真面目隐藏于艺文的外衣里；如果故意说清雅崇高的语言冒充廉洁，装作厉害的样子以示勇敢，内心恐惧而外表镇定，急于取悦于人，吹牛说假话在大众面前装英雄，这样的人就是把自己的真实面目隐藏于廉洁勇敢的外衣里；虽然曾侍奉君主和父母双亲，但却喜欢以此向人炫耀，内心并无诚意，借侍奉君主或双亲为自己捞取声誉，这样的人就是把自己的真面目隐藏于忠孝的外衣里。以上便是"测隐"的方法。

夫人言行不类，终始相悖，外内不合，而立假节以感视听者，曰毁志者也。若饮食以亲，货赂以交，损利以合，得其权誉而隐于物者，曰贪鄙者也。若小知而不大解，小能而不大成，规小物而不知大伦，曰华诞者也。

又有揆德①。揆德者，其有言忠行夷，秉志无私，施不求反，情忠而察，貌拙而安者，曰仁心者也。有事变而能治效，穷而能达，措身立功而能遂，曰有知者也。有富贵恭俭而能威严，有礼而不骄，曰有德者也。有隐约而不慑，安乐而不奢，勋劳而不变，喜怒而有度，曰有守者也。有恭敬以事君，恩爱以事亲，情乖而不叛，力竭而无违，曰忠孝者也。此之谓揆德。

[注释]

①揆德：测度德行。揆，度量、揣度。

[译文]

如果人言行不一，前后不一，内心和外表不合，弄虚作假以迷惑视听，这样的人就叫做毁志的人。如果以酒肉交朋友，以贿赂拉关系，或损人或利人则以是否迎合自己为标准，为物欲所蒙蔽而醉心于权势和名誉，这样的人叫做贪鄙的人。如果小聪明大糊涂，有一定的才能但却不成大事，见到小的利益便忘掉了人伦大理，这样的人叫做华诞之人。

还有"揆德"的方法。如果某人言语忠诚，行为坦荡，胸怀大志,不徇私利,博施恩泽而不图回报,性情忠厚而明察,外貌朴拙而安详,这样的人是有仁心的人。如果能够临机制变,出穷困之境步入康庄大道,投身功名能够如愿,这样的人叫做有智慧的人。如果身居高贵之位,富于财货,但却恭敬俭朴,既有威严,又礼貌待人,不骄不躁,这样的人叫做有德的人。如果隐身自好,不畏权势,处身安乐却不奢侈,功勋卓著而不变初衷,喜怒之情均有节制,这样的人叫做有操守的人。如果能恭恭敬敬侍奉君主,恩爱情深侍奉亲人,即使君主性情乖戾也不生叛逆之心,侍奉父母竭尽全力而不离开,这样的人叫做忠孝之人。这些就是"揆德"的方法。

夫圣贤之所美,莫美乎聪明;聪明之所贵,莫贵乎知人。知人识智,则众材得其序,而庶绩之业兴矣。是故仲尼训六蔽,以戒偏材之失。思狂狷以通拘抗之材①。疾悾悾而无信,以明为似之难保。察其所安,观其所由,以知居止之行。率此道也,人焉廋哉?人焉廋哉?②

[注释]

①狂狷:狂妄急躁。狷,器量狭小而急躁。②廋:隐藏,藏匿。

[译文]

圣贤所称誉的莫过于聪明,聪明的可贵之处莫过于知人。能够洞察人的全貌,了解人的长处,那么各种各样的人才便会得到适合发挥各自才能的位置,随之,各项事业也就会繁荣兴旺。所以孔子曾以六种弊端告诫有专长的人才可能发生的相应的失误,想使激进狂躁的性格与呆滞的性格相中和。他讨厌无能而又不讲信用的人,并讲明虚伪的东西终究会被识破的。考察人们希望得到什么,安心于什么,并观察他赖以得到的方法和途径,以了解他的行为举止。如果采用了这些方法,人又怎能隐藏住自己的真面目呢?

察相第六

《左传》曰:"周内史叔服如鲁①,公孙敖闻其能相人也,见其二子焉。叔服曰:'谷也食子,难也收子。谷也丰下,必有后于鲁国。'"

《汉书》曰:"高祖立濞为吴王②。已拜,上相之曰:'汝面状若有反相,汉后五十年后,东南有乱,岂非汝耶?天下一家,慎无反!'"

由此观之,以相察士,其来尚矣。故曰:富贵在于骨法,喜忧在于容色。

[注释]

①内史:官名。西周始置。或称作册内史,作命内史。掌管著作简册,册命诸侯卿大夫,以及爵禄的废置。②濞:即刘濞。西汉诸侯王。刘邦侄,封吴王。后发动吴、楚等七国之乱,兵败被杀。

[译文]

《左传》说:"周朝内史叔服到鲁国,公孙敖听说他善于看相,就把自己的两个儿子引见给叔服看。叔服说:'你的儿子谷会赡养你,儿子难会安葬你。谷是方形脸,后代定会在鲁国有作为。'"

《汉书》说:"高相刘邦立刘濞为吴王,册封礼毕,皇上相了刘濞的面说:'你的脸上好像有反相,汉朝立国五十年后,东南如有叛乱，难道不是你吗？天下刘姓本一家，你要慎重，不要造反！'"

由此看来，用相面的方法来观察士人，由来已久了。所以说：是否富贵，要看他的骨骼；是喜还是忧，要看他的容色。

成败在于决断，以此参之，万不失一。
言灵性者存乎容止。斯其大体。
夫相人先视其面。面有五岳四渎，五官六府，九州八极，七门二仪。

若夫颧骨才起，肤色润泽者，九品之候也。辅骨小见①，鼻准微端，八品之候也。辅色成棱，仓、库皆平者②，七品之候也。天中丰隆，印堂端正，六品之候也。伏犀明峻③、辅角丰秾者，五品之候也。边地高深④，福堂广厚者⑤，四品之候也。犀及司空、龙角纤直者，三品之候也。头顶高深，龙、犀成就者，二品之候也。四仓尽满，骨角俱明者，一品之候也。

[注释]

①辅骨：双眉与发际间的额骨。②仓、库：额头鬓角处与下颌处。③伏犀：前额中央至头顶的骨骼。又名伏委骨。④边地：头发边缘。⑤福堂：太阳穴。

[译文]

成败的关键在于能否作出决断。以此为主要根据，再结合人的相貌对其成败作出预测，万不失一。

人的灵气与性情往往在容貌与举止上体现出来。大致说来是这样的。

相人要先相面。面有五岳（额为衡山，颊颐为恒山，鼻为嵩山，左颧为泰山，右颧为华山）四渎（鼻孔为济水，口为黄河，目为淮河，耳为长江），九州八极，七门二仪。

如果一个人的颧骨稍稍隆起，且肤色润泽，则为九品官位的征候。辅骨微显，鼻梁稍微端正的人，为八品官位的征候。辅角成棱，仓、库皆平的，为七品官位的征候。天中丰隆，印堂端正者，为六品官位的征候。伏犀之骨隐线分明，且辅角丰满者，为五品官位的征候。边地高深，福堂广厚者，为四品官位的征候。伏犀骨至司空，龙角纤直者，为三品官位的征候。头顶高深，龙角、犀骨标准完美者，为二品官位的征候。四仓尽满，骨角俱明者，为一品官位的征候。

似龙者为文吏，似虎者为将军，似牛者为宰辅，似马者为武吏，似狗者为清官、为方伯。

天中主贵气，平满者宜官禄也。天庭主上公，大丞相之气。司空主天宫，亦三公之气。中正主群寮之气，平品人物之司也。印堂主天下印绶，掌符印之官也。山根平美，及有奇骨伏起，为婚连帝室，公主婿也。高广主方伯之坐①。阳尺主州佐之官②。武库主兵甲典库之吏③。辅角主远州刺史之官④。边地主边州之任⑤。日角主公侯之坐⑥。房心主京辇之任⑦。驿马主急疾之吏⑧。额角主卿寺之位⑨。上卿主帝卿之位⑩。虎眉主大将军⑪。牛角主王之统帅小将⑫。玄角主将军之相⑬。

[注释]

①高广：赵蕤注：从天中横列至发际，有七个部位，高广位在第三。②阳尺：赵蕤注：横次高广，位在第四。③武库：赵蕤注：横次阳尺，位在第五。④辅角：赵蕤注：横次武库，位在第六。⑤边地：赵蕤注：横次辅角，位在第七。⑥日角：赵蕤注：从天庭横列之发际，凡八，日角位在第一。⑦房心：赵蕤注：横次日角，位在第二。⑧驿马：赵蕤注：横次，位在第七。⑨额角：赵蕤注：从司空横列至发际，凡八，名额角，横次，位第一。⑩上卿：赵蕤注：横次额角。⑪虎眉：赵蕤注：从中正横列至发际，凡九，名虎眉，横次，位在第二。⑫牛角：赵蕤注：横次虎眉，位在第三。⑬玄角：赵蕤注：横

次，位在第五。

[译文]

动静似龙者为文吏之相，动静似虎者为将军之相，动静似牛者为宰辅之相，动静似马者为武吏之相，动静似狗者为清官、方伯之相。

天中主掌贵气，平和饱满者宜得官受禄。天庭主掌上公，大丞相之气。司空主掌天官，亦三公之气。中正主掌群僚之气，并司职品评人物。印堂主掌天下印绶，为掌符印之官。山根平美，而且有奇骨伏起，将婚连帝室，为公主之婿。高广主掌方伯之座。阳尺主掌州佐之官。武库主掌兵甲典库之吏。辅角主掌远州刺史之官。边地主掌边州之任。日角主掌公侯之座位。房心主掌京师帝王辇驾之任。驿马主掌迅疾得官事宜。额角主掌九卿及寺位。上卿主掌帝卿之位。虎眉主掌大将军。牛角主掌王之统帅小将。玄角主将军之相。

夫人有六贱：头小身大，为一贱；目无光泽，为二贱；举动不使①，为三贱；鼻不成就，准向前低，为四贱；脚长腰短，为五贱；文策不成，唇细横长，为六贱。

此贵贱存乎骨骼者也。

[注释]

①不使：即不协调，不灵便。

[译文]

人有六种低贱之相：头小身大为第一种贱相；目无光泽为第二种贱相；举动不协调为第三种贱相；鼻子不成形，隆准前低为第四种贱相；脚长腰短为第五种贱相；无文章策论的能力，而又唇细横长，为第六种贱相。

以上讲的就是贵贱之相体现在骨骼方面的情况。

夫木主春，生长之行也。火主夏，丰盛之时也。金主秋，收藏之节也。水主冬，万物伏匿之日也。土主季夏，万物结实之月也。

故曰，凡人美眉目，好指爪者，庶几好施人也。毛发光泽，唇口如朱者，才能学艺人也。鼻孔小缩，准头低曲者，悭吝人也①。耳孔小，齿瓣细者，邪谄奸佞人也。耳轮厚大，鼻准圆实，乳头端净，颏颐深广厚大者，忠信谨厚人也。

此性灵存乎容止者也。

[注释]

①悭吝：吝啬。

[译文]

木主春，是万物生长的标志。火主夏，是丰盛之时的标志。金主秋，是收藏之时的标志。水主冬，是万物休藏的标志。土主季夏，是万物结果的标志。

所以说，大凡人的眉目秀美，十指修长美观，大都是乐善好施的人。毛发光亮润泽，唇口红润，是有才能、有学艺的人。鼻孔小而内缩，鼻梁低而弯曲者，是吝啬的人。耳孔小，齿瓣细者，是邪谄奸佞的人。耳轮厚大，鼻准圆实，乳头端净，下巴深广厚大者，是忠信谨厚的人。

以上讲的是人的性情灵魂体现在容止上的情况。

夫命之与相，犹声之与响也。声动乎响，穷乎应，必然之理矣。虽云以言信行，失之宰予①，以貌度性，失之子羽②，然《传》称："无忧而戚，忧必及之；无庆而欢，乐必还之。"此心有先动而神有先知，则色有先见。故扁鹊见桓公③，知其将亡；申叔见巫臣，知其窃妻。或跃马膳珍，或飞而食肉，或早隶晚侯，或初刑末王，铜岩无以饱生，玉馔终乎饿死。则彼度表扪骨，指色摘理，不可诬也。故列云尔。

[注释]

①宰予：一名宰我。春秋时鲁国人，字子我。孔子的学生。以善长言语而著称。对孔子"三年之丧"的主张提出异议，孔子认为他不仁。②子羽：号澹台明灭。春秋时鲁国人。孔子的学生。相貌丑陋，品性端正。③扁鹊：战国时医学家。姓秦，名越人。著有《扁鹊内经》、《外经》，已佚。

[译文]

人的命运与相貌的关系，就好比声音与回响的关系。声音出，回响应；声音无，回响尽。这是必然的道理。虽然说根据言语去判断一个人的德行，就会在孔子自己的学生宰予身上发生失误，根据相貌判断人的品性，就会在孔子的学生子羽身上发生失误，然而《左传》说："没有忧愁之事却心情悲伤，忧愁之事就必然到来；没有喜庆之事而心情欢娱，欢乐之事就必然来到。"这就是说，人的心理感觉往往能超前感知，并且在容色上反映出来。所以，扁鹊看到桓公，就知道他不久将会死去；申叔见到巫臣，就推断他有窃妻之事。有的人骑宝马吃珍肴，有的人游历四方不乏肉吃，有的人早年为奴隶晚年拜封侯，有的人当初受刑罚，后来却称王，有的人守着铜山不得温饱，看着山珍海味最终不免饿死。揣度人的相貌，摸清人的骨骼，研究人的容色，推测其中的道理，这样的方法是不能否定的。所以列《察相》一卷。

论士第七

臣闻黄石公曰："昔太平之时，诸侯二师，方伯三师，天子六师。"世乱则叛逆生，王泽竭则盟誓相罚。德同无以相加，乃揽英雄之心。故曰："得人则兴，失士则崩。"何以明之？昔齐桓公见小臣稷，一日三往而不得见，从者止之，桓公曰："士之傲爵禄者，固轻其主；其主傲霸王者，亦轻其士。纵夫子傲爵禄，吾庸敢傲霸王乎？"五往而后得见。

《书》曰①："能自得师者王。"何以明之？齐宣王见颜斶曰②："斶前。"斶亦曰："王前。"宣王作色曰："王者贵乎？士者贵乎？"对曰："昔秦攻齐，令曰：'有敢去柳下季垄五百步而樵采者，罪死不赦。'令曰：'有能得齐王头者，封万户侯，赐金千镒。'由是言之，生王之头，曾不如死士之垄。"宣王竟师之。

[注释]

①《书》：即《尚书》。亦称《书》、《书经》，儒家经典之一。②颜斶：战国时期齐国隐士。曾说齐宣王礼贤下士，颇为齐王赏识。但不为富贵所动，隐居不仕。

[译文]

我听黄石公曾经说过："从前世道太平时，诸侯有两个师的军队，方伯有三个师的军队，天子有六个师的军队。"世道混乱则叛逆纷起，王权衰落，恩泽枯竭，则诸侯不朝，相互攻伐。诸侯彼此声望不相上下，军事实力相当，所以纷纷招揽天下英雄。所以说："得到了人才就兴旺，失去了人才就崩溃。"用什么作证明呢？从前齐桓公去拜访小臣稷，一日三往都未能见到，随从们都劝齐桓公不要再去了，齐桓公回答说："士人中不以爵禄为意的人，当然就轻慢他的君主；君主中无意做天下霸主的人，同样也轻视有才的谋士。纵然这位先生轻蔑爵禄，我岂敢轻蔑天下的霸主呢？"五次拜访才得以相见。

《尚书》上说："能主动拜他人做老师的人便能称王天下。"这又以什么作证明呢？齐宣王召见颜斶时说："颜斶，到我跟前来！"颜斶也命齐宣王说："大王，你到我跟前来！"齐宣王勃然作色道："做国王的尊贵呢，还是做士人的尊贵？"颜斶回答说："从前秦国攻打齐国时，曾下令说：'有敢到柳下季坟茔周围五百步内打柴的，死罪不赦。'又下令说：'有能得齐王首级的，封万户侯，并赐金千镒。'由此可见，活着的大王的头颅竟不如已死的士人的坟茔。"齐宣王最终拜颜斶为师。

谚曰："浴不必江海，要之去垢；马不必骐骥，要之善走；士不必贤也，要之知道；女不必贵种，要之贞好。"何以明之？淳于髡谓齐宣王曰①："古者好马，王亦好马；古者好味，王亦好味；古者好色，王亦好色；古者好士，王独不好。"王曰："国无士耳，有则寡人亦悦之。"髡曰："古有骅骝骐骥，今之无有，王选于众，王好马矣；古有豹象之胎，今之无有，王选于众，王好味矣；古有毛嫱、西施，今之无有，王选于众，王好色矣；王必待尧舜禹汤之士，而后好之，则尧舜禹汤之士，亦不好王矣。"

论士第七 37

[注释]

①淳于髡：战国时齐国大夫，学者。博学，有辩才。

[译文]

谚语说："洗浴不一定要到江海中去，能洗掉污垢就行；骑马也不一定要骐骥这样的名马，只要马跑得快跑得远就行；士人不必要求他们具有贤德，贵在懂得治国用兵的道理；女子也不必要求她们一定是大家闺秀，贵在贞洁漂亮。"用什么来说明这个道理呢？从前，淳于髡曾对齐宣王说："古代的君王喜欢马，大王您也喜欢马；古代的君王喜欢美味，大王您也喜欢美味；古代的君王喜欢美色，大王您也喜欢美色；古代的君王喜欢有才能的士人，唯独大王您不喜欢。"齐宣王说："这是因为国中没有人才啊，如果有，我当然也会喜欢他们的。"淳于髡说："古时有骅骝骐骥这样的名马，今世已经没有了，而大王却能从众多的马中选取上好的，这说明大王是喜欢马的；古时有豹胎、象胎这样的美味，今世已经没有了，而大王却能从众菜中挑选出可口的佳肴，这说明大王是喜欢美味的；古时有毛嫱、西施这样的美人，今世已经没有了，而大王却能从众多女子中挑选出很多美女，这说明大王是喜欢美色的；如果大王一定要坐等尧舜禹汤一类的人才主动会聚到大王身边，而后再喜欢他们，那么，尧舜禹汤这样的人才恐怕还不喜欢像大王这样的人呢！"

语曰："琼艘瑶楫，无涉川之用；金弧玉弦，无激矢之能。"是以介絜而无政事者①，非拨乱之器；儒雅而乏治理者，非翼亮之士。何以明之？魏无知见陈平于汉王，汉王用之，绛、灌等诮平曰②："平盗嫂受金。"汉王让魏无知，无知曰："臣之所言者，能也；陛下所闻者，行也。今有尾生、孝已之行，而无益于胜负之数，陛下假用之乎？今楚汉相距，臣进奇谋之士，顾其计诚足以利国家耳。盗嫂受金，又安足疑哉！"汉王曰："善。"

[注释]

①介絜：独特纯洁。介，独特。絜，通"洁"。②绛：即绛侯周勃。西汉大臣。与陈平等诛杀诸吕，迎立文帝，任右丞相。灌：即灌婴。西汉大臣。曾与周勃等诛杀诸吕，迎立文帝，任太尉、丞相。

[译文]

古语说："用琼玉制成的船和桨没有渡江济河的功用；用金制成的弓、用玉制成的弦没有射箭的功能。"因此，特立独行，品德高洁而无政治才能的人，不是拨乱治国的人才；有儒雅风度但缺乏治军理国才能的人，算不上辅佐帝业的人才。用什么事实来说明这个道理呢？魏无知把陈平推荐给汉王刘邦，刘邦重用了陈平。绛侯、灌婴等向刘邦谗毁陈平说："陈平早年偷他的嫂子，在军中又收受贿赂。"汉王因此责备魏无知，无知回答说："我所推荐的是陈平的才能；陛下听别人讲的却是陈平的品行。今天即便有守信如尾生、行孝如孝已这样的人跟随陛下，对决定战争胜负的命运亦毫无用处，陛下能任用这样的人吗？如今楚汉相争，我推荐像陈平这样的奇谋之士，是考虑到他的才能计策的确有助于陛下的帝王之业而已。即便偷他的嫂子、收受贿赂，又有什么值得如此大惊小怪呢？"汉王说："你说得太好了。"

黄石公曰："有清白之士者，不可以爵禄得；守节之士，不可以威刑胁。致清白之士，修其礼；致守节之士，修其道。"何以明之？郭隗说燕昭王曰①："帝者与师处，王者与友处，霸者与臣处，亡国者与厮役处。诎指而事之②，北面受学，则百己者至；先趋而后是，先问而后默，则什己者至；人趋己趋，则若己者至；凭几据杖，眄视指使，则厮役之人至；恣睢奋击，呴藉叱咄，则徒隶之人至矣。"此乃古之服道致士者也。

[注释]

①郭隗：战国时燕国人。燕昭王欲招揽人才，以报齐仇，向他问计。他说就请先从重用我郭隗开始，昭王便延以为师，并为他筑宫。于是乐毅等贤才相继而至。②诎（qū）：弯曲。

[译文]

黄石公说："清正廉洁之士，不能用爵禄相感召；坚守气节之士，不能拿严酷的刑罚相威胁。招揽清正廉洁之士，必须待之以礼；招揽坚守气节之士，必须动之以道义。"何以证明呢？从前郭隗游说燕昭王说："称帝者重用老师，称王者重用朋友，称霸者重用臣子，亡国之君重用奴仆。若能屈身侍奉有才能的士人，北面而拜，尊为老师，那么，比自己强百倍的人才就会到来；若能主动接近别人，肯定别人的长处，虚心向别人请教，而后洗耳恭听，那么，比自己强十倍的人才就会到来；别人去招揽人才，自己也跟着去，这样只能召来同自己才能相当的人才；若凭几而坐，指手画脚，颐指气使，则只能招来厮役一类的人；若骄横暴躁，斥责叫骂，则只能招来婢隶之人。"这些讲的是古代以适当的方法招揽贤士的道理。

黄石公曰："礼者，士之所归；赏者，士之所死。招其所归，示其所死，则所求者至矣。"何以明之？魏文侯太子击礼田子方①，而子方不为礼，太子不悦，谓子方曰："不识贫贱者骄人乎？富贵者骄人乎？"子方曰："贫贱者骄人耳，富贵者安敢骄人！人主骄人而亡其国，大夫骄人而亡其家，贫贱者若不得意，纳履而去，安往而不得贫贱乎？"

宋燕相齐，见逐罢归，谓诸大夫曰："有能与我赴诸侯乎？"皆执杖排班，默而不对。燕曰："悲乎！何士大夫易得而难用也。"陈饶曰："非士大夫易得而难用，君不能用也；君不能用，则有不平之心。是失之于己而责诸人也。"燕曰："其说云何？"对曰："三升之稷，不足于士，而君雁鹜有余粟，是君之过一也；果园梨栗，后宫妇女以相提挃，而士不曾得一尝，是君之过二也；绫纨绮縠，美丽于堂，从风而弊，士曾不得以为缘，是君之过三也。夫财者，君之所轻；死者，士之所重。君不能行君之所轻，而欲使士致其所重，譬犹铅刀畜之，干将用之，不亦难乎？"宋燕曰："是燕之过也。"

[注释]

①田子方：战国时人。师于子贡。与子夏、段干木同为魏文侯所礼遇。

[译文]

黄石公说："礼，能够使士人纷至沓来；赏，能够使士人视死如归。用礼来感召士人，用赏来指示效死命的方向，那么，所求的人才都能得到。"用什么来证明呢？魏文侯太子击向田子方行礼，田子方却不还礼，太子很不高兴，向田子方说："不知是贫贱的人可以骄慢无礼呢，还是富贵的人可以骄慢无礼？"子方回答说："贫贱的人可以骄慢无礼，富贵的人岂敢骄慢无礼！做君主的如果骄慢无礼就会亡国，做大夫的骄慢无礼就会亡家，贫贱的人若有不得意之处，穿起鞋子就走，到哪里去还能得不到贫贱？"

宋燕在齐国任相，后罢官而归，对诸大夫说："有谁愿同我一块儿去见诸侯？"诸大夫执杖而立，沉默不语。宋燕叹息道："为什么士大夫如此易得而难用呢？"陈饶回答说："您认为士大夫易得而难用，这是因为您不善于使用；你不善于使用他们，他们就会有不平之心。这是您自己的过失，反而去责备他人。"宋燕问："这话是什么意思？"陈饶回答说："用三升黄米不足于养士，而您的鸭鹅所吃的粟米食用不尽，这是您的第一个过失；果园的梨栗，后宫妇女随意享用，而士大夫却不曾尝一口，这是您的第二个过失；您的殿堂上用绫罗绸缎作装饰，都被风吹破了，而士大夫却与这些东西无缘，这是您的第三个过失。财货，是君王所应轻视的东西；为人效死赴命，是士大夫非常慎重的事情。做君王的不能轻视自己本应轻视的东西，却想要士大夫履行自己所重视的为人主效死赴命的职责，这就好比收藏了一把铅刀，却要当做宝刀来用，这岂不是很困难的事情吗？"宋燕如梦初醒，说："是我的过失。"

语曰："夫人同明者相见，同听者相闻，德合则未见而相亲，声同则处异而相应。"韩子曰："趣舍同则相是，趣舍异则相非。"何以明之？楚襄王问宋玉曰①："先生其有遗行欤？何士人众庶不誉之甚？"宋玉曰："夫鸟有凤而鱼有鲲。凤凰上击九万里，翱翔乎窈冥之上；夫蕃篱之鷃，岂能与料天地之高哉？鲲鱼朝发于昆仑之墟②，暮宿于孟津③；夫尺泽之鲵，岂能与量江海之大哉？故非独鸟有凤而鱼有鲲，士亦有之。夫圣人瑰琦意行，超然独处。夫世俗之民又安知臣之所为哉？"

[注释]

①宋玉：楚人。战国时著名辞赋家。相传为屈原弟子。②昆仑之墟：这里指黄河源头。③孟津：古代黄河津渡名。在今河南孟津县东北。相传周武王伐纣，在此会盟诸侯并渡河，故又名盟津。

[译文]

古语说："人们彼此都有同样明亮的眼睛，才能看见同样大小的事物；耳朵一样聪敏的人，才能听见同样大小的声音；德行相合的人，即使没有相见，也会彼此感到亲切；声音相同，即使相处异地，也会彼此相应。"韩子说："取舍相同的人就会相互肯定，取舍不同的人就会相互非难。"用什么来说明这一道理呢？从前，楚襄王问宋玉说："先生莫非有什么不端正的行为吗？为什么士人百姓都特别不赞赏你呢？"宋玉回答说："鸟类中有凤凰，鱼类中有鲲鱼。凤凰能搏击直上九万里高空，翱翔于窈冥的青天之上；篱笆间的鹖雀岂能参与尝试天地的宽广和崇高？鲸鱼早晨从昆仑山脚出发，晚上就能到达孟津；数尺深的小泽鲵鱼，岂能去参与体量江海的博大？所以说不但鸟类中有凤，鱼类中有鲸，士人中也有非同寻常之辈。圣人有非凡的思想和行为，超然独处，凡夫俗子又怎能理解我的作为呢？"

语曰："知人未易，人未易知。"何以明之？汗明说春申君①，春申君悦之。汗明欲谈，春申君曰："仆已知先生意矣。"汗明曰："未审君之圣孰与尧。"春申君曰："臣何足以当尧。"汗明曰："然则君料臣孰与舜。"春申君曰："先生即舜也。"汗明曰："不然。臣请为君终言之。君之贤不如尧，臣之能不及舜。夫以贤舜事圣尧，三年而后乃相知也。今君一时而知臣，是君圣于尧而臣贤于舜也。"

[注释]

①春申君：战国时楚国贵族。博学多闻，长于论辩。门下有食客三千。为战国四君子之一。

[译文]

古语说："了解人不容易，人不容易被了解。"用什么来证明这个道理呢？汗明去游说春申君，春申君很高兴。汗明正要开口，春申君说："我已经知道先生的来意了。"汗明说："我不知道您若与尧相比谁更圣明？"春申君说："我怎么能同尧相提并论呢？"汗明说："那么，您认为我与舜相比怎样？"春申君说："先生可比作舜。"汗明说："不是这样。请允许我把话说清楚。您的圣贤不如尧，我的才能赶不上舜。以贤著称的舜侍奉以圣明著称的尧，历时三年，他们才相互了解。而今您却在瞬间了解了我，这说明您比尧更圣明，而我比舜更贤。"

《记》曰:"夫骥惟伯乐独知之,若时无伯乐之知,即不容其为良马也。士亦然矣。"何以明之?孔子厄于陈、蔡①,颜回曰:"夫子之德至大,天下莫能容。然夫子推而行之,世不我用,有国者之丑也。夫子何病焉?"《穀梁传》曰②:"子既生,不免乎水火,母之罪也;羁冠成童,不就师傅,父之罪也;就师学问无方,心志不通,身之罪也;心志既通,而名誉不闻,友之罪也;名誉既闻,有司不举,有司之罪也;有司举之,王者不用,王者之过也。"

[注释]

①陈、蔡:地名。在今河南淮阳、上蔡。②《穀梁传》:《春秋》三传之一。相传为战国时期穀梁赤所作。

[译文]

《礼记》上说:"骐骥这样的千里马唯独伯乐能够发现它,如果当时没有伯乐这种慧眼独具的人,世人就不会把它当做千里马来看待。人才也是这样。"何以证明这一点呢?从前,孔子被困于陈、蔡,孔子的学生颜回说:"您老先生的德行无比高尚,天下如此之大,却没有相容之地。然而,您却依然努力推行,世上不采纳您的治国理想,这是各国国君的耻辱。您老先生有什么过错呢?"《穀梁传》说:"孩子生下来以后,不能免于水火之灾,这是做母亲的罪过;孩子进入童年后,却不拜师就学,这是做父亲的罪过;拜师就学后,学问无方,心志不通,这是自身的过错;心志已经开通,而名誉却不为人知,这是朋友的罪过;名誉虽然广播四方而有关部门却不予举荐,这是有关部门的过错;有关部门予以举荐,而做君王的却置而不用,这是做君王的过错。"

论曰:行远道者,假于车马,济江海者,因于舟楫。故贤士之立功成名,因于资而假物者。何以明之?公输子能因人主之材木①，以构宫室台榭，而不能自为专屋狭庐，材不足也。欧冶能因国君之铜铁②，以为金炉大钟，而不能自为壶鼎盘盂，无其用也。君子能因人主之政朝，以和百姓、润众庶，而不能自饶其家，势不便也。故舜耕于历山，恩不及州里；太公屠牛于朝歌，利不及于妻子。及其用也，恩流八荒，德溢四海。故舜假之尧，太公因之周文。君子能修身以假道，不能枉道而假财。

[注释]

①公输子：即公输般，亦称鲁班。春秋时鲁国人。著名建筑工匠。②欧冶：古代传说中的铸剑巧匠。

[译文]

有论说道：行远路的人，借助于车马；渡江海的人，借助于舟船。因此，贤士立功成名，也必须借助外在的力量。如何证明这个道理呢？公输子能够借助君主的材木来建构宫室台榭，但却不能为自己建造一所狭小的房屋，这是建筑材料不足的缘故。欧冶能够用国君的铜铁铸造金炉大钟，却不能为自己造一些壶鼎盘盂，因为没有可资利用的材料。君子能够利用君主的朝政团结百姓，辅济众生，但却不能因以自富，这是形势不便的缘故。所以舜当年在历山躬耕时，其恩泽不能普及州里；姜太公在朝歌宰牛时，其利不能推及妻子儿女。等他们被重用以后，其恩泽流遍八荒，德行溢满四海。所以舜才能的发挥是借助于尧，太公才能的发挥是借助于周文王。君子只能借道来修炼自身，而不能图谋财利背弃了道。

语曰："夫有国之主，不可谓举国无深谋之臣，阖朝无智策之士，在听察所考精与不精，审与不审耳。"何以明之？在昔汉祖，听聪之主也。纳陈恢之谋，则下南阳；不用娄敬之计①，则困平城②。广武君者③，策谋之士也。韩信纳其计，则燕、齐举；陈余不用其谋④，则泜水败。由此观之，不可谓事济者有计策之士，覆败者无深谋之臣。虞公不用宫之奇之谋⑤，灭于晋；仇由不听赤章之言，亡于智氏；蹇叔之哭⑥，不能济崤渑之覆；赵括之母⑦，不能救长平之败。此皆人主之听，不精不审耳。天下之国，莫不有忠臣谋士也。黄石公曰："罗其英雄，则敌国穷。"夫英雄者，国家之干；士民者，国家之半。得其干，收其半，则政行而无怨。知人则哲，唯帝难之，慎哉。

[注释]

①娄敬：汉高祖刘邦的谋士。齐人。又名刘敬。建议刘邦定都关中，被刘邦采纳，因赐姓刘。汉立，封关内侯。刘邦败于匈奴，他又提出和亲主张，刘邦采纳了他的建议，并命他出使匈奴，缔结和约。②平城：古地名。在今山西大同市。汉高祖刘邦曾被匈奴围困于此，后用陈平之计，才得以脱离险境。③广武君：即李左车。秦汉之际著名谋士。韩信曾请他做军师。④陈余：秦末魏国名士。大梁（今河南开封）人。陈胜起义后，他与张耳从武臣占据赵地。武臣被诛杀，他又与张耳立旧贵族赵偃为王。后因项羽封张耳为王，他为侯，心有不平，与张耳绝交，并击走张耳，自为代王。在韩信破赵之战中兵败被杀。⑤宫之奇：春秋时期虞国的大夫。公元前658年，晋献公贿赂虞公，借道伐虢，虞公许之。宫之奇力谏无效。前655年，晋又借道伐虢，宫之奇再谏无果。晋得以灭虢，回师灭虞。⑥蹇叔：春秋时期秦臣。秦穆公欲伐郑，蹇叔力谏无果，后果然败于殽。⑦赵括之母：战国时期赵国大将赵括的母亲。赵王欲任用赵括为将，迎击秦军，赵括之母力谏不可，赵王不听，导致长平之败，四十万将士被秦军坑杀。

[译文]

古语有言："作为一国之主，切不可轻易说：举国上下竟没有一位深谋远虑的大臣，满朝文武，竟无一名充满智慧善于筹划之士。关键在于国君对人才的听闻考察精当不精当，仔细不仔细而已。"何以说明这个道理呢？从前的汉高祖堪称善于纳谏的聪听之主，采纳了陈恢的计谋，则一举攻下了南阳；不用娄敬之计，则被匈奴困于平城。广武君是一位智谋之士，韩信采纳了他的计策，便顺利攻下了燕、齐；陈余不用他的谋略，结果兵败泜水。由此看来，就不能说事情成功了是因为手下有计策之士，遭到失败是因为手下没有深谋远虑之臣。虞国的国君不用宫之奇的谋划，因而被晋国所灭；仇由不听赤章的谏言，对智氏手软而亡国；蹇叔哭谏，不能挽救崤渑之战的惨败；赵括的母亲不能挽救赵军在长平之战的覆亡。这些都是做人主的纳谏不精密周到所致。天下无论哪个国家，都不可能没有忠臣谋士。黄石公说："把敌国的英雄都网罗在自己的周围，则敌国就会陷入困境。"所谓英雄，是一个国家的栋梁骨干；士大夫和百姓占国家力量的一半。能够得到国家的栋梁和骨干，便得到了国家力量的一半，那么政令就能通行无阻，而百姓无怨言。能够识别人才、发现人才的，才称得上圣哲，唯有帝王最难做，一定要谨慎啊！

政体第八

古之立帝王者,非以奉养其欲也,为天下之人。强掩弱,诈欺愚,故立天子以齐一之。谓一人之明,不能遍照海内,故立三公、九卿以辅翼之。为绝国殊俗,不得被泽,故立诸侯以教诲之。夫教诲之政,有自来矣。何以言之?管子曰:"措国于不倾之地,授有德也;积于不涸之仓,务五谷也;藏于不竭之府,养桑麻、育六畜也;下令于流水之源,以顺人心也;使士于不诤之官,使人各为其所长也;明必死之路,严刑罚也;开必得之门,信庆赏也;不为不可成,量人力也;不求不可得,不强人以其所恶也;不处不可久,不偷取一世宜也。知时者,可立以为长;审于时,察于用,而能备官者,可奉以为君。故曰,明版籍,审什伍,限夫田,定刑名,立君长,急农桑,去末作①,敦学敩②,核才艺,简精悍,修武备,严禁令,信赏罚,纠游戏,察苛克,此十五者,虽圣人复起,必此言也。夫欲论长短之变,故立政道以为经焉。

[注释]

①末作:中国古代以农业为本,以手工业和商业为末。②敩(xiào):教。

[译文]

古代之所以拥立帝王,并不是为了满足他的个人欲望,而是为了天下的百姓。因为社会上有以强凌弱、以诈欺愚的现象，所以才拥立天子来整顿社会，统一天下。又因为天子一人的圣明，还不足以遍照海内，所以要立三公九卿来辅佐天子。因为偏远的小国，风俗迥异，天子的恩泽不易推及这些地区，所以分封诸侯，以便教诲他们。分封诸侯，广施教诲的政治体制，由来已久了。为什么这样说呢？管子说："把国家立于不败之地，是因为实行了德政；粮仓储积永不枯竭，是因为重视了五谷生产；府库储备不竭，是因为重视养桑麻、育六畜；下达的政令如同从源头奔流而下的江水畅行无阻，是因为政令顺应了民心；令士人在自己的职位上，无异意、无怨言，必须使其更好发挥各自的长处；向人明示必死的道路，就必须严明刑罚；要打开成功之门，必须信守奖赏的原则；不去做那些不可能做成的事情，这叫量人力而行；不强求不可能得到的东西，就是不强求别人做他们所厌恶的事情；不去做不可能长久的事情，因为不能苟取一时之安。能够洞察时务的人，可以立他做一方的首领；能够洞悉时势，详察用人之道，善于发现、储备人才的，可以奉立他做国君。所以说，察明土地版图，核实户籍人口，限定农夫种田的数量，制定刑法，拥立君长，大力提倡农桑，限制工商末作，敦厚教化，考核才艺，简选精兵悍将，加强武备，严明禁令，赏罚守信，纠正游戏作风，严厉查办苛克百姓的行为，以上十五项，即便圣人再生，其所作所为必定超越不出这个范围。因为要论述长短纵横的变化，所以要奠立以上立国的政道作为准则。

卷二（德行）

君德第九

夫三皇无言，化流四海，故天下无所归功。帝者，体天则地，有言有令，而天下太平。君臣让功，四海化行，百姓不知其所以然。故使臣不用礼赏功，美而无害。王者制人以道，降心服志。设矩备衰，有察察之政、兵甲之备，而无争战血刃之用心。天下太平，君无疑于臣，臣无疑于主。国定主安，臣以义退，亦能美而无害。霸主制士以权，结士以信，使士以赏。信衰，士疏，赏毁，士不为用。故曰，理国之本，刑与德也。二者相须而行，相待而成也。天以阴阳成岁，人以刑德成治。故虽圣人为政，不能偏用也。故任德多，用刑少者，五帝也；刑德相半者，三王也①；仗刑多，任德少者，五霸也②；纯用刑，强而亡者，秦也。

[注释]

①三王：夏禹、商汤、周文王。②五霸：春秋时先后称霸的五个诸侯。指齐桓公、晋文公、楚庄王、吴王阖闾、越王勾践。亦称"五伯"。

[译文]

三皇虽然没有留下什么惊世骇俗的言论，但他们的教化之德流遍四海，以致天下人不知道应归功于谁。做帝王的人，如果能够遵守顺应天地运行的自然规律，有言有令，天下就会太平无事。君臣礼让，相互推让已有的功劳，德化流遍四海，百姓深受其恩德却不知恩德从何而来。所以，任用臣子，不必实行礼法奖赏制度，就能做到美满而无害。做君王的要以道制人，使人心悦诚服。设立制度规矩，是为了防备衰败的事情发生，虽有督察的政体和机构，虽有坚甲利兵的武备，但却没有挑起战乱、涂炭生灵的用心。天下太平时，君臣之间互不猜疑，国家稳定，君主安心，做大臣的能以义引退，上下关系也能美满而无害。天下的霸主控制士人靠权变和谋略，招揽结交士人靠守信用，任用驱使士人则靠奖赏。如果信用衰败，那么士人就会疏远他；奖赏不行，则士人就不为所用。所以说，治理国家的根本是"刑"和"德"。二者互为依存的条件，相辅相成。如同天必须靠白天黑夜、春夏秋冬等阴阳的变化才能形成岁月的更替运行一样，人则必须依靠刑和德两个方面才能达到天下大治的目的。所以说，即便圣人治国理政，也不能偏用一方而舍弃了另一方。所以说，治理天下用德多、用刑少的，是五帝的政治；刑和德相半而用的，是三王的政治；用刑多用德少的，是春秋五霸的政治；纯用刑治国，虽达到了一时的强盛，但很快灭亡了的，便是秦朝的政权。

或曰："王霸之道，既闻命矣。敢问高光二帝，皆拔起垄亩，芟夷祸难，遂开王业。高祖豁达以大度，光武谨细于条目。各擅其美，龙飞凤翔，故能拨乱庇人，拯斯涂炭。然比大德，方天威，孰为优劣乎？"

曹植曰①："昔汉之初兴，高祖因暴秦而起，遂诛强楚，光有天下，功齐汤武，业流后嗣，帝王之元勋，人君之盛事也。然而名不纯德，行不纯道。身没之后，崩亡之际，果令凶妇肆酷虐之心②，嬖妾被人彘之刑③，赵王幽囚④，祸殃骨肉。诸吕专权，社稷几移。凡此诸事，岂非高祖寡计浅虑，以致斯哉？然其枭将画臣，皆古今之所鲜，有历代之希睹。彼能任其才而用之，听其言而察之，故兼天下而有帝位也。

世祖体乾灵之休德，禀贞和之纯精，蹈黄中之妙理，韬亚圣之懿才⑤。其为德也，聪达而多识，仁智而明恕，重慎而周密，乐施而爱人。值阳九无妄之世⑥，遭炎精厄会之运，殷尔雷发，赫然神举，奋武略以攘暴，兴义兵以扫残，军未出于南京，莽已毙于西都。尔乃庙胜而后动众，计定而后行师，故攻无不陷之垒，战无奔北之卒。宣仁以和众，迈德以来远，故窦融闻声而影附⑦，马援一见而叹息⑧。敦睦九族，有唐虞之称；高尚纯朴，有羲皇之素；谦虚纳下，有吐握之劳⑨；留心庶事，有日昃之勤。是以计功则业殊，比隆则事异，旌德则靡僭，言行则无秽，量事则势微，论辅则臣弱，卒能握干图之休征，立不刊之遐迹，金石铭其休烈，诗书载其懿勋。故曰，光武其优也。"

[注释]

①曹植（192—232）：三国时魏诗人。字子健。曹操之子。因富于才学，早年曾备受曹操宠爱，一度欲立为太子。及曹丕、曹叡相继为帝，备受猜忌，郁郁而死。宋人辑有《曹子健集》。②凶妇：这里指吕后。③人彘：刘邦死后，吕后把曾受刘邦宠爱的戚夫人断去四肢，割掉舌头，挖去眼睛，扔进粪坑，称"人彘"。④赵王：戚夫人所生，刘邦死后，被吕后杀害。⑤亚圣：即孟子。⑥阳九：古代术数家的说法，四千六百七十一岁为一元，初入元一百零六岁，外有灾岁九，称"阳九"。因以指灾难之年或厄运。⑦窦融：东汉大臣。扶风平陵（今陕西咸阳西北）人。新莽末，割据河西。后归刘秀，协助攻灭隗嚣，封安丰侯，任大司空。⑧马援：东汉将军。新莽末，依附割据陇西的隗嚣，后归刘秀，参加攻灭隗嚣的战争。后任陇西太守，封新息侯。屡有战功。⑨吐握：相传周公礼贤下士，一次正在吃饭，有贤人来访，他赶快把饭从口中吐出，接待来客，如此者三。又洗澡时三次停下来握着头发接见来客，称周公"三吐握"。

[译文]

人问："称王称霸的道理和方法已领教了。请问：汉高祖和汉光武二位帝王都是由普通百姓崛起发迹，扫平祸难，终于建立了帝王之业。汉高祖豁达大度，不拘小节，汉光武则谨慎小心。二位各有所长，都能龙飞凤翔，拨乱反正，保护百姓，挽生灵于涂炭之中。然而，如果要把二位帝王的德行和威望作比较，哪一位更强一些呢？"

曹植说："从前，汉朝初兴之时，汉高祖因反抗暴秦而起义，随之又消灭了强盛一时的楚霸王项羽，光复天下，其功劳可与商汤、周武的业绩相媲美，为刘氏王朝奠定了基业，其人堪称帝王中的元勋，其功业更是人君盛事。然而他的品德不纯，其行为更不符合纯正的王道，所以在他身没驾崩之后，果然使得凶妇吕氏得以大发酷虐之心，使高祖的嬖妾惨遭'人彘'之刑，赵王被幽囚毒死，祸害殃及自己的亲生骨肉，致使诸吕专权，汉家江山险些易名改姓。凡此种种，难道不是高祖缺乏计议、浅于谋虑，以致造成如此惨痛的结局吗？然而他手下的骁勇之将，智谋计策之臣，却都是古今少有，历代罕见的。高祖能够对他们量才擢用，善于采纳他们的意见，并密切注视着他们的行动，所以能够兼并天下，建立帝王之业。

汉光武帝体验到了天地自然的美德，秉承了贞和的精神品质，通晓幽深精微的道理，胸怀仅次于圣人的才华。他的德行表现在，聪颖明达，博闻多识，富于智慧而又开明宽恕，谨慎周密，乐善好施，爱护百姓。正值大旱的灾年，汉家王朝又面临衰败的厄运，忽然如雷霆万钧，光武帝毅然奋起义兵，奋展武略扫除残暴势力，军未出南京，王莽便死于西都。汉光武用兵的特点是，庙算已定，而后出动，拟订出应付各种非常情况的数种方案后，才肯挥师而进，所以攻无不克，战无不胜。博施仁爱以团结众生，广推恩德以感召偏远。所以窦融闻声而归附，马援一见而叹息相会恨晚。汉光武敦睦九族，有唐尧虞舜的称誉；高尚淳朴，有伏羲的品德，谦虚待人，博采众议，有周公吐哺握发的辛劳；心系国家兴亡之事，事必躬亲，有夙兴夜寐的勤劳。因此，若计算他的功劳，则光武与高祖的业绩就不一样，若比功业的宏伟，则光武又与高祖的事迹不为同类，宣扬他的恩德则毫无非议之处，谈起他的品行则洁白无瑕，衡量他的实力则比汉高祖微薄，论他的辅臣则比汉高祖的弱小，然而，终于能把握并实现了建立帝业的征兆，建立了不可磨灭、流传万古的功业，金石上记载着他的美名，诗书上记载着他的功绩。所以说，相比之下，还是光武帝略优于汉高祖。"

或曰："班固称周云成康，汉言文景，斯言当乎？"虞南曰："成康承文武遗迹，以周、召为相，化笃厚之氓，因积仁之德，疾风偃草，未足为喻。至汉祖开基，日不暇给，亡嬴之弊，犹有存者。太宗体兹仁恕，式遵玄默，涤秦、项之酷烈，反轩、昊之淳风，几致刑厝，斯为难矣。若使不溺新垣之说①，无取邓通之梦②，憪憪乎庶几近于王道。景帝之拟周康，则尚有惭德。"

或曰："汉武帝雄才大略，可方前代何主？"虞南曰："汉武承六世之业，海内殷富。又有高人之资，故能总揽英雄，驾驭豪杰，内兴礼乐，外开边境，制度宪章，焕然可述，方于始皇，则为优矣。至于骄奢暴虐，可以相亚。并功有余而德不足。"

[注释]

①新垣：即新垣平。汉文帝时官至上大夫，以望气附会人事而著名。后被人告发行诈，诛死。②邓通：西汉臣。文帝时官至上大夫。颇受文帝宠幸，前后赏赐无数，并赐蜀郡严道铜山，许其铸钱，邓氏钱遍天下。景帝时免官，财产被没收，穷困而死。

[译文]

人问："班固曾说过周代帝王中值得称颂的应首推成王和康王，汉代帝王中值得称颂的应首推汉文帝和汉景帝，这样的评价妥当吗?"虞世南说:"周成王和周康王上承周文王和周武王的余业,又有周公和召公这样的圣贤为宰相,教化的是淳朴厚道的百姓,因用的是先王积累的仁德,所以政令的畅顺,比作疾风吹伏草一样,也不为过分。到了汉高祖开立汉朝的基业时,百事待举,日不暇给,秦朝政治的弊端仍有残存。汉文帝体怀仁恕之心,遵奉道家无为而治的思想,荡涤秦朝、项羽的酷刑暴政,恢复轩辕、太昊时的淳朴之风,以至于刑罚措置不用,做到这一点,的确不容易。假若文帝不沉溺于新垣平的虚妄之说,不要理睬邓通推自己上天的梦幻,那么,文帝的政治,几乎近于王道了。至于汉景帝与周康王相比,则尚有自惭之处。"

有人问:"汉武帝雄才大略,可与前代哪个帝王相比?"虞世南说:"汉武帝继承了祖上六世经营的业绩,海内殷富,又富于伟人的素质,所以能总揽英雄,驾驭豪杰,对内弘扬礼乐制度,对外拓宽疆域,其文治武功,焕然可述,比前代的秦始皇还要略胜一筹。至于武帝骄慢奢侈,为政暴虐,则略次于秦始皇。两人都属于'功有余而德不足'的帝王。"

昔周成以孺子继统,而有管、蔡四国之变①;汉昭幼年即位,亦有燕、盖、上官逆乱之谋②。成王不疑周公;汉昭委任霍光。二主孰为先后?

魏文帝曰:"周成王体圣考之休气,禀贤妣之胎诲,周、召为保傅,吕望为太师,口能言则行人称辞,足能履则相者导仪,目厌威容之美,耳饱德义之声,所谓沉渍玄流,而沐浴清风矣。犹有咎悔,聆二叔之谤,使周公东迁,皇天赫怒,显明厥咎,然后乃悟。不亮周公之圣德,而信金縢之教言,岂不暗哉?夫汉昭父非武王,母非邑姜,养惟盖主,相则桀、光,保无仁孝之质,佐无隆平之治,所谓生于深宫之中,长于妇人之手。然而德与性成,行与礼并,在年二七,早知夙达,发燕书之诈,亮霍光之诚。岂将启金縢,信国史,而后乃悟哉?使成昭钧年而立,易世而化,贸臣而治,换乐而歌,则汉不独少,周不独多也。"

[注释]

①管、蔡四国之变:周成王年少继位,由其叔父周公旦辅政。成王的另外两个叔父管叔和蔡叔联合发动叛乱,周公发兵平息了叛乱。②燕、盖、上官逆乱之谋:汉昭帝即位,霍光等受命辅政。昭帝之兄燕王旦、盖长公主以及与霍光同时受命辅政的上官桀等图谋政变,拥立燕王,被霍光镇压。

[译文]

从前周成王幼年继承王位,而爆发了管、蔡等四国的叛乱;汉昭帝幼年继位,也有燕、盖、上官等人的逆乱之谋。周成王不怀疑周公,汉昭帝委任霍光,这两位帝王相比,哪个为先,哪个为后?

魏文帝说:"周成王秉承了其父母的优秀品质,又有周公、召公做保傅,吕望做太师,刚会讲话时就有行人(司仪之官)教他言辞,刚会迈步就有相者(礼仪之官)教他步伐仪表,他的眼睛从小就看够了威仪美容,耳朵充满了德义之声,堪称沉浸于玄妙的河流中,沐浴在徐徐的清风里。尽管如此,仍有惭悔之处,轻信了管、蔡二叔的诽谤言论,使周公东迁,致使皇天发怒,以明示成王的过错,成王因此而觉悟。周成王不能明察周公的圣德,而相信金縢书的教导之言,岂不是太糊涂了吗?而汉昭帝既没有像周武王那样圣明的父亲,又没有像邑姜那样贤淑的母亲,养育他的是盖长公主,辅佐他的是上官桀、霍光。保育他的人不具有仁孝的品质,辅佐他的人又无隆平世治的才能,可以说是生于深宫之中,成长于妇人之手。然而,他的性情仁德,行为合礼,十四岁时就聪敏过人,发觉燕王诬告书信的虚诈,洞明霍光忠诚无私,哪里像周成王那样,开启金縢见了周公遗书、问了史官之后才恍然大悟的人呢?如果使周成王和汉昭帝成年继立,再互换一下朝代的位置、手下的大臣以及彼此的礼乐制度，恐怕汉祚未必少，而周祚未必多呢。"

或曰："汉宣帝政事明察，其光武之俦欤^①？"虞南曰："汉宣帝起自闾阎^②，知人疾苦，是以留心听政，擢用贤良，原其循名责实，峻法严令，盖流出于申、韩也^③。古语云：'图王不成，弊犹足霸；图霸不成，弊将如何？'光武仁义，图王之君也；宣帝刑名，图霸之主也，今以相辈，恐非其俦。"

或曰："汉元帝才艺温雅，其守文之良主乎？"虞南曰："夫人君之才，在乎文德武功而已。文则经天纬地，词令典策；武则禁暴戢兵，安人和众。此南面之宏图也。至于鼓瑟吹箫，和声度曲，斯乃伶官之职，岂天子之所务乎？"

[注释]

①俦（chóu）：同类。②闾阎：里巷的门。一般借指里巷或普通百姓。③申、韩：指申不害和韩非。二人均为战国时期法家代表人物。

[译文]

有人问："汉宣帝政事明察，是不是汉光武一类的人物？"虞世南说："汉宣帝兴起于民间，了解百姓的疾苦，因此能够留心政事，提拔重用贤臣良将，但考察他循名责实、峻法严令的施政风格，都出自申不害、韩非法家一派的主张。古语说：'图王不成，弊犹足霸；图霸不成，弊将如何？'光武讲求仁义，是图谋王道的君主；宣帝则推崇刑名，是图谋霸道的君主。今天把二人相比，恐怕不是一类的人物。"

有人问："汉元帝颇具才艺，温文尔雅，算得上爱好艺文的良主吗？"虞世南说："做君王的才能在于文德武功而已。文方面的才能表现在经天纬地、辞令典策；武方面的才能表现在禁绝残暴，消弭兵乱，安定百姓，和睦众人。这才是君王应当追求的治国宏图。至于鼓瑟吹箫，和声度曲，这些都是戏子伶官的职责，难道是天子所应做的事吗？"

或曰："观伪新王莽①，谦恭礼让，岂非一代之名士乎？至作相居尊，骄淫暴虐，何先后相背甚乎？"虞南曰："王莽天姿惨酷，诈伪人也。未达之前，徇名求誉；得志之后，矜能傲物。饰情既尽，而本质存焉。愎谏自高，卒不改悟，海内冤酷，为光武之驱除焉。"

[注释]

①王莽（前45—23）：新王朝的建立者。公元8年至23年在位。字巨君，汉元帝皇后侄。汉末，以外戚掌握政权，逐步篡汉自立，改国号为新。在位期间实行改制，引起全国政治、经济混乱。农民起义军攻入长安后，王莽被杀。

[译文]

有人问："考察伪新朝的王莽，谦恭礼让，难道还算不上一代名士吗？等到做了宰相，居身隆尊之位后，则骄淫暴虐，为什么前后的作为如此南辕北辙呢？"虞世南说："王莽天性是惨酷诈伪之人。没有显达以前，伪装谦恭，沽名钓誉；得志以后，矜恃才能、傲视外物。撕去了昔日的伪装后，其本质便暴露无遗了。刚愎自用，拒不纳谏，始终未能改悔醒悟，致使冤酷遍海内，终于被汉光武帝所铲除。"

夏少康、汉光武皆中兴之君①，孰者为最？虞南曰："此二帝皆兴复先绪，光启王业，其名则同，其实则异。何者？光武之世，藉思乱之民，诛残贼之莽，取乱侮亡，为功差易。至如少康，则夏氏之灭已二代矣。藐然遗体②，身在胎孕，母氏逃亡，生于他国，不及过庭之训，曾无强近之亲，遭离乱之难，庇身非所。而能崎岖于丧乱之间，遂成配天之业。中兴之君，斯为称首。"

[注释]

①夏少康：传说中的夏国王。姒姓。相的儿子。寒浞杀死相后，少康生在母家有仍氏，为有仍氏牧正，后又逃奔有虞氏为庖正，有田一成（方十里），有众一族（五百人）。后在有鬲氏帮助下，攻杀寒浞，恢复了夏朝统治。史称"少康中兴"。②薿然：孤立薿小貌。

[译文]

夏朝的少康、汉光武帝都是中兴之主，二人相比，哪位更优？虞世南说："这两位帝王都能兴复先祖的帝王之业，其名虽然相同，而实际则是有区别的。为什么这样说呢？汉光武之世，借助想造反的民众，诛灭了残贼王莽，这是取思乱之民众凌侮行将灭亡的残贼，成功较为容易。至于少康之时，夏朝被灭已经两代，少康的母亲孑然一身，怀着身孕，逃到别的国家生了少康。少康既不能得到正常的家庭教育，又没有强有力的亲近保护，身遭离乱之难，而无安身之所。但少康却能在丧乱之中历尽曲折，排除困难，最终成就了帝王大业。在中兴之君中，应首推少康。"

后汉衰乱，由于桓、灵二主，凶德谁则为甚？虞南曰："桓帝赫然奋怒，诛灭梁冀①，有刚断之节焉。然阉人擅命，党锢事起②，中平乱阶，始于桓帝。古语曰：'天下嗷嗷，新主之资也。'灵帝承疲民之后，易为善政，黎庶倾耳，咸冀中兴。而帝袭彼覆车，毒逾前辈，倾覆宗社，职帝之由，天年厌世，为幸多矣。"

[注释]

①梁冀：东汉外戚，两妹为顺帝、桓帝皇后。任大将军，专擅朝政长达二十余年。执政期间，骄奢横暴，强迫百姓数千人为奴，称"自卖人"。后来桓帝与宦官联手诛灭梁氏，梁冀被迫自杀。②党锢：东汉桓帝时宦官专权，世族李膺等人联合郭泰、贾彪等太学生抨击宦官集团。后有人勾结宦官诬告他们"诽讪朝政"，李膺等二百多人被捕。后虽释放，但终身不许做官。这是第一

次党锢之祸。汉灵帝即位后,外戚窦武专权,起用"党人",并与太傅陈蕃等合谋诛杀宦官,事泄被杀。灵帝与宦官将李膺等百余人下狱处死。后又杀死、流徙、囚禁六七百人。这是第二次党锢之祸。

[译文]

人问:后汉衰败战乱,根源在桓帝和灵帝两位君主,二人政治的腐败哪一个更为严重?虞世南说:"汉桓帝对外戚专权奋然动怒,诛杀了以梁冀为首的外戚势力,还算有刚猛果断的气魄。然而,继之却是宦官专权,'党锢之祸'就起始于桓帝。古语说:'天下嗷嗷待哺,正是新主可资利用的良机。'汉灵帝继位时,正值人民疲惫之时,推行德政,安抚百姓较为容易,天下都渴盼出现中兴的局面。然而灵帝却重蹈桓帝覆辙,其为政的酷毒有过于前辈,终于倾覆了汉家的社稷,推察灵帝的作为,居然还能寿终正寝,实在是太幸运啊!"

自炎精不竞①,寓县分崩,曹孟德挟天子而令诸侯,刘玄德凭蜀汉之阻,孙仲谋负江淮之固,三分天下,鼎足而立。皆肇开王业,光启霸图,三方之君,孰有优劣?

虞南曰:"曹公兵机智算,殆难与敌,故能肇迹开基,居中作相,实有英雄之才矣。然谲诡不常,雄猜多忌。至于杀伏后②,鸩荀彧③,诛孔融,戮崔琰④,娄生毙于一言,桓劭劳于下拜,弃德任刑,其虐已甚,坐论西伯,实非其人。许劭所谓'治世之能臣,乱世之奸雄',斯言为当。刘公待刘璋以宾礼,委诸葛而不疑,人君之德,于斯为美。彼孔明者,命世之奇才,伊、吕之俦匹,臣主同心,鱼水为譬。但以国小兵弱,斗绝一隅,支对二方,抗衡上国。若使与曹公易地而处,骋其长算,肆关、张之武,尽诸葛之文,则霸王之业成矣。孙主因厥兄之资,用前朝之佐,介以天险,仅得自存,比于二人,理弗能逮。"

[注释]

①炎精：这里指刘汉王朝。汉朝承火德，故称炎精。②伏后：汉献帝皇后。伏后曾致书其父伏完，要他设法诛杀曹操，事泄，伏后被鸩杀。③荀彧：曹操的谋士。因反对曹操称魏王而被鸩杀。④崔琰：曹操的尚书。遭人诬告被杀。

[译文]

自从汉朝火德日衰，天下分崩，曹孟德挟天子而令诸侯，刘备凭借蜀汉山川的险阻，孙权则凭江淮的险固，三分天下，鼎足而立。都是开启帝王之业、图谋称霸天下的君主，三方君主，彼此优劣如何？

虞世南说："曹操用兵富于智慧，长于筹算，很难有人同他相匹敌，所以能奠立帝王的基业，居中作相，控制汉朝政权，的确具有英雄的才气。然而却谲诡无常，疑心重重，颇多猜忌。至于杀害伏皇后，毒死荀彧，诛杀孔融，屠戮崔琰，娄生因一言不慎而丧命，桓劭劳于下拜而命不保。抛弃仁德，专任刑罚，暴虐非常，有人说他像西伯文王，其实，远不是这样的人。许劭称曹操为'治世之能臣，乱世之奸雄'，这个评价恰如其分。刘备对刘璋礼如宾客，委诸葛亮以重任而毫无猜疑之心，作为君王的品德，这是最为高尚的。至于诸葛孔明，为命世奇才，堪与伊尹、吕望等圣贤相媲美，臣主同心同德，如鱼水相得。但是，因国小兵弱，屈居西南一隅，仍须支应魏、吴两方，与大国强国相抗衡。如果使刘备和曹操易地而居，充分发挥自己长于谋算的优势，让关羽、张飞的武略充分施展，让诸葛亮发挥自己的智谋，霸王之业就能够成功了。孙权继承了他的兄长孙策的基业，用前朝老臣做宰辅，又有长江天险作屏障，反得以自存而毫无进取，据此来看，若同曹操、刘备相比，怕是望尘莫及的。"

晋宣帝雄谋妙算，诸葛亮冠世奇才，谁为优劣？虞南曰："宣帝起自书生，参佐帝业，济世危难，克清王道，文武之略，实有可称。而多仗阴谋，弗由仁义，猜忌诡伏，盈诸襟抱。至如示谬言于李胜①，委鞫狱于何晏②，愧心负理，君子不为。以此伪情，行之万物。若使力均势敌，俱会中原，以仲达之奸谋，当孔明之节制，恐非俦也。"

[注释]

①李胜：三国时曹魏臣。任荆州刺史时，奉曹爽之命去探望在家养病的司马懿，以便了解其有无异动。司马懿深知李胜来意，便装出病重的样子给李胜看。李胜信以为真，报告曹爽说："勿以太尉为忧。"公元249年，司马懿发动政变，逮捕曹爽、李胜等人，夷族。②何晏：三国魏玄学家。娶魏公主，官至尚书。因附曹爽，公元249年被司马懿所杀。

[译文]

晋宣帝雄谋妙算，诸葛亮冠世奇才，二人相比，谁优谁劣？虞世南说："宣帝司马懿本一介书生，后来参与辅佐帝业，匡济世事危难，清理弘扬王道，文武韬略，的确有诸多值得称颂之处。然而他为政用兵，多倚仗阴谋诡计，不用仁义之道，猜忌、残忍、诡诈、埋伏之属盈脑满胸。至于假痴不癫、以谬言蒙骗李胜，把玄学家何晏下狱，都是愧心负理的行为，是君子决不做的事情。司马懿用这种诈伪之术待人接物，假设使魏与蜀势均力敌，会兵中原，以马司仲达的奸谋同诸葛亮用兵的谋略相比，恐怕还不是诸葛亮的对手。"

或曰："晋景、文兄弟孰贤？"虞南曰："何晏称：'惟深也，故能通天下之志，夏侯太初是也①；惟几也，故能成天下之务，司马子元是也②。'故知王佐之才，著于早日。及诛爽之际，智略已宣。钦、俭称兵③，全军独克，此足见其英图也。虽道盛三分,而终身北面,威名振主而臣节不亏,侯服归全,于斯为美。太祖嗣兴,克宁祸乱,南定淮海,西平庸蜀,役不逾时,厥功为重。及高贵纂历,聪明夙智,不能竭忠协赞,拟迹伊周,遂乃伪谤士彦,诿罪成济④,自贻逆节,终享恶名,斯言之玷,不可磨也。"

东晋自元帝以下,何主为贤?虞南曰:"晋自迁都江左,强臣擅命,垂拱南面,政非己出。王敦以盘石之宗⑤,居上流之要,负才矜地,志怀问鼎,非肃祖之明断⑥,王导之忠诚⑦,则晋祚其移于王氏矣。若使降年永久,仗任群贤,因瀍、涧之遗黎,乘刘、石之衰运,则克复中原,不难图也。"

[注释]

①夏后太初:夏侯玄,字太初。早期玄学领袖。曾任魏征西将军,都督雍、凉诸军事。后因图谋铲除司马氏家族在魏国的势力,事泄,被杀。②司马子元:司马师,字子元。司马懿之子。继其父为魏大将军,专国政。③钦、俭:指文钦和毌丘俭。文钦时任扬州刺史,毌丘俭时任镇东将军。正元二年(255),二人矫诏讨伐司马师,兵败。毌丘俭被杀,文钦逃往东吴。④成济:曹魏高贵乡公时任太子舍人。高贵乡公(司马昭所立傀儡皇帝)因不满司马昭专权,率数百人去杀司马昭,中护军贾充迎战高贵乡公,并责成成济前往刺杀高贵乡公。司马昭为保护贾充,便把行刺魏帝的责任推在了成济身上。⑤王敦(266—324):东晋大臣。出身士族。西晋灭亡,与其堂弟王导拥立琅琊王司马睿建立东晋政权,任大将军、荆州牧,拥重兵镇守武昌。永昌元年(322),因司马睿抑制王氏家族,起兵攻入建康(今南京),杀晋元帝宠臣刁协等,回镇武昌。晋明帝太宁二年(324),再次进兵建康,病死军中。⑥肃祖:即晋帝司马绍。公元322年至326年在位。⑦王导(276—339):东晋大臣。字茂弘,琅琊临沂(今山东临沂)人。为琅琊王司马睿献策移镇建康(今南京),并建立东晋。历仕元、明、成三帝,时称:"王与马,共天下。"

[译文]

有人问:"晋景帝、晋文帝二兄弟哪位更贤明?"虞世南说:

"何晏曾说:'唯有思想深邃,才能通晓天下发展的道理,夏侯太初就是这样的人;唯有精细幽妙,才能成就世事功业,司马子元就是这样的人。'所以司马师所拥有的宰辅之才,在早年就显露出来了。当司马懿诛杀曹爽之际,便显示了景帝的智略,曹魏大将文钦、毌丘俭在淮南举兵,反对司马氏专擅朝政,司马师率军将其全歼,据此足见其智略和英明。虽然他智略胜人三分,但最终只能北面称臣;虽然威名震主,但始终坚守臣节,最终以诸侯的名分全身而退,值得赞美。晋文帝司马昭执政时,扫平祸乱,南定淮海,西平蜀汉,兵战工役不违农时,这是他最大的功勋。高贵乡公继承帝位后,本来聪明早智,而司马昭却不能尽忠辅佐,留下伊尹、周公辅佐天子的名迹,以至诈谤士人,杀害天子,而后开罪于成济。但毕竟自负叛逆之节,落得一个杀害天子的恶名。这些有污声誉的评价,是不容磨灭的。"

东晋自元帝以下,哪一位皇帝算得上贤明之主?虞世南说:"晋朝自从迁都江左,强臣专擅朝命,皇帝形式上垂拱南面,政令却不能由自己决定。大将军王敦作为能决定朝政的王氏家族的成员,拥兵长江上游,凭仗自己的才能和有利的地理形势,心怀叛逆问鼎之志,如果不是晋明帝审慎明断,王导忠心耿耿,司马氏政权早被王氏取而代之了。如果晋明帝年寿能长一些,仗任手下的众多贤臣,以及从洛阳南迁的精锐部队,乘刘曜、石勒的衰败之机,北上收复中原,并不是困难的事情。"

伪楚桓玄有奇才远略①,而遂至灭亡,何也?虞南曰:"夫人君之量,必虚己应物,覆载同于天地,信誓拟于暄寒,然后万姓乐推而不厌也。彼桓玄者,盖有浮狡之小智,而无含宏之大德。值晋末衰乱,威不逮下,故玄得肆其爪牙,以徼幸之余,而逢神武之运,至于夷灭,固其宜也。"

[注释]

①桓玄：东晋名将。桓温之子。公元403年，代晋自立，国号楚。不久，即被北府兵将领刘裕讨灭。

[译文]

伪楚桓玄有奇才远略，而最终遭致灭亡，这是为什么呢？虞世南说："作为人君的度量和胸怀，必须做到虚怀应物，其涵量如上天一样博大，如大地一样能容，还要取信于民，与百姓关系亲密，这样，百姓才乐于拥戴。而桓玄这个人，具有浮夸狡诈般的小聪明，却不具备宽宏博大的高尚德行。正值晋末衰败混乱，朝命失去了权威，桓玄才得以割据称雄，僭越帝号，侥幸之余，又遭到晋军强有力的讨伐，归于灭亡，这是他本应得到的下场。"

宋祖诛灭桓玄①，再兴晋室，梁代裴子野优之于宣、武②，其事云何？虞南曰："魏武，曹腾之孙，累世荣显，濯缨汉室，三十余年。及董卓之乱，乃与山东俱起，诛灭元凶，曾非己力。晋宣历任卿相，位极台鼎，握天下之图，居既安之势，奉明诏而诛逆节，建瓴为譬，未足喻也。宋祖以匹夫提剑，首创大业，旬月之间，重安晋鼎，居半州之地，驱一郡之卒，斩谯纵于庸蜀③，禽姚绍于崤函④，克慕容超于青部⑤，枭卢循起于岭外⑥，戎旗所指，无往不捷。观其豁达，则汉祖之风；制胜胸襟，则光武之匹。惜其祚短，志未可量，此为优矣。"

宋孝武、明帝⑦，二人孰贤？虞南曰："二人残忍之性，异体同心。诛戮贤良，割剪枝叶，内无平、勃之相，外阙晋、郑之亲，以斯大宝，委之昏稚，故使齐氏乘衅，宰制天下。未逾岁稔，遂移龟玉。缄縢虽固，适为大盗之资。百虑同失，可为长叹。鼎社倾沦，非不幸也。"

[注释]

①宋祖：南朝宋高祖刘裕。刘宋王朝的建立者。初为北府兵将领，桓玄代晋自立后，参与讨伐桓玄的战争。公元420年代晋自立，建立宋朝。②裴子野：南朝梁朝史学家。③谯纵：十六国时期后蜀国君。公元405年至413年在位。④姚绍：十六国时期后秦将领。刘裕北伐时，他曾率兵据关迎战，被刘裕攻破。⑤慕容超：十六国时期南燕国君。公元405年至410年在位。⑥卢循：东晋末年农民起义军领袖。孙恩的妹夫。初随孙恩起义，恩死，统恩余部转战于浙东一带，泛海南下至广州，赶走刺史吴隐之，自领州事，后受招安为广州刺史，公元410年，乘刘裕北伐之机，进兵建康，兵败自杀。⑦宋孝武：即南朝刘宋孝武帝刘骏，字休龙。公元453年至464年在位。宋文帝第三子，封武陵王。文帝为太子刘劭所杀，他起兵讨灭刘劭，被拥立为帝。宋明帝：即南朝刘宋皇帝刘彧，字休炳。公元466年至472年在位。宋文帝第十一子。

[译文]

宋祖刘裕诛灭桓玄，再兴晋室，梁代的裴子野认为刘裕胜过晋宣帝司马懿和魏武帝曹操，事实是这样的吗？

虞世南说："魏武帝曹操是东汉宦官曹腾的孙子，累世荣耀显达，在汉室为官达三十余年。在董卓之乱时，便同山东诸侯一道起兵，诛灭了元凶董卓，这不是他一个人的力量所致。晋宣帝司马懿历任卿相，位极台鼎，控制全国的局势，居于安稳的形势，奉皇上明诏而诛伐逆贼，居高临下，以高屋建瓴为比喻，并不过分。南朝宋祖刘裕以普通百姓从戎征战，首创大业，他能在旬月之间，平定叛乱，重新稳定晋朝的江山。凭借半州之地、一郡的兵马，斩谯纵于巴蜀，擒姚绍于崤函，破慕容超于青部，斩卢循于岭外，战旗所指，无往而不胜。论其豁达，有汉高祖之风；制胜胸襟，则可与汉光武相匹敌。可惜他在位时日很短，否则，其志未可估量。刘裕是一位杰出的帝王。"

又问：宋孝武帝和宋明帝哪位较贤明？虞世南说："二人残忍的性格，真可谓异体而同心。诛戮贤良，残害骨肉之亲，朝内没有像陈平、周勃这样的宰相，外又缺乏像春秋时期晋国和郑国间稳固强大的姻亲，将国器权柄委予昏聩无知的大臣手中，故使萧齐氏乘内乱之机，掌握了宰制天下的大权，不到一年，刘氏的龟玉宝器便移到萧齐手中了。好比箱子封锁得很牢固，正好方便了大盗的偷窃，千思百虑，均告失败，令人叹息。至于社稷的倾覆，也算不上什么不幸之事。"

齐建元、永明之间①，号为治世，诚有之乎？虞南曰："齐高创业之主②，知稼穑之艰难。且立身俭素，务存简约。武帝则留意后庭③，雕饰过度，然能委任王俭④，宪章攸出，礼乐之盛，咸称永明。宰相得人，于斯为美。"

宋、齐二代，废主有五，并骄淫狂暴，前后如一。或身被贼杀，或倾坠宗社，岂厥性顽凶，自贻非命，将天之所弃，用亡大业乎？虞南曰："夫上智下愚，特禀异气；中庸之才，皆由训习。自宋、齐以来，东宫师傅，备员而已。贵贱礼隔，规献无由，多以位升，罕由德进。此五君者，禀凡庸之性，无周、召之师，远益友之箴规，狎宵人之近习，以斯下质，生而楚言，覆国亡身，理数然也。"

[注释]

①建元：南朝齐高帝萧道成年号。永明：南朝齐武帝萧赜年号。②齐高：即齐高帝。南朝齐的建立者萧道成。公元479年至482年在位。③武帝：即齐武帝萧赜。齐高帝长子。公元482年至493年在位。④王俭：南齐大臣、学者。好学博闻，历任侍中、尚书令、中书监等。

[译文]

齐建元、永明之间，被称为治世，史事果真如此吗？虞世南说："齐高帝作为开国创业的皇帝，颇知稼穑之艰难，而且自身生活节俭朴素，为政务求简约。齐武帝则沉溺后宫，生活奢侈，雕饰过度。然而，还能任用王俭这样的贤良之臣，宪章朝仪都由他规划和推出，礼乐之盛，人们都称颂永明年间。所任用的宰相得力，这一点是很值得称颂的。"

南朝宋、齐两个朝代，有五位被废的君主，都是骄淫狂暴之辈，前后并无二致。这五位被废的君王中，有的被逆贼所杀，有的倾坠社稷，丢掉了帝位，难道是他们生性顽凶，自取灭亡，为上天所抛弃，从而使其帝王大业付诸东流了吗？虞世南说："极端的聪慧和愚鲁都是天生的，而天赋一般的人其才能则要靠后天的训导和教习。而自宋、齐以来，太子的师傅都是形同虚设的备员而已。品位较低的属僚即便能发现问题，欲图劝导规谏，却又碍于贵贱之礼和途径不通而无法办到；而且，官位的晋升也多根据原有的爵位和资格，很少根据德行的优劣来决定。这五位被废的帝王，才气平庸，既没像周公、召公那样的德才兼备之人做老师，又听不到良朋益友的规劝，整日同奴才小人婢妾宫女厮混，以较低下的天赋，生活在粗蛮的环境中，最后遭致覆国亡身的下场，也是理所当然的事情。"

梁元帝聪明才学，克平祸乱，而卒致倾覆，何也？虞南曰："梁元聪明伎艺，才兼文武，仗顺伐逆，克雪家冤，成功遂事，有足称者。但国难之后，伤夷未复，信强寇之甘言，袭褊心于怀楚。蕃屏宗支自为仇敌，孤远悬僻，莫与同忧，身亡祚灭，生人涂炭，举鄢、郢而弃之，良可惜也。"

后齐文宣帝，狂悖之迹，桀纣之所不为。而国富人丰，不至于乱亡，何也？虞南曰："昔齐桓奢淫亡礼，人伦所弃。假六翮于仲父，遂伯诸侯。宣武帝鄙秽忍虐，古今无比。委万机于遵彦①，保全宗国，以其任用得才，所以社稷犹存者也。"

陈武帝起自草莱，兴创帝业，近代以来，可方何主？虞南曰:"武帝以奇才远略,怀匡复之志,龙跃海隅,豹变岭表,扫重氛于绛阙,复帝座于紫微。西抗周师,北夷齐寇,宏谋长算,动无遗册,实开基之令主,拨乱之雄才。比宋祖则不及,方齐高则优矣。"

[注释]

①遵彦:即杨愔。字遵彦。

[译文]

梁元帝聪慧有才学,能够克平祸乱,而最终仍然导致帝位倾覆,这又是为什么呢?虞世南说:"梁元帝聪明而富有技艺,文武兼备,顺应民心,讨伐叛逆,报雪家国之冤,功成事就,其功业的确有可称道之处。但国家遭难之后,满目疮痍,尚未恢复,却轻信了强寇的甜言蜜语,即位于楚都江陵,摒弃宗室兄弟,视若仇敌,无异于将自己置于悬远荒僻之地,结果造成无人与他共同分忧国事,最后落得身亡国灭,生灵涂炭,鄢郢之地弃于敌手,实在可惜。"

后齐文宣帝狂妄暴虐,灭绝天理,其作为比之桀纣,可谓有过之而无不及。然而文宣之世,国家殷富,人民丰衣足食,不至于乱亡,这是为什么呢?虞世南说:"从前齐桓公奢侈淫逸,不遵守礼法,为一般人伦所不齿。但他把大权委予管仲,遂使齐国成为诸侯的霸主。神武帝和文宣帝贪鄙残忍,疯狂暴虐,无与伦比。然而,他把朝政大权委予杨愔,宗庙社稷得以保全。这是因为他善于任用人才,所以才不致江山移位。"

陈武帝起自草寇,最终开创了帝王大业,他可以和近代以来哪一位国君相比?虞世南说:"武帝以其奇才远略,胸怀匡复社稷的远大志向,其作为如同巨龙跃于江海,雄豹应变于岭外,他扫除宫廷的威胁,使处于危难中的国君恢复帝王的宝座。他西抗北周的军队,北克北齐的来犯之师,他精于谋略,长于料算,动而必成,万无一失，堪称开国奠基的一代英主，拨乱反正的盖世雄才。把他同宋祖刘裕相比，则略显逊色，若同齐高帝萧道成相比，则又略胜一筹。"

隋文帝起自布衣，光有神器，西定庸蜀，南平江表，比于晋武，可为俦乎？虞南曰："隋文因外戚之重，周室之微，负图作宰，遂膺宝命。留心政治，务从恩泽，故能绥抚新旧，缉宁遐迩，文武制置，皆有可观。及克定江淮，咸同书轨，率土黎献①，企伫太平②。自金陵灭后，王心奢汰，虽威加四海，而情坠万机，荆璧填于内府，吴姬满于下室。仁寿雕饰，事将倾宫，万姓力殚，中民产竭。加以猜忌心起，巫蛊事兴，戮爱子之妃，离上相之母，纲维已紊，礼教斯亡，牝鸡晨响③，皇枝剿绝，废黜不辜，树立所爱，功臣良佐，诛翦无遗。季年之失，多于晋武，卜世不永，岂天亡乎？"

[注释]

①黎献：众多贤能的人。这里喻指天下百姓。②伫（zhù）：久立等待。③牝鸡晨响：此指隋文帝皇后独孤氏干预朝政，而文帝事事依从。牝鸡，即母鸡，喻指皇后。

[译文]

隋文帝杨坚起自布衣百姓，最后登上了皇帝的宝座。他西定庸蜀，南平江表，把他同晋武帝划为一档，是否妥当？虞世南说："隋文帝借外戚的重要地位，乘北周王室衰微之机，专权朝政，并最终取而代之，登上了皇帝的宝座。他专心政治，博施恩泽，所以能够使新旧臣僚各得其所，进而安定天下，文治武功，皆有可称道之处。到后来他平定江淮，统一天下，全国百姓都渴盼从此过上安居乐业的生活。但自平定南陈以后，隋文帝的生活奢侈起来，虽然威震四海，但仍然欲壑难填，玉石宝器填满了内府，江南美色充斥后宫。仁寿年间，大兴土木，百姓差役繁重，力不能胜，中产之家亦纷纷破产。再加上晚年心怀猜忌，巫蛊（利用巫术诅咒人）一案，杀了爱子杨俊之妃，又将大臣杨素之母下狱。至此，国家纲纪紊乱，礼教衰亡，甚至听信独孤皇后之言，残杀皇室骨肉，废黜无辜太子杨勇，另立杨广为太子，功臣良相，诛杀殆尽。隋文帝晚年的过失多于晋武帝，隋朝未能长久，能说是上天要使它灭亡吗？"

或曰："王霸之略，请事斯语矣。敢问殁而作谥①，及改正朔、易服色，以变人之耳目，其事奚象？"对曰：古之立谥者，将以戒夫后代。随行受名，君亲无隐。今之臣子不论名实，务在尊崇。斯风替也久矣。

昔季康子问五帝之德于孔子，孔子曰："天有五行，木、火、金、水及土，分时替化，育以成物。其神为五帝纬。"古之王者，易代改号，取法五行。五行更王，终始相生，亦象其义。故其生为明王者，而死配五行。是以太皞配木，炎帝配火，少皞配金，颛顼配水，黄帝配土。帝王改号，于五行之德，各有所尚，从其所王之德次焉。夏后氏以金德王而尚黑，殷人以水德王而尚白，周人以木德王而色尚赤，此三代之所以不同也。及汉之初，公孙、贾谊以为汉土德，以五行之传，从所不胜。秦在水德，故谓汉据土而克之。刘向父子以为帝出于震，故庖牺氏始受木德，其后以母传子，终而复始，自神农、黄帝，下历唐虞三代，而汉得火焉。故高祖始起，神母夜号，著赤帝之符，得天统矣。昔共工以水德间于木火，与秦同运，非其次，故皆不永也。以此观之，虽百代可知也。

[注释]

①谥：古代帝王、贵族、大臣或其他有地位的人死后被人加封的带有或褒或贬意义的称号。

[译文]

有人问:"称王称霸之韬略的优劣得失,谨奉你以上的论说。那么,请问帝王死后的谥号,以及改换正朔、变易服色,以便令人耳目一新,这究竟是怎么一回事呢?"回答说:古代之所以为帝王立谥号,目的在于以此告诫后代。谥号根据帝王的生前事迹而立,无论对君王还是对自己的双亲都不加隐讳的。今天的臣子为帝王立谥号,也不管名与实是否相符合,唯求尊崇,这种风气替代古代立谥的原则已经很久了。

从前,季康子向孔子请教五帝的德行,孔子说:"天有五行:木、火、金、水、土,五行分裂,才化育成万物。五行之神即为五帝之行星。"古代的王改朝换代时,变易称号,都是取法于五行更替的道理。按照五行的顺序而变换称王,终始相生,也是仿照五行相生的道理。所以生为明王,死后以五行相配。因此,以太皞配木,炎帝配火,少皞配金,颛顼配水,黄帝配土。帝王改号,于五行之德各有不同的崇尚,根据其称王时所崇尚的德来排列次序。如夏后氏因金德而称王,所以崇尚黑色;殷人因水德而称王,所以崇尚白色;周人因木德而称王,所以崇尚红色。这便是三代所崇尚的德和色各不相同的原因。到了汉初,公孙弘、贾谊认为汉应为土德,顺从五行相生相克的道理,就能无往而不胜。秦为水德,所以汉根据土德而灭了秦朝。刘向、刘歆父子认为汉高祖出震(八卦之一,雷之象),庖犠氏最初受木德,其后以母传子,五行终而复始,自神农、黄帝,又经唐、虞、三代,排到汉应为火德。所以高祖初发迹时,有神母夜间哭号,高祖应赤帝的符兆,才得以继天下大统。从前,共工氏曾以水德居于木德和火德之间,同秦国一样,因他们都不符合五行生克的序列,所以命运都未能长久。由此看来,按照五行生克的次序来推演,即便百代以后的事,也是可以预先推知的。

臣行第十

夫人臣萌牙未动,形兆未见,昭然独见存亡之机,得失之要,豫禁乎未然之前,使主超然立乎显荣之处,如此者,圣臣也。虚心尽意,日进善道,勉主以礼义,谕主以长策,将顺其美,匡救其恶,如此者,大臣也。夙兴夜寐,进贤不懈,数称往古之行事,以厉主意,如此者,忠臣也。明察成败,早防而救之,塞其间,绝其源,转祸以为福,君终已无忧,如此者,智臣也。依文奉法,任官职事,不受赠遗①,食饮节俭,如此者,贞臣也。国家昏乱,所为不谀,敢犯主之严颜,面言主之过失,如此者,直臣也。是谓"六正"。

[注释]

①遗(wèi):给予,赠送。

[译文]

作为大臣,当事情尚未萌芽,形迹尚未表现出来时,能够走在众人之先,对事物发展之存亡得失的机理洞若观火,并能及时采取相应的措施,防患于未然,使自己的君主超然立于不败之地、显荣之处。能做到这一点,可称之为"圣臣"。能谦虚谨慎,尽职尽责,时常向主上进献好的建议,用礼义来劝勉主上,以长远之策来晓谕主上,称颂推动主上的美德美政,匡救主上的恶德恶政,这样的人，可称之为"大臣"。为政辛劳，早起晚睡，不断为国举荐贤才，持之以恒，经常以往古正反两方面的经验来教育主上，以使主上保持清醒的头脑，这样的人，可称之为"忠臣"。能明察事物发展的成败之势，及早采取补救措施，堵塞漏洞，根绝祸源，转祸为福，使君王终无罹患之忧，这样的人，可称之为"智臣"。遵纪守法，忠于职守，不受贿赂，饮食节俭，这样的人，可称之为"贞臣"。在君昏国乱之时，能够做到不阿时弊，敢于犯颜直谏，这样的人，可称之为"直臣"。这六种类型，总称为"六正"。

安官贪禄，不务公事，与世沉浮，左右观望，如此者，具臣也①。主所言皆曰善，主所为皆曰可，隐而求主之所好而进之，以快主之耳目，偷合苟容，与主为乐，不顾后害，如此者，谀臣也。中实险诐②，外貌小谨，巧言令色，又心疾贤，所欲进则明其美，隐其恶；所欲退则彰其过，匿其美，使主赏罚不当，号令不行，如此者，奸臣也。智足以饰非，辩足以行说，内离骨肉之亲，外妒乱于朝廷，如此者，谗臣也。专权擅势，以轻为重，私门成党，以富其家，擅矫主命，以自显贵，如此者，贼臣也。谄主以佞邪，坠主于不义，朋党比周③，以蔽主明，使白黑无别，是非无闻，使主恶布于境内，闻于四邻，如此者，亡国之臣也。是谓"六邪"。

[注释]

①具臣：备位充数之臣。具，准备。②诐（bì）：邪僻。③比：勾结。

[译文]

安于官位，贪取俸禄，不务公事，随波逐流，左右观望，缺乏主见和独立的人格，这样的臣僚，可称为"具臣"。凡是主上所说的，都一味加以赞美；凡是主上所做的，都一味加以肯定。暗中询访主上所喜好的东西，然后向主上进献，以快主上之耳目，奉承拍马，迎合主上，而不顾将造成的祸害，这样的臣僚，可称为"谀臣"。内怀险诈之心，外貌唯唯诺诺，舌巧如簧，面泛媚色，嫉贤妒能，对自己所要举荐的人，只宣扬他的优点而不指出他的缺点；对自己想要贬退的人，只宣扬他的缺点而不同时指出他的优点，使主上赏罚不当，号令不行，这样的人，可称为"奸臣"。其智慧足可以文过饰非，其舌辩的才能足以说动主上，对内分离骨肉之亲，对外使满朝文武相互猜忌，造成混乱，这样的人，可称为"谗臣"。专擅国柄朝政，颠倒轻重，结党营私，壮大私人势力，矫诏窃命，居身显位，目中无人，这样的臣僚，可称为"贼臣"。用佞邪之言谄媚主上，陷君主于不义之地，结纳朋党，以堵塞主上聪听之路，使主上不明真相，黑白颠倒，是非无闻，使君主的恶名布于境内，传播四邻，这样的臣僚，可称为"亡国之臣"。以上六类大臣，统称为"六邪"。

子贡曰："陈灵公君臣宣淫于朝①，泄冶谏而杀之。是与比干同也。可谓仁乎？"子曰："比干于纣，亲则叔父，官则少师，忠款之心，在于存宗庙而已，故以必死争之，冀身死之后，而纣悔悟，其本情在乎仁也。泄冶位为下大夫，无骨肉之亲，怀宠不去，以区区之一身，欲正一国之淫昏，死而无益，可谓怀矣。《诗》云：'民自多僻，无自立辟。'其泄冶之谓乎？"

或曰：叔孙通阿二世意，可乎？司马迁曰："夫量主而进，前哲所韪。叔孙生希世度务制礼，进退与时变化，卒为汉家儒宗。古之君子，直而不挺，曲而不挠，大直若拙，道同逶迤，盖谓是也。"

[注释]

①陈灵公君臣宣淫于朝：春秋时期，陈国大夫御叔之妻夏姬在御叔死后便与陈灵公及朝中大夫私通，陈国大夫泄冶犯颜劝谏，陈灵公便用刺客杀了

泄冶。

[译文]

子贡向孔子问道:"陈灵公君臣公然在朝中淫乱,泄冶毅然进谏反而被杀。泄冶的事迹同比干相同,他的行为可称得上仁吗?"孔子回答说:"比干同纣王的关系,从血亲方面说,他是纣王的叔父;从官职上说,他是少师,款款忠心,唯在保存社稷宗庙而已,所以,他以必死的决心向纣王进谏,希望能以自己的死来唤起纣王的悔悟,这样的情愫就出于仁。泄冶身为下大夫这样的小官,同君王并无骨肉之亲,却冀希于得到陈灵公的宠爱,因而不肯离去,以区区之身,欲图匡正整个国家淫昏的风气,虽然是为君而捐躯,但结果并无益于国,像泄冶这样的人可算是怀恋官禄的人。《诗经》上说:'民自多僻,无自立辟。'说的不正是泄冶谏陈灵公这样的事情吗?"

有人问:叔孙通对秦二世颇多阿谀谄媚的言行,这样做对吗?司马迁说:"根据不同的君主而采取不同的立身处世的原则,这是前代哲人所赞同的。叔孙先生顺应世事,揣度时务,制定礼法,进退变化,与时俱进,最终成为汉家一代儒宗。古代的所谓君子,正直而不坚挺固执,貌似弯曲而并不诚心屈服,大直若屈,其方法灵活多变,如同蜿蜒曲折的小道,大概说的就是这个意思。"

或曰:"然则窦武、陈蕃①,与宦者同朝廷争衡,终为所诛,为非乎?"范晔曰:"桓、灵之世,若陈蕃之徒,咸能树立风声,抗论昏俗,驱驰岨崄之中,而与腐夫争衡,终取灭亡者,彼非不能洁情志,违埃雾也。悯夫世士,以离俗为高,而人伦莫相恤也。以遁世为非义,故屡退而不去;以仁心为己任,虽道远而弥厉。及遭值际会,协策窦武,可谓万代一时也。功虽不终,然其信义足以携持世心矣。"

[注释]

①窦武：东汉大臣。灵帝时拜大将军，封闻西侯，掌握朝政。起用反对宦官的力量，又联络太学生，与陈蕃等人谋诛宦官，事泄，兵败自杀。陈蕃：东汉大臣。字仲举。桓帝时任太尉，灵帝时任太傅。与大将军窦武等谋诛宦官，事败被杀。

[译文]

人问："既然如此，那么像窦武、陈蕃这样的人，同宦官在朝中争衡，最终被宦官所杀害，难道也不值得称颂吗？"范晔回答说："东汉桓帝、灵帝之世，像陈蕃一般人，都能树立风声，与昏政乱俗相抗衡，在艰难险阻中前进，与宦官作斗争，而最终遭致败亡，其原因，并不是他们被时雾尘埃遮住了眼睛，不能够洁身自好，独善其身。而是因为他们可怜世人，以脱离世俗为清高，致使人伦冷漠，互不关心。陈蕃等人把消极遁世作为不义之举，所以，虽屡遭贬斥而不肯离去；以恢复仁心为己任，虽道路漫长而斗志更加激昂。待峰回路转，重新出任后，陈蕃便出谋献策，协助窦武，欲图铲除阉患，可谓万代难逢的时机，虽然没有获得成功，然而他们的信义之举也足以激励世人，给他们以心灵的慰藉的。"

或曰："臧洪死张超之难①，可谓义乎？"范晔曰："雍丘之围，臧洪之感愤，壮矣！相其徒跣且号，束甲请举，诚足怜也。夫豪雄之所趣舍②，其与守义之心异乎？若乃缔谋连衡，怀诈算以相尚者，盖惟势利所在而已。况偏城既危，曹、袁方穆，洪徒指外敌之衡，以纾倒悬之会。忿悁之师，兵家所忌。可谓怀哭秦之节，存荆则未闻。"

[注释]

①张超之难：东汉末年，广陵太守张超委政务于臧洪。曹操围雍丘（今河南杞县），臧洪向其盟友袁绍求救，袁绍不肯出兵，雍丘城破，张超被诛族，臧洪因此与袁绍绝交。后绍攻洪，城破诛洪。②趣：同"趋"。

[译文]

有人说:"臧洪死于张超之难,称得上义举吗?"范晔回答说:"张超被曹操围困于雍丘时,臧洪急于救朋友出危难的激愤之情溢于言表,看他顿足呼号,束甲请战的举动,着实令人赞叹。豪杰霸主的行为取舍原则,恐怕与守义之心不同吧?他们之间或缔谋连衡,或以诡诈算计相加,都根据形势于己的利害而变化罢了。况且,当时张超的偏城已危在旦夕,曹操与袁绍正值敦睦友好之时,在这种情况下,臧洪仍幻想借助已与敌人连横的袁绍之力,解张超于倒悬之危。忿悁之师,为兵家所忌。臧洪虽然胸怀申包胥哭秦廷之节义,却不能收到保存楚国的实际效果。"

或曰:"季布,壮士[①]。而反摧刚为柔,髡钳逃匿,为是乎?"司马迁曰:"以项羽之气,而季布以勇显于楚,身屡典军搴旗者数矣,可谓壮士。然至被刑戮,为人奴而不死,何其下也!彼必自负其材,故受辱而不羞,欲有所用其未足也,故终为汉名将。贤者诚重其死,夫婢妾贱人,感慨而自杀者,非勇也,其计尽无复之耳。"

或曰:"宗悫之贱也[②],见轻庾业,及其贵也,请业为长史,何如?"裴子野曰[③]:"夫贫而无戚,贱而无闷,恬夫天素,宏此大猷,曾、原之德也[④];降志辱身,俛眉折脊,忍屈庸曹之下,贵骋群雄之上,韩、黥之志也[⑤]。卑身之事则同,居卑之情已异。若宗元干无怍于草具,有韩、黥之度矣,终弃早恶,长者哉。"

[注释]

①季布:汉初名将。楚人。楚汉战争中,为项羽部将,数困刘邦。汉立,被刘邦追捕,剃发为奴。由朱家通过夏侯婴向刘邦进言,得赦免。成为汉初名将。季布本为楚地游侠,重信义。人称"得黄金百斤,不如得季布一诺"。

②宗悫：南朝刘宋名将。官至豫州刺史监五州诸军事。少时贫寒，任侠尚武。为同乡大族庾业所轻。后来做了豫州刺史，不念旧恶，请庾业做了长史。③裴子野：南朝史学家、文学家。《三国志注》作者裴松之的曾孙。著述颇丰。④曾、原：即孔子的学生曾参、原宪。⑤韩、黥：指西汉大将韩信、黥布。韩信少时贫寒，曾受胯下之辱。黥布曾坐法黥面。二人均受辱不羞，成就了一代名将。

[译文]

有人说："季布是一位壮士，竟然能做到摧刚为柔，剃发为奴，四处逃匿，这样的行为也值得称赞吗？"司马迁说："以项羽惊天动地的气概，而季布居然还能以自己特有的英雄气概名显于楚军，并屡次率军斩将夺旗，不愧壮士。然而到后来项羽战败，季布也为汉王所通缉，为避免刑戮，削发为奴，以免一死，又是何等的卑下！他一定是自认胸怀非凡的才能，所以虽备受侮辱，但却并不以此为羞，其目的在于伺机施展自己尚未发挥的才能，所以最终成为汉代的名将。贤者的确把死节看得很重，但这样的死，并不同于婢妾贱人因一时感愤而自杀的死法，这样的自杀，并不是勇敢的表现，而是黔驴技穷，无路可走的表现。"

人问："宗悫身份微贱之时，曾被庾业所轻视，到后来贵为一州太守时，反而请庾业出任自己的长史，这样的做法该如何评价？"裴子野说："贫贱时没有戚容，没有忧闷，恬然自得，安之若素，如此博大的胸怀，有曾参、原宪一般的德性；降志辱身，俯眉折腰，忍心屈居于平庸之辈的手下。贵则能驰骋于群雄之上，如此能屈能伸，是韩信、黥布一类的情怀和志向。这两种人居卑贱之位时行事相同，但情感则有所不同。像宗悫受之粗茶淡饭而面无愠色，颇有韩信、黥布那样的度量，而且不念旧恶，的确有长者之风啊！"

世称郦寄卖交①，以其给吕禄也②，于理何如？班固曰："夫卖交者，谓见利忘义也。若寄，父为功臣而执劫，虽摧吕禄，以安社稷，义存君亲可也。"

或曰："靳允违亲守城，可谓忠乎？"徐众曰："靳允于曹公，未成君臣。母，至亲也，于义应去。昔王陵母为项羽所拘③，母以高祖必得天下，因自杀以固陵志。明心无所系，然后可得事人，尽其死节。卫公子开方仕齐，十年不归。管仲以其不怀其亲，安能爱君，不可以为相。是以求忠臣必于孝子之门。允宜先救至亲。徐庶母为曹公所得④，刘备遣庶归。欲为天下者，恕人子之情，公又宜遣允也。"

[注释]

①郦寄：西汉臣。与吕禄交情深厚。吕后死，周勃、陈平等谋诛诸吕，便劫持郦寄之父郦商，逼郦寄骗吕禄出游，周勃乘机入据北军，诛吕之谋得以成功。②吕禄：吕后之侄，掌握禁军。③王陵：西汉大臣，官至右丞相、太傅。④徐庶：三国颍川（今河南禹州）人。初与诸葛亮交友，后归刘备，乃荐诸葛亮于刘备，曹操取荆州，随刘备南行，因其母为曹军所执，被迫归曹。官至右中郎将。

[译文]

世人都说郦寄欺骗吕禄是卖友的行为，应该如何评价？班固说："所谓出卖朋友，是指见利而忘义的行为。而郦寄之父身为功臣被周勃劫持，虽然摧灭了诸吕，但安定了汉家社稷，从保存国君和亲人这两方面来说，郦寄之举都是值得称赞的。"

人问："靳允不救至亲而死守城池，算得上忠吗？"徐众说："靳允与曹操的关系不是君臣关系；而母亲，则是自己的至亲，从义的要求来说，应弃城而救母。从前王陵的母亲被项羽拘执，王母认为刘邦定能得天下，因此自杀以巩固王陵侍奉汉王的决心。这说明，只有内心无所牵挂，才能全身心投入所从事的事业，为人主效死尽节。卫公子开方在齐国做官，十年不归。管仲认为，开方既然对自己的至亲都不怀心上,怎么会诚心爱他的国君呢?这样的人不宜做宰相。因此说,若要寻求忠臣,就必须到孝子中去寻求。靳允应该先营救自己的母亲。徐庶的母亲被曹操所得,刘备当即放徐庶赴曹营探母。如果要想得天下,就必须恕量母子亲情,由此看来,曹操也应该遣靳允先救他的母亲。"

魏文帝问王朗等曰①:"昔子产治郑,人不能欺;子贱治单父②,人不忍欺;西门豹治邺③,人不敢欺。三子之才,于君德孰优?"对曰:"君任德,则臣感义而不忍欺;君任察,则臣畏觉而不能欺;君任刑,则臣畏罪而不敢欺。任德感义,与夫导德齐礼,有耻且格,等趋者也;任察畏罪,与夫导政齐刑,免而无耻,同归者也。优劣之悬,在于权衡,非徒钧铢之觉也。"

[注释]

①王朗:三国曹魏大臣。初从陶谦、孙策,后应曹操之召,潜返中原。曹魏立国后,官至司空、司徒等职。②单父(shàn fǔ):古地名。在今山东单县。子贱:孔子的弟子。③邺:古地名。治所在今河北临漳西南邺镇。

[译文]

魏文帝问王朗等人道:"从前子产治理郑国时,没有人能够欺负他;子贱治理单父时,人们不忍心欺负他;西门豹治理邺时,人们不敢欺负他。这三个人的才能,以做君王的品德来衡量,哪一个最优?"王朗等回答说:"君王如果推行德政,那么,他的臣下因感受其主的仁义之举,因而不忍心欺骗他;君王能够明察秋毫,那么,他的臣下害怕被察觉,因而不能欺骗他;君王严刑峻法,那么,他的臣下害怕获罪,因而不敢欺骗他。推行德政,用仁义之举相感化,与对百姓导之以德,齐之以礼,使百姓有廉耻之心,从而达到能够自我约束,二者的实质和效果都是一样的。君王明察秋毫,使臣下谨慎小心,如履薄冰,这种方法同导之以政,齐之以刑，百姓虽然免于罪过，但并无廉耻之心，二者的效果是一样的。任德与任刑二者的悬殊之大，好比秤锤同所称物体的区别，绝不是钧铢、斤两之间的差别。"

或曰："季文子①、公孙宏②，此二人皆折节俭素，而毁誉不同，何也？"范晔称："夫人利仁者，或借仁以从利；体义者，不期体以合义。季文子妾不衣帛，鲁人以为美谈；公孙宏身服布被，汲黯讥其多诈。事实未殊而毁誉别者，何也？将体之与利之异乎？故前志云：'仁者安仁，智者利仁，畏罪者强仁。'校其仁者，功无以殊；核其为仁，不得不异。安仁者，性善者也；利仁者，力行者也；强仁者，不得已者也。三仁相比，则安者优矣。"

[注释]

①季文子：鲁国贵族。历相宣、成、襄三公。以廉洁清俭而著称。家无衣帛之妾，厩无食粟之马，府无金玉。②公孙宏：西汉大臣。武帝时官至丞相，封平津侯。曾建议设五经博士，置弟子员。

[译文]

有人问："季文子、公孙宏二人都能甘心居下，生活俭朴，然而却毁誉不同，这是为什么呢？"范晔说："想通过仁爱之举而获取利益的人，往往借仁爱的名义去获取个人利益；而真正体会到义的精髓的人，不必时时处处去考虑何谓义举，但却时时处处合乎义的要求。季文子的妾不穿帛做的衣服，鲁国人传为美谈；而公孙宏身穿布衣，汲黯却讥讽他故作朴素，是伪诈之举。同样的事实却毁誉不同，是什么道理呢？莫非是以朴素为体与以朴素为利的区别吧？所以《汉书》的《志》上说：'真正具有仁爱之心的人，以推行仁爱之举为安；狡猾的人却是通过仁爱之举谋取私利；畏惧获罪的人，则是勉强行施仁爱之举。'比较仁爱之举，其事功效果没有什么差别；但若考察以上仁爱之举的实质，却是彼此不同的。以仁爱之举为安的人，是本性善良而自觉行仁；欲通过推行仁爱之举获利的人，是努力行仁；勉强行施仁爱之举的人，则是不得已而为之。三种仁举相比较，以仁为安的人，最可称道。"

或曰："长平之事，白起坑赵卒四十万①，可为奇将乎？"何晏曰："白起之降赵卒，诈而坑其四十万，岂徒酷暴之谓乎？后亦难以重得志矣。向使众人预知降之必死，则张虚拳，犹可畏也，况于四十万被坚执锐哉？天下见降秦之将，头颅依山，归秦之众，骸积成丘，则后日之战，死当死耳，何众肯服，何城可下乎？是为虽能裁四十万之命，而适足以强天下之战；欲以要一朝之功，而乃更坚诸侯之守。故兵进而自伐其势，军胜而还丧其计。何者？设使赵众复合，马服更生，则后日之战，必非前日之对也；况今皆使天下为后日乎？其所以终不敢复加兵于邯郸者，非但忧平原之补缝②，患诸侯之救至也。徒讳之而不言耳。且长平之事，秦人十五以上，皆荷戟而向赵矣。夫以秦之强，而十五已上，死伤过半，此为破赵之功小，伤秦之败大也。又何称奇哉？"

[注释]

①白起：战国时秦国名将。屡获战功，公元前278年，攻克楚都郢（今湖北江陵），封武安君。长平之战，坑杀赵国降卒四十万。后为相国范雎所忌，被逼自杀。②平原：即平原君赵胜。战国时赵国贵族。惠文王之弟。封于东武城（今山东武城西北），号平原君。任赵相。门下食客数千人。

[译文]

有人问："长平之战，秦将白起坑杀赵军四十万，称得上是奇将吗？"何晏说："秦将白起迫使赵军投降后，却背信弃义，坑杀赵军四十万，这难道仅仅是残酷狂暴所能形容的吗？以后恐怕很难再得志了。假使人们预知即便投降，也不免于一死，那么，即使是赤手空拳，其势也令人畏惧，更何况四十万披坚执锐的将士呢？天下人看到投降秦军的将领，头颅堆积如山；归附秦军的士兵，骸骨成丘，那么日后若再同秦军交战，必抱死战到底的决心，哪会有人肯降服？哪会有城池能轻易攻下？白起的这种做法，虽然消灭了赵军四十万生命，但也同时更加强了天下守疆抗秦的战斗力；想要邀取一时的战功，却更加坚定了诸侯固守抗战的决心。所以说，虽然表面上侵占了别人的土地，实际上却削弱了自己的军事实力和本来有利的军事态势；虽然取得了战役的胜利，却反而败坏了并吞六国的大计。为什么这样说呢？假设使赵军重新聚合，马服君赵奢重生，日后与秦国的战争再起，就绝非往日之战可比了；况且，秦军今日之举，已经使山东六国抗秦决心更加坚定了呢！长平之战后，秦军之所以不敢重新加兵于邯郸，并不是仅仅因为秦国以平原君的救国活动为忧，而是害怕诸侯援兵到来罢了。只是白起讳莫如深，不敢明言而已。而且在长平之战中，秦人凡十五以上，均荷枪赴赵国参战了。以秦这样的强国，十五以上的人已死伤过半，这可称为击破赵军的战功为小，而秦国大伤元气的败举为大。白起之举，又有什么可称奇的呢？"

或曰："乐毅不屠二城①，遂丧洪业，为非乎？"夏侯玄曰："观乐生与燕惠王书，其殆乎知机合道，以礼终始者欤？夫欲极道德之量，务以天下为心者，岂其局迹当时、止于兼并而已哉？夫兼并者，非乐生之所屑；强燕而废道，又非乐生之所求。不屑苟利，不求小成，斯意兼天下者也。举齐之事，所以运其机而动四海也。围城而害不加于百姓，此仁心著于遐迩矣；迈令德以率列国，则几于汤、武之事矣。乐生方恢大纲，以纵二城；收人明信，以待其弊；将使即墨、莒人，顾仇其上；开宏广之路，以待田单之徒②；长容善之风，以伸齐士之志。昭之东海，属之华裔，我泽如春，人应如草，思戴燕主，仰风声，二城必从，则王业隆矣。虽淹留于两邑，乃致速于天下也。不幸之变，势所不图，败于垂成，时变所然。若乃逼之以兵，劫之以威，侈杀伤之残，以示四海之人，虽二城几于可拔，则霸王之事，逝其远矣。乐生岂不知拔二城之速了哉？顾城拔而业乖也；岂不虑不速之致变哉？顾业速与变同也。由是观之，乐生之不屠二城，未可量也。"

[注释]

①乐毅：战国时燕将。燕昭王二十八年（前284），率军击破齐国，先后攻下七十余城，燕惠王即位，中齐反间计，用骑劫为将，他出奔赵国，被封于观津（今河北武邑东南），号望诸君。后死在赵国。②田单：战国时齐将。燕将乐毅破齐时，他坚守即墨（今山东平度东南），施反间计，使燕惠王改用骑劫为将，他用火牛阵击破燕军，一举收复七十多城，被齐襄王任为相国，封安平君。后入赵，任相国，封平都君。

[译文]

有人问："乐毅不屠戮莒和即墨二城，遂使霸图宏业功败垂成，这岂不是重大的失策吗？"夏侯玄说："看了乐毅致燕惠王的书信，觉得乐毅大体上可称为明晓事物发展的机理、遵守道义、始终不越礼规的人吧？想充分发挥道德的能量，胸怀天下百姓的人，其作为难道应仅仅局限于一时一事的得失或者仅仅局限于攻伐兼并吗？以攻伐兼并为目的，是乐毅不屑去做的；以废弃道义的代价来换取燕国的强大，也不是乐毅所追求的。不屑于蝇营狗苟的小利，不着意追求局部的成功，这本身就是真正的兼并天下之举。进攻齐国这件事，不过是乐毅运用他的机谋以震动四海而已。围困齐城而不加害于城中百姓，使自己的仁爱之心遐迩闻名；弘扬美德而使列国倾慕，则可与商汤周武的事迹相媲美。乐毅以其恢弘的气度，放纵莒和即墨二城，围而不攻；取明信于齐人，以待其自行瓦解；将使即墨和莒二城的百姓对齐王产生怨恨情绪；示人以宏广之路，以待田单等齐将回心转意；大兴对齐国降将宽容和善之风，以伸张齐国士人自尊自重的情怀；以此来感召东海之滨，属连华夏之裔，使燕王的恩泽如和煦的春风，人们响应燕王如同渴盼春风沐浴的小草，人们思念拥戴燕王如仰风声，如此，二城必定自动放下武器，归从燕国，王业也将随之兴隆。这样，虽然在即墨和莒两座城池耗费了时间，但在整体上却加快了感召天下的速度。不幸的是燕王中齐反间之计，变易将帅，形势急转直下，功败垂成，这是突然的事变所致。如果对二城加兵逞威，以残酷的杀戮来昭示四海百姓，二城虽然可能攻拔，那么，霸王之业也便随之付诸东流了。乐毅难道不明白自己有能力迅速攻拔二城吗？只是顾虑攻下城池的同时也损害了王霸事业。乐毅难道还不懂得不速战速决、延误时间易生变故的道理吗？只是顾虑加快攻战速度，也同样容易发生意想不到的变故。由此看来，乐毅不屠戮二城，其深远的战略意义，是不可估量的。"

或曰："商鞅起徒步，干孝公，挟三术之略，吞六国之纵，使秦业帝，可为霸者之佐乎？"刘向曰："夫商君，内急耕战之业，外重战伐之赏，不阿贵宠，不偏疏远，虽《书》云'无偏无党'，《诗》云'周道如砥，其直如矢'，《司马法》之厉戎士，周后稷之劝农业，无以易此。此所以并诸侯也。故荀卿曰：'四世有胜，非幸也，数也。'夫霸君若齐桓、晋文者，桓不倍柯之盟①，文不负原之期②，而诸侯信之，此管仲、咎犯之谋也。今商君倍公子卬之旧恩，弃交魏之明信，诈取三军之众，故诸侯畏其强而莫亲信也。藉使孝公遇齐桓、晋文，得诸侯之统，将合诸侯之君，驱天下之兵以伐秦，秦则亡矣。天下无桓、文之君，故秦得以兼诸侯也。卫鞅始自以为知王霸之德，原其事，不伦也。昔周、召公施美政，其死也，后世思之。'蔽芾甘棠'之诗是。尝舍于树下，不忍伐其树，况害于身乎？管仲夺伯氏骈邑三百户，无怨言。今卫鞅内刻刀锯之刑，外深铁钺之诛，身死车裂，其去霸者之佐亦远矣。然孝公杀之③，亦非也。可辅而用，使卫鞅施宽平之法，加之以恩，申之以信，庶几霸者之佐乎？"

[注释]

①柯之盟：相传齐君与鲁君在柯（今山东阳谷）会盟，鲁国武士曹沫手握宝剑劫持齐君订立盟约，归还被齐侵占的鲁国土地。齐君虽是被刀剑相逼，但仍然履行了盟约。②原之期：晋文公率兵攻原邑，与城中百姓约，以三日为期，攻城不下，即引兵而去。后三日不下，果然引兵而退。③孝公杀之：秦孝公任用商鞅实施变法，国富兵强。孝公死后，商鞅被旧贵族诬害，车裂而死。秦孝公并未杀商鞅。此处有误。

[译文]

有人问："商鞅以一介布衣说服秦孝公并得重用，胸怀富国强兵的谋略，最终使秦国吞并了合纵抗秦的山东六国，成就了帝王之业，可称得上辅佐称霸的人才吗？"刘向说："商鞅这个人，对内狠抓农耕战备之事，对外重视战功的奖赏，他不阿尊贵受宠之人，不歧视被疏远的人，《尚书》所说'无偏无党'，《诗经》所说'周道如砥，其直如矢'，《司马法》所讲的激励将士，周人先祖后稷的劝勉农业，都未必能赶得上商鞅的所作所为。这是秦国之所以能兼并诸侯的根本原因。所以荀子说：'四世强盛，就不是偶然的，而是命数和规律决定的。'春秋的霸主，如齐桓公、晋文公等，齐桓公不违背在柯会盟时的诺言，晋文公不负与原邑百姓的期约，这些是管仲和咎犯进献的谋略。而商鞅却背弃了公子卬的旧恩，背弃了与魏国结好的盟约（商鞅在魏国时，与公子卬是好朋友，后来商鞅率秦军伐魏，公子卬率魏军迎击。商鞅诈称要与魏结盟罢兵，公子卬轻信赴宴会盟，遭秦伏兵袭击，魏军因而大败，被迫割河西之地与秦求和），采用欺诈手段袭破魏国三军之众。所以，山东六国诸侯都慑于秦国强大的军事实力，内心并不与秦国亲近。假若秦孝公遇上像齐桓公、晋文公那样的霸主，能够号令山东诸侯，集结六国的军队，讨伐秦国，秦国恐怕要归于灭亡了。只是当时天下没有像齐桓公、晋文公这样的国君，所以秦国才得以兼并山东六国。商鞅原来自以为通晓王霸之德，考察他的所作所为，并不是那么一回事。从前，周公、召公推行善政，虽然他们已经死了，但人们仍然怀念他们。《诗经》中'蔽芾甘棠'的诗句，讲的正是这个道理。人们曾在树下纳凉，当然不忍心砍伐它，更何况曾是朋友，怎么忍心去伤害他的身体呢？管仲曾经剥夺了伯氏骈三百户封邑，而伯氏骈并无怨言。而商鞅对内实行严刑苛法，对外加紧吞并攻战，最后竟落得车裂身亡的可悲下场，所以他距霸王的良佐这样的称号还远着呢。然而，秦孝公杀商鞅也是一个错误。对商鞅这样的人，还可以有引导性、选择性地加以任用，使他推行宽容平和的法规，再注意施行恩德，发扬信义。这样，大概就可称为霸王的良佐了吧？"

诸葛亮以马谡败于街亭①，杀之。后蒋琬谓亮曰②："昔楚杀得臣，然后文公喜，可知也。天下未定，而戮智计之士，岂不惜哉？"亮流涕曰："孙武所以能制胜者，用法明也。是以杨干乱法，魏绛戮之。四海分裂，兵交方始，若复废法，何用讨贼耶？"习凿齿曰：③诸葛亮之不能兼上国也，岂不宜哉？夫晋人视林父之后济，故废法而收功；楚成暗得臣之益己，故杀之以重败。今蜀僻陋一方，才少上国，而杀其俊杰，退收驽下之用；明法胜才，不师三败之道，将以成业，不亦难乎？"

[注释]

①街亭：古地名。又称街泉亭。故址在今甘肃庄浪东南。②蒋琬：三国蜀汉臣。为诸葛亮所推重。③习凿齿：东晋学者。博学多闻。大司马桓温召为

从事。温图谋篡晋,习凿齿著《汉晋春秋》,推蜀为正统,贬曹魏篡逆。

[译文]

三国时,诸葛亮因马谡兵败街亭,将他斩首。后来蒋琬对诸葛亮说:"从前楚国杀得臣(因与晋国打仗,兵败被楚所杀),晋文公听说后非常高兴,据此可见,楚杀得臣是一个错误。如今天下未定,而你却杀了马谡这样富于智谋的人,难道不可惜吗?"诸葛亮含泪回答说:"孙武用兵,之所以战无不胜,在于军法严明。因此,从前杨干乱法,魏绛毫不留情地杀了他。如今四海分裂,战争的烽烟才刚刚燃起,假使废弛军法,还怎么能去讨伐逆贼呢?"习凿齿说:"诸葛亮最终不能兼并曹魏这样的大国,这个结局不正与诸葛亮的行事相适应吗?春秋时期,晋侯看到林父以后必然有助于晋国,所以不因一时的兵败而杀他,后来果然立了大功;楚王不明白得臣对自己的作用,所以杀了他,结果又一次遭致了失败。而蜀汉偏居西南一隅,人才本来就比曹魏少,居然不惜杀掉了俊杰之士,任用那些庸碌之辈,把严明军法置于任用人才的原则之上,没有认真总结北伐多次失败的教训,想成就统一大业,这不是相当困难的事吗?"

代以周勃功大,霍光何如?对曰:勃本高帝大臣,众所归向,居太尉位,拥兵百万。既有陈平、王陵之力,又有朱虚诸王之援,郦寄游说,以谲诸吕,因众之心,易以济事。若霍光者,以仓卒之际,受寄托之任,辅弼幼主,天下晏然。遇燕王绾之乱,诛除凶逆,以靖王室。废昌邑,立孝宣,任汉家之重,隆中兴之祚,参声伊、周,为汉贤相。推验事效,优劣明矣。

后汉陈蕃上疏荐徐稚、袁闳、韦著三人。帝问蕃曰:"三人谁为先后?"蕃曰:"闳生公族,闻道渐训;著长于三辅①,礼义之俗,所谓不扶自直,不镂自雕;至于稚者,爰自江南卑薄之域，而角立杰出，宜当为先。"

[注释]

①三辅：汉景帝二年（前155），分内史为左、右内史，与主爵中尉（后改为主爵都尉）同治长安城中，所辖皆京畿之地，故合称"三辅"。汉武帝太初元年（前104），改左右内史、主爵都尉为京兆尹、左冯翊、右扶风。辖境在今陕西中部地区。

[译文]

历代认为周勃的功劳大。该如何看待霍光？答道：周勃本是汉高祖的大臣，万众仰慕，又身居太尉这样重要的官位，拥兵百万。既有陈平、王陵这些重臣的支持，又有朱虚侯诸王的援助，郦寄游说诸吕，施以诈术，顺应众心，因而易于成事。而霍光的情形就不同了，他是在仓促之际，受武帝托孤之任，辅佐年幼的汉昭帝，使天下安然无事。燕王刘绾之乱爆发后，他诛除叛乱逆贼，安定了王室。后来，又废除昌邑王，迎立汉宣帝。他执掌汉家王朝的重权，促使汉朝国运中兴，其功名可与伊尹、周公的事迹相媲美，堪称汉家的贤相。考察比较周勃和霍光的事迹，其优劣可自然而明。

后汉陈蕃上疏皇帝，举荐徐稚、袁闳、韦著三人。皇上问陈蕃："他们三人谁先谁后？"陈蕃回答说："袁闳生于大族之家，从小受到良好的教育，可谓耳濡目染；韦著在三辅地区长大，颇受礼义的熏陶，正所谓不扶自直，不镂自雕；至于徐稚，生长于江南礼义风俗卑薄的偏远地区，而能够出人头地，应当以徐稚为先。"

或曰："谢安石为相①，可与何人为比？"虞南曰："昔顾雍封侯之日②，而家人不知，前代称其质重，莫以为偶。夫以东晋衰微，疆场日骇。况永固，六夷英主，亲率百万；苻融俊才名相，执锐先驱，厉虎狼之爪牙，骋长蛇之锋锷，先筑宾馆，以待晋君。强弱而论，鸿毛太山不足为喻，文靖深拒桓冲之援，不喜谢玄之书，则胜败之数，固已存于胸中矣。夫斯人也，岂以区区万户之封，动其方寸者欤？若论其度量，近古已来，未见其匹。"

隋炀帝在东宫，尝谓贺若弼曰③："杨素、韩擒虎、史万岁三人④，俱称良将，其间优劣何如？"对曰："杨素是猛将，非谋将；韩擒虎是斗将，非领将；史万岁是骑将，非大将。"太子曰："善。"

[注释]

①谢安：东晋大臣。字安石。陈郡阳夏（今河南太康）人。东晋名士。年四十出仕，官至司徒。公元383年，前秦王苻坚率百万大军南下，朝廷震恐。他镇定自若，出入如常。出奇制胜，取得了淝水之战的胜利，创造了中国军事史上以少胜多的著名战例。②顾雍：三国孙吴大臣。官至丞相。③贺若弼：隋朝名将。字辅伯，河南洛阳人。献灭陈十策，为文帝所重。因灭陈之功封宋国公，官至右武侯大将军。后被炀帝杀死。④杨素：隋大臣。因灭陈之功封越国公。后任尚书左仆射，执掌朝政。参与宫廷阴谋，废太子杨勇，拥立炀帝。后封楚国公，官至司徒。韩擒虎：隋将。在灭陈战争中，他最先攻入宫城，俘陈后主。因功进位上柱国。史万岁：隋将。位至柱国。后遭杨素忌恨，被杀。

[译文]

有人问："谢安这样的丞相，可与什么人相比？"虞世南说："从前顾雍封侯时，连自己家里的人也不知晓，前代人称赞他性格稳重，没有人能和他相比。谢安做宰相的时代，正是东晋国势衰微，战争形势日益严峻之时。前秦王苻坚，作为六夷英主，亲率百万大军南下；苻融则为俊才名相，率部为先驱，披坚执锐，厉如虎狼之爪牙，锐似长蛇之锋锷，预先筑好宾馆，以备将做俘虏的东晋国君使用。就东晋和前秦的强弱形势而论，用鸿毛和泰山来作比也不为过。而谢安，大敌当前，镇定自若，拒绝了镇守荆州的桓冲入援京师的请示，接到谢玄从前线送来的大破秦军的捷报后，仍然不动声色，据此可见，胜败之数他似乎早已了然于胸了。像谢安这样的人，难道以区区万户侯的封赏，能够使他乱了方寸、欣喜若狂吗？若论谢安的度量，近代以来，还未发现能够与他相匹敌的人。"

隋炀帝在东宫做太子时，曾问贺若弼："杨素、韩擒虎、史万岁三人，都被称为良将，但如果比较他们三人，谁优谁劣？"贺若弼回答说："杨素是猛将，不是谋将；韩擒虎是一员斗将，不是一员善于带兵的领将；史万岁是一位善于出偏师破敌的骑将，还算不上一位善于网罗英雄、知人善任的大将。"太子说："你讲得很有道理。"

故自六正至于问将，皆人臣得失之效也。古语曰："禹以夏王，桀以夏亡；汤以殷王，纣以殷亡。"阖庐以吴战胜①，无敌于天下，而夫差以见擒于越②；穆公以秦显名尊号，而二世以劫于望夷。其所以君王者同，而功迹不等者，所任异也。是以成王处襁褓而朝诸侯，周公用事也；赵武灵王年五十而饿死于沙丘③，任李兑也④。故魏有公子无忌⑤，削地复得；赵任蔺相如，秦兵不敢出；楚有申包胥⑥，而昭王反位；齐有田单而襄王得国。因斯而谈，夫有国者，不能陶冶世俗，甄综人物，论邪正之得失，撮霸王之余议，有能立功成名者，未之前闻。

[注释]

① 阖庐（？—前496）：春秋末吴国国君。名光。公元前514年至前496年在位。用专诸刺杀吴王僚而自立。灭徐破楚，曾一度攻占楚都郢。后被越王勾践打败，重伤而死。② 夫差（？—前473）：春秋末吴国国君。阖庐子。公元前495年至前473年在位。在夫椒（今浙江绍兴）打败越军，乘胜攻破越都，迫使越为属国。开邗沟连接江淮，以图北上称霸。公元前482年，与诸侯会盟黄池（今河南封丘西南），与晋争霸，越乘虚攻入吴都。后越再次兴兵，攻灭吴国。吴王自杀。③ 赵武灵王：战国时赵国国君。名雍。公元前325年至

前299年在位。实行军事改革,提倡"胡服骑射"。灭中山,破林胡、楼烦,国势大盛。后让位给少子何(即赵惠文王),自称主父,引起内乱。后被李兑围困于沙丘宫,饿死。④李兑:战国时赵国大臣。公元前295年,公子章反叛,他与公子成起兵保惠文王,杀公子章等,困死主父于沙丘宫。官至相国。⑤公子无忌:即魏无忌。战国时魏国贵族,魏安厘王弟。号信陵君。公元前257年,曾设法窃得兵符,击杀将军晋鄙,夺取兵权,救赵胜秦。后十年,为上将军,联合五国击退秦军。有食客三千。⑥申包胥:春秋时楚国大夫。伍子胥率吴军破楚,他赴秦求救,在秦宫中七日不食,日夜哭泣,秦王感动,发兵救楚。楚昭王得以返国。

[译文]

以上所谈的从"六正"到"问将",都是做臣子的得失的典型事例。古语说:"禹能做夏朝的王,而桀却使夏朝灭亡;汤能做殷商的王,而纣却使殷商灭亡。"阖庐能使吴国强盛而无敌于天下,而夫差却使吴国灭亡,做了越国的俘虏;秦穆公能使偏远的秦国名震诸侯,做了诸侯的霸主,而秦二世却使秦朝灭亡、被劫杀于望夷宫。他们同为君王,而功绩却悬殊不等,原因是他们所重用的臣子大相异趣。因此,周成王尚处襁褓之中而诸侯来朝拜,这是周公当政的缘故;赵武灵王五十岁时饿死于沙丘,是因为他错用了李兑。所以,魏国因为有公子无忌,就能重新收复已失去的土地;赵国任用蔺相如为相,秦国便不敢加兵于赵;楚国有申包胥,昭王才得以复位;齐国有田单,齐襄王才得以复国。由此看来,身为一国之君,如果不能陶冶世俗,甄别网罗人才,深深懂得臣子邪正的利弊得失,掌握称霸称王的要领,做不到这些,仍然能够立功成名的,历史上还没有过这样的事例。

德表第十一

孔子曰："性相近也，习相远也。"言嗜欲之本同，而迁染之涂异也。夫刻意则行不肆，牵物则其志流①。是以圣人导人理性，裁抑流宕，慎其所与，节其所偏。故《传》曰："审好恶，理情性，而王道毕矣。"治性之道，必审己之所有余，而强其所不足。盖聪明疏通者，戒于太察；寡闻少见者，戒于壅蔽；勇猛刚强者，戒于太暴；仁爱温良者，戒于无断；湛静安舒者，戒于后时；广心浩大者，戒于遗忘。

《人物志》曰："厉直刚毅，材在矫正，失在激讦②；柔顺安恕，美在宽容，失在少决；雄悍桀健，任在胆烈，失在多忌；精良畏慎，善在恭谨，失在多疑；强楷坚劲，用在桢干，失在专固；论辩理绎，能在释结，失在流宕；普博周洽，崇在覆裕，失在溷浊；清介廉洁，节在俭固，失在拘局；休动磊砢③，业在攀跻④，失在疏越；沉静机密，精在元微，失在迟懦；朴露径尽，质在中诚，失在不微；多智韬情，权在谲略，失在依违。此拘亢之材，非中庸之德也。"

[注释]

①牵物：被物所牵。这里指受环境影响。②讦（jié）：攻击别人的短处或揭发他人的隐私。③磊砢（luǒ）：才能卓越；壮大貌。④跻：登，升。

[译文]

孔子说:"性相近也,习相远也。"意思是说,人们先天的嗜好和欲望基本上是相同的,而后天的教习熏染造成了彼此的重大差别。如果对自己严格要求,行为就不至于放肆不轨;如果被物欲牵着鼻子走,就会丧失远大的志向。因此,圣人用理性来教导人,裁抑放荡不羁的行为,慎重人的交往,节制人的偏差。所以《传》说:"明辨好恶,调理情性,做国王的道理和方法尽在其中了。"修身养性的道理和方法,必须认真分析自己的长处,克服自己的不足。一般来讲,聪明智慧的人,要注意防止钻牛角尖;孤陋寡闻的人,要力戒故步自封、耳目闭塞;勇猛刚强的人,要力戒狂暴;仁爱温良的人,要力戒优柔寡断;性情沉静、安于既有舒适生活的人,要力戒被时代所淘汰;心胸宽广,不拘小节的人,要力戒粗心大意。

《人物志》说:"性格严厉、正直刚毅的人,其长处是匡邪扶正,不足是言辞激烈、不留情面;柔顺安恕的人,优点是宽容大度,不足是优柔寡断;雄悍倔强的人,长处是侠肝义胆、勇于赴难,缺点是易生猜忌之心;精细审慎的人,优点是谦恭谨慎,不足是多虑多疑;刚强坚劲的人,可做栋梁之材,缺点是容易固执;能言善辩的人,优点是善于解释疑难,缺点是容易流于诡辩、失去根本;圆通周到的人,优点是交往广泛、左右逢源,缺点是交往流于滥杂;清正廉洁的人,优点是能安于俭朴、固守节操,缺点是拘泥固执、不善变通;光明磊落、志向超远的人,能够攀登上进,缺点是容易脱离实际、流于空想;性情沉静、行为审密的人,优点是思虑精微,缺点是行动迟缓、顾虑重重;质朴无华、坦诚无隐的人,优点是忠诚老实,不足是不够细致机密;富于智慧、胸怀韬略的人,优点是足智多谋,缺点是心眼太活、主意不定。以上讲的都是具有突出才能、而又有严重不足、失之偏颇的人。"

《文子》曰:"凡人之道,心欲小,志欲大,智欲圆,行欲方,能欲多,事欲少。"所谓心小者,虑患未生,戒祸慎微,不敢纵其欲也。志大者,兼包万国,一齐殊俗,是非辐辏,中为之毂也①。智圆者,终始无端,方流四远,深泉而不竭也。行方者,直立而不挠,素白而不污,穷不易操,达不肆志也。能多者,文武备具,动静中仪也。事少者,执约以治广,处静以待躁也。夫天道极即反,盈则损。故聪明广智,守以愚;多闻博辩,守以俭;武力毅勇,守以畏;富贵广大,守以狭;德施天下,守以让。此五者,先王所以守天下也。《传》曰:"无始乱,无怙富,无恃宠,无违同,无傲礼,无骄能,无复怒,无谋非德,无犯非义。"此九言,古人所以立身也。

[注释]

①毂(gǔ):车轮中心的圆木,周围与车辐的一端相接,中有圆孔,可以插轴。

[译文]

《文子》说:"做人的大体目标是:心欲追求小,志欲追求大,智慧追求圆满,品行追求方正,能力追求多,事功追求少。"所谓"心小",即防患于未然,力戒祸端,谨小慎微,不敢纵欲行事。所谓"志大",就是兼并万国,统一风俗,万方辐辏,以我为中心。所谓"智圆",丰富的智慧,如圆环一般无始无终,如丰富的深泉之水,流播远方而不竭。所谓"行方",就是刚直不阿,不屈不挠,清正廉洁,虽处穷困之境而不失节操,虽居通达之位而不为所欲为。所谓"能多",就是文武兼备,行为举止不逾礼仪。所谓"事少",就是指为政处事深得要领,以简约的方法统揽和处置繁博的事物,以自己的沉静和稳重来等待敌人的浮躁。自然界的规律是:事物的发展一旦走向极端,便会向相反的方向转化,盈满之后便会亏损。所以，精明强干、富于智慧的人，要用愚鲁的方式来固守；博闻强记、善于雄辩的人，要用收敛简约的方法来固守；强健刚勇的人，要以畏惧的方式来固守；富贵广大，要以减削节制的方法来固守；恩德博施天下的人，要以谦让的方式来固守。以上五点，是先王用以守天下的法宝。《传》说："不要首先发难为乱，不要以富有而自恃，不要以受宠而有恃无恐，不要别出心裁，不要傲慢无礼，不要因自己的能力而骄傲，不要经常发怒，不谋求不符合道德的事，不做不符合义的事。"这九条，是古人赖以安身立命的准则。

《玉钤经》曰："夫以明示者浅，有过不自知者弊，迷而不反者流，以言取怨者祸，令与心乖者废，后令缪前者毁，怒而无威者犯，好众辱人者殃，戮辱所任者危，慢其所敬者凶，貌合心离者孤，亲佞远忠者亡，信谗弃贤者惛，私人以官者浮，女谒公行者乱①，群下外恩者沦，凌下取胜者侵，名不胜实者耗，自厚薄人者弃，薄施厚望者不报，贵而忘贱者不久用，人不得其正者殆，为人择官者失，决于不仁者险，阴谋外泄者败，厚敛薄施者凋。"此自理之大体也。故傅子曰："立德之本，莫尚乎正心。"心正而后身正，身正而后左右正，左右正而后朝廷正，朝廷正而后国家正，国家正而后天下正。故天下不正，修之家；家不正，修之朝廷；朝廷不正，修之左右；左右不正，修之身；身不正，修之心。所修弥近，所济弥远，禹、汤罪己，其兴也勃焉，正心之谓也。

[注释]

①谒：名帖。把自己的姓名、籍贯、官爵以及有关事项书于其上，备进见之用。女谒公行，指女人干政。

[译文]

《玉钤经》说："喜好向人卖弄聪明的人，是浅薄的；不能自己发现自己缺点的人就会自我蒙蔽；居身迷途而不能返回的，就会随波逐流；因言辞不当而结怨的人容易遭致祸端；违背众心的法令就不能通行；前后相悖的法令等于一纸空文，爱好发怒而又没有威望的人，容易遭到人的侵犯；好在大庭广众面前侮辱人的人，就容易遭殃；肆意戮辱部属的人，便会处在危险之中；轻慢本应受到尊敬的人，凶多吉少；对人貌合心离的人，将处于孤立的境地；亲近奸佞小人而疏远忠臣的人，必然要灭亡；轻信谗言而舍弃贤人的人，是糊涂昏庸的人；用封官许愿来笼络私人感情的人，就会失去事业的基础；女人干预公务，容易造成混乱；部属如果接受了外人的恩赐，斗志就会沉沦；欺凌弱小而取得了胜利，是侵略的举动；名不副实的，就会自我损耗；对自己宽厚而对别人刻薄的人，终将被人所抛弃；吝啬刻薄而又希望得到丰厚收益的人，必然事与愿违；富贵而忘了贫贱就好景不长；如果用人不当，将面临危险；替别人选择举荐官员，是不明智的行为；使不具备仁爱之心的人为重大问题作决策，是十分危险的；机密外泄，必然导致失败；厚敛薄施的人，必然自我凋敝。"以上是自我调理的大体原则。所以傅子说："树立道德的根本，莫过于正心。"心正而后才能身正，身正而后身边的人才能正，身边左右的人正而后朝廷才能正，朝廷正而后国家正，国家正而后天下正。所以，如果天下不正，则首先要修正国家；国家不正，首先要修正朝廷；朝廷不正，首先要修正身边左右的人；左右不正，要修正自身；自身不正，就要修炼自己的心，达到心正。所以越是能从自身、从近处修炼做起，其力量的感召范围就越是广远。夏禹和商汤能反躬自责，所以夏、商才得以蓬勃发展，这是正心的缘故。

理乱第十二

夫明察六主，以观君德；审惟九风，以定国常；探其四乱，核其四危，则理乱可知矣。

何谓六主？荀悦曰①："体正性仁，心明志同，动以为人，不以为己，是谓王主；克己恕躬②，好问力行，动以从义，不以从情，是谓治主；勤事守业，不敢怠荒，动以先公，不以先私，是谓存主；悖逆交争，公私并行，一得一失，不纯道度，是谓衰主；情过于义，私多于公，制度逾限，政教失常，是谓危主；亲用谗邪，放逐忠贤，纵情逞欲，不顾礼度，出入游放，不拘仪禁，赏赐行私，以越公用，忿怒施罚，以逾法理，遂非文过，而不知改，忠言雍塞，直谏诛戮，是谓亡主。"

[注释]

①荀悦：东汉史学家、政论家。字仲豫。颍川颍阳（今河南许昌）人。受汉献帝之命，依编年体改写《汉书》，撰成《汉纪》三十篇。另有《申鉴》五篇。②躬：自身。

[译文]

明察六种不同类型的国主，就能看出做国君的君德如何；审察九种风气，就可以推定一国的国情；分析一国的"四乱"、"四危"，一国的治乱状况便可一目了然。

什么是"六主"？荀悦说："以身作则，情性仁厚，心明眼亮，君臣同心同德，做事是为了大众百姓而不是为了自己，这样的君主是能够称王于天下的君主；严于律己、宽于待人，虚心好学、身体力行，做事以符合道义为准则，不感情用事，这样的君主是能够使天下大治的君主；勤于政事，恪守祖业，不敢荒疏朝政，做事先公后私，这样的君主是能够守江山的君主；做事违背众人的意愿，争强好胜，公私不分，做事时常得失相半，不符合道德和法度，这样的君主，是致国家于衰亡的君主；做事私情多于道义，私利多于公益，不守制度，政教失常，这样的君主，是使国家处于危险之中的君主；亲近重用谗邪小人，放逐忠君贤良之臣，纵情逞欲，不顾礼仪法度，出宫游乐，不拘王家礼仪禁忌，以个人的好恶和私情赏赐臣下，置法理于不顾，因个人一时的愤怒滥施刑罚，文过饰非，不知悔改，不听逆耳忠言，杀戮犯颜直谏之臣，这样的君主，就称为亡国之主。"

何谓九风①？君臣亲而有礼，百寮和而不同，让而不争，勤而不怨，唯职是司，此礼国之风也；礼俗不一，职位不重，小臣谗疾，庶人作议，此衰国之风也；君臣争明，朝廷争功，大夫争名，庶人争利，此乖国之风也；上多欲，下多端，法不定，政多门，此乱国之风也；以侈为博，以伉为高，以滥为通，遵礼谓之拘，守法谓之固，此荒国之风也；以苛为察，以利为公，以割下为能，以附上为忠，此叛国之风也；上下相疏，内外相疑，小巨争宠，大臣争权，此危国之风也；上不访下，下不谏上，妇言用，私政行，此亡国之风。

[注释]

①九风：下文所述共"八风"，疑有误。

[译文]

什么是九风？君臣亲睦，相待以礼，朝臣百官和睦融洽又各有主见，相互谦让而不你争我夺，做事辛劳而无怨言，忠于职守，这是"礼国之风"；国家礼俗不统一，官位不被敬重，小臣逸言不断，百姓议论纷纷，这是"衰国之风"；君臣互争高明，群臣争功，大夫争名，老百姓争利，这是"乖国之风"；做国君的欲壑难填，做臣下的是非不断，国无定法，政出多门，这是"乱国之风"；以奢侈无度为博大，以傲慢无礼为崇高，以滥交为通达，以遵礼为拘束，以守法为固执，这是"荒国之风"；以苛刻为明察，以获利为公心，以割剥下民为能耐，以阿附上级为忠诚，这是"叛国之风"；君臣上下相互疏远，朝廷内外相互猜疑，小臣争宠，大臣争权，这是"危国之风"；做国君的不询访下情，做臣下的也不向上谏言，后宫干预朝政，为政以谋取私利为原则，这称为"亡国之风"。

何谓四乱？管子曰①："内有疑妻之妾，此家乱也；庶有疑嫡之子，此宗乱也；朝有疑相之臣，此国乱也；任官无能，此众乱也。"

何谓四危？又曰："卿相不得众，国之危也；大臣不和同，国之危也；兵主不足畏，国之危也；民不怀其产，国之危也。"此治乱之形也。

凡为人上者，法术明而赏罚必者，虽无言语而势自治；法术不明而赏罚不必者，虽日号令，然势自乱。是故势理者，虽委之不乱；势乱者，虽勤之不治。尧、舜拱己无为而有作，势理也；故亥、王莽驰骛而不足，势乱也。故曰，善者求之于势，不责于人。是故明主审法度而布教令，则天下治矣。

论曰：夫能匡世辅政之臣，必先明于盛衰之道，通于成败之数，审于治乱之势，达于用舍之宜，然后临机而不惑，见疑而能断。为王者之佐，未有不由斯者矣。

[注释]

①管子：即管仲。春秋初期政治家。名夷吾，字仲。由鲍叔牙推荐，被齐桓公任命为卿。辅佐齐桓公，使之成为春秋时第一个霸主。相传著有《管子》八十六篇，实系后人托名于他的著作。今存七十六篇。

[译文]

什么是"四乱"？管子说："家内有猜疑妻子的妾，称之为家乱；庶子猜疑嫡子，称之为宗乱；朝廷内有猜疑宰相的大臣，称之为国乱；所任官员庸碌无能，称之为众乱。"

什么是"四危"？管子又说："卿相大臣得不到大众百姓的拥戴，国家就危险了；大臣不相互团结和睦，国家就危险了；统兵的主帅不足以令敌人畏惧，国家就危险了；人民不安心生产，国家就危险了。"以上所讲的，是治与乱的情形。

作为统治者，如果能做到法纪严明，赏罚必信，虽不大喊大叫，其势必然自治；如果法纪不严明，赏罚不行，即便天天发号施令，也必然走向混乱。因此，已成治理的态势，即便是委政于人，也不会发生混乱；已成混乱的态势，虽然勤勉劳作，也不能达到大治。尧舜拱己无为却能无所不为，这是态势所趋的缘故；秦二世和王莽虽然奔驰不暇，仍不能归于理治，也是态势已乱的缘故。所以说，善于领导的人，往往致力于造就于己有利的态势，而不对人求全责备。因此，圣明的君主，只需审明法度，将法度公布于众，就可以达到天下大治。

论者说道：能够匡扶世事、辅佐君王行政的大臣，必须首先明辨盛衰之道，精通成败之数，精审治乱的形势，通达用舍之宜，然后方能做到面临突发的局面而不迷惑，遇到疑难的问题而能决断。要真正成为君王的得力辅佐，没有不由此道的。

卷三（权变）

反经第十三

臣闻三代之亡，非法亡也，御法者非其人矣。故知法也者，先王之陈迹，苟非其人，道不虚行。故《尹文子》曰①："仁、义、礼、乐、名、法、刑、赏，此八者，五帝三王治世之术。"故仁者，所以博施于物，亦所以生偏私。义者，所以立节行，亦所以成华伪。礼者，所以行敬谨，亦所以生惰慢。乐者，所以和情志，亦所以生淫放。名者，所以正尊卑，亦所以生矜篡。法者，所以齐众异，亦所以乖名分。刑者，所以威不服，亦所以生凌暴。赏者，所以劝忠能，亦所以生鄙争。

[注释]

①《尹文子》：相传为战国时尹文著。经后人考证，可能是魏晋人的伪托之作。一卷，分上、下两篇。其说与黄老刑名之说相近。

[译文]

我听说夏、商、周三代之所以灭亡，并不是因为法规不当造成的，而是因为执行法律的人不得当。所以，知法这件事，根据先王的历史经验，如果用非其人，正道废弛，法律也难以真正落实和推行。所以《尹文子》说："仁、义、礼、乐、名、法、刑、赏，这八宗，便是五帝三王治理天下的方法。"所谓仁，要求泛爱博施，同时也容易发生偏私。所谓义，要求守节立行，同时也容易流于哗众取宠。所谓礼，要求行为恭敬谨慎，同时也容易流于怠慢。所谓乐，能够调和情志，同时也容易使人生淫逸放荡之心。所谓名，可以用来正尊卑之序，也容易使人生矜持篡逆之心。所谓法，可以使众人整齐如一，也容易使人背离本分。所谓刑，可以镇服那些不服法令的人，但也容易导致凌辱、暴虐百姓的行为发生。所谓赏，既可以激励人们尽忠献能，也容易导致人们之间的纷争。

《文子》曰①："圣人其作书也，以领理百事，愚者以不忘，智者以记事；及其衰也，为奸伪，以解有罪而杀不辜。其作囿也②，以奉宗庙之具，简士卒，戒不虞；及其衰也，驰骋弋猎③，以夺人时。其上贤也，以平教化，正狱讼，贤者在位，能者在职，泽施于下，万人怀德；至其衰也，朋党比周，各推其与，废公趋私，外内相举，奸人在位，贤者隐处。"

《韩诗外传》曰④："夫士有五反：有势尊贵，不以爱人行义理，而反以暴傲；家富厚，不以振穷救不足，而反以侈靡无度；资勇悍，不以卫上攻战，而反以侵凌私斗；心智惠，不以端计教，而反以事奸饰诈；貌美好，不以统朝莅人，而反以蛊女从欲。"

[注释]

①《文子》：撰人佚名。一说文子姓辛名钘，号计然，范蠡之师，受业于老子。其说不可考。②囿：畜养禽兽的园地。③弋猎：泛指射猎。弋，用带绳子的箭射。④《韩诗外传》：西汉韩婴撰，今本十卷。其书杂述古事古语，每引《诗》以与古事相印证。另有《内传》四卷，今佚。

[译文]

《文子》说："圣人发明文字的目的，在于领导民众理解总结万事万物的道理，使愚鲁的人加强记忆，使聪明智慧的人用来记载史实。但当世道衰败之时，也容易为奸诈之人所利用，成为替有罪的人开脱罪责、杀戮无辜的工具。辟建苑囿，本来是为了向人提供狩猎的场所，以供人们祭祀宗庙、检阅训练士卒、以防不测，但当世道衰败之时，便成为王者公族驰骋弋猎、贻误农时的祸害。尊崇任用贤才，本来是为了推广教化，使狱讼公正，让贤人居于应有的地位，让有才能的人担任相应的官职，以便使君王的恩泽博施于下层百姓，使广大百姓感怀君王的恩德，但当世道衰微之时，推荐贤才之举，却成了拉帮结派、徇私废公、奸人在位、贤人下野的借口和工具。"

《韩诗外传》说："士人往往会发生五种与本意相反的情况：身居尊贵之位，却不能泛爱百姓、推行义理，反而残暴傲慢；家境富厚，却不能因此赈济穷困、救援不足，反而侈靡无度；天资勇敢强悍，却不能因以保卫君王、驰骋沙场，反而侵凌弱小，勇于私斗；富于智慧，却不能致力于治国用兵的良策，反而用来耍阴谋诡诈之术；相貌堂堂、仪表不凡，却不能在朝中认真做官，为人表率，反而以此蛊惑女色，极情纵欲。"

太公曰："明罚则人畏慑，人畏慑则变故出。明察则人扰，人扰则人徙，人徙则不安其处，易以成变。"

晏子曰[①]："臣专其君，谓之不忠；子专其父，谓之不孝；妻专其夫，谓之嫉妒。"韩子曰："儒者以文乱法，侠者以武犯禁。"子路拯溺而受牛谢，孔子曰："鲁国必好救人于患也。"子贡赎人而不受金于府。孔子曰："鲁国不复赎人矣。"子路受而劝德，子贡让而止善。由此观之，廉有所在，而不可公行。

慎子曰[②]："忠未足以救乱代，而适足以重非。"何以识其然耶？曰，父有良子而舜放瞽叟，桀有忠臣而过盈天下。然则孝子不生慈父之家，而忠臣不生圣君之下。故明主之使其臣也，忠不得过职，而职不得过官。

[注释]

①晏子：即晏婴。春秋时期齐国大夫。字平仲。历任灵公、庄公、景公

三世卿。机敏善辩。传世《晏子春秋》，是战国时人收集他的言行编辑而成。
②慎子：即慎到。战国时期赵国人。法家主要代表人物之一。曾在齐稷下学宫讲学，负有盛名。著有《慎子》四十二篇，今佚。现存《慎子》为后世辑录，仅七篇。

[译文]

太公说："刑罚严明则人心畏慑，人心畏慑则易生变故。在上的人如果目光锐利，明察秋毫，在下的就容易纷扰不安，纷扰不安则导致人员流徙，人员流徙则导致不安其处，因此易生变乱。"

晏子说："做臣子的专擅国君的大权，叫做不忠；做儿子的专擅父亲的权力，叫做不孝；做妻子的专擅丈夫的权力，叫做嫉妒。"韩子说："儒生用仁义礼仪扰乱了法纪，侠士因果敢勇武而冒犯禁令。"子路拯救了溺水的人，因而领受了溺者家人一头牛的答谢，孔子知道了这件事以后便说："鲁国从此一定会形成乐于救人于患难之中的风气。"子贡用自己的钱赎回了被卖到别国的鲁国人后，谢绝了本应从官府得到的奖赏，孔子知道这件事以后说："鲁国从此便不会再有人肯自己掏钱赎人了。"子路接受了人的报赏，从而起到了劝勉人们行德的作用；子贡谦让，谢绝受赏，反而阻止了人们的善行。由此看来，廉洁的美德并不是可以不分时间地点广泛推行的。

慎子说："忠君行为并不足于拯救乱世，反而起到了助恶伐善的作用。"用什么来证明这一论点呢？父亲有了不敢违抗父命的好儿子，所以瞽叟便把舜放逐了；夏桀正是因为有一批忠臣，所以他的罪过满天下。因此，孝子并不生在慈父之家，而忠臣也不生在圣君之下。所以圣明的君主任用臣子，其忠君行为不得超过他所在的职分，而他的职分又不得超过他的官位所限定的范围。

鬼谷子曰："将为胠篋探囊发匮之盗①，为之守备，则必摄缄縢②，固扃鐍③，此世俗之所谓智也。然而巨盗至，则负匮揭箧，担囊而趋，唯恐缄縢扃鐍之不固也。然则向之所谓智者，有不为盗积者乎？其所谓圣者，有不为大盗守者乎？"何以知其然耶？昔者齐国，邻邑相望，鸡狗之音相闻，罔罟之所布④，耒耨之所刺⑤，方二千余里。阖四境之内，所以立宗庙社稷，治邑屋州闾乡里者，曷尝不法圣人哉！然而田成子一朝杀齐君而盗其国⑥，所盗者岂独其国耶？并与圣智之法而盗之。故田成子有乎盗贼之名，而身处尧、舜之安，小国不敢非，大国不敢诛，十二代而有齐国。则是不乃窃齐国，并与其圣智之法，以守其盗贼之身乎？

[注释]

①胠箧（qù qiè）：从旁边把手提箱子打开。探囊：掏摸口袋。发匮（guì）：揭开大箱子。②摄缄縢：捆扎绳子，使其牢固。③扃鐍（jiōng jué）：扃，门窗，箱柜上的开关。鐍，箱子上加锁的铰钮。④网罟（gǔ）：猎具。罟，网的总名。⑤耒耨（lěi nòu）：农具。耒，耜犁的木柄，代指犁。耨，小手锄，锄草的农具。⑥田成子：即田常。或作陈成子。春秋时期齐国的大臣。

[译文]

鬼谷子说："为了防备翻箱、探囊、开柜一类的盗贼，就把箱子捆绑好、再上锁固定好，这些预防措施，在世俗人的眼里，是很聪明的办法。但是，如果大盗来到后，他们背着箱子、抬着柜子、担囊而去，还唯恐这些箱子、柜子捆绑得不牢固、锁得不结实呢。既然如此，以上所说的所谓的聪明之举，不正是在为大盗偷东西做积累的准备吗？世俗所称的圣主贤臣，不都成了窃国大盗的守护者了吗？"为什么这样说呢？从前在齐国，邻邑相望，鸡狗之声相闻，可供人们捕鱼打猎、耕田播种的水面田地，方圆达两千余里。四境之内，遍立宗庙社稷，建州闾乡里，以及修城建屋，没有一宗不效法圣人的做法。然而，田成子于一朝之内便杀掉了齐国的国君而盗了他的国家。田成子所盗窃的仅仅是齐国这一个国家吗？而且把圣明智慧的治国方法也一并盗窃去了。因此，田成子虽然有盗贼之名，但他的君王的交椅却坐得如同尧舜一样的安稳，小国不敢妄加非议，大国不敢兴兵讨伐，田氏国君宝座传了十二代。这难道不是盗窃齐国，连同圣明智慧的治国方法也一并盗去，用来保护其盗贼自身吗？

跖之徒问于跖曰①："盗亦有道乎？"跖曰："何适而无有道耶？夫妄意室中之藏，圣也；入先，勇也；出后，义也；知可否，智也；分均，仁也。五者不备而能成大盗者，天下未之有也。"

由是观之，善人不得圣人之道不立，盗跖不得圣人之道不行。天下之善人少，而不善人多，则圣人之利天下也少，而害天下也多矣。由是言之，夫仁、义、礼、乐、名、法、刑、赏，忠孝贤智之道，文武明察之端，无隐于人，而常存于代。非自昭于尧汤之时，非故逃于桀纣之朝。用得其道则天下理，用失其道而天下乱。故知制度者，代非无也，在用之而已。

[注释]

①跖（zhí）：即盗跖。春秋战国之际鲁人。相传从卒九千人，侵暴诸侯，横行天下。

[译文]

盗跖的门徒问盗跖："偷盗难道也有价值标准和原则吗？"盗跖回答说："什么事能够没有标准和原则呢？能够预测室中所藏的东西，就叫做'圣'；偷盗时敢于一马当先，叫做'勇'；撤退时殿后，叫做'义'；能决断可不可偷，叫做'智'；分配偷来的东西时能均分，叫做'仁'，不具备这五种品质而能够成为天下大盗的，这样的事情我还从未有听说过。"

由此看来，善良的人不掌握圣人之道，就难立身处世；盗跖不掌握圣人之道，也就难以行盗。正因为天下善良的人少，而不善良的人多，那么，所谓的圣人，他们为天下带来的利益就少，而给天下带来的祸害也就多了。据此可以说，仁、义、礼、乐、名、法、刑、赏，忠孝贤智、文武明察之类，可以在各种人身上表现出来，而历代常存。并不是在尧汤这样的圣明时代就出现，而在桀纣时代便逃之夭夭了。关键在于如何使用它：使用得当则天下大治，使用不当则天下大乱。所以可知，仁义礼乐名法刑赏等制度，任何一个朝代都有，区别在于使用的方法不同、效果不同而已。

是非第十四

夫损益殊涂，质文异政。或尚权以经纬，或敦道以镇俗。是故前志垂教，今皆可以理违。何以明之？《大雅》云①："既明且哲，以保其身。"《易》曰②："天地之大德曰生。"《语》曰："士见危致命。"又曰："君子有杀身以成仁，无求生以害仁。"

[注释]

①《大雅》：属《诗经》中的雅类诗。②《易》：即《易经》。

[译文]

"损"和"益"是两种不同的方法，"质"和"文"也是两种不同的施政方法。有的人崇尚以权治国，有的人主张用道来教化世俗。因此，凡前人的教导或经验，今天都可以找出正好相反的根据，予以反驳。如何证明这一点呢？《诗经·大雅》说："用聪明智慧的方法来保护自己的身体。"《易经》上说："天地的大德叫做生。"而《论语》里却说："士人见到危险要舍命相救。"又说："君子有舍弃自己的生命来成全仁的道理的，没有为求生而危害了仁的道理的。"

《管子》曰："疑今者察之古，不知来者视之往。"古语曰："与死人同病者，不可生也；与亡国同行者，不可存也。"《吕氏春秋》曰:"夫人以食死者,欲禁天下之食,悖矣;有以乘舟死者,欲禁天下之船,悖矣;有以用兵丧其国者,欲偃天下之兵①,悖矣。"杜恕曰②:"夫奸臣贼子,自古及今,未尝不有。百岁一人,是为继踵;千里一人,是为比肩。而举以为戒,是犹一噎而禁人食也,噎者虽少,饿者必多。"

[注释]

①偃(yǎn):停止。②杜恕:三国时魏人。官至幽州刺史。

[译文]

《管子》说:"对今天的事情有疑问的,可以去考察古代;不知道将来会走向何处,看看过去是怎么发展的便知道了。"古语说:"与病死的人害同样病的人,是难以活命的;与亡国之君施行同样的政治的国家,也是注定要灭亡的。"

而《吕氏春秋》却说:"见有人因吃东西而噎死了,就要禁止天下的人吃东西,这种做法是荒谬的;看到有人因乘船不慎淹死了,就想禁止天下的人乘船,这种做法是荒谬的;看到有的国家因战争而亡了国,就想在全天下禁绝战争,这也是不可能实现的幻想。"杜恕也说过同样道理的话:"奸臣贼子,自古至今,历代都有。百年内出一个人,便觉着像前脚接后脚那样的没有间断;方圆千里内出一个人,便觉着像肩并着肩一样稠密。如果以此为戒,选拔人才缩手缩脚,就犹如一人噎死了,就禁止众人吃东西。这样做,虽然噎死的人少了,但饿死的人却多了。"

孔子曰:"恶讦恶以为直①。"《管子》曰:"恶隐恶以为仁者。"魏曹羲曰②:"夫代人所谓掩恶扬善者,君子之大义;保明同好者,朋友之至交。斯言之作,盖闾阎之白谈。所以收爱憎之相谤,非笃正之至理,折中之公议也。世士不料其数而系其言,故善恶不分,以覆过为宏也;朋友忽义,以雷同为美也。善恶不分,乱实由之;朋友雷同,败必从焉。谈论以当实为情,不以过难为贵;相知以等分为交,不以雷同为固。是以达者存其义,不察于文;识其心,不求于言。"

[注释]

①恶(wù)讦恶(è):前"恶"为厌恨,厌恶。后"恶"即邪恶,不好的事物。②曹羲:三国魏人,曹真次子。中领军。

[译文]

孔子说:"憎恶那些以攻击他人来标榜自己正直的人。"而《管子》却说:"憎恶那些以掩护他人的恶迹为仁爱之举的人。"曹羲也论证过同样的道理,他说:"世人认为隐恶扬善,是君子应有的大义之举;保护与自己志同道合、关系友善的人,是友情敦厚的表现。这些言论,纯属街头巷尾的浅薄之谈。这些论谈,助长了爱憎相诽谤的趋势,非难了笃实正确的道理,混淆了公理与谬误的界限。世人不能明辨其中的道理,而被这些具有欺骗性的语言所迷惑,所以致使善恶不分,以掩盖过失为崇高;置义节于不顾,反而以相互认同为美德。善恶不分,是造成混乱的原因;朋友间无原则地相互认同,必然导致失败。相互间的谈论应当以实事求是为准则,不应相互苛求、相互非难;朋友相知,应当以平等的态度、真实的情感相交往,不应以相互认同、一团和气来巩固友情。因此,聪明达观的人只领会其中大义,而不在文辞上多计较;务在认识人的真实心理,而不苛求于人的表面语言。"

《越绝书》曰①:"炫女不贞②,炫士不信。"《汉书》曰:"大行不细谨,大礼不让辞。"

黄石公曰:"务广地者荒,务广德者强。有其有者安,贪人有者残。残灭之政,虽成必败。"司马错曰③:"欲富国者,务广其地;欲强兵者,务富其人;欲王者,务博其德。三资者备,而后王业随之。"

《传》曰:"心苟无瑕,何恤乎无家?"语曰:"礼义之不愆④,何恤乎人言。"语曰:"积毁销金,积谗磨骨,众羽溺舟,群轻折轴。"

[注释]

①《越绝书》:又称《越绝记》。东汉袁康撰。记吴、越二国史地及伍子胥、子贡、范蠡等人的活动。多采传闻异说。与《吴越春秋》多出入。②炫女:爱自我炫耀的女人。③司马错:战国时期秦国将领。建议秦王兴兵灭蜀。曾为蜀郡守。④愆(jiàn):越权。

[译文]

《越绝书》说:"喜欢向人炫耀的女人是不贞洁的女人,喜欢向人自我夸耀的士人是不值得信赖的人。"而《汉书》上却说:"做大事业不必拘于小节,注重大礼不必拘于谦让之词。"

黄石公说:"一味贪图土地广大,就会造成土地荒芜;以推广德行为务就会日益强盛。拥有自己应该拥有的,生活就安定;贪图本属他人拥有的东西,就会有残灭侵暴行为发生。残灭的政治,虽能一时得逞,但终将遭到失败。"而司马错却说:"要想使国家富强,必须首先扩大土地;要想建立强大的军队,就必须首先使人民富有;要想称王于天下,就必须博施恩德。这三件事情做好了,称王大业也就能随之而实现。"

《左传》里说:"假若心灵纯洁无瑕,何须担心无家可归呢?"古语也说:"如果自己的行为符合礼义规范,又何须担心别人的风言风语呢?"可是古语还有另一种意义的话:"毁谤之言多了,可以把金属熔化;谗言积累多了,可以把人的骨头磨损;羽毛多了,可以把船压沉;重量轻的东西积累多了,同样可以把车轴压折。"

孔子曰:"君子不器,圣人智周万物。"列子曰①:"天地无全功，圣人无全能，万物无全用。故天职生覆②，地职载形，圣职教化。"

孔子曰："君子坦荡荡，小人长戚戚。"孔子曰："晋重耳之有霸心也，生于曹卫；越勾践之有霸心也，生于会稽。故居下而无忧者，则思不远；覆身而常逸者，则志不广。"

韩子曰："古之人，目短于自见，故以镜观面；智疑于自知，故以道正己。"老子曰："反听之谓聪，内视之谓明，自胜之谓强。"

[注释]

①列子：即列御寇。战国时期学者。著有《列子》八篇，又称《冲虚真经》。原书早佚。今本《列子》可能是晋人的托名之作。内容多为民间故事、寓言和神话传说。是道家著作。②生覆：覆育生命万物。覆，庇护。

[译文]

孔子说："君子不像一件固定的器物只有一种用途，圣人的智慧可以通晓万事万物的道理。"而列子却说："天地也没有无不包全的功能，圣人也不是无所不能，万物也不是全部有用。所以，天的职责是覆育生命，地的职责是载育万物，圣人的职责是教化万民。"

孔子说："君子心胸坦荡，而小人总是面带忧伤之情。"而孔子还说过意思相反的话："晋公子重耳的称霸之心，就产生于他在曹、卫二国受人歧视的时候；越王勾践的称霸之心，就产生于他在会稽受辱、卧薪尝胆的时候。所以，居人之下而无忧患之心的人，他的思虑就不可能长远；身处逆境却身心安逸的人，他的志向就不可能广大。"

韩子说："古代的人感到自己的眼睛看不到自己的面貌，所以便借助镜子来观照自己的相貌；感到自己的智慧还不足以有自知之明，所以便时常用道来矫正自己。"而老子却说："不听而晓叫做聪，能够自我观照叫做明，自己战胜自己、提高自己叫做强。"

唐且曰①："专诸②怀锥刀而天下皆谓之勇，西施被短褐而天下称美。"慎子曰："毛嫱③、西施，天下之至姣也，衣之以皮具，则见者皆走；易之以元绤④，则行者皆止。由是观之，则元绤色之助也，姣者辞之，则色厌矣。"

项梁曰："先起者制服于人，后起者受制于人。"《军志》曰："先人有夺人之心。"史佚有言曰："无始祸。"又曰："始祸者死。"语曰："不为祸始，不为福先。"

[注释]

①唐且：即唐雎（jū）。战国时期魏人。齐、楚攻魏，魏求救于秦，秦拒不发兵。唐雎西入，说服秦王发兵。②专诸：春秋末期侠客、勇士。吴国人。吴王僚代嫡继位，公子光便与伍子胥派专诸刺王僚。在一次宴会上，专诸置匕首于鱼腹中，借进肴之机，当场刺死吴王僚，他本人亦被杀。③毛嫱：古代美女。④元绤（xí）：黑色细布。"元"本为"玄"，因避讳改之。

[译文]

唐且说："专诸胸怀短刀，受人之托而行刺君王，天下都称赞他勇敢；西施身着短布衣，天下人还称赞她美丽。"而慎子却说："毛嫱和西施，被誉为天下最美的人，若让她们披上难看的皮毛，看见她们的人都会被吓跑；如果让她们身着漂亮的纱衣，行人就会驻足观赏。由此看来，漂亮的衣服可以衬托出她们的美色，美丽的人如果离开漂亮的衣服，她们的美丽就会大为逊色。"

项梁说："先动手的，可以制服他人，后动手就会受制于人。"《军志》里也说："先下手可以夺人之心。"而史佚却说："不要首先发难"，"首先发难就会灭亡"。古语也告诫说："不第一个发难，也不第一个去抢夺福利。"

慎子曰："夫贤而屈于不肖者，权轻也；不肖而服于贤者，位尊也。尧为匹夫，不能使其邻家，及至南面而王，则令行禁止。由此观之，贤不足以服物，而势位足以屈贤矣。"贾子曰[①]："自古至今，与民为仇者，有迟有速耳，而民必胜之矣。故纣自谓天王也，而桀自谓天父也，已灭之后，民亦骂之也。以此观之，则位不足以为尊，而号不足以为荣矣。"

汉景帝时，辕固与黄生争论于上前[②]。黄生曰："汤、武非受命，乃杀也。"固曰："不然。夫桀、纣荒乱，天下之心，皆归汤、武。汤、武与天下之心而诛桀、纣。桀、纣之人，弗为使而归汤、武，汤、武不得已而立，非受命而何？"黄生曰："冠虽敝，必加于首；履虽新，必贯于足。何者？上下之分也。今桀、纣虽失道，然君上也；汤、武虽圣，臣下也。夫君有失行，臣不正言匡过，以尊天子，反因过而诛之，代立南面，非杀而何？"

[注释]

①贾子：即西汉大臣、政论家贾谊。②辕固：西汉时期《诗经》博士。

[译文]

慎子说："贤人之所以屈居于庸人之下，是因为贤人的权力小；不贤的人服从于贤人，是因为贤人有尊贵的地位。当尧还是一位匹夫百姓时，连他的邻家也指使不动，等他南面称王后，却能做到令行禁止。由此看来，贤的品质不足以制伏任何事物，而较高的权势和地位却足以使贤人屈服。"而贾子却有相反的论述："自古至今，与民为仇的暴君，尽管有的横行的时间长，有的横行的时间短，但最终都要被人民所战胜。所以，纣自称为'天王'，桀自称为'天父'，他们覆灭以后，无不遭到人民的唾骂。由此看来，占据较高的地位不一定就尊贵，戴上较高的名号也未必就光荣。"

汉景帝时，辕固和黄生在景帝面前辩论。黄生说："商汤、周武都不是受天命而称王，而是通过杀害自己的君王而篡夺了王位的。"辕固说:"不是这样。桀、纣荒淫乱国,天下百姓已归心于商汤和周武,商汤、周武顺应民心而诛灭了桀、纣。桀、纣的臣民不愿再为桀、纣效劳,而归附了商汤、周武,商汤、周武不得已而自立,这不是受天命是什么呢?"黄生说:"帽子虽然破旧了,但它毕竟是往头上戴的东西;鞋子虽然很新,它也只能穿在脚上。为什么呢?上下名分决定的。商汤周武,虽然圣明,但毕竟是臣下。君王发生了失误,做臣子的不向君王进言、帮助君王改正错误,以此来表示对天子的尊重,反而因君王有过失,便兴兵诛杀他,取而代之,南面称王,这不是弑君篡位是什么?"

太公曰:"明罚则人畏慑,人畏慑则变故出;明赏则不足,不足则怨长。故明王之理人,不知所好,不知所恶。"文子曰:"罚无度则戮而无威,赏无度则费而无恩。"故诸葛亮曰:"威之以法,法行则知恩;限之以爵,爵加则知荣。"

文子曰:"人之化上,不从其言,从其行也。故人君好勇,而国家多难;人君好色,而国家昏乱。"秦王曰:"吾闻楚之铁剑利而倡优拙①。夫铁剑利则士勇,倡优拙则思虑远。以远思虑御勇士,吾恐楚之图秦也②。"

墨子曰③:"虽有贤君,不爱无功之臣;虽有慈父,不爱无益之子。"曹子建曰④:"舍罪责功者,明君之举也;矜愚爱能者,慈父之恩也。"《三略》曰:"含气之类,皆愿得申其志。是以明君贤臣,屈己申人。"

[注释]

①倡优:妓女;艺人。②图:图谋,谋取。③墨子:即墨翟。相传为宋国人,后长期居住在鲁国。春秋战国之际的思想家,政治家。墨家学派的创始人。有《墨子》传世,为墨子及其后学者所著。④曹子建:即曹植,字子建。曹操第三子。三国时期著名文学家。

[译文]

太公说:"严明刑罚,就会使人产生畏惧心理,人有畏惧心理易生变故。奖赏制度明确,人们就会感到不满足,人们有了不满足的心理,就会对在上的产生怨恨情绪。所以圣明的君王统治人民,往往使人不知道他的好恶。"而文子却说:"滥施刑罚,超过了限度,即便杀戮很多,也不能树立法律的威慑力量;滥施奖赏超过了限度,破费虽多,也不能使人感恩。"所以诸葛亮说:"要用法律威慑人,法令得以推行,人才会知恩;要限制滥封爵位,这样,一旦将爵位授予人,人就会感到荣耀。"

文子说:"老百姓受君王的教化,不是听他的语言,而是看他的行为。所以,做国君的如果好勇,则国家多难;做国君的如果好色,则国家昏乱。"而秦王的观点则相反:"我听说楚国的铁剑很锐利而倡优却很笨拙。铁剑锐利就说明士卒勇敢;倡优笨拙则说明国王的思虑远大。以思虑远大的国王指挥勇敢的军队,我担心楚国将会图谋秦国。"

墨子说:"虽然有贤明的君王,但他并不爱无功的大臣;虽然有慈祥的父亲,但他并不爱无益于家庭的儿子。"曹操的儿子曹子建却说:"原谅有罪过的人,严格要求有功劳的人,这才是圣明之君所应采取的举措。怜悯和同情愚鲁的儿子,疼爱有才能的儿子,这才是慈父应有的恩德。"《三略》说:"凡胸怀志气的人,都希望得到伸展自己志气的机会。因此,明君贤臣,都能够委屈自己,而把伸展志气的机会让与别人。"

《传》曰:"人心不同,其犹面也。"曹子建曰:"人各有好尚,兰芷荪蕙之芳①,众人所好,而海畔有逐臭之夫;'咸池'六英之发②,众人所乐,而墨子有非之之论,岂可同哉?"语曰:"以心度心,间不容针。"孔子曰:"其恕乎!己所不欲,勿施于人。"

管子曰:"仓廪实知礼节,衣食足知荣辱。"古语曰:"贵不与骄期而骄自至,富不与侈期而侈自来。"

语曰:"忠无不报。"《左传》曰:"乱代则谗胜直。"

[注释]

①兰、芷、荪、蕙:均为香草。②咸池:周代"六舞"之一。相传为尧时代的乐舞,周代用以祭祀地神。

[译文]

《左传》说:"人心彼此不同,就如人的面目千差万别一样。"曹子建说:"人各有所好。像兰、芷、荪、蕙等花草的芬芳,为大众所喜好,而海边却有喜逐臭气的人。咸池、六英等名曲为众人所喜爱,而墨子却有非难音乐的论说。人心岂能相同一?"而古语却说:"拿人心与人心相比较,其间的差别之小,还不及针尖那样大。"孔子也说:"关于'恕'的意思,就是凡自己不喜欢的,就不要强加给别人。"

管子说:"粮仓充实了,人们才可能去讲究礼节;丰衣足食后,人们才可能有荣辱之感。"古语却说:"尊贵和骄傲虽然没有预先约定,但一个人一旦尊贵后,骄傲的情绪便会油然而生。富有与奢侈虽然没有预先约定,但人一旦富有了,奢侈的行为就会自然发生。"

古语说:"忠诚的人没有不得到应有的报答的。"而《左传》上却说:"世道衰乱时,谗邪胜过忠直。"

韩子曰:"凡人之大体,取舍同则相是,取舍异则相非也。"《易》曰:"同声相应,同气相求,水流湿,火就燥,云从龙,风从虎。"《易》曰:"二女同居,其志不同。"语曰:"一栖不两雄,一泉无二蛟。"又曰:"凡人情以同相妒。故曰,同美相妒,同贵相害,同利相忌。"

韩子曰："释法术而以心理，尧、舜不能正一国；去规矩而以意度，奚仲不能成一轮①。使中主守法术，拙匠执规矩，则万不失矣。"《淮南子》曰："夫矢之所以射远贯坚者，弓弩力也；其所以中的剖微者，人心也。赏善罚暴者，政令也；其所以行者，精诚也。故弩虽强，不能独中；令虽明，不能独行。"杜恕曰："世有乱人，而无乱法。若使法可专任，则唐、虞不须稷、契之佐，殷、周无贵伊、吕之辅矣②。"

[注释]

①奚仲：传说中车的创造者。任姓，黄帝之后。夏代的车正。②伊、吕：即伊尹和吕尚。

[译文]

韩子说："大体说来，人们之间凡观点一致、取舍相同，就会相互肯定、相互支持；凡观点相悖、取舍不同的，就会相互非难。"《易经》说："同声相应，同气相求，水流湿，火就燥，云从龙，风从虎。"而《易经》里还有意义相反的话："二女同居，彼此的志向却不同。"古语也说："一窝里容不下两只雄性，一泉里容不了两只蛟。"又说："人之常情是同类间相互妒忌。所以说，具有相同美色的人就相互妒忌，具有同样尊贵地位的人就相互谋害，具有同等利益的人就相互忌恨。"

韩子说："如果抛开法术而靠心理的感化来治国，即便是尧、舜这样的圣人也不可能把一个国家治理好；不用规矩测量，而光凭感觉经验来揣度，即便是奚仲这样的造车能手也难以制成一个车轮子。如果使具有中等水平的君主运用法术来治国，笨拙的工匠运用规矩来制造，都能做到万无一失。"而《淮南子》却说："箭矢之所以能飞得遥远、贯穿坚厚的物体，靠的是弓弩的力量；它之所以能射中靶子、剖开微小的物体，靠的却是人心的作用。赏善罚暴，要凭借政令的力量；但政令的真正贯彻执行，则要靠执行人的精诚。所以说弓弩虽然具备强大的力量，但它不能独自射中目标；政令虽然严明，却不能独自推行。"杜恕也说："世上只有乱人而无乱法。如果光靠法令就能治理天下，那么唐尧、虞舜就无须稷、契这样的良臣来辅佐，殷朝和周朝也不会因具有伊尹、吕望这样的宰辅之才而感到可贵了。"

虑不先定，不可以应卒；兵不先办，不可以应敌。《左传》曰："豫备不虞，古之善政。"《左传》曰："士芮谓晋侯曰①：'臣闻之，无丧而戚，忧必仇之；无戎而城，仇必保焉。'"《春秋外传》曰："周景王将铸钱②，单穆公曰③：'不可。古者天灾降戾，于是乎量资币，杖轻重，以振救人。夫备预，有未至而设之，有至而后救之，是不相入也。可先而不备，谓之怠；可后而先之，谓之召灾。周固羸国也④，天未厌祸焉，而又离人以佐灾，无乃不可乎？'"

《左传》曰："古人有言，一日纵敌，数代之患也。"晋、楚遇于鄢，范文子不欲战⑤，曰："吾先君之亟战也有故。秦、狄、齐、楚皆强，不尽力，子孙将弱。今三强服矣，敌，楚而已。惟圣人能内外无患。自非圣人，外宁必有内忧，盍释楚以为外惧乎？"

[注释]

①士芮：春秋时期晋国大夫。②铸钱：铸大钱、大钟。③单穆公：周代单襄公五世孙，名旗，曾为周王官伯。④羸国：弱国。羸，弱细。⑤范文子：即士燮。春秋时晋国大夫。

[译文]

事先没有计划，就不能应付突然的事变；军队不预先训练，就不能对付来犯的敌人。《左传》说："预先做好对付突发事变的准备，是古代良好的为政传统。"《左传》里还有意义相反的话："士芍对晋侯说：'我听说没有丧事却面带戚容，真正令人忧伤的事情就会随之而来；没有兵患却大修城防，则为国内的敌人提供了据守的场所。'"《春秋外传》记载："周景王将要铸造大钱，单穆公说：'不能这样做。古时候天灾降临时，政府便会衡量物资与货币之比，权衡轻重，救济灾民。所谓预防不测，有备无患有两种类型：一种是事情尚未发生，就预先做好了准备；一种是灾情降临后再组织救助。这两种类型各有各的作用，不可相互替代。本应先行准备而不做准备的，这叫做怠惰；本应事情发生后再做救助的反而事先去做准备，这样就容易招来灾祸。周国本来就是一个弱小的国家，天灾又接连不断，如今又要使人离心而扩大灾情，这恐怕是很不应该做的事情吧？'"

《左传》里说："古人曾说过，一旦放走了敌人，便会贻患数代。"然而，却有相反的事例。晋国和楚国的军队在鄢遭遇，范文子不想同楚军交战，便说："我们的先君时代，战争频繁是有原因的，当时，秦、狄、齐、楚都很强大，如果晋国不致力征战，传到儿孙手中就会削弱下来。如今三大强国（齐、秦、狄）都已服从了晋国，晋国的敌人也唯有楚国而已。唯有圣人才能做到内外无患。而我们又不是圣人，所以，外部安宁，内部就必生忧患，因此，何不放掉楚国，让它成为晋国的外部威胁呢？"

《三略》曰："无使仁者主财，为其多恩施而附于下。"陶朱公中男杀人①，因于楚。朱公欲使其少子，装黄金千镒②，往视之。其长男固请，乃使行。楚杀其弟。朱公曰："吾固知必杀其弟。是长与我俱见苦为生之难，故重其财。如少弟生见我富，乘坚驱良，逐狡兔，岂知财所从来，固轻弃之。今长者果杀其弟，事理然也。无足悲。"

语曰："禄薄者不可与入乱，赏轻者不可与入难。"慎子曰：

"先王见不受禄者不臣,禄不厚者,不与入难。"田单将攻狄,见鲁仲子③,仲子曰:"将军攻狄,弗能下也。何者?昔将军之在即墨,坐而织蒉④,立而杖插⑤,为士卒倡,此所以破燕。今将军东有掖邑之奉,西有菑上之娱,黄金横带,而驰乎淄、渑⑥之间,有生之乐,无死之心,所以不胜也。"后果然。

语曰:"贫贱之交不可忘,糟糠之妻不下堂。"语曰:"交接广而信衰于友,爵禄厚而忠衰于君。"

[注释]

①陶朱公:即范蠡。春秋时期越国大夫。政治家。辅佐越王勾践灭吴。后弃官从商,三致千金。行至陶(今山东定陶),改名陶朱公。②镒(yì):古时度量衡名称。二十四两为一镒。③鲁仲子:即鲁仲连,鲁连。战国时齐人。④蒉(kuì):草编的筐子。这里指草席。⑤杖插:用插掘土。插同锸,铁锹之类的器具。⑥淄、渑:即临淄、渑池。

[译文]

《三略》说:"不要让仁慈的人主管财物,因为这样的人对下属多施恩惠,下属就会拥戴他。"但却有相反的事例。陶朱公的二儿子因杀人被囚在楚国。陶朱公打算让他的幼子携带黄金千镒,前往楚国探视。而陶朱公的长子却固请前往,陶朱公不得已,只好改派长子前往。结果长子无功而返,他的弟弟还是让楚国给杀了。陶朱公得到这一消息后说:"我本来就已意料到他的弟弟必定死在他长兄的手中。这是因为长子随我创业,颇知为生的艰难,所以把钱财看得很重。而他的小弟出生时,我已经相当富有,乘坐豪华的车辆,骑优良的马,郊游射猎,哪里懂得钱财来之不易,所以,他不以钱财为意,舍得扔钱。如今长子果然杀了他的弟弟,本在情理之中,不值得悲伤。"

古语说:"做君王的不可与俸禄微薄的人共度乱世,不可与受赏轻的人共赴危难。"慎子说:"先王见到不肯受俸禄的人,就不命他做大臣，受俸禄不丰厚的，也不与他共赴危难。"但历史上却有相反的例子。田单将要率军攻打狄国，来见鲁仲子，鲁仲子说："将军这次出征，肯定难以得手。为什么这样说呢？从前，将军坚守即墨时，坐下来便同士卒一同编草筐，站起来就同士卒一起种田，处处为士卒做表率。这是将军能够大破燕军的原因。如今将军东有掖邑丰厚的收入，西有赟上的娱乐，腰横金玉之带，驰骋于淄、渑之间，意欲享受人间的快乐，并无死战的决心，所以难于取胜。"后来，果如鲁仲子所言。

古语说："贫贱之交不可忘，糟糠之妻不下堂。"古语又说："交接广泛了，就会失信于朋友；爵禄丰厚了，对君王的忠心也便随之减弱。"

《春秋后语》曰①："楚春申君使孙子为宰②。客有说春申君曰："汤以亳，武王以鄗，皆不过百里，以有天下。今孙子，贤人也，而君藉之百里之势，臣窃为君危之。"春申君曰："善。"于是使人谢孙子。孙子去之赵。赵以为上卿。客又说春申君曰："昔伊尹去夏入殷，殷王而夏亡；管仲去鲁入齐，鲁弱而齐强。夫贤者之所在，其君未尝不尊，其国未尝不荣也。今孙子，贤人也，君何为辞之？"春申君又曰："善。"复使人请孙子。

[注释]

①《春秋后语》：东晋孔衍著。已佚。②春申君：战国时楚国贵族。考烈王时任令尹。门下有食客三千，战国四大君子之一。

[译文]

《春秋后语》记载：楚国春申君任命孙子做邑宰，门客中有人向春申君说："商汤在亳，周武王在鄗，地方都不过百里，但最后都取得了天下。如今您所举荐的孙子是一位贤人，您打算给他相当于百里之地的势力，我为您感到危险。"春申君说："您说得很有道理。"于是派人辞退了孙子。孙子便离开楚国到了赵国,赵国却封孙子做上卿。又有门客对春申君说:"从前伊尹离开了夏王到殷王那里去,殷重用伊尹,终于夺取了天下,而夏朝则归于灭亡。管仲离开鲁国到齐国去,鲁国由此而弱,齐国却由此而强。凡贤人所在之地,这个地方的国君未尝不尊贵,国家也未尝不因此而荣耀。如今的孙子就是一位贤人,您为什么将他辞退了呢?"春申君又说:"您说得很有道理。"于是又派人把孙子请了回来。

韩宣王谓摎留曰①:"吾两欲用公仲、公叔②,其可乎?"对曰:"不可。晋用六卿而国分,简公用田成、阚止而简公弑③,魏两用犀首、张仪,而西河之外亡④。今王两用之,其多力者,内树其党;其寡力者,又藉于外权。群臣或内树其党,以擅主命;或外为势交,以裂其地,则王之国危矣。"又曰:"公孙衍为魏将,与其相田儒不善。季文子为衍说魏王曰⑤:'王独不见夫服牛骖骥乎⑥?不可百步。今王以衍为可使将,固用之也,而听相之计,是服牛骖骥之道,牛马俱死而不成其功,则王之国伤矣,愿王察之。'"

傅子曰:"天地至神,不能同道而生万物;圣人至明,不能一捡而治百姓。故以异致同者,天地之道也;因物制宜者,圣人之治也。既得其道,虽有相害之物,不伤乎治体矣。水火之性,相灭也。善用之者,陈鼎釜乎其间,爨之煮之,而能两尽其用,不相害也。天下之物,为水火者多矣,何忧乎相害?何患乎不尽其用耶?《易》曰:'天地睽而其事同也⑦,男女睽而其志通也,五物睽而其事类也。'"

[注释]

①摎(liú)留:人名。②公仲:战国时韩国贵族,曾任韩相。公叔:战国时卫献公少子发。③阚(kàn)止:春秋时齐悼公的家臣,字子我。受宠于

齐简公。④犀首：即公孙衍。战国时纵横家。主张合纵抗秦。公元前323年，发起燕、赵、中山、韩、魏"五国相王"。曾任魏相。张仪：战国时纵横家。魏国贵族后代。秦惠文君十年（前328），任秦相，封武信君。迫使魏献上郡，帮助秦惠文君称王，游说各国服从秦国，瓦解齐、楚联盟，夺取楚国汉中之地。秦武王即位后，入魏为相。⑤季文子：春秋时鲁国执政。季孙氏，字行父。历相宣公、成公、襄公。⑥骖（cān）骥：泛指好马。骖，一车驾三马。又特指旁边的马。⑦暌（kuí）：隔离。

[译文]

韩宣王问摎留："我打算同时重用公仲和公叔两人，这样行吗？"摎留回答说："这样做不行。从前，晋国重用六卿（韩、赵、魏、范、中行、智氏），最后导致了晋国的分裂；齐简公重用田成子和阚止，而简公最终被田氏所杀；魏国曾重用犀首和张仪，结果河西之地尽失。如今大王准备同时重用两人，其中势力较大的，就会在朝内树立私党；势力较弱的，则会借助于外国势力。群臣或者在朝内结成私党，专擅君主之命；或者借助外国势力，分裂国土，这样，大王的国家也就危险了。"摎留进一步说："公孙衍在魏国做将军时，与魏相田儒关系不睦。季文子替公孙衍向魏王说情：'大王难道没有见过用牛驾辕又配上三匹马的车吗？这样的车连一百步也走不了。如今大王以公孙衍做将军，这本是对他的重用，同时却又对田儒言听计从，这无异于让牛和马同拉一辆车，结果是牛马俱死，不能成全它们本应发挥的功用，这样，大王的国家必将受到损伤，请大王明察。'"

而傅子的观点与上述正好相反，他说："天和地最富于神通的，但如果它们彼此的作用相同，就不能生育万物；圣人当然是最聪明的，但他们也不能用一种方法来治理百姓。所以，用不同的方法和途径达到共同的目的，这是天地化育万物的原则；让不同的事物充分发挥各自不同的作用，是圣人治理天下的原则。只要懂得了不同事物的道理，虽然是性质上相互侵害的事物在一起，也是无妨大体的。比如，水和火，其性质是互不相容的，但善于运用的人，在中间吊起锅,下面烧火,上面煮水,两尽其用,彼此并不相侵害。天下的事物,像水火一样在性质上相互侵害的,很多很多了,但只要懂得了因物制用的道理,又何必为事物间的相互侵害而担忧呢?又何患它们不能各尽其用呢?《易经》说:'天地有别,但它们的事功是相同的;男女有别,但他们的情志是相通的;万物有别,它们的作用是不可相互替代的。'"

陈登为吕布说曹公曰①:"养吕布,譬如养虎,常须饱其肉,不饱则噬人。"曹公曰:"不似卿言。譬如养鹰,饥则为人用,饱则扬去。"

刘备来奔曹公,以为豫州牧。或谓曹公曰:"备有雄志,今不早图,后必为患。"曹公以问郭嘉②,嘉曰:"有是。然公提剑起义兵,为百姓除暴,推诚仗信,以召俊杰,犹惧其未来也。今备有英雄之名,以穷归己而害之,以害贤为名,则智士将自疑,回心择主,公谁与定天下者?夫除一人之患,以沮四海之望,安危之机,不可不察。"曹公曰:"善。"

傅子称:郭嘉言于太祖曰:"备有雄志而甚得众心,关羽、张飞,皆万人之敌也,为之死用。以嘉观之,其谋未可测也。古人有言曰:'一日纵敌,数世之患。'宜早为之所。"曹公方招怀英雄,以明大信,未得从嘉谋。

[注释]

①陈登:三国下邳(今江苏睢宁)人。字元龙。曹操任为广陵太守,因图吕布之功加伏波将军。②郭嘉:三国时曹操谋士。颍川阳翟(今河南禹州)人。初投袁绍,后归曹操。多谋善断,深得曹操器重,为统一北方作出了贡献。死时年仅三十八岁。

[译文]

陈登为吕布劝曹操说:"养吕布就好比养一只老虎,必须让它把肉吃饱，否则它就会吃人的。"曹操却说："并不像您所说的那样。我觉得养吕布应该像养一只鹰一样，饥饿时尚能听人使唤，吃饱了，它就飞走了。"

刘备来投奔曹操，被任命做豫州牧。有人对曹操说："刘备有雄图大志，今天不及早除掉他，将来必成大患。"曹操以此向郭嘉请教，郭嘉说："的确是这样。不过您手提宝剑倡举义兵，为百姓铲除暴贼，推诚致信，以广招英雄豪杰，犹恐有才之士不来归附。如今刘备有英雄之名，因无路可走而来投奔，如果我们把他杀了，就会背上残害贤才的名声，那么智慧之士也将因此而疑心重重，回心转意，另择贤主，您将依靠谁来打天下呢？除一人之患，而使四海的才能之士失望，这其中的安危得失，不可不认真考察。"曹操说："你讲得很好。"

而傅子却说郭嘉曾向曹操进言道："刘备胸怀大志而又深得众心。关羽、张飞都是力敌万人的大将，肯为刘备效死力。以我看来，他们的图谋深不可测。古人有言：'一日纵敌，数世之患。'应该对他早日下手。"此时曹操正在广招天下英才，为了示信于人，未能采纳郭嘉的建议。

《家语》曰①："子路问孔子曰：'请释古之道，而行由之意，可乎？'子曰：'不可也。昔东夷慕诸夏之礼，有女而寡，为内私婿，终身不嫁。不嫁则不嫁矣，然非贞节之义矣。仓吾娆取妻而美②，让与其兄。让则让矣，非礼让之让也。今子欲舍古之道而行子之意，庸知子意以非为是乎？'"语曰："变古乱常，不死则亡。"《书》云："事弗师古，以克永代，匪说攸闻。"

赵武灵王欲胡服③，公子成不悦。灵王曰："夫服者所以便用，礼者所以便事。圣人观乡而顺宜，因事而制礼，所以利其人而厚其国。夫翦发文身，错臂左衽④，瓯越之人也。黑齿雕题⑤，鳀冠秫缝⑥，犬戎之国也。故礼服莫同，而其便一也。乡异而用变，事异而礼易。是以圣人谋可以利其国，不一其用；谋可以便其礼，不法其故。儒者一师而俗异，中国同礼而离教，况于山谷之便乎？故去就之变，智者不能一；远迩之服，贤圣莫能同。穷乡多异俗，曲学多殊辩。今叔父之言，俗也；吾之所言，以制俗也。叔父恶变服之名，以忘效事之实，非寡人之所望也。"公子成遂胡服。

移风易俗，莫善于乐。孟子曰："天道因则大，化则细。因也者，因人之情也。"

[注释]

①《家语》：即《孔子家语》。原书二十七卷，久佚。今本十卷，系三国时王肃所撰。②仓吾娆：人名。生平事迹不详。③胡服：即着胡人的服装。④左衽：衣襟向左开。⑤雕题：在额头上刻花纹或字。⑥鳀冠秫缝：用鱼皮缝制的帽子。鳀（tí），鱼名。秫，通"钵"，长针。

[译文]

《孔子家语》说："子路问孔子：'请让我放弃古代的原则，而按照我自己的意向行事，这样做可以吗？'孔子回答说：'这样做是不行的。从前，东方的少数部族非常羡慕华夏的礼俗，有女子成寡妇以后，就暗中为她招个女婿，终身不再嫁人。不嫁人归不嫁人，然而，她的做法已经不符合贞节的意义了。仓吾娆娶了一位妻子非常漂亮，便把他美丽的妻子让给了他的兄长。让归让，但这里的让已不是礼让所要求的意义了。如今你想舍弃古代的道理而按照你自己的意思来行事，谁知道你的意思是不是以非为是呢？'"古语还说："变古乱常，不死则亡。"《尚书》说："做事不效法古人，而要使国家万世长存，还未听说过这样的事情。"

然而，还有相反的例子。赵武灵王打算让国人改穿北方胡族的服装，以便于骑马征战。他的叔父公子成很不高兴。灵王说："服装的作用应该便于使用，礼的作用在于方便做事。圣人总是顺应乡俗民风，因事情的不同和方便而制定不同的礼仪，目的正是为了给人民提供方便，使国家富强。短发文身，错臂左衽，这是瓯越人的风俗。染黑牙齿，文刺前额，头戴做工粗劣的鱼皮帽子，这是犬戎之国的风俗。虽然礼仪和服装不同，但方便使用的目的是相同的。地域环境不同，所使用的东西和使用的方法就有所不同；事情不一样，礼仪也就随之变易。因此，圣人主张以有利于国家为目的，而不去统一达到目的的方法；追求如何使礼仪方便人民，而不要求一定要效法古礼。儒家虽然师承一样，但各地风俗却迥然不同；华夏诸国虽然礼法相同，但教化的方法依然有别，更何况我们是为了在山谷行走的方便呢？所以，去就的变化，即便是智慧之人亦不能统一；远近地域的服饰，即便是圣贤也不能同一。穷乡僻壤，风俗多异，乡曲间的学问多有分歧和争辩。今天叔父所说的是旧有的风俗，而我所说的则是要改变旧有的风俗。叔父只知道厌恶改变服装这个名声，却忘记了改穿胡服的便利之处，您的这种做法不是我所希望看到的。"公子成于是改穿了胡服。

移风易俗，没有比音乐的作用更大的了。而孟子却说："天地自然的法则是：因袭传统则强大，变化传统则弱小。所谓'因'，就是要借助人之常情。"

李寻曰①："夫以喜怒赏诛，而不顾时禁，虽有尧、舜之心，犹不能致和平。善言古者，必有效于今；善言天者，必有徵于人。设上农夫欲令冬田，虽肉袒深耕，汗出种之，犹不生者，非人心不至，天时不得也。《易》曰：'时止则止，时行则行，动静不失于时，其道光明。'《书》曰：'敬授人时。'故古之王者，尊天地，重阴阳，敬四时月令，顺之以善政，则和气可以立致，犹枹鼓之相应也②。"

太公谓武王曰:"天无益于兵。不胜而众将所居者九,曰:法令不行而任侵诛,无德厚而用日月之数,不顺敌之强弱而幸于天,无智虑而候氛气,少勇力而望天福,不知地形而归过于时,敌人怯弱,不敢击而信龟策,士卒不勇而法鬼神,设伏不巧而任背向之道。凡天地鬼神,视之不见,听之不闻,不可以决胜败,故明将不法。"司马迁曰:"阴阳之家使人拘而多忌。"范晔曰:"阴阳之道,其弊也巫。"

[注释]

①李寻:西汉学者。好阴阳之事、灾异之说。②枹鼓:用枹击鼓。枹(fú),同"桴",打鼓的棰棒。

[译文]

李寻说:"根据自己的喜怒之情来奖赏和诛罚,而毫不顾及当时的禁忌,虽然有尧、舜一样的善心,也不能够使天下太平。善于谈论古代的人,必定对今天有所效用;善言天道的人,必定对人事有所启迪。假设让一位上等的农夫在冬天耕种田地,即便赤臂深耕,汗流浃背,撒播种子,禾苗仍然长不出来,这并不是人没有尽心尽力,而是因为不得天时。《易经》上说:'天时需要我的事情停止我就停止,天时有助于我的事情实行我就实行,或动或静,不失天时,就能走上光明大道。'《尚书》上说:'谨慎准确掌握人事的时机。'所以,古代的君王遵循天地变化的规律,重视阴阳的变化,不失四时月令,再加上对百姓施行善政,所以和气兴旺的景象就能很快实现,如同鼓槌和鼓音一样相呼应。"

还有相反的例子。太公曾对周武王说:"上天对用兵打仗并不会有多大帮助。打了败仗,众将指挥的失误有九种情况:法令难以推行,而任意诛戮;不施厚德,而迷信日月数术;用兵不根据敌人的强弱之情,而侥幸于天命;没有智谋远虑,而坐等有利的气象条件;不激励将士的勇气,而冀希于上天降福;不懂作战地形的利弊，吃了败仗归过于天时；敌人怯懦，却不敢果断出击，而轻信龟策占卜；士卒不勇敢，而祈求借助鬼神的保佑；设伏不巧妙，伏击圈误设在敌人不经过的地方。凡天地鬼神之类，看不见，听不着，不能以此决定胜败，所以明智的将领是不效法天地鬼神的。"司马迁也说："阴阳家让人拘束而多忌讳。"范晔说："阴阳之道，其弊端在于其中颇多巫术的成分。"

翼奉曰①："治道之要，在知下之邪正。人诚向正，虽愚为用；若其怀邪，智益为害。"夫人主莫不爱己也；莫知爱己者，不足爱也。故桓子曰："捕猛兽者，不令美人举手；钓巨鱼者，不使稚子轻预。"非不亲也，力不堪也。奈何万乘之主，而不择人哉？故曰，夫犬之为猛，有非则鸣吠，而不遑于夙夜，此自效之至也。昔宋人有沽酒者，酒酸而不售，何也？以有猛犬之故。夫犬知爱其主，而不能为其主虑酒酸之患者，智不足也。

语曰："巧诈不如拙诚。"晋惠帝为太子②，和峤谏武帝曰③："季世多伪，而太子尚信，非四海之主，忧不了陛下家事。"武帝不从。后惠帝果败。

[注释]

①翼奉：西汉学者。字少君。治齐诗。为博士、谏议大夫。②晋惠帝：司马衷。历史上著名的痴呆皇帝。③和峤：西晋大臣。字长舆。历任颍川太守、中书令。惠帝时任太子少傅。家富性吝。

[译文]

翼奉说："治理天下的方法，最重要的是能够分辨出臣下的奸邪和正直。人诚实正派，虽愚笨一些，也可以任用；如果人的心术不正，越是富于智慧，就越是会造成危害。"与此相反的观点是：凡人主没有不爱自己的，不知道爱自己的人是不值得人们去爱的人。所以桓子说："捕获猛兽的事情不能让美人去做；钓大鱼的事也不能让幼稚的童子去做。"不是不信任他们，而是因为他们的力量还不足以做这些事情，为什么做国君的不善于择人而用呢？所以说，猛犬之所以是猛犬，是因为稍有是非，它便鸣吠个不停，而不管是白天或者是夜晚，它对主人的效忠之心可谓达到了无以复加的程度。从前，宋国有位卖酒的人，酒放得发酸了，仍然卖不出去，什么原因呢？因为他家养了一条猛犬。猛犬固然很爱它的主人，但它却不能替它的主人排解酒酸滞销的忧患，因为它的智力还达不到。

古语说："灵巧而诡诈的人不如笨拙而诚实的人。"相反的事例是：晋惠帝被立为太子时，和峤向武帝进谏说："末世人情颇多伪诈，而太子过于诚实，易轻信，不是做天下之主的材料，我担心他难以继承陛下的帝王大业。"武帝没有采纳和峤的建议，后来晋惠帝果如和峤所言。

《左传》曰：孔子叹子产曰："言以足志，文以足言，不言谁知其志？言之无文，行而不远。晋为伯，郑入陈，非文辞不为功。慎辞也哉。"《论语》曰："诵诗三百，授之以政，不达；使于四方，不能专对，虽多，亦奚以为？"

汉文帝登虎圈，美啬夫口辩[1]，拜为上林令[2]。张释之前曰[3]："陛下以绛侯周勃，何如人也？"上曰："长者。"又问曰："东阳侯张相如[4]，何如人也？"上复曰："长者。"释之曰："此两人言事，曾不能出口，岂效此啬夫，喋喋利口捷给哉！且秦以任刀笔之吏，争以亟疾苛察相高。然其弊，徒文具耳，亡恻隐之实，以故不闻其过，陵迟至于二世，天下土崩。今陛下以啬夫口辞而超迁之，臣恐天下随风而靡，争口辩，无其实，且下之化上，疾于影响，举错之间，不可不审。"帝乃止。

[注释]

①啬夫：古代官名。管理琐屑事物的较低级的官。②上林令：掌管皇家

苑囿上林苑的官名。③张释之：西汉南阳堵阳（今河南方城）人。字季。文帝时官至廷尉。景帝时任淮南相。④张相如：西汉大臣。文帝时封东阳侯，拜大将军，击匈奴有功。

[译文]

《左传》记载孔子感叹郑子产道："他的语言足以表达他的心态，他的文辞足以表达他想要说的话。没有语言的表达，别人怎么能知道他的志向？善于语言表达而不善于书面文辞，就难以传播久远。晋国是诸侯的霸主，郑国人到晋国去办外交，离开文辞强辩就难以成事。文辞必须谨慎啊！"《论语》说："能够背诵诗三百篇，如果授他以政事，不能完成；派他出使四方，又不能灵活运用诗经中的句子作答，这样背诵的虽然很多，又有什么用呢？"

相反的例子是：汉文帝到虎圈去看虎，非常欣赏啬夫的口才，于是就拜他做上林令。张释之上前说："陛下觉得绛侯周勃这个人怎么样？"文帝回答："有长者之风。"张释之又问："东阳侯张相如这个人怎么样？"文帝回答："有长者之风。"张释之说："这两个人谈事情的时候，常结结巴巴，表达不清，哪里像这位啬夫伶牙俐口、喋喋不休！况且秦朝因重用刀笔之吏，竞相比赛对官吏的亟疾苛察，然而其弊病是流于表面文章，他们并无真正关心国家命运的恻隐之心。因此，秦始皇就听不到指摘他的过失的谏言，坏风气延续到了秦二世，天下便土崩瓦解了。如今陛下仅仅因为啬夫的口齿伶俐，就破格提拔他，我担心天下因此而形成风潮，争口辩而不重实际，况且由陛下开风气之先，影响迅疾，所以陛下的一举一动，都须慎重。"于是文帝便取消了升迁啬夫的打算。

太史公曰："《春秋》推见至隐，《易》本隐以之显。《大雅》言王公大人①，而德逮黎庶②，《小雅》讥己之得失，其流及上。所言虽殊，其合德一也。相如虽虚辞滥说③，然其要归，引之节俭,此与诗之讽谏何异?"

扬雄以为④,赋者,将以讽也。必推类而言,极丽靡之辞,闳侈钜衍,竞于使人不能加也,既乃归之于正。然览者已过矣。往时武帝好神仙,相如上《大人赋》,欲以讽帝,帝反缥缥有凌云之志。由是言之,赋劝而不止,明矣。又颇类俳优,非法度所存。贤人君子,诗赋之正也。

[注释]

①《大雅》:《诗经》的组成部分之一。三十一篇。多是西周王室贵族的作品。主要歌颂从后稷到武王、宣王等的功绩。②逮:及。③相如:即司马相如。西汉文学家。④扬雄:西汉学者。文学家、哲学家、语言学家。主要著作有《法言》、《太玄》、《方言》等。

[译文]

太史公说:"《春秋》把明显的事理推至隐晦,而《周易》则把隐晦的事理加以阐释和明显。《大雅》先讲王公大人之德,后及黎庶百姓,《小雅》则先诉自己的得失,然后波及在上者为政的得失。它们谈论问题的方法虽然不同,但都符合德的要求。司马相如的赋虽然虚辞滥说,但其要义在于引导节俭,这与《诗经》的讽谏意义有什么区别?"

而扬雄则认为,赋是用来讽谏君王的,就必须用推类排比的语言,辞藻极尽丽靡,铺陈繁富,气势宏大,令人叹为观止,然后才言归正题。但这对读者来说则嫌过分,达不到作赋的真正目的。往时,汉武帝喜欢神仙之说,司马相如将他所作的《大人赋》呈上,本想借此讽谏武帝,武帝读了赋以后,反而飘飘然如有凌云之志。由此看来,赋发挥的是劝勉鼓励的作用,而不是制止的作用,这是无可争辩的事实。他的赋又颇类俳优,没有法度。而贤人君子的诗赋,却是很正统的。

《淮南子》曰:"东海之鱼名鲽,比目而行;北方有兽,名曰娄,更食、更候;南方有鸟,名曰鹣,比翼而飞。夫鸟兽鱼鲽,犹知假力,而况万乘之主乎?独不知假天下之英雄俊士,与之为伍,岂不痛哉!"狐卷子曰①:"父贤不过尧而丹朱放②;兄贤不过周公而管、蔡诛③;臣贤不过汤、武而桀、纣伐。况君之欲治,亦须从身始,人何可恃乎?"

[注释]

①狐卷子:战国时魏人。此处引文是他回答魏文侯所问"贤足恃乎"的话。②丹朱:传说为尧之子,名朱,因居丹水,故名丹朱。傲慢荒淫,尧因此禅位给舜。③管、蔡:即管叔、蔡叔。周武王的两个弟弟。管叔姬鲜,蔡叔姬度,周灭商后,分别封于管、蔡。

[译文]

《淮南子》说:"东海有一种鱼名鲽,鲽有一种生活习惯,即两鲽结伴而行。北方有一种兽,名叫做娄,娄有一种生活习惯,即两娄轮流进食守窝。南方有一种鸟,名叫做鹣,鹣也有一种习惯,即比翼而飞。鸟兽鱼鲽等动物,尚懂得相互帮助,更何况身为一国之主的君王呢?如果不懂得借助天下英雄俊士的力量,与其共谋大业,岂不令人痛惜!"而狐卷子却说:"做父亲的贤莫过于尧,然而他的儿子丹朱却被流放;做兄长的贤,莫过于周公,然而他的弟弟管叔、蔡叔却被他诛杀;做大臣的贤,莫过于商汤和周武,而他们的君王桀和纣却受到他们的诛伐。所以,君王若要治理天下,必须事必躬亲,其他人怎么靠得住呢!"

孔子曰:"不患无位,患己不立。"孔子厄于陈、蔡①,子路愠见曰②:"昔闻诸夫子,积善者,天报以福。今夫子积义怀仁久矣,奚居之穷也?"子曰:"由,未之识也,吾语汝。汝以仁者为必信耶?则伯夷、叔齐为不饿首阳;汝以智者为必用耶?则王子比干不见剖心③；汝以忠者为必报耶？则关龙逢不见刑④；汝以谏者为必听耶？则伍子胥不见杀⑤。夫遇不遇者，时也；贤不肖者，才也。君子博学深谋而不遇时者众矣，何独丘哉？"

[注释]

①厄（è）：阻隔，穷困。②愠：心怀怨怒。③比干：商纣王的叔父。相传因屡次劝谏纣王，被剖心而死。④关龙逢：夏末大臣。相传夏桀暴虐荒淫，他多次直谏，被桀囚禁杀害。⑤伍子胥：春秋时吴国大夫。名员，字子胥。楚大夫伍奢次子。伍奢因直谏被杀，他被迫逃奔到吴国。帮助阖闾刺吴王僚，夺取王位，整军经武，国势日盛，一举攻破楚国，受封于申，又称申胥。吴王夫差时，劝谏拒绝越国求和并停止伐齐，渐被疏远。后被吴王赐死。

[译文]

孔子说："不发愁没有一定的职位，只发愁自己缺乏安身立命的本领。"孔子被困于陈、蔡，他的学生子路面有怒色，来见孔子说："从前我听您说过，积善的人，上天必定用幸福来回报他。而如今您积义举怀仁心这么长时间了，为什么还处于困穷之地呢？"孔子说："子由（子路名由）啊，你还不明白其中的道理，我来告诉你。你以为仁者一定会受到信用吗？如果是这样，伯夷和叔齐就不会饿死在首阳山了。你以为聪明智慧的人就一定会受到重用吗？如果是这样，王子比干就不会被剖心了。你以为忠心耿耿的人就一定会得到好报吗？如果是这样，关龙逢就不会遭受刑罚之苦了。你以为进谏就一定会听从吗？如果是这样，伍子胥就不会因此而被吴王所杀了。知遇与否，这是由天时决定的；贤与不肖，是由才能决定的。君子博学深谋而不被时人所用的人多得很，何止孔丘一人呢？"

神农形悴，唐尧瘦癯，舜黎黑，禹胼胝①，伊尹负鼎而干汤，吕望鼓刀而入周，墨翟无黔突②，孔子无暖席。非以贪禄位,将欲起天下之利,除万人之害。

李斯以书对秦二世云:"中子曰:'有天下而不恣睢,命之曰以天下梏。'若尧禹然,故谓之'梏'也。夫以人徇己③,则己贵而人贱;以己徇人,则己贱而人贵。故徇人者贱,而所徇者贵。自古及今,未有不然。夫尧、禹以身徇天下,谓之'梏'者,不亦宜乎?"

[注释]

①胼胝(pián zhī):手脚因劳动而磨出来的坚硬的厚皮。②黔突:即黑色的烟囱。无黔突,比喻没有时间生火做饭。③徇:屈居人下。通"殉",以身从物。

[译文]

神农氏形容憔悴,唐尧瘦弱清俊,舜面黎黑,夏禹手脚长满了厚茧,伊尹背负锅鼎去拜见商汤,吕望手持牛刀去见周文王,墨翟家的烟筒没有熏黑,孔子的炕席没有暖热过。他们这些人没有一天安稳的生活,并不是贪图禄位,而是为了兴天下之利,除天下之害。

而李斯上书秦二世,观点正与此相反:"中子说:'虽然拥有天下而不为所欲为,这可称之为把天下作自己的桎梏。'像尧、禹那样的人,就是以天下为桎梏的人。让别人来顺从自己,是因为自己尊贵而别人低贱;自己不得已顺从别人,则是因为自己低贱而别人尊贵。所以说顺从别人的人是低贱的人,令别人顺从的人是尊贵的人。自古至今,莫不如此。尧、禹拿自身去顺从服务于天下,把天下作为自身的桎梏,这样的说法不是恰如其分吗?"

《论语》曰:"举逸人①,天下之人归心焉。"魏文侯受艺于子夏②,敬段干木③,过其庐,未尝不式④。于是秦欲伐魏,或曰:"魏君贤,国人称仁,上下和洽,未可图也。"秦王乃止。

由此得誉于诸侯。

韩子曰："夫马似鹿，此马直千金。今有千金之马，而无一金之鹿者，何也？马为人用而鹿不为人用。今处士不为人用，鹿类也。所以太公至齐而斩华士⑤，孔子为司寇而诛少正卯⑥。"

赵主父使李疵视中山可攻否。还报曰："可攻也。其君好见严穴之士、布衣之人。"主父曰："如子之言，是贤君也，安可攻？"李疵曰："不然。夫上尊严穴之士，则战士殆；上尊学者，则农夫惰。农夫惰则国贫，战士殆则兵弱。兵弱于外，国贫于内，不亡何待？"主父曰："善。"遂灭中山。

《汉书》曰："陈平云：'吾多阴谋，道家所禁。吾世即废亡。已矣，终不能复起，以吾多阴祸也。'其后玄孙坐酎金失侯。"后汉范晔论耿弇曰⑦："三代为将，道家所忌，而耿氏累世以功名自终。将其用兵，欲以杀止杀乎？何其独能崇也！"

[注释]

①逸人：遗逸在民间的节行高超之士。②子夏：即卜商。孔子的学生。③段干木：战国初年魏国人。姓段干，名木。求学于子夏。魏文侯给以爵禄官职，俱不受。④式：同"轼"。古代车前供扶手用的横木。⑤华士：齐国的隐士。有学问、有声望，但却不与诸侯合作。⑥少正卯：春秋末鲁国著名学者。相传他曾聚徒讲学，与孔子的论点相反，影响很大，使孔门三盈三虚。后被孔子所杀。⑦耿弇（yǎn）：东汉名将。字伯昭。扶风茂陵（今陕西兴平）人。刘秀即位后，封建威大将军，后封好畤侯。明帝时列为云台二十八将之一。

[译文]

《论语》说："能够举用那些隐逸超拔的人，就能够赢得天下人的心。"魏文侯曾受业于子夏，他很尊敬段干木，每当从段干木庐舍前经过时，未尝不下车扶轼而行。秦国准备讨伐魏国，有人劝秦王说："魏国的国君很贤明，国人都称颂他的仁德，上下和睦融洽，不可谋伐魏国。"于是，秦王打消了伐魏的念头。魏文侯也因此而誉满诸侯。

韩子说:"马很像鹿,马的价值可达千金。如今有值千金的马,却没有值一金的鹿,这是为什么呢?这是马能够为人所用,而鹿却不能够为人所用的缘故。今天所谓的隐士不肯为人主所用,就如同不能为人们所用的鹿一样。所以,太公被分封到齐地时,首先斩了不肯同太公合作的华士,孔子做司寇后首先杀了少正卯。"

赵主父派李疵去探视中山国是否可以攻伐,李疵回来后报告说:"可以攻伐。中山国的国君喜欢会见不同官方合作的隐士和普通百姓。"主父说:"按你所说,中山国的国君正是一位贤明的君主,怎么可以攻伐呢?"李疵回答说:"不是这样。做君王的尊显那些不肯做官的隐士,那么战士就不肯冲锋陷阵;君王尊崇学者,那么农夫也就懒惰了。农夫懒惰则国家贫,战士不肯死战则军队的战斗力就减弱了。于外军队弱,于内国家贫,不亡国还能怎样?"主父说:"你讲得很有道理。"于是出兵灭了中山国。

《汉书》说:"陈平曾说:'我的阴谋太多了,是道家所禁止的。从我这一代起就将破废衰亡。尊贵和荣耀从此结束了,再也没有重新崛起的希望了,因为我所积累的阴祸太多了。'后来,他的玄孙因坐酎金一案失去侯爵。"《后汉书》中范晔论耿弇说:"祖孙三代都做将军,这是道家所忌讳的,但耿弇家却累世功名,善始善终。莫非是耿家用兵打仗,从而以杀戮制止了杀戮吗?为什么唯独他的家族能够累世受尊崇呢?"

《易》曰:"崇高莫大于富贵。"又曰:"圣人之大宝曰位。"孙子为书谢春申君曰:"鄙谚曰'厉人怜王'[①]。此不恭之言也。虽然,古无虚谚,不可不审察也。此为劫杀死亡之主言也。夫人主年少而矜材,无法术以知奸,则大臣主断图私,以禁诛于己也。故杀贤长而立幼弱,废正嫡而立不义。《春秋》戒之曰:楚王子围聘于郑②，未出境，闻王病，反问病，遂以冠缨绞王杀之③，因自立也。齐崔杼之妻美④，庄公通之。崔杼率其党而攻庄公，庄公走出，逾于外墙。射中其股，遂杀之而立其弟。近代李兑用赵，饿主父于沙丘，百日而杀之。淖齿用齐，擢闵王之筋，悬于庙梁，宿昔而死。夫厉虽肿胞之疾，上比前代，未至绞缨、射股也；下比近代，未至擢筋、饿死也。夫劫杀死亡之主，心之忧劳，形之困苦，必甚于厉矣，由此观之，厉虽怜王，可也。"

[注释]

①厉（lài）人：有癞病的人。厉，通"癞"。②楚王子围：即楚灵王。③冠缨：帽子上的带子。④崔杼：春秋时齐国大夫。其妻棠姜与庄公私通，崔杼便杀庄公立景公，自为相。后为庆封所杀。

[译文]

《周易》说："崇高莫大于富贵。"又说："圣人最大的法宝就是他的权位。"

而孙子致书春申君却说："有句俗话说：'做君王的人比得癫疮的人还可怜。'这虽然是很不恭敬的语言，但自古以来，没有凭空捏造出来的谚语，不可不加以认真的分析和研究。这里所说的'王'，当然是指被人劫杀死亡的君主而言的。人主年少，自负其才，不会通过适当的方法和权术识察奸邪，那么大臣就会大权独揽，图谋私利，以防备自己受到诛杀。他们杀害贤明的长子而另立幼弱之子，废掉正嫡而另立庶出。《春秋》曾以此为戒，说：楚王子围将出访郑国，还未出国境，听说楚王有病了，便返宫探病，趁机用帽带子把楚王勒死，自己取而代之。齐国崔杼的妻子很美丽，齐庄公与她私通。崔杼便率领他的党徒围攻齐庄公，庄公翻墙出逃，被箭射中了大腿，崔杼借机杀了齐庄公，另立他的弟弟为齐王。近代的李兑在赵国当政时，把赵武灵王逼在沙丘，百日以后，便把赵武灵王杀了。淖齿在齐国当政时，抽了齐闵王的筋，悬在庙梁上，一夜之间便死去了。厉病虽然是癞疮肿包，但上比前代，还不至于像被帽带勒死、箭矢穿股那样惨；下比近代，还不至于像抽筋、饿死那样惨。被劫杀死亡的君主，其内心的忧劳，形体的困苦，比得癞病要痛苦得多。由此看来，说做君王的比患了癞病的人还可怜，也是符合事实的。"

《易》曰："备物致用，立成器以为天下利者，莫大于圣人。"《庄子》曰："圣人不死，大盗不止。虽重圣人而治天下，则是重利盗跖也。为之斗斛以量之①，则并与斗斛而窃之；为之权衡以称之，则并与权衡而窃之；为之符玺以信之②，则并与符玺而窃之；为之仁义以教之，则并与仁义而窃之。何以知其然耶？彼窃钩者诛，窃国者为诸侯。诸侯之门，而仁义存焉，则是非窃仁义圣智耶？故逐于大道，揭诸侯，窃仁义，并斗斛、权衡、符玺之利，虽有轩冕之赏弗能劝③；斧钺之威弗能禁④。此重利盗跖，而使不可禁者，是乃圣人之过也。故曰：国之利器，不可以示人。彼圣人者，天下之利器也，非所以明天下也。"

[注释]

①斛（hú）：容器单位。五斗为一斛。②符玺：兵符、印玺。秦汉以后只有帝王的印章叫做玺。③轩冕：古代卿大夫的车服。这里借指官位爵禄。④斧钺（yuè）：古代兵器。

[译文]

《周易》说："储备物资以便使用，制成器物以便使天下因此而获利，功劳之大，还没有超过圣人的。"而庄子却说："如果圣人不死，大盗就不可能停止。虽然是借重圣人来治理天下，就等于给盗跖带来重大利益。制造斗斛来盛量，就连斗斛一块儿盗去；制造权衡来称量，就连权衡一块儿盗去；制造符玺以明信用，就连符玺一块儿盗去；制定仁义规范来教化人民，就连仁义规范一块儿盗去。如何证明这一点呢？那些偷窃带钩的人因犯刑律可能被诛杀，而那些窃国大盗则因此而贵为诸侯。在诸侯之门里，才有仁义之类的说教，这不是偷窃了仁义圣智吗？所以角逐于大的事业，如拥立诸侯，窃取仁义，以及斗斛、权衡、符玺利益的人，即使有高车冠冕的赏赐也不能劝勉他们，即使用斧钺的威刑也不能禁止他们。这些为盗跖带来重大利益，而又难以禁止的行为，都是圣人的罪过。所以说，国家的利器，不可以随意向人炫耀展示。而圣人就是天下的利器，不可以明示于天下。"

《论语》曰："君子固穷，小人穷，斯滥矣。"《易》曰："穷则变，通则久。是以自天佑之，吉无不利。"太史公曰："鄙人有言：'何知仁义？已飨其利者为有德。'故伯夷丑周，饿死首阳山，而文武不以其故贬王。跖、𫏋暴戾①，其徒诵义无穷。由此观之，'窃钩者诛，窃国者为诸侯。诸侯之门，仁义存焉'。非虚言也。今拘学或抱咫尺之义②，久孤于代，岂若卑论侪俗③，与代沈浮而取荣名哉？"

东平王苍曰："为善最乐。"语曰："时不与善，已独由之，故曰，非妖则妄。"

[注释]

①跖、𫏋：盗跖、庄𫏋。庄𫏋，战国时楚国人民起义领袖。赵义于楚怀王时，规模较大。②咫尺：比喻距离近。咫，周制八寸，合今制市尺六寸二分十厘。③侪（chái）俗：同类的俗人。侪，同类。

[译文]

《论语》说："君子即使在穷困的处境中也能坚守自己的信仰，小人如果身处穷困的境地，就会无所不为。"而《易经》则说："当处穷困之境时，就需采取变通的举措，变通才能长久。因此，得到天的保佑，就没有不吉利的。"太史公说："普通百姓有句话说：'如何知道是否符合仁义？自己能得到利益就是有德。'所以，伯夷因憎恶周朝，不吃周朝的粮食，而饿死于首阳山，周文王和周武王也并没有因此而贬低了王道的声誉。跖和蹻暴戾残忍，但他们的门徒却历代传颂着他们的侠义之行。由此来看，'偷窃带钩的人遭诛杀，而窃国大盗却贵为诸侯。诸侯之门里，才有仁义之类的说教'。这些话并不是无端的虚言。如今的一些人拘泥于既成的学问，死抱着书本上的仁义教条，长久孤立于世，哪里比得上卑论随俗、与世浮沉而求取荣名呢？"

东平王苍说："行善是最令人愉快的事。"而俗语却说："时风不好善行，而自己独行善，不是妖行惑众，就是神经错乱。"

庞统好人伦①，勤于长养，每所称述，多过于才。时人怪而问之，统曰："当今天下大乱，正道凌迟，善人少而恶人多。方欲兴风俗，长道业，不美其谈，则声名不足慕也；不足慕企，而为善者少矣。今拔十失五，犹得其半，而可以崇迈代教，使有志者自励，不亦可乎？"

《人物志》曰："君子知自损之为益，故功一而美二。小人不知自益之为损，故伐一而并失。由此论之，则不伐者，伐之也；不争者，争之也；让敌者，胜之也。是故郤至上人②，而抑下滋甚；王叔好争③，而终于出奔；蔺相如以回车取胜于廉颇；寇恂以不斗取贤于贾复④。物势之反，乃君子所谓道也。"

[注释]

①庞统：三国时刘备的谋士。字士元，襄阳（今湖北襄樊）人。初与诸葛亮齐名，号称凤雏。与诸葛亮同任军师中郎将。后中流矢死。②郤（xī）至：春秋时晋国大夫。③王叔：王子虎。周襄王季父。④寇恂：东汉初将领。贾复：东汉初将领。云台二十八将之一。

[译文]

刘备的谋士庞统喜好品评人伦高下,又勤于培养新人,他所称道和推荐的人,每每与其真实的才干不相符合。时人不解,便以此请教庞统,庞统回答说:"当今天下大乱,正义之道凌迟不立,善人少而恶人多。正想振兴固有的风俗,助长王道大业,如果不宣扬他们的美名,那么他们的声名就不足以令人倾慕;不足令人企盼和羡慕,那么做善事的人就少了。如今我虽然每提拔十人就有五人之失,但仍然得到了一半的人才,他们就能担负起弘扬正义、传播教化的当世之任,使有远大志向的人因此而自励,这样做不也可以吗?"

而《人物志》说:"君子懂得自损反而对自己的声名有助益,所以,本来一分的功劳,却能得到二分的美名。小人不懂得自我颂扬反而于己有损,所以自夸一分,就会受到二分的贬损。由此看来,不自我颂扬,反而能得到人的颂扬;不与人争,反而能得到;示敌以怯,反而能战胜敌人。正是因为这个道理,郤至好推崇人,反而压抑了人;王叔好争,而终于被逼出奔;蔺相如以回车让路的方式,终于战胜了功高傲慢的廉颇;寇恂因不与贾复争斗,反而被贾复称贤。善于利用事物发展向相反方向转化的道理,就是君子赖以立身的所谓'道'。"

《孝经》曰:"居家理,治可移于官。"郦生落魄[①],无以为衣食业。陈蕃云:"大丈夫当扫天下,谁能扫一室!"

公孙宏曰:"力行近乎仁,好问近乎智,知耻近乎勇。知此三者,知所自理;知所以自理,然后知所以理人。天下未有不能自理而能理人者也。此百代不移之道。"《淮南子》曰:"夫审于毫厘之计者,必遗天下之数;不失小物之选者,惑于大事之举。今人才有欲平九州,存危国,而乃责之以闺阁之礼[②],修乡曲之俗，是犹以斧剪毛，以刀伐木，皆失其宜矣。"

[注释]

①郦生：即郦食其。秦汉之际陈留高乡（今河南杞县）人。本为里监门吏，贫穷落魄，时人谓之"狂生"。因献计刘邦克陈留，封广野君。楚汉战争中，说齐王田广归汉，韩信乘机袭齐，齐王以为被他出卖，把他烹死。②闾："阁"的异体字。

[译文]

《孝经》说："能够把一个家治理好，那么治家的方法同样可用于为官从政。"与此相反的例子是，郦生早年落魄，没有吃饭穿衣的门路。陈蕃据此说："大丈夫当以扫除天下为己任，谁能在家中扫屋子？"

公孙宏说："身体力行接近于仁，好问接近于智，知道廉耻接近于勇。懂得这三条的人，就算懂得了自我修炼的途径和方法；懂得如何管理自己，然后才能懂得如何管理他人。天下还没有不能管理自己反而能管理好他人的事情。这是百代不移的道理。"而《淮南子》却说："对毫厘之差能够详审清楚的人，则必然不能明辨天下兴衰的大势；对小件器物倍感兴趣的人，面对大事就可能手足无措。如果人有平定九州的才能，拯国运于危难之中的志向，而却用闾阁细礼去苛责他，用乡曲之俗去教化他，这就好比用斧头剪毛，用小刀伐树，都未能尽物之用，是不恰当的做法。"

商鞅谓赵良曰："子之观我理秦①，孰与五羖大夫贤乎②？"赵良曰："夫五羖大夫，荆之鄙人也。闻缪公之贤，而愿望见。行而无资，自鬻于秦客③，被褐饭牛。缪公知之，举之牛口之下，而加之百姓之上，秦国莫敢望焉。今君之见秦王也，因嬖人景监以为主④，非所以为名也。"

《史记》曰："蔺相如因宦者缪贤见赵王。"又曰："邹衍作

《谈天论》，其语闳大不经，然王公大人尊礼之。适梁，梁惠王郊迎，执宾主之礼；如燕，昭王拥篲先驱。岂与仲尼菜色陈蔡、孟轲困于齐梁同乎哉？"

卫灵公问阵于孔子，孔子不答。梁惠王谋攻赵，孟轲称大王去邠。持方柄欲纳圆凿，其能入乎？或曰：伊尹负鼎而辅汤以王，百里奚饭牛，缪公用霸。作先合，然后引之大道。邹衍其言虽不轨，亦将有牛鼎之意乎？

[注释]

①理秦：治理秦国。②五羖（gǔ）大夫：即百里奚。春秋时秦国大夫。原为虞大夫。虞亡被晋俘去，作为陪嫁之臣送入秦国。后出走至楚，为楚人所执，又被秦穆公以五张牡羊皮赎回，任为大夫，故称五羖大夫（羖，即黑羊）。与蹇叔、由余辅助秦穆公建立霸业。③鬻：出卖。④嬖人：受宠幸的人。

[译文]

商鞅对赵良说："你看我治理秦国同五羖大夫相比谁更好些？"赵良回答说："五羖大夫本来是楚国的普通百姓，听说秦穆公贤明，很想来拜见，但又没有行资，只好把自己卖给秦客商为奴，身着粗布衣，为人放牛。秦穆公发现五羖大夫是一位很难得的人才，就以少有的胆略和魄力把他从牛口之下提拔于万人之上，秦国朝野为之侧目。而今你所以能够拜见秦王，得力于嬖人景监，并不是靠自己的才名。"

《史记》说："蔺相如借助于宦官缪贤才得以拜见赵王。"又说："邹衍作《谈天论》，其语宏大不经，但王公大人都很尊敬他。他到大梁去，梁惠王亲自到郊外去迎接，按宾主的礼仪接待他。他到燕国，燕昭王拿扫帚亲自为他清道引路，这与仲尼菜色陈、蔡，孟轲被困于齐、梁，岂可同日而语？"

卫灵公向孔子请教军阵问题，孔子断然不予回答。梁惠王打算攻打赵国，孟轲却称颂周先王主动将自己居住的邠地让与狄人的做法。这就好比拿方柄往圆洞中塞,如何能塞得进去?有人论道:伊尹背负锅鼎拜见商汤,并辅佐商汤得以称王天下;百里奚为人放牛,秦穆公予以重用因而得以称霸。他们都是先以自己的作为引起君王的兴趣,然后才得以走上康庄大道。邹衍的言论如此宏阔不轨,莫非也有像百里奚放牛、伊尹负鼎那样,以引起君王注意的意思吗?

陈仲举体气高烈①,有王臣之节;李元礼忠平正直②,有社稷之能。陈留蔡伯喈以仲举强于犯上③,元礼长于接下。犯上为难,接下为易,宜先仲举而后元礼。姚信云:"夫皋陶戒舜,犯上之征也;舜理百揆,接下之效也。故陈平谓王陵言:'面折庭诤,我不如公,至安刘氏,公不如我。'若犯上为优,是王陵当高于良、平,朱云当胜于吴、邓乎?"

[注释]

①陈仲举:即陈蕃。字仲举。东汉大臣。桓帝时任太尉,与李膺等反对宦官专权,为太学生所敬重。灵帝立,为太傅,与外戚窦武谋诛宦官,事泄被杀。②李元礼:即李膺。字元礼。桓帝时,任司隶校尉。与太学生首领郭泰等结交,反对宦官专权。灵帝立,与陈蕃等谋诛宦官失败,死于狱中。③蔡伯喈:即蔡邕。东汉文学家、书法家。

[译文]

陈仲举体气高烈,有做王臣的气节;李元礼忠平正直,有匡扶社稷的才能。陈留蔡伯喈认为,陈仲举强于犯颜直谏,李元礼长于虚心待下。犯上之举很难做到,而虚心礼下则较为容易,所以若论人先后,应该先仲举而后元礼。而姚信却说:"皋陶(主刑罚,有正直之名)劝诫虞舜,就是犯上之举;舜总理百官,就是善于接下的表现。所以陈平对王陵说:'在朝中同皇上当面争谏,我不如您,至于安定刘氏天下,您不如我。'如果以敢于犯上为优先,那么王陵应高于张良和陈平，朱云当胜过吴汉、邓禹了吗？"

《史记》曰："韩子称'儒者以文乱法，而侠士以武犯禁'。二者皆讥，而学士多称于世。至如以术取宰相、卿大夫，辅翼其世主，固无可言者。及若季次、原宪，读书怀独行，议不苟合当世，当世亦笑之。今游侠，其行虽不轨于正义，然其言必信，其行必果，已诺必诚，不爱其躯赴士之脆困，羞伐其德，盖亦有足多者。且缓急，人之所时有也。虞舜窘于井廪①，伊尹负鼎俎②，傅说匿于傅岩，吕尚困于棘津，夷吾桎梏，百里奚饭牛，仲尼厄匡，菜色陈、蔡，此皆学士所谓有道仁人也，犹遭此灾，况以中材而涉近代之末流乎？其遇害何可胜道哉！而布衣之徒，设取予然诺，千里诵义，故士穷窘而得委命，此岂非人之所谓贤豪者耶？诚使乡曲之侠，与季次、原宪，比权量力，效功于当代，不同日而论矣。曷足小哉！"

《汉书》曰："天子建国，诸侯立家，自卿大夫以至庶人，各有等差，是以人服事其上，而下无觊觎。孔子曰：'天子有道，政不在大夫。'百官有司，奉法承令，以修所职，越职有诛，侵官有罚，故上下相顺，而庶事理焉。周室既微，礼乐征伐，出自诸侯，桓、文之后，大夫世权，陪臣执命，陵夷至于战国，合纵连横，力政争强。由是列国公子，魏有信陵，赵有平原，齐有孟尝，楚有春申，皆藉王公之势，竞为游侠，鸡鸣狗盗③，无不宾礼。而赵相虞卿，弃国捐君，以固穷交魏齐之厄；信陵无忌，窃符矫命，杀将专师，以赴平原之急。皆以取重诸侯，彰名天下。扼腕而游谈者，以四豪为称首。于是背公死党之议成，守职奉上之义废矣。及至汉兴，禁纲疏阔，未之匡改也。魏其、武安之属④，竞逐于京师；郭解、剧孟之徒⑤，驰骛于闾阎。权行州域，力折公侯。众庶荣其名迹，觊而慕之。虽陷刑辟，自与杀身成名，若季、路、仇牧⑥，死而不悔也。曾子曰：'上失其道，人散久矣。'非明王在上，示之好恶，齐之以礼法，人曷由知禁而反正乎？古之正法，五伯⑦，三王之罪人也；而六国⑧，五伯之罪人也；夫四豪者，六国之罪人也。况于郭解之伦，以匹夫之细微，窃杀生之权，其罪也，不容于诛矣！"

[注释]

①井廪：水井和粮仓。②鼎俎：煮饭的锅和砧板。③鸡鸣狗盗：卑微不足道的本领。这里指有微薄技能的人。战国时期，齐国的孟尝君在秦国被扣留，他的善狗盗的门客夜入秦宫，盗出已经送给秦王的狐裘，转送给秦王的一名幸姬，孟尝君才得以获释。又靠一个门客装鸡鸣，赚开关门，才得脱险，回到齐国。④魏其、武安：即西汉魏其侯窦婴、武安侯田蚡。汉武帝时，二人均官至丞相。⑤郭解、剧孟：均为西汉时期的游侠。⑥季、路、仇牧：即汉初名将季布、孔子的学生子路及春秋时宋国大夫仇牧。⑦五伯：即春秋五霸。⑧六国：战国时期的山东六国：齐、楚、燕、韩、赵、魏。

[译文]

《史记》中说："韩子称'儒者以文乱法，而侠士以武犯禁'，对儒、侠二者都予以讥毁，但学士则多被世人所称颂。至于靠自己的才能和权术取得宰相卿大夫的职位，辅翼当世君主的人，其功名都见诸青史，就没有什么话好说了。像季次、原宪满腹学问，特立独行，言论不与世俗相苟合，也为世人所讥笑。今所谓的游侠，他们的行为虽然未必符合正义之道，然而他们言必信，行必果，已诺千钧、不泯初衷，不惜自己的身躯为朋友士人共赴危难，却羞于炫示自己的恩德，他们的行为也有许多值得称颂之处。缓急之事是人们时常遇到的，虞舜曾被困于井底和仓房顶上，伊尹曾负鼎俎求仕，傅说（商王武丁时的辅佐）曾在傅岩藏匿，吕尚曾被困于棘津，管仲曾为阶下之囚，百里奚放牛，孔子被困于匡，菜色陈、蔡，这些都是学士所称颂的胸怀治道的仁人，尚且遭遇如此的灾难，更何况在近世混乱的社会中挣扎的中等之才呢？他们所遭遇的灾难，怎么能说得尽啊！而那些布衣百姓，如果做事信守诺言，其义名流播千里，身处困窘之地的人们能够托命这些义士，从而解脱危难，这些人难道不是人们常说的贤人豪杰吗？若真的使这些乡曲侠士具有像季次、原宪的地位和才能，同时效功于当代，恐怕就难以同日而语了。怎么可以小视他们呢！"

而《汉书》中却说："天子建国，诸侯立家，从卿大夫到普通百姓，其职责都有等级差别。因此，人人都应该服事自己的上级，在下的不能觊觎在上的权力和地位。孔子说：'如果天子有道，行政大权便不在大夫手中。'政府各部门，应遵奉法纪，服从命令，完成自己的职责。超越自己的职权，侵犯其他部门的职权，都要受到诛罚，这样就能上下和顺，把政事治理得井井有条。周王室衰微以后，礼乐征伐这些本应天子决定的大事，开始被诸侯僭越决定。齐桓、晋文之后，大夫的权位世袭，陪臣执掌大权。到了战国时期或合纵或连横，各诸侯勉力政治，富国强兵，均有一统天下之志。列国公子，魏有信陵君，赵有平原君，齐有孟尝君，楚有春申君，都凭借身为王公的强大势力，竞相招揽游侠，对鸡鸣狗盗之徒，也都待以上宾之礼。赵相虞卿宁肯弃国捐君，也要济故友魏齐的厄困；信陵君无忌偷窃虎符，矫立王命，杀掉大将，率军赴救平原君之急。他们因此而取重诸侯、扬名天下。那些控腕而游的侠士，均把四大名君作为第一流的豪杰倍加赞美。于是，背弃公义、效命私交的行为被人引为美谈，而忠于职守，一心奉上的品德却无人信奉了。等到汉朝初兴，纲纪宽松，对旧有的风气仍未能予以匡改。所以，如魏其侯、武安侯之徒，仍能逐鹿于京师；郭解、剧孟之徒仍能奔驰于街巷。他们的权势足可横行州域，力抗公侯。老百姓以他们的名迹为荣，对他们十分仰慕。他们虽然触犯刑律，身死刑场，却自称杀身成名，如同季布、子路、仇牧，虽死而不悔。曾子说：'做君王的违背了治国的原则和方法，人心涣散已经很久了。'如果没有圣明的君王，向人们明示好恶的区别，用礼法来整肃人们的行为，人们怎么能够懂得哪些行为应该受到禁止而返回到正确的道路上来呢？按照古代正统的王法而论，春秋五霸是三王的罪人，六国是五霸的罪人，四大名君是六国的罪人。更何况郭解之徒，以区区匹夫之微，反而窃得杀生之权，他们的罪过，可谓罪不容诛了！"

《尸子》曰："人臣者，以进贤为功；人主者，以用贤为功也。"《史记》曰："鲍叔举管仲，天下不多管仲子贤，而多鲍叔①，能知人也。"

苏建常责大将军青曰②："至尊重，而天下之贤士大夫毋称焉，愿观古今名将所招选择贤者。"大将军谢曰："自魏其、武安之厚宾客，天子尝切齿，彼亲附士大夫、招贤黜不肖者，人主之柄也③。人臣奉法遵职而已，何与招士？"其为将如此。

[注释]

①多：称赞、肯定。②苏建：汉武帝时封平陵侯，代郡太守。以将军、卫尉等职多次从大将军卫青击匈奴。大将军青：即大将军卫青。③人主之柄：做君主的职权。

[译文]

《尸子》说："做臣子的，能发现举荐贤才，才是最大的功劳；做君王的，能重用贤才，就是最大的功劳。"《史记》说："鲍叔向齐王举荐了管仲，天下的人不过多称赞管仲的贤才，而倍加称赞鲍叔，是因为鲍叔善于发现人才。"

而苏建曾经责备大将军卫青说："过于自尊，天下的贤士大夫都不称颂他，希望您效仿善于招选贤才的古今名将。"大将军辞谢说："自从魏其侯、武安侯开厚待宾客、招延贤士之风起，天子对这些事常怀切齿之怒。他们所做的，如使士大夫亲附于己，招揽贤才，贬黜不肖之人，这些都是君王才有资格做的事情。做臣子的唯有遵奉法规、忠于职守而已，何须参与招揽贤士之类的事？"他为将就是如此谨慎。

班固云："昔王道即微，诸侯力政①。时君世主，好恶殊方。是以诸家之术，蜂起并作，各引一端，崇其所善，以此驰说，取合诸侯。其方虽殊，譬犹水火相灭，亦能相生也。仁之与义，敬之与和，事虽相反，而皆相成也。"《易》曰："天下同归而殊途，一致而百虑。"此之谓也。

[注释]

①力政：致力于政务。

[译文]

班固说："从前周室王道衰微，诸侯竞相致力于各自国家的政务。由于各国诸侯的好恶趣味各不相同，所以诸家学术，蜂起并作，各执一端之说，并极力加以颂扬，以此进行游说，以争取诸侯对自己所持学说的支持。各家学说虽然大相异趣，但又好比水火相灭，也能相生。仁与义、敬与和，意义虽然不同，却可以相辅相成。"《周易》说："天下发展的方向目的只有一个，但达到这一目的的途径却彼此不同，一个目的却可以有百种方法。"讲的就是这一道理。

适变第十五

昔先王当时而立法度，临务而制事。法宜其时则理，事适其务故有功。今时移而法不变，务易而事以古。是则法与时诡，而时与务易。是以法立而时益乱，务为而事益废。故圣人之理国也，不法古，不修今，当时而立功，在难而能免。由是言之，故知若人者，各因其时而建功立德焉。何以知其然耶？桓子曰①："三皇以道治，五帝用德化；三王由仁义，五霸用权智。"五帝以上，久远，经传无事，惟王、霸二盛之美，以定古今之理焉。夫王道之治，先除人害，而足其衣食，然后教以礼仪，而威以刑诛，使知好恶去就。是故大化四凑，天下安乐，此王者之术。霸功之大者，尊君卑臣，权统由一，政不二门，赏罚必信，法令著明，百官修理，威令必行，此霸者之术。

[注释]

①桓子：桓谭。字君山。东汉哲学家、经学家。博学多通，遍习五经，喜非毁俗儒。著有《新论》，已佚。

[译文]

从前，先王根据社会发展的具体情况制定法律制度，根据时务的要求来决定要做的事情。法令符合社会发展的要求就能够得到贯彻执行，所做的事情符合时务的要求就能够取得较好的效果。如今社会发展了，而法律却没有随之变化；时务变化了，而做的事情却没有满足时务的要求。如此而形成的局面是：法律同社会发展的要求相背离，时务的要求同所做的事情相背离。因此，制定的法律越多，社会就越混乱；投入到事情上的精力越多，事情就越是糟糕。所以，圣明的人治理国家，既不效法古人，也不迷信今人，只根据当时的具体情况而建立功勋，陷入危难之境亦能转危为安。由此来看，通晓这一道理的人，都能够根据自身所处的具体环境而建立功勋，树立德行。何以证明这一道理呢？桓子说："伏羲、神农、黄帝用'道'来治理天下，黄帝、颛顼、帝喾、唐尧、虞舜用'德'来教化天下；三王治理天下用仁义，而春秋五霸治理国家、称霸天下则靠权谋和智慧。"五帝以上的历史已经很久远了，史书上没有详明的记载，唯有称王、称霸两种盛事留作了我们衡量古今治道盛衰的标准。所谓称王天下的治理方法是：先除掉危害人民的祸患，使人民丰衣足食，然后用礼仪去教化人民，用刑罚诛杀去威慑不轨之徒，使人民懂得是非善恶、何去何从。因此，人民普遍得到教化，归心圣王，天下安乐。这就是称王天下的方法。所谓成就了霸业的具体内涵是：君王居于尊崇之位，臣下居于卑贱之位，君王集大权于一身，政令不出二门，赏罚必信，法令规章严明，百官各司其职，井井有条，政令具有权威性并得以贯彻执行。这就是称霸的方法。

《道德经》曰："我无为而人自化。"文子曰："所谓无为者，非谓引之不来，推之不往。谓其循理而举事，因资而立功，推自然之势也。"故曰，汤、武，圣主也，而不能与越人乘舲舟[①]，泛江湖；伊尹，贤相也，而不能与胡人骑原马，服驹骏[②]；孔、墨，博通也，而不能与山居者入榛薄，出险阻。由是观之，人智之于物，浅矣。而欲以炤海内，存万方，不因道里之数，而专己之能，则其穷不远。故智不足以为理，勇不足以为强，明矣。然而君人者，在庙堂之上，而知四海之外者，因物以识物，因人以知人也。夫冬日之阳，夏日之阴，万物归之，而莫之使至。至精之感，弗召自来。待目而昭见，待言而使令，其于理难矣。皋陶喑而为大理，天下无虐刑；师旷瞽而为太宰，晋国无乱政。不言之令，不视之见，圣人所以为师，此黄老之术也。

[注释]

①舲舟：小篷船。②服騊駼：制伏青色的野马。騊駼（táo tú），青色的野马。

[译文]

《道德经》说："做君王的如果能够清静无为，百姓就能够自然而然得到教化。"文子说："老子所说的无为，并不是说引导他也引不来，推动他也推不去，什么事情也不做。而是指根据事物本身的道理去做事，根据既有的基础和条件去建立功业，即顺应推动事物发展的自然趋势。"所以说，商汤、周武都是圣明的君主，但却不能像越人那样操持一叶扁舟，闲适泛于江湖之上；伊尹是贤明的宰相，却不能像北方的胡人那样驾驭驯服未经调教的野马；孔子和墨子都是博学贯通之人，却不能像山里人那样穿荆棘，过险阻。由此看来，个人的智慧和能力相对于世间广博无限的事物而言，是非常有限的。想要照耀海内，感召万方，却不研究并充分利用感召万方的规律和方法，而仅仅依靠自身的力量，很快就会走入穷途末路。所以，仅靠一人的智慧还不足以治理天下，仅靠一人的勇敢还不足以使国家强大，其道理是显而易见的。而作为一个国家的君王，身居庙堂之上，之所以能够远知四海之外，其原因是他善于因物知物、触类旁通，依靠人来了解人。严冬的阳光，夏天的阴凉，万物都趋之若鹜，充分予以利用，没有人迫使他们这样做。依靠事物内部精微的规律去感召，无须外在的迫使，就能自然而来。只有以目示意才能明白真相；只有发号施令，才能被动地去做，通过这样的方式就很难达到自然而治的境界。皋陶是个哑巴而做大理（掌管司法），天下却没有酷虐的刑罚；师旷是个瞎子而做太宰，晋国却没有乱政。这种不靠语言就能号令百姓，不靠眼睛即能洞若观火的本领，就是圣人之所以能为大众之师的根本条件。这就是所谓的黄老之术。

孔子闲居，谓曾参曰："昔者明王内修七教，外行三至。七教修而可以守，三至行而可以征。明王之守也，则必折冲千里之外①；其征也，还师衽席之上②。"曾子曰："敢问七教？"孔子曰："上敬老则下益孝，上敬齿则下益悌③，上乐施则下益亮，上亲贤则下择交，上好德则下无隐，上恶贪则下耻争，上廉让则下知节，此之谓七教也。"昔明王之治人也，必裂而封之，分属而理之，使有司月省而时考之，进贤良，退不肖，哀鳏寡，养孤独，恤贫穷，诱孝悌，选才能，此七者修，则四海之内，无刑人矣。上之亲下也如腹心，则下之亲上也，如幼子之于慈母矣。其于信也如四时，而人信之也，如寒暑之必验。故视远若迩，非道迩也，见明德也。是以兵革不动而威，用利不施而亲。此之谓"明王之守，折冲千里之外"。

[注释]

①折冲：折退敌人的战车。冲，战车。②衽席：睡觉用的席子。③齿：年长的人。悌：弟敬爱哥。

[译文]

孔子得闲无事，对曾参说："从前，圣明的君王对自身则通过较高的修养和品质，对人民进行七个方面的教化，对外则推行三种至高无上的行为。'七教'的修养做到了，就可以治理好自己的国家，使国家具备较强的防御外敌侵犯的能力；'三至'推行了，就可以对外征伐。圣明的君王所具备的强大的防御能力,能够使千里之外的敌人闻风丧胆;其对外征战则能做到凯旋而归。"曾子说:"请问什么是七教呢?"孔子回答说:"在上的君王能够尊敬老人,在下的臣僚百姓就会愈加孝顺;在上的君王能够尊敬年长的人,在下的臣僚百姓就会愈加敬爱年长的人;在上的君王慷慨好施,在下的臣僚百姓就会愈加忠诚守信;在上的君王亲近贤才,在下的臣僚百姓就会审慎交往;在上的君王喜好行使德政,在下的臣僚百姓就会光明磊落、不徇私情;在上的君王厌恶贪婪的行为,在下的臣僚百姓就会以相互争夺为耻辱;在上的君王廉洁礼让,在下的臣僚百姓就会做到举止有节。这就称为'七教'。"从前,英明的君王治理天下,必定划出土地,封予诸侯,设立不同的机构管理不同的事务,并设立机构对各职能管理机构按月实施考察,举荐贤良的人,贬退不肖的人,同情抚恤鳏夫寡妇,抚养孤独儿女,赈济贫穷,奖励诱导孝悌品行,选拔才能之士,这七个方面做好了,那么四海之内就没有刑狱之人了。如果在上的君王亲近臣僚百姓如同腹心一样密切,那么,在下的臣僚百姓亲睦在上的君王,就好比幼子与慈母的关系。如果君王对人言而有信,如同四季的运行,那么人们对君王的崇信就会如寒暑一样效验。所以视远若近,并非真是道路距离近,而是由于明德的照耀。因此,虽然兵革未动,但却能威震四方;不用利益相引诱,就能使人民亲附。这就是"英明君王的守御,能使千里之外的敌人闻风丧胆"。

曾子曰:"何谓三至?"孔子曰:"至礼不让,而天下理;至赏不费,而天下之士悦;至乐无声,而天下之人和。"何则?昔者明王必尽知天下良士之名。既知其名,又知其实。既知其实,然后因天下之爵以尊之。此谓"至礼不让而天下治"。因天下之禄以富天下之士,此之谓"至赏不费而天下之士悦"。如此,则天下之明誉兴焉，此之谓"至乐无声而天下之人和"。故仁者莫大于爱人，智者莫大于知贤，政者莫大于能官。有德之君，修此三者，则四海之内，供命而已矣①。此之谓"折冲千里之外"。故曰，明王之征，犹时雨之降，至则悦矣，此之谓"还师衽席之上"。故扬雄曰："六经之理，贵于未乱；兵家之胜，贵于未战。"此孔氏之术也。

[注释]

①供命：听从命令。

[译文]

曾子说："什么是三至？"孔子回答说："掌握礼的精髓，虽不谦让，却能使天下大治；掌握至高的赏赐原则，虽不耗费财货，却能使天下士人悦服；音乐的最高境界是无声的音乐，却能使天下的人相和睦。"这又怎么样讲呢？从前，英明的君王必定尽知天下良士的名字，不但知道他们的名字，而且还了解他们的实际才干。然后根据他们的实际才干，授以相应的爵位，以示尊崇。这就称为"礼的最高境界不流于表面的谦让，而能达到天下大治"。用天下人所创造的利禄去富天下的士人，这就称为"赏赐的最高境界是不耗费财货而能使天下士人悦服"。这样一来，天下清明，美誉兴盛，这样的社会风气，就如同无声的音乐陶冶人的性情，使天下的人相和睦。所以说，仁的举动莫大于爱人，智慧和聪明莫大于发现和鉴别人才，从政的关键莫大于善于任用人才。有德的君王，能够提高这三个方面的修养，那么四海之内，都能听从他的命令。这就称为"使千里之外的人折服"。所以说，英明的君王率师出征，兵锋所指，如同及时雨降临，人人悦服，这就称为"还师衽席之上"。所以扬雄说："六经治国的道理，贵在防患于未萌；兵家制胜的道理，贵在不战而屈人之兵。"这是孔子学派的治国思想。

墨子曰:"古之人未知为宫,就陵阜而居①,穴而处。故圣王作,为宫室。为宫室之法:高足以避润湿,边足以圉风寒,宫墙之高,足以别男女之礼。谨此则止,不以为观乐也。故天下之人,财用可得而足也。当今之王为宫室,则与此异矣。必厚敛于百姓,以为宫室台榭曲直之望,青黄刻镂之饰。为宫室若此,故左右皆法而象之。是以其财不足以待凶饥,赈孤寡,故国贫而难理也。为宫室不可不节。

古之人未知为衣服,时衣皮带茭②,冬则不轻而暖,夏则不轻而清。圣王以为不中人之情,故圣人作。诲妇人,以为人衣。为衣服之法:冬则练帛,足以为轻暖;夏则缔绤③,足以为轻清。谨此则止,非以荣耳目,观于人也。是以其人用俭约而易治,其君用财节而易赡也。当今之王,其为衣服,则与此异矣。必厚敛于百姓,以为文彩靡曼之衣,铸金以为钩,珠玉以为佩。由此观之,其为衣服,非为身体,皆为观好也。是以其人淫僻而难治④,其君奢侈而难谏。夫以奢侈之君,御淫僻之人,欲国无乱,不可得也。为衣服不可不节。"此墨翟之术也。

[注释]

①陵阜:山陵、土山。②衣皮带茭:穿兽皮,戴茭草。③缔绤(chī xì):细葛布和粗葛布。④淫僻:过分的癖好。僻,同"癖"。

[译文]

墨子说:"远古的人不懂得建造宫室房屋,利用山陵高地和洞穴作为自己的居处。圣明的君王出现后,才开始建造宫室。建造宫室所遵循的原则是:宫室的基础,高足以避免潮湿,四周围墙的厚度足以抵御风寒,墙高足以区别男女的礼节。仅此而已,不追求美观和享乐。所以,当时天下的人,财货之用,人人都能得到满足。当今的君王建造宫室同古代相比就大不相同了。他们向百姓横征暴敛,用以建造宫室台榭,青黄刻镂,极尽曲直豪华之美。君王建造宫室既然如此奢侈，左右臣僚便纷纷效仿，极尽铺张。所以，国家的财货不足以备御凶灾饥荒，赈济孤寡，致使国家贫弱，难于治理。所以，建造宫室不能没有节制。

远古的人也不懂得缝制衣服，只知道披兽皮、戴树叶，冬天不追求轻暖，夏天不追求轻清。圣王觉得这样很不适合人体的需要，于是便制作衣服，并教诲妇女制作衣服。制作衣服的原则是：冬服用练帛，以使人感到轻便暖和；夏服用细布细纱，使人感觉轻便清凉。仅此而已，目的不是为了使自己的耳目愉悦，并使他人观看。因此，那时的人民穿用俭朴节约而易于治理，那时的君王用财有节也易于被人民所奉养。当今君王穿衣则与古代迥然不同了。他们向百姓横征暴敛，用以制作华丽的服装，用金子铸造带钩，用珠玉制作衣佩。由此看来，他们穿衣服，并不是为了满足身体冷暖的需要，而是为了美观。因此，人民淫逸邪僻，难以治理；君王奢侈腐败，难以谏阻。以奢侈腐败的君王来统治淫僻的百姓，要想使国家不发生混乱，是办不到的。制作衣服不可不节俭。"这是墨翟的治国思想。

商子曰："法令者，人之命也，为治之本。一兔走，百人逐之，非以兔可分为百，由名分之未定也。卖兔满市，盗不敢取者，由名分之定也。故名分未定，虽尧、舜、禹、汤，且皆加务而逐之；名分已定，则贫、盗不敢取。故圣人之为法令也，置官也，置吏也，所以定分也。名分定则大诈贞信，巨盗愿悫而各自治也[①]。"

申子曰："君如身，臣如手，君设其本，臣操其末。为人君者，操契以责其名。名者，天地之网，圣人之符。张天地之网，用圣人之符，则万物无所逃矣。"动者摇，静者安，名自名也，事自定也。是以有道者，因名而正之，随事而定之。昔者尧之治天下也，以名，其名正则天下治；桀之治天下也，亦以名，其名倚而天下乱。是以圣人贵名之正也。

李斯书曰："韩子称'慈母有败子，而严家无格虏'者，何也？则罚之加焉必也。故商君之法，刑弃灰于道者。夫弃灰薄罪也，而被刑重罚也。夫轻罪且督，而况有重罪乎？故人弗敢犯矣。今不务所以不犯，而事慈母之所以败子，则亦不察于圣人之论矣。"此商鞅、申、韩之术也。

[注释]

①愿悫：谨慎诚实。愿，老实。悫，诚实，谨慎。

[译文]

商子说："法令是指导人们行为的命令，是治理国家的根本。比如有一只兔子在奔跑，后面有百人在追逐，想要得到它。这并不是因为这只兔子可以分裂为一百只，而是因为这只兔子之归属的名分还没有确定。集市上摆满了待卖的兔子，盗贼不敢公开抢取，这是因为兔子归属的名分已经确定了。所以，名分还没有确定时，即使像尧、舜、禹、汤这样的圣人，也可能参与追逐；名分确定以后，即使是贫穷之人和盗贼也不敢去抢取。所以圣人制定法令，设置官府，任用官吏，就是为了确定名分。名分确定后，即使是大骗子也会变得贞洁守信，巨盗也会变得诚实起来而自行守法。"

申子说："君王如身，臣子如手，君王固守根本，臣子操持末节。作为君王，必须核察臣子的行为与其名分是否相符合。名分，就好像一张如天地一样大的网，又好像圣人的符信。张开天地之网，再运用圣人的符信去核验，则万事万物都无从逃逸。"本性喜运动的就使其运动，本性喜沉静的就使其安稳，使事物的名分符合事物的本性，那么万事万物就能各居其位，相对稳定。所以，治国有道的人，根据人们本应居守的名分来纠正他们的行为，根据事情的本性来决定实施的方法。从前，尧治理天下时，用的是名分，因为名分正，所以天下大治；桀治理天下时，也用名分，由于名分不正，所以天下大乱。所以，圣人十分重视名分的正与不正。

李斯在上秦王《谏逐客书》中说："韩子说'慈母有败子，家教严明的家庭就不会出好勇斗狠之徒'，这是为什么呢？这是由于家法严明的家庭对出格的行为必定严加惩罚的缘故。所以，商鞅的法令，对随意在道路倒垃圾的要施以刑罚。在道上丢弃垃圾本来是很轻的罪过，但却处以严厉的刑罚。轻罪尚且严惩，更何况重罪呢？所以人们不敢轻易犯法。如今的当政者，不再使人们不敢犯法方面做文章、下功夫，却效法慈母出败子的行为，这也太不明察圣人的治国之论了。"以上是商鞅、申、韩的治国思想。

由是观之，故知治天下者，有王霸焉，有黄老焉，有孔墨焉，有申商焉，此其所以异也。虽经纬殊致①，救弊不同，然康济群生，皆有以矣。今议者或引长代之法，诘救弊之言；或引帝王之风，讥霸者之政，不论时变，而务以饰说。故是非之论，纷然作矣。言伪而辩，顺非而泽，此罪人也。故君子禁之。

[注释]

①经纬：这里喻指不同的治理之道。

[译文]

从上面的例子来看，治理天下的方法，有王霸之术，有黄老之术，有孔墨之术，有申商之术，这些就是不同的治国方法。这不同的治国方法虽彼此经纬有别，补救的弊端有所不同，但对于康济群生，都有一定的作用。今天的论者，或者拿长治久安的统治方法来攻击补救时弊的论说，或者用称帝称王的方法来讥笑称霸的统治方法，不考虑时代的变迁，而以粉饰自己的学说为务，所以是非之论，纷然大作。把荒谬的学说论证得头头是道，把错误的有害的东西装饰得光彩照人，这些人都是社会的罪人，君子切莫行此作为。

正论第十六

孔子曰："六艺于理一也①。《礼》以节人，《乐》以发和，《书》以导事，《诗》以达意，《易》以道化，《春秋》以道义。"故曰，入其国，其教可知也。其为人也，温柔敦厚，诗教也；疏通知远，书教也；广博易良，乐教也；洁静精微，易教也；恭俭庄敬，礼教也；属辞比事，春秋教也。故《诗》之失愚，《书》之失诬，《乐》之失奢，《易》之失贼，《礼》之失烦，《春秋》之失乱。其为人也。温柔敦厚而不愚，则深于《诗》也；疏通知远而不诬，则深于《书》也；广博易良而不奢，则深于《乐》也；洁静精微而不贼，则深于《易》也；恭俭庄敬而不烦，则深于《礼》也；属辞比事而不乱，则深于《春秋》也。自仲尼没而微言绝，七十子丧而大义乖。战国纵横，真伪分争，诸子之言，纷然散乱矣。

[注释]

①理：治。

[译文]

孔子说："六艺都有助于治理国家。《礼》可以节制人的行为，《乐》可以陶冶人的性情，《书》可以指导人们做事，《诗》可以抒发人的情感，《易》可以使人们懂得变化的道理，《春秋》可以使人们懂得什么是义。"所以，只要到了某个国家，这个国家的教化程度就可使人们感受到。如果一个国家的人民为人温柔敦厚，这是诗教程度高的表现；明于事理，目光远大，这是书教好的表现；胸怀广博，平易善良，这是乐教好的表现；高风亮节，沉稳雅静，眼光深邃，入木三分，这是易教好的表现；恭敬俭朴，庄重大方，这是礼教好的表现；善于类比，微言大义，这是春秋教育程度高的表现。所以，《诗》教往往失之于愚鲁，《书》教往往失之于不诚实，《乐》教往往失之于奢逸，《易》教往往失之于不温厚，《礼》教往往失之于烦琐，《春秋》之教往往失之于变乱。如果为人温柔敦厚而又不愚鲁，这是深研《诗》的结果；明于事理，目光远大而又不怀欺诈之心，这是深研《书》的结果；胸怀广博，平易善良，而不奢侈淫逸，这是深研《乐》的结果；高风亮节，沉稳雅静，眼光深邃，入木三分，而又不包藏祸心危害他人，这是深研《易》的结果；恭敬俭朴，庄重大方，而又不流于烦琐，这是深研《礼》的结果；善于运用语辞表达事物的道理，而又不为乱，这是深研《春秋》的结果。自孔夫子死后，精微深邃的语言便绝迹了，他的七十弟子去世后，对孔夫子微言中所蕴涵的深远意义也产生了分歧。战国时期纵横战乱，或真或伪的各种学说相互争鸣，诸子百家，纷然散乱了。

儒家者，盖出于司徒之官，助人君，顺阴阳，明教化者也。游文于六经之中，留意于仁义之际，祖述尧舜，宪章文武，宗师仲尼，此其最高也。然惑者既失精微，而僻者又随时抑扬，违离道本，苟以哗众取宠，此僻儒之患也。道家者，盖出于史官，历纪成败，秉要执本，清虚以自守，卑弱以自持，此君人南面者之术也①。合于尧之克让，《易》之谦谦，此其所长也。及放者为之，则欲绝去礼乐，兼弃仁义，独任清虚，何以为治？此道家之弊也。阴阳家者，盖出于羲和之官②，敬顺昊天，历象日月星辰，敬授人时，此其所长也。及拘者为之，则牵于禁忌，泥于小数，舍人事而任鬼神，此阴阳之弊也。法家者，盖出于理官，信赏必罚，以辅礼制，此其所长也。及刻者为之，则亡教化，去仁爱，专任刑法，而欲以致治，至于残贼至亲，伤恩薄厚，此法家之弊也。名家者，盖出于礼官，古者名位不同，礼亦异数，孔子曰："必也正名乎。"此其所长也。及警者为之③，则苟钩𫓧析乱而已，此名家之弊也。墨家者，盖出于清庙之官。茅屋采椽，是以贵俭；养三老五更，是以兼爱；选士大射，是以上贤；宗祀严父，是以右鬼；顺四时而行，是以非命；以孝示天下，是以上同。此其所长也。及蔽者为之，见俭之利，因以非礼；推兼爱之意，而不知别亲疏。此墨家之弊也。纵横家者，盖出于行人之官④。孔子曰："使乎，使乎！"言当权事制宜，受命不受辞，此其所长也。及邪人为之，则上诈谖而弃其信⑤，此纵横之弊也。杂家者，盖出于议官，兼儒、墨，合名、法，知国体之有此，见王理之无不贯，此其所长也。及荡者为之，则漫羡而无所归心，此杂家之弊也。农家者，盖出于农稷之官。播百谷，勤耕桑，以足衣食，孔子曰："所重人食。"此其所长也。及鄙者为之，则欲君臣之并耕，悖上下之序，此农家之弊也。

[注释]

①君人南面：做人们的国君。南面，面向南。朝殿大都坐北朝南。②羲和之官：远古时掌管天文、历象的官。③警（jiào）：讦也，攻击别人的短处或揭发别人的隐私。④行人之官：掌管朝觐聘问。⑤上诈谖（xuān）：崇尚欺诈。谖，欺诈。

[译文]

儒家学派，可能源于司徒之官。其职责是帮助君王顺应阴阳四时的变化，并掌管教化人民的事宜。儒家在六经之中做文章，在仁义之间下工夫，以唐尧、虞舜的事迹为基础，以周文王和周武王的政治为楷模，以孔老夫子为宗师，这是他们引以为崇高的境界。然而迷惑不解的人没有掌握儒家思想的精髓，而邪僻的人又随时压抑、张扬儒学的真义，违背脱离了儒学的根本，用以哗众取宠，这是邪僻的儒者所造成的祸患。

道家学派，可能源于史官。其职责是历纪古今成败的事迹，因而能够抓住要害，掌握根本，主张清静无为，虚心自守，以谦卑柔弱的方式来延长自己的生命，增强自己的实力。这些被称为君王南面统治的方法。道家学说符合尧的克己谦让的事迹，也符合《易》所提倡的谦让的道理，这是它的长处。等到放荡的人阐释发扬道家学说，却要绝去礼乐精神，抛弃仁义原则，仅仅坚守清虚无为之道，这样怎么能够治理好国家呢？这是道家的弊端所在。

阴阳家学派，可能源于羲和之官。阴阳家尊敬顺应昊天，根据日月星辰的变化制定历法，教导人们要根据时令的变化去耕作，这是它的长处。等到拘泥呆板的人继承阴阳学说后，则为诸多的禁忌和术数所拘束，不相信人事的力量而迷信于鬼神的力量，这是阴阳家的弊端所在。

法家学派，可能源于理官。法家赏罚必信，以此来辅助礼仪制度的推行，这是它的长处。等到刻薄的继承者推行法家学说以后，则丢掉礼乐道德的教化，舍弃仁爱原则，专任刑法，为了达到天下大治的目的，以至于残害至亲，刻薄伤恩，这是法家的弊端。

名家学派，可能源于礼官。古时名位不同，所应遵循的礼仪也不一样。孔子说："行为同相应的名分相符合，这是必须做到啊！"主张名实相符，这是名家的长处。但那些不严谨的人则借此将名实任意裁割，这是名家的弊端。

墨家学派，可能源于清庙之官。住的是茅屋木房，因此倡导节俭；赡养老人，因此主张兼爱；以射箭的方式选拔战士，因此推重贤才；宗庙祭礼，敬信鬼神；顺应四时的变化而行事，所以不相信天命；以孝道明示天下，因此主张天下同一，这些是墨家学派的长处。然而不明白墨家真谛的人因看到节俭的好处，就否定排斥礼乐；倡导兼爱思想，就不知有亲疏的区别。这些是墨家的弊端。

纵横家学派，可能源于行人之官。孔子说："使乎，使乎。"是说凡出使办外交，要根据当时当地的具体情况临机制定相应的措施，只接受使命而不拘泥于预先制定的外交辞令，这是纵横家的长处。然而奸邪的人加以利用后，却崇尚欺诈，不顾信用。这是纵横家的弊端。

杂家学派，可能源于议官。兼采儒、墨、名、法等各家所长，只要有利于王治国体，无不融会贯通。这些是杂家的长处。然而那些没有主见的人，则可能朝秦暮楚，在诸子百家中徜徉徘徊，不知所归，不知所采，这是杂家的弊端。

农家学派，可能源于农稷之官。播种百谷，勤勉农桑，丰衣足食，孔子说："重视人民的衣食生活。"这是农家的长处。然而那些鄙薄的人倡导农家学说，却主张君王也要同百姓一样耕种田地，打乱了君臣上下的秩序，这是农家的弊端。

文子曰："圣人之从事也。所由异路而同归。秦、楚、燕、魏之歌，异转而皆乐；九夷八狄之哭①，异声而皆哀。夫歌者，乐之微也。哭者，哀之效也。愦愦于中而应于外②，故在所以感之矣。"论曰：范晔称"百家之言政者，尚矣。大略归乎宁固根柢，革易时弊也。而遭运无恒，意见偏杂，故是非之论，纷纷相乖。尝试论之：夫世非胥庭，人乖鷇饮③，理迹万肇，情故萌生。虽周物之智，不能研其权变；山川之奥，未足况其纡险。则应俗适事，难以常条。何以言之？若夫元圣御代，则大同极轨，施舍之道，宜无殊典。而损益异运，文朴递行，用明居晦，回穴于曩时；兴戈陈俎④，参考于上世。及至戴黄屋，服绨衣，丰薄不齐，而致治则一。亦有宥公族，黥国仇。宽躁已隔，而防非必同。此其分波而共源，百虑而一致者也。若乃偏情矫用，则枉直必过。故葛屦履霜，弊由崇俭；楚楚衣服，戒在穷奢；疏禁厚下，以尾大陵弱；敛威峻法，以苛薄分崩。斯曹魏之刺，所以明乎国风；周秦末轨，所以彰于微灭。故用舍之端，兴败资焉。是以繁简惟时，宽猛相济。刑书镂鼎，事有可详；三章在令，取贵能约。太叔致猛政之褒，国子流遗爱之涕，宣孟改冬日之和，平阳循画一之法，斯实弛张之宏致，庶可以征其统乎？"

[注释]

①九夷八狄：夷、狄，中国古代对东方和北方各族的泛称。②愔愔（yīn）：安静和悦貌。③䎡（kòu）饮：像待哺食的雏鸟一样饮食。人乖䎡饮，人们与䎡饮相背离。④兴戈陈俎：兴兵打仗或陈设祭器讲和。俎，祭祀时盛牛羊等祭品的礼器。

[译文]

文子说："圣人所从事的工作，虽然方法和道路不同，但所要达到的目标是一致的。秦、楚、燕、魏四国的歌曲，曲调虽然不同，但都表达出了欢乐的情感；九夷八狄的哭声虽然有区别，但都表达出了悲哀的情感。歌唱，是欢乐情感的精致表现；哭泣，则是悲哀情感的强烈表现方式。内心深处骚动的情感必然于外部有所表现。所以人们便能感受得到。"范晔说："百家有关政治的论说繁富深远，但大略可以归纳为巩固根本、革除和变易时弊。由于各家的遭遇和推行的结果变化无常，所以对各家学说的评价也十分的繁杂，或是或非，纷然相悖。大体说来，当今之世，已不是赫胥氏、大庭氏统治的远古时代，人的心态也不像幼鸟待哺而食一般毫无主动争取之意；恰恰相反，竞取的心理和情欲万端萌发。即使有博通万物的智慧，也难以尽知人的权变；即使用山川的曲折奥妙，也难以形容人心的阴险和曲折。所以在应付世俗、处理世事时，就不可能设计出具有普遍效用的原则和方法。为什么这样讲呢？如果让大圣人来治理国家，那么世界大同的理想，施舍的原则和方法，不会不符合圣人的经典。然而，在具体方法上，减损和增益的灵活运用，文丽和质朴交相进行，表面上所做的与背地里所做的，都将迥然有别于古代。至于或兴动兵革，或交杯言和的举措，则会与古代相同。等到圣人乘上了皇帝专有的车子，身着精致的纱衣，虽然穿戴的丰薄与好坏同以前不同了，但要把国家治理好的目标并没有改变。他们同样会有赦免公族、在国家仇敌的脸上刺字的举措。虽然同古代相比已有宽和、急躁的区别，但防止为非作歹的作用和目的却是相同的。这就是分流而共源、百虑而一致的道理。如果感情用事，过于偏激，就会矫枉过正。所以说，草鞋布衣，备受风霜之苦，这是过分倡导俭朴之风所造成的；衣冠楚楚，则需警戒奢靡之风；如果法令不严，过分宽厚，就会成尾大不掉、恃强凌弱之势；如果峻法威刑，那么政权又会因过于刻薄而崩溃。以史为证，对曹魏政权的讽刺和斥责，在民歌民谣中即能充分表现出来；周、秦统治的或宽或猛的极端形式，在周王室的衰微、秦朝急速灭亡的史实中得到了充分的反映。所以，采用哪些学说、舍弃哪些学说之得当与否，决定着一个国家的兴盛或衰亡。所以，政令法律的繁与简要根据时势的要求而定，统治的宽松和猛急则需适时调节，相辅相成。关于镌鼎立法之事，历史上有详细记载；汉王刘邦入关后虽然只有三条法令，但贵在能约束众人。郑大夫太叔因为政苛猛而得到孔子的褒奖，齐国大臣国子对楚公子围的不轨行为流下了怜爱的眼泪，晋卿赵宣猛一改其父如冬日的太阳一般平和的政治，平阳侯曹参遵循萧何旧法，这些都是为政弛张宽猛的极端典型的例子，如何能强求一致呢？"

数子之言当世失得,皆悉究矣。然多谬通方之训,好申一隅之说。贵清净者,以席上为腐议①;束名实者,以柱下为诞辞②。或推前王之风,可行于当年;有引救弊之规,宜流于长世。稽之笃论,将为蔽矣。由此言之,故知有法无法,因时为业,时止则止,时行则行,动不失其时,其道光明。非至精者,孰能通于变哉?

[注释]

①席上:指儒家。②柱下:指道家。老子曾担任周朝柱下史,故称。

[译文]

以上诸子学说对当今之世的得与失,都已有人作过研究。然而,人们往往不善于作综合全面的分析,而偏爱某一种学说。尊崇清静无为学说的人,视席上宏阔之论为陈腐之议;拘于名实学说的人,则视老子学说为荒诞之词。或者推重前王之风,认为当今之世仍可实行;或者征引曾起过补救时弊作用的方法,认为应该流传百世。确切地分析研究,这些理论学说都是有不足之处的。由此说来,所谓"有法"与"无法",应该根据时势的要求去成就事业,时势宜停止则停止,宜实行则实行,行动不失时势之宜,那么,前途道路就充满了光明。不是充满了智慧而精明强干的人,谁能精通这因时制变的方法呢?

卷四（霸纪上）

霸图第十七

臣闻周有天下，其理三百余年。成、康之隆也，刑措四十余年而不用。及其衰也，亦三百余年。故五伯更起。伯者，常佐天子，兴利除害，诛暴禁邪，匡正海内，以尊天子。五伯既没，贤圣莫续，天子孤弱，号令不行，诸侯恣行，强凌弱，众暴寡。田常篡齐，六卿分晋①，并为战国，此人之始苦也。于是强国务攻，弱国务守，合纵连横，驰车毂击②，介胄生虮虱，人无所告诉。及至秦蚕食天下，并吞战国，一海内之政，坏诸侯之城，法严政峻，谄谀者众。使蒙恬将兵北攻胡，尉佗将卒以戍越，宿兵无用之地，人不聊生。始皇崩，天下大叛，陈胜、吴广举于陈，武臣、张耳举于赵，项梁举吴，田儋举齐，景驹举郢，周市举魏，韩广举燕，穷山通谷，豪杰并起而亡秦族矣。

[注释]

①六卿分晋：范、中行、知、赵、韩、魏六大家族世为晋卿，故称六卿。后赵、韩、魏三家分割晋国而为诸侯，又称"三家分晋"。②驰车毂击：比喻车辆拥挤，战事频繁。毂，车轮中心的圆木。

[译文]

我听说周朝统治天下，升平治世长达三百余年。周成王和周康王两代是周朝兴盛的时代，刑罚措置不用达四十余年。自开始衰落又延续了三百余年。所以五伯相继而起。所谓伯，就是霸主，他所扮演的角色是辅佐天子，兴利除害，诛伐残暴的国君，禁绝邪端，匡正海内，以使天下诸侯百姓尊崇天子。五伯继替、辅佐天子的局面结束以后，就再没有出现过像他们那样的圣贤，所以周天子孤弱无力，号令不行，诸侯却恣睢横行，强国侵凌弱国，大国暴虐小国。田常篡夺了齐国的王位，六卿瓜分了晋国，从此进入了兵火连天的战国时代，这是一个灾难深重的时代。在战国时代，强国致力于攻伐兼并，弱国致力于固守防御，或山东六国合纵，或秦与山东某国连横，战车驰骋，轮毂相击，战士的介胄生满了虱子，人民备受战乱之苦，却又无从告诉。等到秦国蚕食并吞了各诸侯国，统一海内以后，拆除了诸侯国的城墙，刑罚严峻，为政苛刻，阿谀谄媚之徒日增。秦始皇又派大将蒙恬率兵北击匈奴，尉佗率军戍守越地，秦把大军屯驻于并不重要的地域，搞得民不聊生。秦始皇死后，天下纷纷起兵反叛秦朝。陈胜、吴广在陈地起兵，武臣、张耳在赵地起兵，项梁在吴地起兵，田儋在齐地起兵，景驹在郢起兵，周市在魏地起兵，韩广在燕地起兵，总之，天下各地，豪杰并起，很快灭亡了秦朝皇族。

汉高祖名邦，字季，姓刘氏，沛国丰邑人，为泗上之亭长①。秦二世元年，陈胜等起，胜自立为楚王，沛人杀其令，立高祖为沛公。时项梁止薛，沛公往从之，共立义帝，约曰："先入咸阳者王之。"秦将章邯，大败项梁于定陶，梁死，章邯以为楚不足忧，乃北伐赵。楚使项羽等救赵。遣沛公别将西入关②。沛公遂攻宛，降之。攻武关，大破秦军。入咸阳，与秦人约法三章。遣兵拒关，欲王关中。是时，项羽破秦军于河北，率诸侯兵四十万至鸿门，欲击沛公。沛公因项伯自解于羽。羽遂杀子婴而东都彭城，立沛公为汉王，王巴、汉。于是用韩信策，乃东伐，还定三秦。

[注释]

①泗上：即泗水，郡名，治所在沛，即今江苏沛县。②关：指古函谷关，在今河南灵宝东北。

[译文]

汉高祖名邦，字季，姓刘氏，沛国丰邑人，曾做泗上亭长。秦二世元年，陈胜等人起兵反秦，陈胜自立为楚王。受反秦风波的影响，沛县人杀了沛县令，立汉高祖为沛公。此时，项梁率兵屯驻薛地，沛公便前往投靠项梁，共同拥立义帝。义帝曾与项梁、刘邦等约定："谁先攻入咸阳，谁就做秦地的国王。"秦将章邯，于定陶大败项梁，项梁战死，章邯便认为楚军不足为忧，于是率军北伐赵地。楚王便派项羽率兵北上救赵，另派刘邦率兵向西，入关作战。沛公刘邦遂攻打宛城，宛城秦军向刘邦投降，继而攻克武关，大破秦军，进入咸阳后，与秦地百姓约法三章。又派兵把守关口，欲意在关中称王，此时，项羽已在河北钜鹿大败秦军，并率诸侯兵四十万进至鸿门，打算攻击沛公。沛公借助项伯的力量才得以从项羽手中解脱。项羽随后杀掉秦王子婴，率兵东归，建都彭城，立沛公为汉王，拥有巴、汉之地。汉王采纳了韩信的计策，率兵东向，平定三秦之地。

田荣怨项王之不已立，杀田市，自立为齐王。羽北击灭齐，而使九江王杀义帝于郴。汉王为之缟素发丧，临三日，以告诸侯。汉王因项羽之击齐，率诸侯之师五十六万，东袭楚，破彭城。羽闻之，留其将击齐，自以精兵三万归击汉。汉王与羽大战彭城下，汉王不利，出梁地，至虞，谓左右曰："孰能为使淮南王黥布，令发兵背楚，留项王于齐数月，我之取天下，可以万全。"随何乃使淮南，说布背楚。汉王如荥阳，使韩信击魏王豹，虏之。汉遂与楚相距于荥阳。楚围汉王，用陈平计，间得出。入关收兵，欲复东。辕生说汉王，出军宛、叶，引项王南渡，使韩信等得集河北。羽果引兵南渡，如其策。韩信与张耳，以兵数万，东下井陉击赵①，破之。乃报汉，因请立张耳为赵王，以镇抚其国，汉王从之。

[注释]

①井陉：关名。故址在今河北井陉北井陉山上。

[译文]

田荣怨恨项王不立自己为王，于是杀了田市，自立为齐王。项羽率兵北上灭了齐国，还指示九江王在郴杀害了义帝。汉王却披麻戴孝为义帝发丧，并遍告诸侯。汉王乘项羽率军北击齐地之机，率诸侯军队五十六万向东袭击楚地，破彭城。项羽闻讯，便留下部将继续在齐地作战，自己率精兵三万回救。汉王在彭城迎战项羽，汉王失利，逃出战场，行到虞地时，灵机一动，对左右身边的人说："谁能为我出使淮南王黥布，劝他发兵背叛楚王项羽，如果能把项王牵制在齐地数月，我夺取天下，就能万无一失了。"随何于是出使淮南，劝说黥布背叛楚国。汉王又进入荥阳，令韩信攻打魏王豹，并俘虏了魏王豹。汉王的军队便与楚军在荥阳对峙。楚军将汉王围住，汉王因用陈平的计谋，才得以逃出荥阳。汉王退入关中，征集兵马，准备再次东征。此时辕生建议汉王出兵宛、叶，引诱项王南渡，以便使韩信能够在河北集结兵力。汉王采纳了辕生的建议，项羽果然引兵南下，如辕生所料。韩信和张耳率兵数万，东下井陉，经略赵地，并很快控制了赵地，报告汉王，并请求立张耳为赵王，以便进一步镇抚赵地，汉王批准了这一请求。

十二月，汉王拒楚于成皋①，飨师欲复战。郎中郑忠说曰："王高垒深壁，勿与战，使刘贾佐彭越入楚地，焚其积聚，破楚师必矣。"项羽乃东击彭越,留曹咎守成皋。时汉数困荥阳、成皋,计欲捐成皋以东,屯巩、洛以距楚。用郦生计,复守成皋。羽初东,嘱曹咎曰:"汉即挑战,慎勿与战,勿令汉得东而已。"咎乃出战死,汉王遂进兵取成皋。羽闻咎破,乃还军广武间②,为高坛,置太公于其上。汉王遣侯公说羽,求太公,羽乃与汉约:中分天下,割鸿沟以西为汉,以东为楚,归汉王父母及吕后。项王解而东,汉王欲西,张良曰:"今汉有天下大半,而诸侯皆附,楚兵疲食尽,此天亡楚之时,不如因其东而取之。"汉王乃追羽,与齐王韩信、魏相彭越期,会击楚,皆不会。用张良计,信等皆引兵围羽垓下③,遂灭项氏。都洛阳,用娄敬策,徙都长安。有告楚王韩信反,用陈平计擒之,废为淮阴侯。陈豨为代相,与韩信、王黄等反,豨自立为代王,上自往破之。尉佗王南越,反,高祖使陆贾赐尉佗印绶,为南越王,令称臣,奉汉约。高祖在位十二年崩,年六十二。惠帝立,吕后临政。景帝时,吴、楚反,征平之。崩,太子彻立。崩,子弗陵立。崩,立武帝孙昌邑王贺。废,立武帝曾孙。崩,立太子奭。崩,立太子骜。崩,立宣帝孙定陶恭王子欣。崩,立帝弟中山孝王衎。

[注释]

①成皋:古邑名。在今河南荥阳汜水镇。②广武:古城名。故址在今河南荥阳东北广武山上。有东、西二城,相距二百步,中有广武涧。楚、汉即对峙于此。③垓下:古地名。在今安徽灵璧县南沱河北岸。

[译文]

十二月,汉王率军在成皋与楚军相持,并犒赏三军,准备再同楚军交战。郎中郑忠向汉王建议说:"请大王深沟高垒,切勿与楚军开战,使刘贾协助彭越潜入楚地,把楚军的辎重粮草付之一炬,楚军就能不攻自破。"项羽于是率军东击彭越,留部将曹咎守城皋。这时汉王因数次被困于荥阳、成皋,所以打算放弃成皋以东之地,以便全力固守巩、洛，抗拒楚军，后采用郦生的计策，坚定了固守成皋的决心。项羽将引兵东进时，嘱咐曹咎说："任凭汉军挑战，切记莫与汉军接战，只要保证不使汉军东进即可。"后来曹咎耐不住汉军挑战，出军迎战，结果战死，汉王乘胜进兵攻取了成皋。项羽听说曹咎战败，急忙还军广武一带，构筑高坛，把刘邦的父亲推置高坛之上。汉王派侯公赴楚营，向项羽说情，请求放了太公。项羽于是与汉王约定：中分天下，割鸿沟以西归汉王，以东则归楚王，同时遣还汉王的父母及吕后。项王解兵东归，汉王也正打算引兵西归，张良献计说："如今汉王已据有天下大半。而各诸侯皆归心于汉。而楚则兵将疲乏，粮食将尽，正是天赐良机，要使楚灭亡，不如乘势引兵东进，攻而取之。"于是汉王率军东进，追击项羽，并与齐王韩信、魏相彭越约定了时间和地点，合击楚军，结果韩信、彭越均未能如约。后又用张良的计谋，才促使韩信等引兵把项羽追逼包围于垓下，消灭了项氏。汉王先建都洛阳，后来采纳娄敬的建议迁都长安。有人报告楚王韩信图谋反汉，汉高祖用陈平的计谋，生擒韩信，废韩信为淮阴侯。陈豨为代相，与韩信、王黄等反汉，陈豨自立为代王。汉高祖亲自率兵前往击破了韩信等。尉佗在南越反汉称王，汉高祖派遣陆贾出使南越，转交汉高祖赐给尉佗的印绶，正式封尉佗为南越王，并同时令他向汉称臣，接受汉朝廷的约束。汉高祖在位十二年去世，享年六十二岁。惠帝继位后，吕后临朝听政。汉景帝时，爆发了吴、楚等七国的联合叛乱，均予以讨平。汉景帝去世后，太子刘彻继位，即汉武帝。武帝死后，刘弗陵继位，即汉昭帝。昭帝死后，立武帝的孙子昌邑王刘贺。后被废，又立武帝曾孙刘询，即汉宣帝。宣帝死后，立太子刘奭，即汉元帝。元帝死后，立太子刘骜，即汉成帝。成帝死后，立宣帝的孙子定陶恭王之子刘欣，即汉哀帝。哀帝死后，立哀帝的弟弟中山孝王刘衎，即汉平帝。

伪新室王莽者，成帝舅王曼之子，元帝王皇后之侄也。元帝崩，成帝即位，以元舅凤为大司马，兄弟五人皆为侯。曼早卒，凤将薨，以莽托太后，封为新都侯。五侯竞为僭，起治第舍。莽幼孤贫，独折节恭谨，当世名士，多为莽言，上由是贤之，拜为侍中。时，成帝废许后，立赵飞燕。飞燕女弟为昭仪，昭仪害后宫皇子，帝无嗣，乃立定陶王欣为皇太子。莽以发定陵侯淳于长大奸，拜为大司马，时年三十八。成帝崩，哀帝即位，立皇后傅后，封后父傅晏为孔乡侯。帝母丁后曰恭皇太后，舅丁明为安阳侯。莽乞骸骨，避丁、傅也。哀帝崩，时莽以侯在第，太皇太后令莽备佐丧事，复为大司马。征立中山王为帝，太皇太后临朝，莽秉政，百官总己以听于莽。平帝崩，莽征宣帝玄孙广成侯子婴立之，年三岁。遂谋居摄，如周公故事。东都太守翟义反，败死。莽自谓威德日盛，获天人之助，用铜匮符命，遂即真。其九年，赤眉贼起。十四年，世祖起兵①，与王匡等共立刘圣公为更始皇帝。莽遣王寻、王邑击更始，二公兵败于昆阳，汉兵遂入城中，人皆降，莽走渐台②，藏于室中北隅间，校尉公孙宾就斩莽，遂传首诣更始于宛。

[注释]

①世祖：光武帝刘秀。②渐台：台名。位于建章宫太液池中。

[译文]

伪新朝王莽，是汉成帝的舅父王曼之子、元帝王皇后的侄子。元帝死后，成帝继位，封他的舅父王凤为大司马，兄弟五人皆封侯。王曼早死，王凤临终前，将王莽托付给太后，封王莽为新都侯。五侯竞相僭越礼制，构筑豪华府邸。王莽年幼孤贫，独能屈节待人，谦恭谨慎，当世名士纷纷赞誉王莽，汉成帝因此认为王莽为贤良之士，拜王莽为侍中。当时成帝废许皇后，另立赵飞燕为皇后，立赵飞燕的妹妹为昭仪。昭仪把后宫皇子全部害死，成帝因而没有嗣子，便立定陶王刘欣为皇太子。王莽因揭发定陵侯淳于长的奸情，被封为大司马，时年三十八岁。汉成帝死后，哀帝即位，立傅皇后，封傅后的父亲为孔乡侯，哀帝的母亲丁后称恭皇太后，皇舅丁明为安阳侯。王莽乞求辞职还乡，就是为了避开丁、傅的显赫威势。哀帝死时，王莽正在侯第闲居，太皇太后命王莽辅佐料理丧事，官复大司马。征立中山王为皇帝，太皇太后临朝听政，王莽执掌朝政大权，百官司职都听从于王莽。汉平帝死后，王莽又立汉宣帝玄孙广成侯子婴，年仅三岁。王莽打算援引周公摄政的故事，摄政汉朝。东都太守翟义起兵反叛，兵败身死。王莽自认为威德日盛，已得到上天和人民的佑助，又利用铜匮符命，于是篡位称孤。王莽篡位九年，赤眉军起义。十四年，世祖光武帝起兵，与王匡等共同拥立刘圣公为更始皇帝。王莽派遣王寻、王邑率兵攻打更始的军队，二人兵败昆阳，汉军攻入长安城中，王莽的军队全部投降，王莽逃至渐台，躲藏在室中北角落，被校尉公孙宾发觉并就地斩首，将王莽的首级传送至宛城的更始皇帝。

世祖光武皇帝讳秀，字文叔，南阳蔡阳人，高皇帝之九代孙也。王莽末，天下连岁灾蝗，寇盗蜂起。时世祖避吏新野，因卖谷宛，宛人李通以图谶说世祖，世祖于是与通弟李轶起于宛，兄伯升起于舂陵，邓晨起新野，会众兵击长聚。新市人王匡等立刘圣公为天子，而害伯升，号更始元年。更始使世祖为偏将军，徇昆阳。王莽闻汉帝立，大惧，遣大司徒王寻、大司空王邑，将兵百万，击世祖于昆阳，世祖破之。三辅豪杰①，共诛王莽，传首诣宛。更始以世祖行大司马事，持节北渡河，镇慰州郡。王郎诈为成帝子子舆，立为天子，都邯郸，遣使降下郡国，世祖灭之。世祖威声日盛，更始疑虑，乃遣使立世祖为萧王，令罢兵，与诸将有功者还长安，遣苗曾为幽州牧，韦顺为上谷守，并北之郡。世祖辞不就征，斩苗曾等。自是始贰于更始。是时，长安政乱，四方背叛，皆平之。赤眉贼入函关，攻更始。世祖乃遣邓禹引兵而西，以乘更始、赤眉之乱。于是诸将上尊号，乃命有司设坛于鄗南千秋亭五城陌，即皇帝位。十月，驾东幸洛阳，赤眉降。平隗嚣，灭公孙述，天下大定。崩于南宫，时年六十三。末孙灵帝用阉人曹节等，矫制诛太傅陈蕃、李膺，其党人皆禁锢。中平九年，黄巾贼起。灵帝崩，太子辩即位。董卓入朝，因废帝为弘农王，而立献帝。李傕逼帝东迁，曹操迁帝都许。操薨，帝逊位于曹丕②。

[注释]

①三辅：汉景帝时分内史为左、右内史，与主爵都尉同治长安，所辖皆京畿之地，合称"三辅"。汉武帝时改左右内史，主爵都尉为京兆尹、左冯翊、右扶风。辖境相当于陕西中部地区。②曹丕：即魏文帝。曹操次子，文学家。有《魏文帝集》。

[译文]

世祖汉光武帝名秀，字文叔，南阳蔡阳人，汉高祖第九世孙。王莽末年，天下连年水旱蝗灾，寇盗蜂起。此时，刘秀避居新野，又因赴宛城卖谷，结识宛城人李通。李通利用图谶劝刘秀，大意为刘氏将复兴，李氏为辅佐。刘秀便与李通的弟弟李轶在宛城起兵，其兄刘伯升在舂陵起兵，邓晨在新野起兵，然后会集众兵西击长聚。新市人王匡等拥立刘圣公为皇帝，同时杀害了刘伯升，号更始元年。更始皇帝命刘秀为偏将军，率兵进发昆阳。王莽听说汉皇帝已立，恐惧万分，派遣大司徒王寻、大司空王邑率兵百万，在昆阳迎战刘秀，刘秀大破王寻等。京师三辅地区的豪杰群起诛杀了王莽，并将首级传至宛城。更始皇帝任命刘秀为大司马，并派他持皇帝的符节印信北渡黄河，镇抚慰问河北诸州郡。王郎诈称自己是汉成帝的儿子子舆，因而被人立为天子，建都邯郸，并派遣使者赴各郡国，刘秀斩灭王郎等。刘秀的声威日盛，更始皇帝颇有疑虑，便派使者赴河北立刘秀为萧王，命令他罢兵，与各位有战功的大将同回长安；同时任命苗曾为幽州牧，韦顺为上谷太守，令他们同时北上赴任。刘秀辞不受命，并将苗曾等斩首。从此，刘秀便对更始皇帝产生了二心。此时，长安政局混乱，反兵四起，但均被镇压。赤眉军入函谷关，进攻更始皇帝。刘秀便抓住战机，派邓禹引兵西进，以便乘更始、赤眉战乱之机，坐收渔人之利。这时，诸将纷纷向刘秀上皇帝尊号，刘秀便命在鄗南千秋亭五城陌构筑祭坛，即皇帝位。十月，刘秀向东巡行洛阳，赤眉军向刘秀投降，接着平定了隗嚣，灭了公孙述，天下大定。刘秀在洛阳南宫去世，享年六十三。光武帝末孙汉灵帝重用阉人曹节等人，他们矫诏杀太傅陈蕃、李膺，其党人皆被禁锢，不得入朝做官。中平九年，黄巾起义爆发，灵帝死后，太子刘辩即位。董卓入朝，废刘辩为弘农王，另立献帝。李傕逼汉献帝东迁，曹操又迁献帝至许都。曹操死后，汉献帝被迫逊位给曹丕。

魏太祖武皇帝，沛国谯人也。姓曹，讳操，字孟德。灵帝时为典农校尉。汉末，奄竖擅权，何进谋诛阉竖①，太后不听。进乃召四方猛将，使引兵向京师，欲以恐劫太后。董卓至，废帝为弘农王，而立献帝，京师大乱。太祖亡出关，至陈留，散家财，合义兵于已吾。与后将军袁术、冀州牧韩馥、豫州刺史孔伷、兖州刺史刘岱、渤海太守袁绍同时俱起，众各数万，推绍为盟主，曹公行称奋武将军。卓闻兵起，乃徙天子都长安，卓留兵屯洛阳。司徒王允与吕布杀卓，杨奉、韩暹以天子还洛阳。太祖至洛阳卫京邑，暹遁走。太祖以洛阳烧焚残破，奉天子都许。下诏责袁绍以地广兵强，专自树党，不闻勤王之师。绍遂攻许，太祖破之官渡②，绍呕血死。太祖讨绍子谭、尚于黎阳。尚与熙奔辽东，太守公孙康斩尚、熙，送其首，遂平河北。太祖征刘表，会表卒，子琮降。关中诸将马超、韩遂、成宜等反，曹公破之。天子策命公为魏王。二十五年，薨于洛阳。子丕嗣，受汉禅。崩，子睿嗣。崩，子齐王芳立。废，高贵乡公髦立。废，常道乡公璜立，璜禅晋。

[注释]

①阉竖：宦官。②官渡：古地名。在今河南中牟东北。

[译文]

魏太祖武皇帝，沛国谯人，姓曹名操，字孟德。汉灵帝时任典农校尉。东汉末年，宦官专权，何进图谋诛杀宦官，何太后不同意。何进便召集四方猛将，让他们四面进发洛阳，想以此来恐吓劫持太后。董卓入京后，废刚即位的皇帝刘辩为弘农王，另立汉献帝，京城因此大乱。曹操逃亡出关，到了陈留，广散家财，聚合义兵于己吾。与后将军袁术、冀州牧韩馥、豫州刺史孔伷、兖州刺史刘岱、渤海太守袁绍，同时起兵，结为联盟，推袁绍为盟主，曹操称奋武将军，共同讨伐董卓。董卓闻讯，便携天子迁都长安，留兵屯守洛阳。司徒王允与吕布合谋诛杀了董卓，杨奉、韩暹奉天子返回洛阳。曹操率兵进洛阳保卫京城，韩暹被曹操击败逃走。曹操以洛阳屡遭兵火、烧焚残破为由，携天子迁都许。下诏斥责袁绍自以为地广兵强，结党营私，而不派兵勤王。袁绍于是率大军攻许，曹操在官渡大破袁绍，袁绍呕血而死。太祖又进兵黎阳，讨伐袁绍的儿子袁谭、袁尚。袁尚与袁熙逃奔辽东，辽东太守公孙康斩袁尚、袁熙，并将首级送给太祖曹操。曹操迅速平定了河北。曹操继而又征讨刘表，正逢刘表病死，刘表的儿子刘琮向曹操投降。关中诸将马超、韩遂、成宜等起兵反操，曹操发兵平定。汉献帝封曹操为魏王。建安二十五年，曹操死于洛阳，其子曹丕嗣立，受献帝禅让，即皇帝位。曹丕死，其子曹睿立。曹睿死，其子齐王芳立。曹芳被废，高贵乡公曹髦立。曹髦被废，常道乡公曹璜立，曹璜禅让给晋。

晋高祖宣皇帝名懿，字仲达，姓司马，河内温人也①。仕于魏武之世，历文、明二帝，居将相之位，平孟达，灭公孙度，擒王陵。魏明帝崩，遗诏使帝为太尉，与大将军曹爽辅少主。帝诛曹爽。宣帝崩，子师代为相。镇东将军毌丘俭、扬州刺史文钦反，征平之。景帝崩，弟昭代为相，辅政为司空。诸葛诞据寿春，反，奉诏征平之。伐蜀，擒刘禅。于时政出于权臣，人君主祭而已。魏帝不能容，自勒兵攻相府，太祖用长史贾充计，逆战，舍人成济执杀魏帝。太祖崩，子炎受魏禅。既受魏禅，用羊祜、杜预计，征吴，平之。立二十五年崩，太子衷立。惠帝不惠，妃贾充女为皇后。后秉权，杀杨骏，废太后，诛太宰汝南王亮、太保卫瓘。戮楚王玮，殒太子遹，用赵王伦为相国。伦恶司空张华，仆射裴颜正直，矫诏诛之，伦遂篡帝位。于是齐王攸之子冏、与帝弟成都王颖等起义兵诛伦。颖于是镇邺。并州刺史东瀛公腾、安北将军王浚，又起兵讨颖。颖败，挟天子南奔洛阳。后惠帝复位，帝弟长沙王又谮冏②，诛之。由是戎狄并兴，四方阻乱，遂分为三十六国。惠帝立，十四年崩。弟豫章王炽立，都长安，为胡贼所杀。怀帝崩，立吴王晏子业，亦为胡贼所杀。

[注释]

①河内：郡名。楚汉之际置，治所在怀县（今武陟西南）。辖境相当于今河南黄河以北、京广铁路以西地区。②谮（zèn）：进谗言；说人坏话。

[译文]

晋高祖宣皇帝名懿，字仲达，姓司马，河南温县人。魏武帝时入朝做官，经历魏文帝、魏明帝二朝，身居将相之位。曾平定孟达,灭公孙度,擒王陵。魏明帝死后,遗诏司马懿为太尉,与大将军曹爽共同辅佐少主。司马懿用计诛杀了曹爽,专制朝政。司马懿死后,其子司马师代父为相。镇东将军毌丘俭、扬州刺史文钦起兵反对司马氏,司马师平定了毌丘俭和文钦。司马师死后,其弟司马昭继为宰相,以司空的身份辅政。诸葛诞在寿春起兵反叛,司马昭奉诏平定了诸葛诞的反叛。又出兵讨伐蜀汉,俘虏后主刘禅。此时,权臣控制魏国朝政,皇帝已有名无实,仅主持祭祀而已。魏皇帝不甘心自己的傀儡地位,亲自率兵攻打司马昭的相府。司马昭采纳长史贾充的计策,出兵迎战,让舍人成济执杀魏皇帝。司马昭又把弑君的罪名推到成济身上,诛灭三族。司马昭死后,其子司马炎受魏皇帝禅让,建立晋朝。之后,采纳羊祜、杜预南伐方略,讨平了吴国。晋武帝司马炎在位二十五年死去,太子司马衷继立,即晋惠帝。惠帝并不聪慧,将贾充的女儿贾妃立为皇后,皇后擅权,诛杀了皇太后的父亲杨骏,废太后。又诛杀太宰汝南王司马亮、太保卫瓘、楚王司马玮和太子司马遹。重用赵王司马伦做相国。司马伦憎恶司空张华、仆射裴颜正直,矫诏诛杀了张华和裴颜,随后便篡夺了帝位。于是齐王攸的儿子司马冏与晋惠帝的弟弟成都王司马颖等共同起兵诛灭司马伦。司马颖镇守邺。并州刺史、东瀛公司马腾、安北将军王浚又起兵讨伐司马颖,司马颖兵败,挟持天子南奔洛阳。后来,晋惠帝复位,惠帝的弟弟长沙王进谗毁司马冏,司马冏因而被杀。从此以后,戎狄各部纷纷起兵,称雄建国,天下分崩离析,共分裂为三十六国。晋惠帝在位十四年死去,其弟豫章王司马炽继立,建都长安,被胡族首领杀害。怀帝死后,立吴王司马晏的儿子司马业为帝,也被胡族首领所杀。

中宗元皇帝睿乃兴于江东[①]。帝在位十六年崩,太子绍立。王敦威振内外,将谋为逆,肃宗征破之。三年,肃宗崩,至简文帝第三子孝武帝昌明立，羝贼苻坚寇淮南，晋冠军将军谢玄等大破坚于淝水，坚还长安。二十一年，帝崩，自后遂干戈相继，至安帝为桓玄所篡，宋祖刘裕平玄，至恭帝遂禅于宋。

[注释]

①江东：长江在芜湖、南京作西南南、东北北流向，习惯上称自此以下的长江南岸地区为江东。

[译文]

中宗元皇帝司马睿兴起于江东。在位十六年死去，太子司马绍继立，即晋明帝。这时，大将军王敦威震内外，手握重兵，欲谋叛乱，晋明帝出兵讨平了王敦的势力。晋明帝在位三年死去。到晋孝武帝司马曜在位时，前秦王苻坚率百万大军南犯东晋，冠军将军谢玄等在淝水大破秦军，苻坚败退长安。孝武帝在位二十一年去世，自此以后，干戈相继，战乱不息。晋安帝时，被桓玄篡夺了帝位，宋祖刘裕讨平桓玄。到晋恭帝时，被迫禅让给宋。

高祖武皇帝姓刘，名裕，字德舆，彭城人。桓玄篡晋，高祖与刘毅、何无忌等，潜谋匡复，起兵平玄，奉天子反正，因居将相之任，封豫章郡公。蜀贼谯纵称王，高祖遣将征平之。姚泓僭号于西京，高祖征平之，擒泓。鲜卑慕容超据守青州，称燕王，高祖征，擒超。贼卢循据南海，因高祖北伐燕，乘虚下袭建业。高祖还，乃平之。刘毅据荆州，贰于高祖，高祖遣将征，诛毅。荆州刺史司马休之反，征之。晋帝加高祖位相国，总百揆，扬州牧，封十郡，为宋公。晋安帝崩，大司马琅玡王即位，征帝入辅，禅位于宋。永初元年六月丁卯，即帝位于南郊，设坛，柴燎告天①。礼毕，备法驾幸建康宫②，临太极前殿，大赦，改元。在位三年崩，立太子义符。废，立宜都王义隆。弑，立武陵王骏。崩，立太子子业。崩，立湘东王彧。崩，立太子昱。崩，立顺帝准,逊位于齐萧道成,凡八代六十年。

[注释]

①柴燎告天:祭天的一种仪式。②法驾:天子的车驾。

[译文]

高祖武皇帝姓刘,名裕,字德舆,彭城人。桓玄篡晋自立,刘裕同刘毅、何无忌等人密谋策划,决心匡复晋室,于是,起兵讨伐桓玄。因奉天子恢复帝位有功,得以居将相之任,被封为豫章郡公。谯纵在蜀地称王,刘裕派将领前往讨平谯纵。姚泓在西京称帝,刘裕亲往征讨,擒获姚泓。鲜卑族慕容超据守青州,称燕王,刘裕再引兵征讨,俘虏慕容超。农民起义军首领卢循占据南海,因刘裕北上伐燕,卢循乘虚攻袭建业,刘裕班师后,继而讨平了卢循。刘毅据有荆州,预谋反叛刘裕,刘裕派兵征讨刘毅,并诛杀了刘毅。荆州刺史司马休之起兵反晋,刘裕率兵征讨。晋帝拜刘裕为相国,统领百官、兼扬州牧,又封予刘裕十郡的封地,并封为宋公。晋安帝死后,大司马琅琊王司马德文即位,征召刘裕入朝辅政,继而禅让给宋。永初元年六月丁卯,刘裕在南郊即皇帝位,设祭坛,举行仪式,上告皇天。礼仪结束后,刘裕驾幸建康宫,登太极前殿,大赦天下,改元永初。刘裕在位三年而死,立太子义符,后又被废,立宜都王刘义隆,即宋文帝。宋文帝被杀,立武陵王刘骏。刘骏死后,立太子刘子业。刘子业死,立湘东王刘彧。刘彧死后,立太子刘昱。刘昱死后,立顺帝刘准,刘准逊位给齐公萧道成。宋历八代皇帝,共六十年。

齐太祖高皇帝讳道成,姓萧氏,东海兰陵人也,为辅国将军。宋明帝初,会稽太守寻阳王子房反,在东诸郡起兵。徐州刺史薛安都据彭城,归魏,遣从子索儿攻淮阴,晋安王勋遣临川内史张淹自鄱阳道入三吴①,帝并讨平之,使镇淮阴。七年,征还都。至，拜常侍。明帝崩，遗诏使与袁粲共掌机事。江州刺史桂阳王休范举兵反，帝讨平之。迁中领军。苍梧王深相猜忌，常语左右杨玉夫："伺织女渡，报我。"是夜七夕，玉夫惧，取千牛刀杀之。帝乃迎立顺帝。荆州刺史沈攸之反，帝讨之。进位相国，封齐公，备九锡。四月，宋帝禅位于齐。甲午，即皇帝位于南郊，柴燎告天。礼毕，备法驾幸建康宫，临太极前殿，大赦，改元。建元四年崩，立太子赜。崩，立太孙昭业。崩，立弟昭文。废，立西昌侯鸾。崩，立太子宝卷。崩，立和帝宝融，以位禅梁。

[注释]

①三吴：古地区名。以吴郡、吴兴、丹阳为"三吴"。或认为吴郡、吴兴、会稽为"三吴"。

[译文]

齐太祖高皇帝萧道成，东海兰陵人，宋时担任辅国将军。宋明帝初年，会稽太守寻阳王刘子房起兵反叛，在东部诸郡同时起兵。徐州刺史薛安都据有彭城，归降北魏，并派他的侄子薛索儿进攻淮阴，晋安王刘勋派临川内史张淹出鄱阳进攻三吴地区，萧道成逐一讨平。宋明帝派他镇守淮阴。泰始七年，宋明帝召萧道成回京师，拜为常侍。宋明帝死后，遗诏萧道成与袁粲共掌机要。江州刺史桂阳王刘休范起兵反叛，萧道成率兵讨平。因功升迁为中领军。苍梧王对萧道成猜忌很深，经常对近侍杨玉夫说："等到织女渡过天河时，要及时告诉我。"这天七夕之夜，杨玉夫害怕苍梧王杀萧道成，便取出千牛刀杀了苍梧王。萧道成便迎立宋顺帝。荆州刺史沈攸之起兵反叛，萧道成率兵进讨。宋顺帝迁萧道成为相国，封齐公，赐九锡。四月，宋帝禅让给齐公。甲午，萧道成于南郊即皇帝位，举行柴燎仪式，祭告上天。礼仪结束后，萧道成驾幸建康宫，登太极前殿，大赦天下，改元建元。建元四年，萧道成死，立太子萧赜。

萧赜死，立太孙萧昭业。萧昭业死，立其弟昭文。昭文被废，立西昌侯萧鸾。萧鸾死，立太子萧宝卷。萧宝卷死，立和帝宝融，宝融禅让给梁。

梁高祖武皇帝名衍，姓萧氏。为巴陵王法曹，后为竟陵王子良八友。魏将王肃攻司州，帝破之，以功封建康郡男。齐明帝崩，东昏即位，遗诏以帝为都督、雍州刺史。长兄懿被害，帝起义。戊申，帝发自襄阳，郢、鲁诸城及诸将并降。壬午，帝镇石头①，命众军围六门。卫尉张稷斩东昏，以黄油裹首送军，平京邑，齐和帝以位禅梁，帝即位。太清元年，齐司徒侯景以十三州内属。侯景反，至京师，幽帝而崩。侯景立武帝太子纲为帝，又为景所杀。湘东王绎于荆州，使王僧辩等平侯景，传首江陵，景平。湘东王即位于江陵。魏使万纽、于谨来攻，梁王萧詧率众会之，帝见执，魏人戕帝。江陵既陷，王僧辩、陈霸先等议立帝子方智，于江州奉迎至建邺即位。太平二年，禅位于陈。

[注释]

①石头：即石头城。故址在今南京市清凉山。城负山面江，南临淮口，当交通要冲。为建康（今南京）军事重镇。

[译文]

梁高祖武皇帝萧衍，曾做巴陵王萧子伦的法曹，后为竟陵王萧子良的文学八友之一。北魏将领王肃进攻司州，萧衍统兵击败王肃，因功被封为建康郡男。齐明帝死后，东昏侯即位，齐明帝遗诏萧衍为都督、雍州刺史。长兄萧懿被东昏侯杀害后，萧衍起兵反齐。戊申，萧衍自襄阳发兵，郢、鲁诸城及诸将归降萧衍。壬午，萧衍坐镇石头城，命军队包围六门，卫尉张稷斩杀东昏侯，将首级送至萧衍军中，萧衍进而平定京城，齐和帝禅让给梁，萧衍即皇帝位。太清元年，齐司徒侯景以魏地十三州献梁内附。不久，侯景反梁，率兵进至京师，将梁武帝萧衍困死宫中。侯景立梁武帝太子萧纲为帝，继而又将萧纲杀害。湘东王萧绎在荆州，派王僧辩等率兵讨伐侯景，斩侯景，将首级传送江陵，侯景的叛乱终于被平定。萧绎在江陵即皇帝位。魏派万纽、于谨率兵攻梁，梁王萧詧率兵迎战，梁军失利，梁元帝被魏兵俘虏，继而被魏人所杀。江陵陷落后，王僧辩、陈霸先等议定拥立元帝之子萧方智为帝，并奉迎萧方智自江州至建邺即皇帝位。太平二年，梁禅让给陈。

高祖武皇帝姓陈氏，名霸先，吴兴长城人也。梁武帝时为直阁将军。侯景反，高祖率所领与侯景大战。侯景败死，湘东王即位，授南徐州刺史，还镇京口①。承圣三年，西魏攻陷西台，高祖与王僧辩立晋安王，进帝位。司空僧辩又与齐氏和亲，纳贞阳侯，高祖以为不义，潜师袭王僧辩于石头，克之。是夜缢僧辩，贞阳侯逊位，晋安王复立。徐嗣徽北引齐师，遣萧轨等四十六将，济江至幕府山，高祖并破之。进位丞相，进爵为陈王。永定三年，梁帝禅位于陈。三年，上崩，立弟子蒨。崩，立太子伯宗。废，立项。崩，立太子叔宝，是为长城公也。叔宝在东宫，好学，有文艺，及即位，耽酒色。

隋文帝初受周禅，甚敦邻好。宣帝崩，遣使赴吊，修敌国之礼，书称名顿首。而后主骄奢，书末云："想彼统内如宜此，宇宙清泰。"隋文帝不悦，以示朝臣，贺若弼、杨素等以为主辱，再拜请罪，并求致讨。文帝曰："我为人父母，岂可限一衣带水而不拯乎？"命作距船，以晋王广为元帅，督八十总管以致讨。韩擒虎入自南掖门②，文武各官皆遁出，擒后主。晋王广入据台城，送后主于东宫。三月癸巳，后主与三公百司，发自建邺，之长安。及至京师，列陈舆服，引后主及王公。使宣诏让后主，后主屏息不能对，封长城公，至仁寿四年，终于洛阳。

[注释]

①京口：古城名。在今江苏镇江市。②掖门：皇宫的旁门。

[译文]

高祖武皇帝陈霸先，吴兴长城人。梁武帝时任直阁将军。侯景叛乱时，陈霸先曾率军与侯景大战。侯景败死，湘东王萧绎即皇帝位，陈霸先被任命为南徐州刺史，镇守京口。承圣三年，西魏攻陷西台，陈霸先与王僧辩迎立晋安王即皇帝位。司空王僧辩与北齐和亲，另立贞阳侯为帝。陈霸先以此为不义之举，于是秘密派兵袭击驻扎石头城的王僧辩，一举而克，绞死王僧辩，贞阳侯被迫逊位，晋安王复位。徐嗣徽勾结北齐军队，并派萧轨等四十六名将领渡江至幕府山，陈霸先将他们一一击破。因功进位丞相，封陈王。永定三年，梁帝禅让给陈霸先。陈霸先在位三年而死，立他弟弟的儿子陈蒨。陈蒨死，立太子陈伯宗。被废，立陈顼。陈顼死，立太子陈叔宝为帝，陈叔宝即长城公。陈叔宝在东宫做太子时，爱好学习，有文艺才能，做皇帝后却耽于酒色。

隋文帝受北周禅让，建立隋朝之初，同陈朝关系友好。陈宣帝死后，隋朝派遣使者前往吊唁，对陈朝仍以平等国家的礼节相待，在国书中隋文帝称自己的名字，书后有"顿首"的礼貌用语。而陈后主的姿态骄慢，在致隋文帝书的末尾有"想彼统内如宜此，宇宙清泰"等无礼词语。隋文帝看后很不高兴，把陈后主的书信拿给朝臣看。贺若弼、杨素等认为这是对自己君主的侮辱，再拜请罪，并请求征讨陈国。隋文帝说："我身为人民的父母，难道能因一衣带水之隔，而不去拯救那里的人民吗？"于是命制造大的战船，以晋王杨广为元帅，统领八十总管南进讨伐。隋将韩擒虎自南掖门攻入宫城，陈朝文武官员均已逃亡，生擒陈后主。晋王杨广入据台城，把陈后主囚在东宫。三月癸巳，陈后主与三公百官自建邺出发，向长安进发。到达长安后,隋朝文武百官舆服列阵,然后引陈后主及王公百官,隋文帝使人宣读诏书,谴责陈后主的罪过,陈后主屏声敛息,不能对答。隋文帝封陈后主为长城公。仁寿四年,死于洛阳。

隋高祖姓杨氏,名坚。周武帝初,为随州刺史,女为太子妃。周宣帝立,拜为大司马。宣帝崩,立靖帝,进爵为随王,遂禅位焉,改号开皇元年。九年,平陈,废太子勇为庶人,立晋王广为皇太子。高祖崩,太子即位。炀帝无道,盗贼蜂起。十三年幸江都①,李密设坛于巩,自署魏公。梁师都据夏州,刘武周杀太原留守王恭,举兵反。窦建德自号夏王,朱粲自号楚王,刘元进据吴都。炀帝闻群贼起,大惧。使冯慈明征兵东都②,诏唐国公讳镇太原。五月甲子,唐公举义兵,遥尊炀帝为太上皇,立代王侑为天子,行伊霍故事,传檄天下,闻之响应。秋七月,唐公将西图长安,仗白旗、誓众于太原之野,被甲三万,留公子元吉守太原。义师次霍邑,隋武牙郎将宋老生拒义师。时连雨不霁,粮运不给,又讹言突厥将袭太原。唐公惧,命旋师,用秦王谏,乃止。老生背城而阵。一战斩之,平霍邑。冬十月,义师次长乐宫,卫文升挟代王乘城拒守。十一月,平京师,尊代王为天子,改元义宁。时炀帝将之丹阳,而大臣将卒皆北人,不愿南迁,咸思归。宇文化及因百姓之不堪命,杀炀帝于江都,隋室王侯,无少长皆斩之。立嗣王浩为天子,化及为丞相。五月戊午,天子侑逊位于别宫,禅位于唐,都长安。己巳,王世充、段达等立越王侗为皇帝于洛阳。六月,宇文化及自江都至彭城,据黎阳,称许。李密率大军,壁清淇。敦煌张守一闻密之拒化及也,说越王以讨,越王不用其策,用孟琮计,与密连和。李密无东都之虑,尽锐攻化及，破之。密自败化及，益以骄傲。越王命王世充击密，密不用祖君彦计，密师败绩。遂西奔京师，寻谋叛，杀之。大唐武德二年，王世充杀越王侗于洛阳，僭称尊号，隋氏灭矣。

[注释]

①江都：郡名。隋大业初改扬州置。治所在江阴（今江苏扬州）。②东都：洛阳。

[译文]

隋高祖姓杨名坚，北周武帝初期，任随州刺史，其女儿为太子的妃子。周宣帝即位后，被拜为大司马。宣帝死，拥立靖帝，进爵为随王，周禅让给隋，改年号为开皇元年。开皇九年，平定陈朝，同年，废太子杨勇为普通百姓，立晋王杨广为皇太子。隋文帝杨坚死后，太子杨广即位，即隋炀帝。隋炀帝政治败坏，致使全国反兵四起。大业十三年，隋炀帝南游江都，李密在巩城设坛起义。自号"魏公"。梁师都割据夏州，刘武周杀太原留守王恭，举兵反隋。窦建德自称夏王，朱粲自号楚王，刘元进占据吴都。隋炀帝闻知反兵蜂起，惊恐万分。让冯慈明在东都洛阳聚兵，诏唐国公李渊镇守太原。五月，李渊举兵，遥尊隋炀帝为太上皇，拥立代王杨侑为天子，重演伊尹、霍光摄政的故事，传檄天下，天下纷纷响应李渊。七月，李渊准备西取长安，在太原郊外誓师，披甲执锐的将士三万余人。留公子李元吉守太原。李渊率军进至霍邑，隋武牙郎将宋老生率部阻击唐军。时值阴雨连绵，粮运不给，又传言突厥将袭取太原，李渊心有疑惧，命回师太原。秦王李世民力谏，李渊方打消回师之意。宋老生背城列阵，唐军一战而斩宋老生，攻克霍邑。十月，唐军进至长乐宫，卫文升挟代王凭城拒守。十一月，克服京师长安，尊代王为天子，改年号为义宁。此时，隋炀帝打算去丹阳，而大臣将士都是北方人，不愿南迁，都思念北归。宇文化及见百姓已不堪隋朝暴政的蹂躏，便在江都杀了隋炀帝，隋皇室王侯，不分老幼，一律处斩。另拥立嗣王杨浩为天子，宇文化及自立为丞相。义宁二年五月，天子杨侑逊位，禅让给唐，建都长安。同月，王世充、段达等在洛阳立越王杨侗为皇帝。六月，宇文化及自江都到达彭城，据黎阳称帝，国号许。李密率大军坚壁清淇，敦煌张守一听说李密抗拒宇文化及，就向越王杨侗建议发兵讨伐李密，越王不予采纳，而采纳了孟琮的计策，反而与李密连和。李密与越王连和后，便无东顾之忧，尽全力攻宇文化及，结果大破宇文化及。李密自从击败宇文化及后，日益骄傲。越王派王世充攻打李密，李密因未采纳祖君彦的计策而遭致失败，于是西奔长安，后又图谋反叛而被杀。大唐武德二年，王世充在洛阳杀越王杨侗，自立为帝，隋朝至此灭亡。

论曰：干宝称①："帝王之兴，必俟天命，苟有代谢，非人事也。尧舜内禅，体文德也；汉魏外禅，顺大名也；汤武革命，应天人也；高光争伐，定功业也。各因其运而得天下，随时之义大矣哉。"范晔曰："自古丧大业，绝宗禋，其所以致削弱祸败者，盖渐有由矣。三代以嬖色取祸②，嬴氏以奢虐致灾，西京自外戚失③祚，东都缘阉尹倾国④，成败之来，先史商之久矣。自秦汉迄于周隋，观其兴亡，虽亦有数，然大抵得之者，皆因得贤豪，为人兴利除害；其失之也，莫不因任用群小，奢汰无度。孔子曰：'以约失之者鲜矣。'又曰：'远佞人，去僻恶。'有旨哉。"

[注释]

①干宝：东晋史学家、文学家。②三代：夏、商、周三代。③西京：长安。借指西汉。④东都：洛阳。借指东汉。

[译文]

论说：干宝说："帝王的兴起，必须等待天命相助，朝代的兴亡更替，不是人力可以扭转的。尧舜在部落内部禅让，体现的是文德；汉魏在异姓间禅让，顺应了变化的趋势；商汤和周武通过革命夺取政权，则顺应了天人的共同意愿；汉高祖和汉光武转战征伐，奠立了功业的基础。他们都是根据天地命运而取得了天下，顺应天时而变化的意义确实太重要了。"范晔说："自古以来，凡丧失帝王大业，断绝了宗庙祭祀，其所以遭致日益削弱以至灾祸败亡，都是逐渐形成的。夏商周三代败亡之祸，是贪宠女色所致；嬴氏秦朝的急速灭亡，是秦朝奢侈暴虐的政治所致；西汉因外戚专政而失帝祚；东汉因宦官专权而倾国。成败的由来得失，先辈史家早已作了研讨。自秦汉到周隋，观察其兴亡的历史轨迹，虽然也有命运天数的因素，然而大体说来，得天下的，都是因为得到了贤人豪杰的辅佐，能为人民兴利除害；其所以失天下的，都是因为重用小人，奢侈无度造成的。孔子说：'因简约而发生过失的事情是很少见的。'又说：'疏远奸佞之人，除去邪僻险恶的人。'这些话是很有见地的。"

卷五（霸纪中）

七雄略第十八

臣闻天下，大器也；群生，重蓄也。器大不可以独理，蓄重不可以自守。故划野分疆，所以利建侯也；亲疏相镇，所以关盛衰也。昔周鉴二代，立爵五等①，封国八百，同姓五十。深根固本，为不可拔者也。故盛则周、召相其治②；衰则五霸扶其弱③。所以夹辅王室，左右厥世，此三圣制法之意④。然厚下之典，弊于尾大。自幽、平之后，日以陵夷，爵禄多出于陪臣，征伐不由于天子。吴并于越，郑兼于韩，鲁灭于楚，海内无主，四十余年而为战国矣。秦据势胜之地，骋狙诈之兵，蚕食山东，山东患之。苏秦，洛阳人也，合诸侯之纵以宾秦。张仪，魏人也，破诸侯之纵以连横。此纵横之所起也。

[注释]

①立爵五等：设立公、侯、伯、子、男五等爵位。②周：即周公姬旦。西周初年政治家。周武王之弟。因采邑在周（今陕西岐山北），称周公。曾助武王灭商。武王死后，成王年幼，由他摄政。召（shào）：即召公姬奭。一作邵公、召康公。周代燕国的始祖。因采邑在召（今陕西岐山西南），称召公或召伯。曾佐武王灭商，被封于燕。成王时任太保。③五霸：亦称"五伯"。春秋时期先后称霸的五个诸侯。即齐桓公、晋文公、楚庄王、吴王阖闾、越王勾践。一说为齐桓公、晋文公、秦穆公、宋襄公、楚庄王。④三圣：周文王、周武王、周公。

[译文]

我听说天下就如同一件庞大贵重的器物，天下的人民则如同大水库的蓄水。器物庞大，就不能一人独自管理；蓄水量大，就不能一人自守。所以就划分地域，分割疆土，以便于封建诸侯；按照亲疏关系来确定镇守的疆域，直接关系王朝的盛衰。从前，周朝借鉴夏、商两代的经验教训，设立五等爵位，裂土分封八百多个诸侯国，同姓诸侯五十多个。周朝的天下，可谓深根固本，不可动摇了。所以，在周朝兴盛时，有周公、召公这样的宰相辅佐圣主；衰弱时，则有五霸扶助天子。使诸侯夹辅王室、左右局势，这是三圣所制定的统治方法的根本意图。然而，周朝恩厚臣下、巩固诸侯的制度，弊端在于容易造成尾大不掉之势。自周幽王和周平王以后，周王室日益衰弱，爵禄封赏的大权多由陪臣掌握，出征讨伐的大事，周天子亦不能决定。吴国被越国所兼并，郑国被韩国所兼并，鲁国被楚国所灭，造成海内无主四十余年，中国进入了战国时代。秦国据有形胜之地，逞威诸侯，用兵诡诈，蚕食山东诸侯。山东诸侯深受秦国侵掠之灾，以之为忧患。苏秦，洛阳人，号召山东诸侯合纵抗秦。张仪，魏国人，劝秦王以连横的方式来破山东诸侯的合纵。这就是合纵连横的缘起。

苏秦初合纵，至燕，说燕文侯曰："燕东有朝鲜、辽东，北有林胡、楼烦①，西有云中、九原②，南有呼沱、易水③，地方二千余里，带甲数十万，车六百乘，骑六千匹，粟支数年。南有碣石、雁门之饶④，北有枣、栗之利。民虽不田作，而足于枣栗矣。此所谓天府者也。夫安乐无事，不见覆军杀将，无过燕者。大王知其所以然乎？夫燕所以不犯寇被甲者，以赵之为蔽其南也。秦、赵相毙，而王以全燕制其后，此燕之所以不犯寇也。且夫秦之攻燕也，逾云中、九原，过代、上谷，弥地数千里，虽得燕城，秦计固不能守也，秦之不能害燕亦明矣。今赵之攻燕也，发号出令，不至十日，而数十万之军，军于东垣矣；渡呼沱，涉易水，不至四五日，而距国都矣。故曰，秦之攻燕也，战于千里之外；赵之攻燕也，战于百里之内。夫不忧百里之患，而重千里之外，计无过于此者。是故愿大王与赵纵亲，天下为一，则燕国必无事矣。"燕文侯许之。

[注释]

①林胡：古族名。亦称澹林。战国时分布在今山西朔县北至内蒙古自治区内。从事畜牧，精骑射。楼烦：古族名。春秋末分布于今山西宁武、岢岚等地，后活动于今陕北、内蒙古南部一带。从事畜牧，精骑射。②云中：郡名。战国赵武灵王置。治所云中（今内蒙古托克托东北）。九原：古县名。本为赵邑，秦置县，为九原治所。治所在今内蒙古包头市西。③呼沱：即滹沱河。在河北西部。易水：在河北西部。④碣石：山名。在河北昌黎北。雁门：又名雁门塞。在山西代县西北。以两山对峙，雁度其间得名。

[译文]

苏秦倡导合纵（即山东诸侯建立反秦联盟），首先来到燕国，劝燕文侯加入反秦联盟，苏秦说："燕国东面有朝鲜、辽东，北面有林胡、楼烦，西面有云中、九原，南面有呼沱、易水。方圆二千余里，有军队数十万，战车六百乘，战马六千匹，粮食可支数年。南有碣石、雁门丰饶的物产，北面盛产枣栗。百姓即使不务耕作，也可以枣栗为生计。这就是所谓的天府之国。燕国于战乱之秋，却能安乐无事，不见覆军杀将的厮杀场面，这一点，任何国家都不能同燕国相比，大王知道是什么原因吗？燕国所以没有抵御强寇、披甲征战之忧，是燕国南面有赵国作屏障的缘故。秦、赵交战，相互消耗力量，而燕国在赵国之后，得以保全国力，这就是燕国不遭侵掠之苦的原因。假设秦国攻打燕国，需要穿越云中、九原、代、上谷诸郡，行程数千里，即使攻下燕国的城池，秦国预料也难以坚守，秦国难于加害燕国，其态势是显而易见的。如果赵国进攻燕国，一声令下，不到十日，数十万大军即可进至东垣；渡过呼沱、易水，又不需四五日，就可以逼近燕国的国都了。所以说，秦若攻打燕国，需转战千里之外；赵国若攻打燕国，则战于百里之内。不以百里之患为忧，反而去考虑千里之外的危险，方略的失误，无过于此。因此，请大王同赵国亲睦，结为联盟，天下联合一致，那么，燕国就没有什么值得担忧的事情了。"燕文侯采纳了苏秦的建议。

苏秦如赵，说赵肃侯曰："臣窃为君计，莫若安民无事，且无庸有事民为也。安民之本，在于择交。择交而得则民安，择交而不得，则民终身不安。请言外患。齐、秦为两敌，而民不得安；倚秦攻齐，而民不得安；倚齐攻秦，而民不得安。君诚能听臣，燕必致毡裘狗马之地，齐必致鱼盐之海，楚必致橘柚之园，韩、魏、中山皆可使致汤沐之奉，而贵戚、父兄皆可受封侯。夫割地包利，五伯之所以覆军擒将而求也；封侯贵戚，汤、武所以放弑而争也。今君高拱而两有之，此臣之所为君愿也。

"夫秦下轵道①，则南阳危②；劫韩包周，则赵自操兵；据卫取淇、卷③，则齐必入朝秦。秦欲已得乎山东，则必举兵而向赵矣。秦甲渡河逾漳，据番吾④，则兵必战于邯郸之下矣。此臣之所以为君危也。当今之时，山东之建国，莫强于赵。赵地方二千余里，带甲数十万，车千乘，骑万匹，粟支数年。西有常山，南有河、漳，东有清河，北有燕。燕固弱国，不足畏也。秦之所害于天下莫如赵。然而秦不敢举兵而伐赵者，何也？畏韩、魏之议其后也。然而韩、魏，赵之南蔽也。秦之攻韩、魏也，无名山大川之险，稍稍蚕食之，傅国都而止。韩、魏不能支秦，必入臣于秦。秦无韩、魏之规，则祸必中于赵矣。此臣之所为君患也。

"臣闻尧无三夫之分，舜无咫尺之地，以有天下；禹无百人之聚，以王诸侯；汤武之士，不过三千，车不过三百乘，卒不过三万，立为天子，诚得其道也。是故明主外料其敌之强弱，内度其士卒贤不肖，不待两军相当，而胜败存亡之机，固已形于胸中矣。岂掩于众人之言，而以冥冥决事哉？臣窃以天下之地图按之，诸侯之地，五倍于秦；料度诸侯之卒，十倍于秦。六国并力，西向而攻秦，秦必破矣。今西面而事之，见臣于秦，夫破人之与见破于人，臣人之与见臣于人也，岂可同日而论哉？夫衡人者，皆欲割诸侯之地以与秦。秦成，则高台榭，美宫室，听笙竽之音，国被秦患而不与其忧。是故衡人日夜务以秦权恐吓诸侯，以求割地，愿大王熟计之。

"臣闻明主绝疑去谗，屏流言之迹，塞朋党之门。故尊主强兵之臣，得陈忠于前矣。故窃为大王计，莫若一韩、魏、齐、楚、燕、赵，纵亲以叛秦。合天下之将相，会于洹水之上，通质，刑白马而盟。约曰：秦攻楚，齐、魏各出锐师以佐之，韩绝其粮道，赵涉河、漳，燕守常山之北；秦攻韩、魏，则楚绝其后，齐出锐师以佐之，赵涉河、漳，燕守云中；秦攻齐，则楚绝其后，韩守成皋，魏塞其粮道，赵涉河、漳、博关，燕出锐师以佐之；秦攻燕，则赵守常山，楚军武关，齐涉渤海，韩、魏皆出锐师以佐之；秦攻赵，则韩军宜阳，楚军武关，魏军河外，齐涉清河，燕出锐师以佐之；诸侯有不如约者，以五国之兵共伐之。六国从亲以宾秦，则秦甲必不敢出于函谷以害山东矣。如此则霸王之业成矣。"

赵王曰："善。"

[注释]

①轵道：古道路名。位于今河南济源市境内，为豫北平原进入山西高原

的孔道，自古为兵争要地。②南阳：古地区名。相当于今河南济源至获嘉一带。因居太行以南、黄河以北，故名。③淇：淇水，在今河南北部。古为黄河支流。卷（quān）：古邑名。战国魏地。在今河南原阳县原武镇西北。④番（pó）吾：古地名。战国赵地。在今河北磁县境。

[译文]

苏秦又到赵国，对赵肃侯说："我为大王您着想，最好的方略是让人民安居乐业，不要加重人民的兵役劳役负担。使人民安居的根本在于成功的外交。外交成功，人民就能够有安定的生活；外交不成功，人民就终身不得安。请让我谈一谈赵国的外患。秦国和齐国是赵国的两大敌国，正是因为这两个敌国，赵国人民才不得安宁：联合秦国攻打齐国，赵国人民不得安宁；联合齐国攻打秦国，赵国人民也不得安宁。大王如果真能听从我的建议，那么燕国必定向您进献布满毡裘狗马的土地，齐国必定向您进献盛产鱼盐的海域，楚国必定向您进献盛产橘柚的果园，韩、魏、中山向您进献他们的封邑，而您的贵戚父兄都可望封为诸侯。像割地获利这类事情，正是春秋五伯不惜覆军擒将、冒生命危险而追求的；拜封诸侯、使亲戚尊贵这样的事情，是商汤、周武不惜冒弑君的罪名而全力争取的。如今使大王您高居大殿、拱手而得以上两件美事，这就是我的心愿。

"如果秦国攻下轵道，南阳就面临着危险；劫掠韩国，包围周王室，赵国就得操兵自守；据有卫地，进而夺取淇、卷，那么齐国就得向秦国朝拜。秦国夺取了山东诸地，进而必然会把进攻的矛头指向赵国；秦军渡过黄河、涉过漳水，占据番吾，就会迅速兵临邯郸城下了。这种危险的事情正是我为您所担心的。当今之世，山东各诸侯国，没有比赵国更强大的。赵国方圆二千余里，军队数十万，战车千乘，战马上万匹，粮食可支数年。地理形势，西有常山，南有黄河、漳河，东有清河，北有燕国。燕国固然是一个弱国，不足畏惧。秦国吞并天下的最大敌人和阻力，莫过于赵国。然而，秦国又不敢举兵攻伐赵国，其原因何在呢？原因正是秦国担心一旦大举进攻赵国，而韩国和魏国可能乘虚抄袭它的后路。于此可见，韩国和魏国是赵国南部的屏障。如果秦国进攻韩国和魏国，没有名山大川的阻隔，这样，秦国就可以一点一点地蚕食韩、魏的国土，一直蚕食到它们的都城之下。韩、魏抵御不住秦军，就必然向秦国纳贡称臣。秦国既然解除了韩、魏两国对它的牵制和抄袭后路的担忧，就必然会加害于赵国。这正是我为您所担心的事情。

"我听说唐尧最初没有三个农夫那样多的家产，虞舜也没有咫尺的封地，但最后却得以拥有天下；夏禹部下不足百人，最后却能够在诸侯中称王；商汤、周武当初所拥有的甲士不过三千，战车不过三百乘，兵卒不过三万，最后却都做了天子，这主要是因为他们制定出了正确的方略。因此，圣明的君王对外分析掌握敌人的强弱形势，对内洞悉自己手下将士的作战能力，不需等到战场上两军对阵厮杀，敌我双方的胜败存亡，早已了然于胸了。岂能被众人的言论所迷惑，而根据卜筮的结果去决定国家存亡的大事呢？我曾经根据地图研究计算过天下诸侯的土地面积和综合国力。山东诸侯的土地面积是秦国的五倍，兵员是秦国的十倍。如果六国联合起来，向西攻打秦国，就一定能够打败秦国。如今却西面侍奉秦国，向秦国称臣，试想：攻破他国与被他国所攻破，使他国向自己称臣与自己向他国称臣，难道能够同日而语吗？倡导连横的人，都是想把山东诸侯的土地割与秦国，秦国的目的得逞，他们倡导连横的人就可建起高台亭榭，修筑华美的宫室，欣赏优美动人的笙歌竽音，虽然自己的国家深受秦国兵马踩躏的祸患，而自己却并不因此受到忧患的折磨。因此，倡导连横的人日夜用秦国的威势来恐吓六国诸侯，以求得六国向秦国割地。这些情况希望大王要认真加以考虑。

"我听说英明的君王能够克服猜疑不定的心理，不听信谗言，摒斥流言蜚语，堵塞结党营私，把持朝政的门户，这样，那些希望富国强兵、尊崇君王的忠臣，才有机会到君王面前陈述自己报国的忠心。所以，我为大王着想，不如韩、魏、齐、楚、燕、赵六国联合一致，亲睦友好，共同对抗秦国。六国的将相聚会于洹水（今河南北部卫河支流安阳河）之滨，相互交换人质，杀白马而盟誓，约定：如果秦国进攻楚国，则齐国和魏国分别派精兵赴援，韩国断绝秦军的粮道，赵军越过黄河、漳河，燕国固守常山以北；如果秦国进攻韩国和魏国，则楚国断绝秦军的后路，齐国派精兵赴援，赵军渡过黄河、漳河待机，燕国守备云中；如果秦国进攻齐国，那么楚国断绝秦军后路，韩国固守成皋（今河南荥阳氾水镇西。自古为黄河以南东西交通孔道和战争要塞），魏国堵塞秦军粮道，赵军越过黄河、漳河、博关（今不详，疑原文有误）待机，燕国派精兵赴援；如果秦国进攻燕国，那么赵国固守常山，楚军守武关，齐军涉渤海待机，韩国和魏国同时派精兵赴援；如果秦国进攻赵国，那么韩军驻守宜阳，楚军驻守武关，魏军出河外（指黄河以南地区），齐军越过清河，燕国出精兵赴援；诸侯如有不遵守盟约的，那么就用五国的军队讨伐它。如果六国纵亲来抗拒秦国，秦军必定不敢出函谷关加害山东诸侯国。这样，赵国的霸业就可望实现了。"

赵王说："你讲得非常好。"

苏秦如韩，说韩宣王曰："韩北有巩、洛、成皋之固，西有宜阳、商阪之塞①，东有宛、穰、洧水②，南有陉山。地方九百余里，带甲数十万，天下之强弓劲弩，皆从韩出。韩卒超足而射，百发不暇止，远者栝洞胸，近者镝掩心。韩之剑戟，则龙泉、太阿，皆陆断牛马，水截鹄雁。夫以韩卒之劲，与大王之贤，乃西面而事秦，交臂而服焉。羞社稷而为天下笑，无大于此者也。是故愿大王熟计之。大王无事秦，事秦必求宜阳、成皋，今兹效之，明年又复求割地。与之则无地以给之，不与则弃前功而受后祸。且夫大王之地有尽，而秦之求无已；以有尽之地，而逆无已之求，此所谓市怨结祸者，不战而地已削矣。臣闻鄙谚曰：'宁为鸡口，无为牛后。'今王西面交臂而臣事秦，可异于牛后乎？夫以大王之贤，挟强韩之兵，而有牛后之名，窃为大王羞之。"韩王勃然作色，按剑太息曰："寡人虽不肖，不能事秦。"从之。

[注释]

①商阪：即商山。在陕西商县东南。②宛（yuān）：古邑名。在今河南南阳市。穰：古地名。战国时楚邑，后属韩。秦置县，治所在今河南邓州市。洧水：今河南双洎河。

[译文]

苏秦接着又到韩国，向韩宣王建议说："韩国北面有巩、洛、成皋等险固的山川，西面有宜阳、商阪等关塞，东面有宛、穰、洧水，南面有陉山。国土方圆九百余里，披甲之士数十万，天下的强弓劲弩都出自韩国。韩国战士具有高超的射箭本领，可以连发百箭而不觉累，远射可以穿透敌人的胸膛，近射可以穿透敌人胸前的护心甲镜。韩国制造的剑戟，有龙泉、太阿，这些名剑锋利无比，手起刀落，陆地上的牛马、水中的天鹅鸿雁可断为两截。以韩国军力的强劲和大王的贤明，却西面侍奉秦国，恭敬地向秦王称臣，对社稷的侮辱而令天下的人耻笑，没有比这更严重的了。因此，请大王认真考虑，另作打算。请大王不要屈服侍奉秦国，如果向秦国屈服，秦国必定向大王求取宜阳、成皋，今日满足了秦的索取要求，明日秦还会提出割地的要求。如果答应秦的要求，则已经无地可割让；拒绝秦的要求，则前功尽弃、后患无穷。况且，大王的土地是有限的，而秦国的欲求却是无限的；以韩国有限的土地来应付秦国无止境的欲求，这正是所谓购买怨恨招致祸患，秦国不动一刀一枪，而韩国的土地已被削夺殆尽了。我听说有这么一句谚语：'宁为鸡口，无为牛后。'如今大王西面臣事秦国，这同做牛后有什么两样呢？以大王的贤明，拥有强劲的军队，而落得牛后的名声，我真为大王感到羞耻。"韩王勃然变色，手握宝剑，感叹道："寡人虽然不算贤明，但也决不侍奉秦国。"遂听从了苏秦的合纵主张。

苏秦如魏，说魏襄王曰："大王之地，南有鸿沟、陈、汝①，东有淮、颍、煮枣，西有长城之界，北有河外、卷、衍。地方千里。地名虽小，然而田舍庐庑，曾无刍牧之地。人民之众，车马之多，日夜行不绝，鞅鞅殷殷，若有三军之众。魏，天下之强国也；王，天下之贤主也。今乃有意西面而事秦，称东蕃，筑帝宫，受冠带，祠春秋，臣窃为大王耻之。臣闻越王勾践战弊卒三千，擒夫差于干遂；武王卒三千，革车三百乘，制纣于牧野。岂其卒众哉？诚能奋其威也。今窃闻大王之卒，武士二十万，仓头、奋击，各二十万，厮徒十万，车六百乘，骑六千匹，此过越王勾践、武王远矣。今乃听于群臣之说，而欲臣事秦。夫事秦必割地以效实，故兵未用而国已亏矣。夫为人臣割其主之地以外交，偷取一旦之功，而不顾其后，破公家而成私门，外挟强秦之势，以内劫其主，以求割地，愿大王孰察之。《周书》曰：'绵绵不绝，蔓蔓奈何，毫厘不伐，将用斧柯。'前虑未定，后有大患，将奈之何？大王诚能听臣，六国纵亲，专心并力，则必无强秦之患。故敝邑赵王使臣效愚计，奉明约，在大王诏之。"魏王曰："谨奉教。"

[注释]

①鸿沟：古运河名。故道自河南荥阳北引黄河水，东流经中牟北，又东经开封北，折而南经通许东、太康西，至淮阳东南入颍水。楚汉相争时曾以鸿沟为界。

[译文]

　　苏秦又到魏国，劝魏襄王说："大王的国土，南有鸿沟、陈、汝水，东有淮河、颍水、煮枣，西有长城之界，北有河外、卷邑、衍邑，方圆千里。地名虽不显赫，然而田舍庐屋，鳞次栉比，几乎无放牧的土地，人民之众，车马之多，日夜穿行不绝，车声隆隆，如同三军之众在行军。魏国是天下的强国，魏王又是天下贤明的国王。而今却有意西面侍奉秦国，甘愿做秦国东面的藩国，为秦王筑行宫，接受秦国赐予的冠带，春秋两季向秦国贡奉，以供秦国祭祀，我真为大王感到羞耻。我听说当年越王勾践率疲弊战士三千人同吴国交战，结果在干遂生擒吴王夫差。周武王率战士三千，革车三百乘，在牧野打败了殷纣王。这难道靠的是军队的数量多吗？他们所依赖的就是自己的战士都能充分发挥自己的威力。如今我听说大王所拥有的军队，武士二十万，仓头（以青巾裹头的士卒）、奋击（勇猛之士）各二十万，厮徒（勤杂人员）十万，战车六百乘，战马六千匹，这比越王勾践和周武王所拥有的军事力量强大得多了。以如此强大的军事实力，却听从群臣的陈腐之论，打算臣事秦国。臣事秦国，必须要以向秦国割地来表示诚心，所以魏国强大的军力还未派用场，国家就已经被削弱了。做臣下的竟然不惜割让自己君王的土地以同外国结交，偷取一朝之功，而不顾国家的命运和前途，通过破坏国家的利益来成就私人的利益，对外借助强秦的威势，来要挟劫持自己的国主，迫使自己的国主向秦割地求和。以上利弊得失，请大王详察。《周书》中说：'当植物的枝蔓还细弱微小时不予断绝，等到它滋生蔓延坐大时将如何办呢？当植物毫厘一般大时不予除伐，将来就须用斧去砍伐。'如果事前不慎重考虑，拿定主意，将来必然遭致大的祸患，那时将如何处置呢？大王如果真能听从我的建议，六国合纵，团结一致，那么，就一定不会再有受强秦侵略的祸患。所以，我们国家的赵王派我来向大王呈献六国合纵的计策，并请大王给以明确的答复，签署合纵的盟约。"魏王说："愿意采纳您的明教。"

苏秦如齐，说齐宣王曰："齐南有泰山，东有琅玡①，西有清河，北有渤海，此四塞之国也。临淄甚富而实②，其民无不吹竽鼓瑟、弹琴击筑、斗鸡走狗、六博、蹴鞠者也。临淄之途，车毂击，人摩肩，连衽成帷，举袂成幕，挥汗成雨，家殷人足，志气高扬。夫以大王之贤，与齐之强，天下莫能当也。今乃西面事秦，窃为大王羞之。且夫韩、魏之所以畏秦者，为与秦接境壤界也。兵出相当，不出十日，而战胜存亡之机决矣。韩、魏战而胜秦，则兵半折，四境不守；战而不胜，是国已危亡随其后也。是故韩、魏之所以重与秦战，而轻为之臣也。今秦之攻齐则不然。倍韩、魏之地，过卫晋阳之道，经乎亢父之险③，车不得方轨，骑不得比行，百人守险，千人不敢过也。秦虽欲深入，则狼顾，恐韩、魏之议其后。是故恫疑虚喝，骄矜而不敢进。夫不深料秦之无奈齐何也，而欲西面事之，是君臣之计过也。今无事秦之名而有强国之实，故愿大王少留意计之。"齐王曰："善。"

[注释]

①琅玡：古邑名。在今山东胶南县琅玡台西北。②临淄：古邑名。亦作临甾、临菑。以城临淄水而得名。周初封吕尚于齐，建都于此，名营丘。③亢父：古地名。战国齐地。在今山东济宁市南。

[译文]

苏秦又来到齐国，劝齐宣王说："齐国南有泰山，东有琅玡，西有清河，北有渤海，是四面都有险塞作屏障的国家。临淄城富裕殷实，人民吹竽鼓瑟，弹琴击筑，斗鸡走狗，赌博踢球，其乐无穷。临淄城的大街上，车毂相击，摩肩接踵，连衽成帷，举袂成幕，挥汗成雨，家庭殷实，人民富足，志气高扬。以大王的贤明，齐国的强大，天下诸侯没有能同齐国相提并论的。而今却西面侍奉秦国，我真为大王感到羞耻。韩国和魏国之所以畏惧秦国，是因为它们与秦国相接壤。如果秦国出动相当的兵力，不出十天，同韩、魏战争的胜败存亡就可以见分晓。韩国和魏国同秦国交战，如果战胜了秦国则伤亡兵力过半，已没有力量防守边境；如果被秦国战败，接着就会国破家亡。因此，韩国和魏国在同秦国交战问题上特别审慎，而宁肯向秦屈服称臣。然而，秦国如果攻打齐国，情形就大不相同了。秦国需要穿越韩、魏两个国家的漫长道路，通过卫国晋阳道，再通过亢父之险，这些地方，战车不得并行，战马不能齐驱，百人守险，千人难以通过。秦国即使很想挥军远袭，深入齐地，但却有狼顾之忧，担心韩国和魏国乘虚抄袭它的后路。因此，秦国对齐国只能虚张声势，疑兵恫吓，骄矜而不敢进兵。大王仔细想想，秦国对齐国是无可奈何的。大王看不到这一点，却打算西面臣事秦国，这是齐国君臣计划的过错。如果合纵，则没有西面侍奉秦国的名声，而有国家强盛的实惠。所以我希望大王再作考虑计议。"齐王说："您说得对。"

苏秦如楚，说威王曰："楚，天下之强国也；王，天下之贤主也。西有黔中、巫郡，东有夏州、海阳，南有洞庭、苍梧，北有陉塞、郇阳。地方五千余里，带甲百万，车千乘，骑万匹，粟支十年，此霸王之资也。夫以楚之强，大王之贤，天下莫能当也。今乃西面而事秦，则诸侯莫不西面而朝章台之下矣①。秦之所害，莫如楚。楚强则秦弱，秦强则楚弱，其势不两立。故为大王计，莫如纵亲以孤秦。大王不纵亲，秦必起两军，一军出武关，一军下黔中，则鄢、郢动矣。臣闻治之其未乱也，为之其未有也，患至而后忧之，则无及也。故愿大王早熟计之。大王诚能听臣，臣请令山东之国，奉四时之献，以承大王之明诏，委社稷，奉宗庙，练士励兵，在大王所用之。故纵合则楚王，衡成则秦帝。今释霸王之业，而有事人之名，窃为大王不取也。夫秦，虎狼之国也，有吞天下之心。秦，天下之仇雠也，衡人皆欲割诸侯之地以事秦，此所谓养仇而奉雠。大逆不忠，无过此者。故纵亲，则诸侯割地以事楚；衡合，则楚割地以事秦。此两策者，相去远矣，二者大王何居焉？故敝邑赵王使臣效愚计，奉明约，在大王诏之。"楚王曰："善。谨奉社稷以从。"

六国既合纵，苏秦为纵约长，北报赵，赵肃侯封秦为武安君，乃投纵约书于秦，秦不敢窥兵函谷十五余年。

[注释]

①章台：战国时秦渭南离宫的台名。

[译文]

苏秦又来到楚国，策动楚威王说："楚国，是天下的强国；楚国的国王，又是天下贤明的君王。楚国西有黔中、巫郡，东有夏州、海阳，南有洞庭、苍梧，北有陉塞、郇阳。国土面积五千余里，军队百万，战车千乘，战马万匹，粮食可支十年，这些是建立霸王之业的资本。以楚国的强大和大王的贤明，天下没有能同楚国相比的国家。如今却西面侍奉秦国，那么天下诸侯就没有不去章台朝拜秦王的了。秦国兼并天下的最大敌人和障碍，莫过于楚国。楚国强大，则秦国必然受到削弱；秦国强大，则楚国必然受到削弱，其态势不可能两雄并立。所以，我为大王着想，不如参加纵亲的盟约，以孤立秦国。大王如果不同诸侯联合纵亲，秦必然派出两支军队，一军出武关，一军攻下黔中，这样，秦军声威所及，鄢、郢就动摇了。我听说应该在动乱没爆发前加以治理，在事情没有发生前采取相应的预防措施，当祸患已经到来的时候再作忧虑，就来不及了。所以希望大王及早作出周密的计划。大王如果真能够听从我的建议，就请让我命山东诸侯向大王进献四季贡品，以承蒙大王的明诏，将诸侯的社稷宗庙委托于楚国，精兵劲卒听从大王调遣。所以，如果六国合纵成功，则楚国称霸诸侯；如果秦国连横成功，则秦国成帝王之业。如今大王却舍弃霸王之业不做，甘愿背上臣事秦国的名声，我认为这是极为不可取的。秦国是一个如同虎狼一样凶狠贪婪的国家，有吞并天下的野心。秦国是天下的仇敌，倡导连横的人都是想割诸侯的土地来侍奉秦国，这正是所谓奉养仇敌的行为。没有比这更为大逆不忠的行为了。所以，如果大王参加纵亲，诸侯就会割土地来侍奉楚国；如果大王与秦连横，楚国就须割地去侍奉秦国。这两种策略及其所导致的结果相差太远了，大王将采纳哪一种策略呢？所以，我的赵王派我来向大王呈献合纵的计策，奉上明约，请大王下诏参加合纵。"楚王说："好，我代表楚国参加合纵。"

六国都参加了合纵盟约，苏秦担任纵约长。他北上回国，向赵王报告了游说的结果，赵王封苏秦为武安君。于是，把六国合纵的盟约投寄给秦王，自此，秦国不敢出兵函谷关长达十五余年。

张仪为秦连衡，说魏王曰："魏地方不至千里，卒不过三十万，地四平，诸侯四通，条达辐辏，无名山大川之限。从郑至梁①，二百余里，车驰人走，不待倦而至梁。南与楚境，西与韩境，北与赵境，东与齐境，卒戍四方，守亭障者不下十万。梁之地势，固战场也。梁南与楚，不与齐，齐攻其东；东与齐，不与赵，赵攻其北；不合于韩，则韩攻其西；不亲于楚，则楚攻其南。此所谓四分五裂之道也。且诸侯之为纵者，将以安社稷、尊主、强兵、显名也。今为纵者，一天下约为昆弟，刑白马以盟洹水之上，以相坚也。而亲昆弟，同父母，尚有争钱财，而欲恃诈伪反覆苏秦之谋，其不可成亦已明矣。大王不事秦，秦下兵攻河外，据卷、衍、酸枣，劫卫取晋阳，则赵不南；赵不南则梁不北；梁不北，则纵道绝；纵道绝，则大王之国欲无危，不可得也。秦折韩而攻梁，韩怯于秦，秦韩为一，梁之亡，立可须也。此臣之所为大王患也。为大王计，莫如事秦。事秦，则楚、韩必不敢动；无楚、韩之患，则大王高枕而卧，国必无忧矣。大王不听臣，秦下甲士而东伐，虽欲事秦，不可得也。且夫纵人多奋辞而少可信。说一诸侯而成封侯之业，是故天下之游谈士，莫不日夜扼腕瞋目切齿，以言纵之便，以说人主。人主贤其辩而牵其说，岂得无眩哉？臣闻之，积羽沉舟，群轻折轴，众口铄金。故愿大王审计定议。"魏王于是倍纵约，而请成于秦②。

[注释]

①梁：即大梁。今河南开封。②成：和解，不打仗。

[译文]

张仪为秦国倡导连横，策动魏王说："魏国土地面积不过千里，士卒不过三十万，四面通邻诸侯，如同车轮辐条凑上轴心，又无名山大川的阻隔。从郑国至大梁二百余里，车驰人走，还未感觉疲倦，就能到达大梁。南面同楚国接壤，西面同韩国接壤，北面同赵国接壤，东面同齐国接壤，战士分散戍守四边，守备边界要塞的战士不下十万。大梁的地势，本来就是野战之地。魏国如果南面同楚国结好，不同齐国结好，齐国就会从东面向魏国发起进攻；东面同齐国结好，而不同赵国结好，赵国就会从北面发起进攻；不同韩国结好，韩国就会从西面发起进攻；不同楚国亲睦，楚国就会从南面发起进攻。这正是四分五裂的态势。从前，诸侯合纵相亲，为的是安定社稷，使主尊兵强而显名于天下；今天的合纵，则是相约为兄弟，杀白马，在洹水之滨盟誓，以便彼此相助，增强防守的实力。亲同手足的同胞兄弟，尚有彼此争夺钱财的事情发生，更何况想凭借像苏秦这样狡诈虚伪、反复无常的人所倡导的合纵计谋，去达到保卫国家的目的，其难以成功的结局是显而易见的。大王还不如侍奉秦国。秦兵如果攻下河外（指黄河以南地区），占据卷、衍、酸枣，劫持卫国，夺取晋阳，这样赵国的军队就不得南下；赵国的军队不得南下，魏军就不得北上同赵军呼应配合；魏军不能取得北方赵军的支持，南北不通，则纵道断绝；纵道已经断绝，要想使大王的国家没有危险，恐怕是不可能的。秦国首先使韩国折服，然后攻打魏国，韩国有畏于秦国，同秦国合力进攻魏国，则魏国的灭亡，就在须臾之间了。这正是我为大王所担心的。所以为大王着想，不如侍奉秦国。魏国侍奉秦国，那么，楚国和韩国必定不敢对魏国采取行动，魏国既然解除了楚国和韩国的威胁，大王就可以高枕而卧，没有什么值得忧虑的事情了。大王如果不听从我的建议，秦国一旦出兵东伐，再想侍奉秦国，也就来不及了。倡导合纵的人所说的多是夸张激奋的言辞，很少有实在可信之处。说动一个诸侯，就能成就个人封侯的伟业，因此，天下善于游谈舌辩之士，莫不不辞昼夜辛苦，慷慨激昂，去向诸侯大讲合纵的好处。诸侯王欣赏他们的雄辩之词，所以被他们的论说牵着鼻子走，怎么会不受他们的迷惑呢？我听说羽毛积得多了，也能把船压沉；重量轻的东西积得多了，也会把车轴折断；众口所言，可以消融黄金。请大王仔细考虑，再作决定。"魏王于是背叛了合纵的盟约，而向秦屈服求和。

张仪说楚怀王曰："秦地半天下，兵敌四国，被山带河，四塞以为固。虎贲之士百有余万，车千乘，骑万匹，粟如丘山，法令既明，士卒安乐，主明以严，将智以武。虽无出甲，席卷常山之险，必折天下之脊，天下后服者先亡矣。且夫为纵者，无以异驱群羊而攻猛虎。虎之与羊，不格明矣。今王不与虎而与群羊，臣窃以为大王之计过矣。凡天下强国，非秦而楚，非楚而秦，两国交争，其势不两立。大王不与秦，秦下甲据宜阳，韩之上地不通；下兵河东、成皋①，韩必入臣，则梁亦从风而动。秦攻楚之西，韩攻其北，社稷安得无危？臣闻兵不如者，勿与挑战；粟不如者，勿与持久。秦西有巴蜀，大船积粟，起于汶山②，浮江而下，至楚三千余里。舫舟载卒，一载五千人，日行三百里。里数虽多，然不费牛马之力，不至十日，而拒扞关矣③。扞关警，则从境以东，尽城守矣。黔中、巫郡，非王之有也。秦举甲出武关，南面而伐，则北地绝。秦兵之攻楚也，危难在三月之内；而楚待诸侯之救，在半岁之外。此其势不相及也。夫待弱国之救，忘强秦之祸，此臣为大王患也。

"大王尝与吴人战，五战而三胜，阵卒尽矣。编守新城，存民苦矣。臣闻功大者易危，而人弊者怨上。夫守易危之功，而逆强秦之心，臣窃为大王危之。凡天下而以信约纵亲相坚者，苏秦封为武安君也。苏秦相燕，即阴与燕王谋伐齐，破齐而分其地。乃佯为有罪，出走入齐，齐王因受而相之。居二年而觉，齐王大怒，车裂苏秦于市。夫以一诈伪之苏秦，而欲经营天下，混一诸侯，其不可成，亦明矣。今秦与楚接壤界，固形亲之国也。大王诚能听臣，臣请使秦太子入质于楚，楚太子入质于秦，请以秦女为大王箕帚之妾，效万室之都，以为汤沐之邑，长为昆弟之国，终身无相攻。臣以为计无便于此者。"楚王乃与秦亲。

[注释]

①河东：古地区名。战国、秦、汉时指今山西西南部。因其地在黄河以东，故名。②汶山：古山名。"汶"读"岷"，即岷山。③扞关：古关名。故址在今湖北长阳西。

[译文]

张仪又来到楚国，策动楚怀王说："秦国幅员辽阔，据天下土地一半以上，兵力足以同四国兵力的总和相抗衡，被山带河，四边又都有山川险塞作屏障。有勇士百余万，战车千乘，战马万匹，粮食储积如山，法令严明，士卒乐于效命疆场，君主贤明，治国严谨，军将智慧，长于武略。不出兵则已，一旦出兵，必将席卷常山天险，折断天下的脊梁，天下诸侯不肯臣服秦国的必定最先灭亡。倡导合纵的人，与驱赶群羊向猛虎进攻没有什么两样。老虎和羊本来就不是交战的对手，这是妇孺皆知的道理。如今大王不与虎结交反而与群羊结伴，我认为大王的决策是错误的。如今能够称强天下的诸侯，不是秦国就是楚国，不是楚国就是秦国，其态势不可能两雄并力。大王不同秦国结好，秦国派兵攻占宜阳，韩国同北方诸侯的交通就被阻断；进而攻克河东、成皋，韩国必定向秦称臣，魏国也会顺风而动。这样，秦国从西面向楚国进攻，韩国从北面向楚国进攻，楚国的社稷岂能没有危险？我听说，军事实力不如对手，就不要向对手挑战；粮食比不上对手多，就不要同敌人打持久战。秦国西面拥有巴蜀之地，运送军粮的大船从汶山出发，沿江东下，到达楚国需行程三千余里。运送军卒，一船可载五千人，每日可行三百余里。虽然路途遥远，但却不需要牛马来运输，不到十天的时间，即可进抵扞关。扞关有警，那么从此以东，必定入城固守。黔中、巫郡也就不属于大王所有了。秦军首先攻占武关，然后由北向南进攻楚国，楚国同北方诸侯的交通就断绝了。秦军攻伐楚国，三个月之内就能战败楚国，而楚国的诸侯援兵则需半年以上的时间才能到达。楚国危急的形势等不及诸侯的救援。等待弱国的救援而不顾强秦的灭国之祸，这正是我为大王所担忧的。

"大王曾经同吴国作战，五战三胜，精锐之士已经损失殆尽了。如果再编练新军，据守城池，就加重了人民的痛苦。我听说功劳大的人容易遭致危险，人民疲弊就会怨恨他们的君王。您现在固守易于陷于危险境地的国家，而抗拒强秦统一天下的决心，我为大王而感到危险。天下倡导诸侯盟约合纵可以相互巩固国防的人是苏秦，他已经被封为武安君。苏秦做燕国的宰相，却暗中同燕王策划攻伐齐国，待破齐之后分割齐国的土地。于是就假装得罪燕王，逃到齐国，齐王接受了他，并任命他做宰相。两年以后，齐王发觉了苏秦的阴谋，大怒，便下令对苏秦施以车裂的酷刑。一个狡诈虚伪的苏秦，想经营天下，统一诸侯，其图谋难以成功，也是显而易见的。秦国与楚国比邻接壤，从地理形势上说，本来应是相亲相睦的邻国。大王如果真能听从我的建议，请让我说服秦国派太子到楚国做人质，楚国的太子到秦国做人质，再请大王允许秦国向大王进献美女侍候大王，并献给大王有万户人家的城池作汤沐邑，秦、楚永远亲如兄弟，互不攻伐。我认为这才是最好的办法。"楚王于是决定同秦国亲善。

张仪如韩，说韩宣王曰："韩地险恶山居，五谷所生，非菽而麦。地方不过九百里，无二年之食料，大王之卒，悉举不过三十万，而厮徒负养在其中矣。今秦带甲百万，车千乘，骑万匹，虎贲之士，跿跔科头①，贯颐奋戟者②，不可胜数。山东被甲蒙胄以会战，秦人捐甲徒裼以趋敌③，左挈人头，右挟生虏。秦逐山东之卒，犹孟贲之与怯夫；以轻重相压，犹乌获之与婴儿④。诸侯不料地之弱，食之寡，而听纵人之甘言好辞，比周以相饰，诖误其主⑤，无过此者。大王不事秦，秦下甲据宜阳，断韩之地，东取成皋、荥阳，则鸿台之宫、桑林之苑，非王有也。夫塞成皋，绝上地，则王之国分矣。故为大王计，莫如为秦。秦之所欲，莫如弱楚；而能弱楚者莫如韩。非以韩能强于楚也，其势然也。今西面而事秦，以攻楚，秦王必喜。夫攻楚以利其地，转祸而悦秦，计无便于此者。"宣王听之。

[注释]

①跿跔（tú jū）：跳跃。②贯颐：弯弓。③裼（xī）：袒而有衣曰裼。④乌获：秦国大力士，力举千钧。⑤诖（guà）误：贻误，连累。诖，欺骗，贻误。

[译文]

张仪又来到韩国，策动韩宣王说："韩国多山地，地理形势险恶，五谷之中，只适宜种植菽和麦。幅员不过九百里，没有两年的粮食储备，军队的数量，举国皆兵也不过三十万，其中还包括勤杂人员。而秦国披坚执锐之士上百万，战车千乘，战马上万匹，不戴盔甲、执戟踊跃冲锋陷阵的勇士不可胜数。山东诸侯国的军队披戴甲胄同秦军作战，而秦军战士却脱去盔甲袒露着胸臂勇敢赴战，他们左手提着人头，右臂夹着俘虏。秦军杀逐诸侯国的军队，就如同古代勇士孟贲斗怯夫；以轻重相压，就如同著名的大力士乌获与婴儿相搏。山东诸侯国看不到自己的土地贫弱，粮食不足，而轻易听信倡导合纵的人的甜言蜜语，以诡辩的言辞论证合纵方略的周全，粉饰合纵方略，迷误自己的君主，没有比这更危险的事了。大王如果不侍奉秦国，那么，秦国发兵攻占宜阳，切断韩国与魏国的交通，继而东取成皋、荥阳，那么鸿台之宫、桑林之苑（均为韩国的宫苑），恐怕就不属大王所有了。一旦阻绝了成皋，切断了同上地的交通，大王的王国就被分割了。所以，为大王着想，不如同秦国结好，帮助秦国。秦国最大的欲望就是削弱楚国；而能够帮助秦国削弱楚国的，没有比韩国更为重要的了。这并不是因为韩国比楚国更强大，而是由韩国所据的地理形势所决定的。大王如果能西面侍奉秦国，攻打楚国，秦王一定很高兴。攻打楚国获取利益，这样既转移了自己的祸患，又能取悦于秦国，没有比这更适宜的计策了。"韩宣王听从了张仪的建议。

张仪说齐湣王曰："天下强国，无过齐者。大臣、父兄殷，众富乐，欲为大王计者，皆为一时之说，不顾百代之利。纵人说大王者，必曰：'齐西有强赵，南有韩、梁，齐负海之国也，地广民众，兵强士勇，虽有百秦，将无奈齐何也。'大王贤其说，而不计其实。臣闻齐与鲁三战而鲁三胜，国以危亡随其后。虽有战胜之名，而有破亡之实。是何也？齐大而鲁小也。今秦之与齐也，犹齐之与鲁也。今秦、楚嫁女娶妇，为昆弟之国，韩献宜阳，魏效河外，赵入朝渑池①，割河间以事秦②。大王不事秦，秦驱韩、梁攻齐之南地，悉赵兵渡清河，指博关，临淄、即墨非王有也。国一旦见攻，虽欲事秦，不可得也。是故愿大王孰计之。"齐王许之。

[注释]

①渑池：古邑名。在今河南渑池。②河间：县名。在今河北中南部。

[译文]

张仪到齐国策动齐湣王说："天下诸侯，没有比齐国更强大的了。大臣及其父兄们殷实富足，过着安乐的生活。但他们为大王出谋献策，都是为了一时的安乐，而不顾国家的长远利益。倡导合纵的人劝说大王时，肯定会这样说：'齐国西面有强大的赵国，南面有韩国和魏国。齐国濒临大海，幅员辽阔，人口众多，军队强大，战士勇敢，即使一百个秦国，也拿齐国无可奈何。'大王很赞赏这种说法，却没有考究这种说法是否与事实相符合。我听说齐国曾同鲁国三次交战，而鲁国三次都赢得了胜利，但紧接着鲁国却灭亡了。虽然赢得了战胜国的名声，遭致的却是国家灭亡的事实。这是为什么呢？其原因在于齐国是一个大国，鲁国则是一个小国。如今的秦国与齐国相比，如同齐国和鲁国相比的情形一样。如今秦国已同楚国相互嫁女娶妇，结为婚姻，亲如兄弟，韩国向秦国献宜阳，魏国向秦国献河外，赵王到渑池与秦会盟，并割河间之地给秦国。在这种形势下，大王如果不侍奉秦国，秦国驱使韩国和魏国进攻齐国的南部，赵国全军出动，渡过清河，直指博关，临淄、即墨就不为大王所有了。齐国一旦遭到诸国的进攻，再想侍奉秦国，也不可能了。因此，希望大王再作仔细慎重的考虑。"齐王答应了张仪的要求。

张仪说赵王曰："敝邑秦王，使臣效愚于大王。大王收天下以宾秦①，秦兵不敢出函谷关，是大王之威，行于山东。敝邑恐惧慑伏，缮甲励兵，惟大王有意督过之也。今以大王之力，举巴蜀，并汉中，包两周，迁九鼎，守白马之津②。秦虽僻远，然而心忿含怒之日久矣。今有敝甲凋兵，军于渑池，愿渡河，据番吾，战邯郸之下，愿以甲子合战，以征殷纣之事。故使臣先以闻于左右。凡大王之所信为纵者，恃苏秦。苏秦荧惑诸侯，以是为非，以非为是，欲反覆齐国，而自令车裂于市。夫天下之不可混一亦明矣。今楚与秦为昆弟之国，而韩、梁称为东藩之臣，齐献鱼盐之地，此断赵之右臂也。夫断右臂而与人斗，失其党而孤居，求欲无危，岂可得乎？今秦发三军，其一军塞午道③，告齐使兴师渡河，军于邯郸之东；一军军于成皋，驱韩、梁军于河外；一军军于渑池，约四国而击赵。赵服，必四分其地。是故不敢匿意隐情，先以闻于左右。臣窃为大王计，莫如与秦王遇于渑池，面相见而口相约，请按兵无攻，愿大王之定计。"赵肃侯许之。

[注释]

①宾秦：排斥秦国。宾，通"摈"，排斥。②白马：古津渡名。在今河南滑县东北古黄河南岸，与北岸黎阳津相对。③午道：纵横相交之道。

[译文]

张仪又策动赵王说："鄙国的秦王派我来向大王效力，进献不成熟的意见。大王合纵天下诸侯来抗拒秦国，秦国果然不敢出兵函谷关，这说明大王的声威足以号令山东各诸侯。鄙国慑于大王的声威，恐惧慑伏，不敢轻举妄动，整治军备，磨砺武器，生怕大王有意责备我们的过失。如今，凭大王强大的军事实力，足可以攻克巴蜀，吞并汉中，吞并两周王室，迁走周王室的九鼎宝器，派兵驻守白马津。秦国虽然居处偏远，对此心怀愤怒之情已经很久了。现在，秦国一支毫无整肃可谈的军队已经驻扎在渑池，打算渡过黄河，攻占番吾，同赵军会战邯郸城下，并打算在甲子这一天开战，重演武王伐纣的历史，所以派我先来告知大王及左右的大臣。大王所信赖主持合纵事宜的人唯有苏秦。苏秦迷惑诸侯，颠倒是非，他想要颠覆齐国，自己却遭到了车裂的下场。天下不可能通过合纵盟约团结一致，是显而易见的事实。现在，楚国与秦国已经结为兄弟盟国，韩国和魏国已经向秦称臣，齐国则向秦奉献盛产鱼盐的土地，这就等于截断了赵国的右臂。右臂已被截断，还要固执地与人争斗，失去了自己的同党和朋友，处于孤立无援的境地，还想解脱危险，这能办得到吗？秦国已经发兵三路：一路阻塞午道，并让齐国的军队渡过清河，驻扎在邯郸东面；一路驻扎在成皋，调遣韩国和魏国的军队驻扎河外（指黄河以南地区）；一路驻扎在渑池。约定四国联合进攻赵国，征服了赵国，必定由四国瓜分它的土地。因此，秦国不敢隐瞒自己的军事意图，先让我告知大王左右。我为大王着想，不如大王亲自到渑池与秦王会见，当面约定，请秦王放弃进攻赵国的计划。希望大王拿定主意。"赵王听从了张仪的主张。

张仪说燕昭王曰："大王之所亲信，莫如赵。昔赵襄子尝以其姊为代王妻，欲并代。约与代王遇于句注之塞，乃令工人为金斗，长其尾，令可以击人。与代王饮，阴告厨人曰：'即酒酣乐进热啜，反斗以击之。'于是酒酣乐，进热啜，厨人进斟，因反斗击代王，杀之，肝脑涂地。其姊闻之，因磨笄以自杀①。故至今有磨笄之山，天下莫不闻。夫赵王之狼戾无亲，大王之所明见。且以赵为可亲乎？赵兴兵攻燕，再围燕都，而劫大王，大王割十城以谢。今赵王已入朝渑池，效河间，以事秦。今大王不事秦，秦下甲云中、九原，驱赵而攻燕，则易水、长城，非王有也。今王事秦，秦王必喜，赵不敢妄动，是西有强秦之援，南无齐、赵之患。是故愿大王孰计之。"燕王听张仪。仪归报秦。

[注释]

①笄（jī）：古人用来插定发髻的簪子。

[译文]

张仪又到燕国，策动燕昭王说："大王最亲近和信赖的国家，莫过于赵国。从前，赵襄子曾把自己的姐姐嫁给代王做妻子，想吞并代国。约定同代王在句注要塞会晤，就令工匠制作了一件金勺，勺柄很长，可以用来击杀人。赵王同代王宴饮，却暗中告诉厨师：'趁酒喝到酣畅快乐时，你就来献热羹，借机用勺柄反转过来击杀代王。'于是，当宴饮气氛最为欢乐的时候，厨子上热羹，并为代王进斟，借机用勺柄击杀代王，顿时肝脑涂地。赵襄子的姐姐闻讯，拔下头上的笄子，磨锋利后，自刺而死，所以至今仍有磨笄山。这件事情，天下无人不知，无人不晓。赵王凶狠暴戾，六亲不认，这一点大王心里是最清楚的，大王还认为赵王是可以亲近的人吗？赵王曾经两次攻打燕国，两次围困燕国都城，劫持大王，大王割十城之地给赵国，向赵国谢罪。现在赵王已经到渑池朝拜秦王，向秦国献出河间一带的土地侍奉秦国。大王如果不侍奉秦国，秦军攻下云中、九原，驱使赵军攻打燕国，那么易水、长城就不为大王所有了。如果大王现在侍奉秦国，秦王一定很高兴，这样赵国就不敢对燕国轻举妄动，那么燕国就处于西有强秦之援，南无齐、赵之患的有利的地位。因此，请大王慎重考虑。"燕王听从了张仪的主张。张仪返回秦国，向秦王报告。

于是楚人李斯、梁人尉缭，说于秦王曰："秦自孝公已来，周室卑微，诸侯相兼，关东为六国，秦之乘胜侵诸侯，盖六代矣。今诸侯服秦，譬若郡县。其君臣俱恐，若或合纵而出不意。此乃智伯、夫差、湣王所以亡也。愿王无爱财，赂其豪臣，以乱其谋，秦不过亡三十万金，则诸侯可尽。"秦王从其计，阴遣谋士赍金玉以游诸侯①。诸侯名士，可与财者，厚遗结之；不肯者，利剑刺之。离其君臣之计，乃使良将随其后，遂并诸侯。秦既吞天下，患周之败，以为弱见夺。于是笑三代，荡灭古法，削去五等，改为郡县。自号为皇帝，而子弟为匹夫。内无骨肉本根之辅，外无尺寸蕃翼之卫。吴、陈奋其白梃②，刘、项随而毙之。故曰，周过其历，赍不及其数，国势然也。

[注释]

①赍（jī）：携带。②梃：棍棒。

[译文]

这时，楚国人李斯、魏国人尉缭向秦王进言说："自秦孝公以来，周王室衰微，诸侯相互攻伐兼并，山东已兼并为六个诸侯国，秦国乘胜侵夺诸侯土地，至今已历经六代了。现在，诸侯对秦国臣服，就如同秦国的郡县臣服秦王一样。山东诸侯，君臣恐惧，万一它们再行合纵，出其不意，攻打秦国，秦国就可能重蹈智伯、夫差、湣王灭亡的覆辙。希望大王不要吝惜财货，贿赂山东诸侯的豪族大臣，以败坏它们可能合纵抗秦的图谋。秦国也无非耗费三十万黄金，而诸侯却可以全部为我吃掉。"秦王听从了二人的计策，暗中派遣谋士携带黄金美玉前往六国游说。凡诸侯名士，可以用财货收买的，都贿以丰厚的财货；难以用财货收买的，就用利剑将其刺死。秦国离间了六国诸侯的君臣关系、败坏了其发奋图强的计划以后，接着派遣良将精兵，逐一吞并了六国诸侯。秦国吞并天下以后，鉴于周王室因衰弱而被诸侯侵夺的历史教训，于是嘲笑三代，荡灭古法，抛弃五等爵位、封建诸侯的古代制度，改行郡县制度。秦王自号为皇帝，而皇室子弟都为匹夫百姓。这样，秦王室内无骨肉亲族本根的辅助，外无据有疆土、拥有军队的藩臣的护卫。所以吴广、陈胜揭竿而起，为天下倡，刘邦、项羽随之而起，很快灭亡了秦朝。所以说，周代的历史过于漫长，而秦朝没有历尽本应有的寿命，这是国家行政统治的不同态势所决定的。

汉兴之初，海内新定，同姓寡少。惩亡秦孤立之败，于是割裂疆土，立爵二等，功臣侯者，百有余邑，尊王子弟，大启九国。国大者，跨州兼郡，连城数十，可谓矫枉过正矣。然高祖创业，日不暇给，孝惠享国之日浅，高后女主摄位，而海内晏然，无狂狡之忧。卒折诸吕之难，成太宗之基者①，亦赖之于诸侯也。夫原本以末大，流滥以致溢。小者淫荒越法，大者睽孤横逆，以害身丧国。故文帝采贾生之议②，分齐、赵。景帝用晁错之计③，削吴、楚。武帝施主父之策④，推恩之令。景帝遭七国之乱，抑诸侯，灭黜其官。武有淮南、衡山之谋，作左官之律，设附益之法，诸侯惟得衣食租税，不与政事。至于哀、平之际，皆继体苗裔，亲属疏远，生于帷墙之中，不为士民所尊。故王莽知汉中外殚微，本末俱弱，无所忌惮，生其奸心，因母后之权，假伊、周之称，专作威福，庙堂之上，不降阶序而运天下。诈谋既成，遂据南面之尊，分遣五威之吏，驰传天下，班行符命。汉诸侯王厥角稽首，奉上玺绂，惟恐居后，岂不哀哉！及莽败，天下云扰。

[注释]

①太宗：即汉文帝刘恒。②贾生：即贾谊。洛阳人。西汉政论家、文学家。主张用"众建诸侯而少其力"的方法削弱诸侯势力。③晁错：西汉政论家。颍川（治所在今河南禹州市）人。景帝时官至御史大夫，主张逐步削夺诸侯王国的封地，以巩固中央集权。④主父：主父偃。西汉大臣。临淄人。主张进一步削弱割据势力，下令推恩，使诸侯王多分封子弟为侯。武帝采其建议，下"推恩令"，从此，王国封地越来越小，名存实亡。

[译文]

汉朝兴起之初，全国局势刚刚稳定，刘姓皇族人数还很少。鉴于秦王室孤立无援、遭致败亡的教训，于是裂土封疆，设立二等爵位（王和侯），功臣被封侯的有一百多个，高祖的子弟分别分封做九个国家的国王。其中封国较大的，跨州连郡，拥有城池数十座，真可谓矫枉过正了。然而高祖创建帝业,事必躬亲,日不暇给,汉惠帝在位时间很短,吕后以女主摄取朝政,所以海内晏然无事,没有狂暴狡诈的事情可担忧。最终铲除诸吕之难,奠定汉文帝的基业,所依赖的仍然是诸侯的力量。考究本源,仍有尾大不掉、流溢横溢之势。诸侯王中,轻者生活荒淫、越轨犯法,重者觊觎帝位、横暴逆反,最后导致身死国亡的下场。所以文帝采纳了贾谊的建议,将齐国和赵国等大诸侯国分割为小国。景帝又用晁错的计策,削弱吴、楚等诸侯国的封地。汉武帝采用主父偃的策略,实施推恩令。汉景帝时,遭吴、楚等七国的叛乱,于是抑制诸侯,减免罢黜诸侯国的官员。汉武帝时,淮南王刘安、衡山王刘赐图谋不轨,事泄自杀,汉武帝因而制定颁布了旨在限制诸侯王权力的左官律(在诸侯国做官称左官)和附益法(封诸侯过限称附益),诸侯王只能衣食封国的租税,不得干预封国的政事。到了汉哀帝和汉平帝时,经过数代繁衍,诸侯王均是汉高祖的支脉苗裔,相互疏远,而且他们多生长于宫中,未经过大的世面,所以受不到士民的尊重。王莽看到汉家皇室内外衰微,皇室根本与诸侯辅翼都已经软弱无力,所以专制朝政,无所忌惮,萌生了篡夺帝位的野心。他凭借皇太后的权力,行尹伊、周公摄政的故事,作威作福,高居庙堂之上,遥控天下局势。他的阴谋酝酿成熟后,就代汉自立、南面称尊,并分别派出官吏,驰传天下,颁行王莽新朝的符命。汉诸侯王纷纷稽首叩拜,呈上印玺绶绂,唯恐居人之后。诸侯王本是皇室辅翼,最后竟出现这种情景,岂不可悲可叹!王莽失败后,天下大乱。

光武中兴,纂隆皇统,而犹遵覆车之遗辙,养丧家之宿疾。仅及数世,奸宄充斥,率有强臣专朝,则天下风靡;一夫纵横,则城池自夷,岂不危哉!在周之难兴王室也,放命者七臣,干位者三子,嗣王委其九鼎,凶族据其天邑,钲鼙震于阛宇[①],锋镝流于绛阙，然祸止畿甸，害不覃及②，天下晏然，以治待乱。是以宣王兴于共和，襄、惠振于晋、郑，岂若二汉阶闼暂扰，而四海已沸；孽臣朝入，而九服夕乱哉！远惟王莽篡逆之事，近鉴董卓擅权之际，亿兆悼心，愚智同痛。岂世乏曩时之臣，士无匡合之志欤？盖远绩屈于时异，雄心挫于卑势耳。

[注释]

①钲（zhēng）鼙（pí）：即钟鼓。钲，古代乐器，似钟，狭长，击之而鸣。鼙，军中用的小鼓。②覃（tán）：延长。

[译文]

汉光武帝中兴汉室，发扬皇统，然而走的却仍然是西汉遭致覆亡的老路，患的仍是丧败家国的旧病。仅传了数代，奸宄充斥朝廷，一旦强臣专制朝政，天下皆风靡而从；一武夫纵横不轨，则城池夷为平地。这样岂不是太危险了吗？从前，周王室蒙难时，有七臣不听王命，三子扰乱朝政，周天子弃置象征着王朝政权和天子威严的九鼎，叛族占据王城，钲鼓震王城，箭镞穿宫室，但祸乱仅限于京畿之内，并没有危及全国，天下仍然晏然无事，以治待乱。因此，周宣王得以在共和时期中兴王室，周襄王、周惠王能够在晋国和郑国的帮助下振兴王室，哪像两汉时期，宫廷稍有纷扰，便四海鼎沸，孽臣早上入朝秉政，晚上则天下大乱的情形！远鉴王莽谋逆篡汉的史实，近览董卓擅权的短命悲剧，足以令亿万百姓，无论愚智，痛心疾首。难道这是因为当世缺乏能够周时济世的大臣，士人没有匡扶社稷、九合诸侯的雄心壮志吗？这是由于功绩因时代的变化而难以建立，雄心壮志因位贱势卑而受挫的缘故。

魏太祖武皇帝躬圣明之姿，兼神武之略，龙飞谯沛①，凤翔兖豫②。观五代之存亡，而不用其长策；睹前车之倾覆，而不改其辙迹。子弟王空虚之地，君不使之人，权均匹夫，势齐凡庶。

内无深根不拔之固，外无磐石宗盟之助，非所以安社稷，为万世之业也。且今之州牧、郡守，古之方伯、诸侯，皆跨有千里之土，兼军武之任。或比国数人，或兄弟并据。而宗室子弟，曾无一人间厕其间，与相维持，非所以强干弱枝，备万一之虑也。时不用其计，后遂凌夷。此周、秦、汉、魏立国之势。是以究其始终强弱之势，明鉴戒焉。

[注释]

①谯沛：指沛国谯郡，治所谯（今安徽亳县）。②兖豫：兖州和豫州。此处偏指豫州。

[译文]

魏太祖武皇帝曹操躬姿圣明，兼神武韬略，在谯沛出生，在兖豫发迹。然而历观五代（夏、商、周、秦、汉）存亡的经验教训，却不能吸取前代的历史经验；目睹前代倾覆的道路，却不能一改前代倾覆的辙迹。他的子弟被分封于空虚之地做诸侯王，重用那些不堪重用的人，诸侯王权同匹夫，势如百姓。致使朝内没有根深不拔的坚固统治基础，外无像磐石一样稳固的宗室的援助。这远远不是安定社稷、传万代基业的统治方法。今天的州牧郡守，相当于古代的方伯诸侯，他们据有广阔的疆土，拥有庞大的军队，他们的兄弟宗亲或据同一州郡，或分别统治着不同的州郡，而皇室子弟却没有一人厕身州牧郡守之间、参与掌握地方政权的。这不是强干弱枝、以备万一的统治方法。当时不用诸侯藩国辅助王室的统治体制，后来这种制度逐渐衰落了。以上是周、秦、汉、魏立国的大体形势。因此考察它发展变化强弱得失的形势，以供人借鉴参考。

论曰：周有天下八百余年，后代衰微，而诸侯纵横矣。至末孙王赧降为庶人，犹能枝叶相持，名为天下共主。当是时也，楚人问鼎①，晋侯请隧，虽欲阚周室，而见厄诸姬。夫岂无奸雄？

赖诸侯以维持之也。故语曰："百足之虫，至死不僵，扶之者众。"此之谓乎？及嬴氏擅场，惩周之失，废五等，立郡县，君有海内，而子弟为匹夫，功臣效勤，而干城无茅土，孤制天下，独擅其利。身死之日，海内分崩。陈胜偏袒唱于前，刘季提剑兴于后，虎啸龙睇，遂亡秦族。夫刘、陈诸杰，布衣也，无吴、楚之势，立锥之地，然而驱白徒之众，得与天子争衡者，百姓思乱，无诸侯勤王之可惮也。故谚曰："夫乱政虐刑，所以资英雄而自速祸也。"此之谓矣。夫伐深根者难为功，摧枯朽者易为力。今五等，深根者也；郡县，枯朽者也。故自秦以下，迄于周隋，失神器者非侵弱，得天下者非持久，国势然也。呜呼！郡县而理，则生布衣之心；五等御代，则有纵横之祸。故知法也者，皆有弊焉。非谓侯伯无可乱之符，郡县非致理之具。但经始图其多福，虑终取其少祸，故贵于五等耳。圣人知其如此，是以兢兢业业，日慎一日，修德以镇之，择贤而使之。德修贤择，黎元乐业。虽有汤、武之圣，不能兴矣，况于布衣之细，而敢偏袒大呼哉？不可不察。

[注释]

①问鼎：询问象征王权的九鼎的大小轻重。比喻觊觎周室、篡夺王位。

[译文]

作者总结议论说：周朝统治天下历时八百多年，周朝后期，周王室衰微，诸侯也就恣睢横行，不以周天子为意了。直到周赧王被降为普通百姓，周朝灭亡。虽然东周时期王室衰微，但王室枝叶、各国诸侯仍然能够扶持周王室，周王在名义上还是天下的共主。在周王室衰微的时期，楚王曾向周王询问象征天子威严的九鼎的情况，晋国请求以天子丧仪安葬晋侯，虽然有觊觎王室之心，但都被姬姓诸侯所扼制。难道当时就没有奸雄吗？周王室是依赖诸侯的力量得以维持下去的。俗语说："百足之虫到死都不僵硬，这是因为扶持它的腿多。"讲的不也正是这个道理吗？到秦始皇统一海内，临朝执政时，鉴于周朝诸侯强大、王室衰弱的教训，废除了五等爵位、封建诸侯的制度，改行郡县制，皇帝一统海内，而其子弟则为匹夫百姓，功臣勤勉效力，虽然有统治城邑大都的权力，但却没有一尺一寸的封地，皇帝一人宰制天下，独擅其利。致使身死之日，海内分崩离析。陈胜揭竿而起，为天下倡，刘邦提剑跟随于后，虎啸龙视，很快就消灭了秦朝。若论刘邦、陈胜诸豪杰，无非是一介普通百姓，没有像吴楚诸侯那样强大的势力，更无可供立锥的一寸封地，然而，他们之所以能够驱使手无寸铁的百姓同天子相抗衡，是因为百姓思乱，又无诸侯勤王的忧虑。所以谚语说："混乱的政治，酷虐的刑罚，正可以资助造反的英雄而自取灾祸。"讲的也正是这个道理。砍伐根深粗壮的大树，很难取得功效，而摧折枯木朽枝则比较省力。五等分封制度好比是深根大树，郡县制好比是枯木朽枝。所以自秦朝到隋朝，丧失国家政权的，并不是由于逐渐衰弱造成的；得天下的也不能维持长久，这是国家政权的统治形势所决定的。可悲可叹啊！采用郡县制治理国家，容易使布衣百姓萌生篡逆之心；采用五等封建制来统治国家，又容易遭诸侯横暴的祸端。所以，无论什么样的统治形式和方法都是有弊端的。不能说侯伯分封制度就没有导致动乱的因素和机会，也不能说郡县制度绝不可能导致天下大治。但如果以福多祸少的标准来衡量，五等封建制度还是优于郡县制度的。圣明的人深知这一道理，因此兢兢业业，日慎一日，修炼自己的德行以震慑不轨的图谋，选拔贤人才子担任重要的官职。德行修炼到很高的境界，贤良的人才得以选拔，人民安居乐业，这时，即使有像商汤、周武那样的圣贤也难以推翻现有的政权，更何况区区布衣小民敢袒臂大呼倡导造反呢？这其中的道理，不可不认真分析研究。

卷六（霸纪下）

三国权第十九

论曰：臣闻昔汉氏不纲，网漏凶狡。袁本初虎视河朔①，刘景升鹊起荆州，马超、韩遂雄据于关西，吕布、陈宫窃命于东夏。辽河海岱，王公十数，皆阻兵百万，铁骑千群，合纵缔交，为一时之杰也。然曹操挟天子令诸侯，六七年间，夷灭者十八九，惟吴、蜀蕞尔国也②。以地图按之，才四州之土，不如中原之大都。人怯于公战，勇于私斗，轻走易北，不敌诸华之士。角长量大，比才称力，不若二袁、刘、吕之盛。此二雄以新造未集之国，资逆上不侔之势，然能抚剑顾盼，与曹氏争衡，跃马指麾，而利尽南海，何哉？则地利不同，势使之然耳。故《易》曰："王侯设险，以守其国。"古语曰："一里之厚，而动千里之权者，地利也。"故曹丕临江，见波涛汹涌，叹曰："此天所以限南北也。"刘资称南郑为天狱③，斜谷道为五百里石穴④，稽诸前志，皆畏其深阻矣。虽云天道顺，地利不如人和，若使中材守之，而延期挺命可也。岂区区艾、濬得奋其长策乎？由是观之，在此不在彼。於戏，智者之虑，必杂于利害，故"不尽知用兵之害，则不能知用兵之利"，有自来矣。是以采摭其要，而为此权耶。夫囊括五湖，席卷全蜀，庶知害中之利，以明魏家之略焉。

[注释]

①河朔：古代泛指黄河以北地区。②蕞（zuì）尔：小的样子。③南郑：在今陕西西南部，汉水上游，邻接四川。④斜（yé）谷道：古道路名。在今陕西眉县西南，即褒斜道的斜谷一部分。

[译文]

作者议论说：我听说从前汉朝纲纪废弛，疏漏了凶暴狡诈之徒。袁本初（袁绍）虎视河朔；刘景升（刘表）崛起于荆州；马超、韩遂雄踞关西；吕布、陈宫割据东夏。辽河、沿海一带，王公十数，都是拥兵百万、铁骑千群，他们彼此合纵缔交，堪称一时豪杰。然而，曹操挟持天子（汉献帝）号令天下诸侯，六七年间，将群雄消灭十之八九，仅剩下吴、蜀两个小国。从地图上看，这两个小国仅拥有四个州的土地，而且地处偏远，还比不上中原的一大都市。这两个小国的百姓在战场上怯懦不前，而私人争斗却英勇无比，一触即溃，在诸多方面都比不上中原的战士。如果比个头，比体重，比才能，比力气，都不如袁述、袁绍、刘表、吕布手下的将士。吴、蜀以尚不具有雄厚基础的新建之国，冒着悖逆天子的罪名，凭借着难以同中原同日而语的劣势，居然能够按剑顾盼，同曹氏相抗衡，跃马横行，并尽有南海之利，这是什么原因呢？这是南北地理形势不同、三国鼎足的总态势造成的。所以《易经》说："王侯凭借险要的地理形势来保守自己的国家。"古语还说："以一里之小来抗衡千里之大，是因为占有地利因素。"所以魏文帝曹丕站在长江边上，望着波涛汹涌的江水，感叹道："这是上天为南北划定的界限啊！"刘资称南郑为"天狱"，称斜谷道为"五百里石穴"，再稽查史志，前人都畏惧这些地方的艰深和险阻。虽然说如果顺应了天道，地利仍不如人和，但如果使中等才能的将领防守这些地方，延长朝代的生命还是可以做到的。岂能让邓艾、王濬这样的区区将领轻易跨越天险，成就了灭蜀、灭吴的功勋？由此看来，胜败在人事而不在地利。戏搏下棋，聪明的人每行一步都要考虑有害和有利两个方面的因素，所以说"不懂得用兵的害处，就不可能真正懂得用兵的好处"，这句话还是有充分根据的。因此从三国浩繁的历史中择其精要，而作此《三国权》一卷。对魏晋囊括五湖、席卷全蜀的战略作出分析说明，大概就可以知道害中之利，这样就能了解魏家统一的战略。

天帝布政房、心，致理参、伐。参、伐则益州分野。按《职方》则雍州之境，据《禹贡》则梁州之域。地方五千里，提封四十郡，实一都会也。故古称天府之国，沃野千里，其有以矣。王莽末，公孙述据蜀，益部功曹李熊说述曰："方今四海波荡，匹夫横议。将军割据千里，地什汤、武。若奋发威德，以投天隙，霸王之业成矣。今山东饥馑，人民相食，兵所屠灭，城邑丘墟。蜀地沃野千里，土壤膏腴，果实所生，无谷而饱。女工之业，覆衣天下。名材竹干，器械之饶，不可胜用。又有鱼盐铜铁之利，浮水转漕之便。北据汉中，杜褒斜之隘[1]；东守巴郡，拒捍关之口[2]。地方数千里，战士不下百万。见利则出兵而略地，无利则坚守而力农。东下汉水，以阚秦地；南顺江流，以震荆扬。所谓用天因地，成功之资。今君王之声闻于天下，而位号未定，志士狐疑，宜即大位，使远人有所归依。"建武元年四月，遂自立为天子，号成家，色尚白。

[注释]

①褒斜之隘：即褒斜道。古道路名。因取道褒水、斜水两河谷而得名。
②捍关：即扞关。故址在今湖北长阳西。东汉初公孙述东据捍关，尽有益州之地。

[译文]

天帝在房、心二星的位置布政，在参、伐的星位上达到治理。

参、伐是益州的分野。按《职方》的说法，蜀在雍州境内，按《禹贡》的说法，蜀则在梁州的地域内。方圆五千里，设有四十郡，的确是一大都会。所以古人称蜀地为天府之国、沃野千里，是有道理的。王莽末年，公孙述占据蜀地，益部功曹李熊向公孙述说："当今之世，四海动荡不安，匹夫横行，评议国家大事。将军割据千里，拥有的地盘十倍于商汤周武。如果能够奋发图强，发扬威德，抓住天下混乱的天赐良机，就能够成就霸王大业。如今中原饥馑，以至到人吃人的地步，兵火所及，城邑化为丘墟。而蜀地沃野千里，土壤肥沃，满野果实，即便不种五谷，人民也不致挨饿。妇女纺织的布匹之多，可以覆盖天下。名贵的木材、竹竿、器械的丰饶，不可胜用。又有鱼盐铜铁之利，水路运输的方便。北部可据守汉中，堵住褒斜道关隘（自今陕西眉县沿斜水及其上源石头河，经今太白县，循褒水及其上源白云河至汉中。为秦岭南北交通要道）；东边驻守巴郡，据守捍关之口。地方数千里，战士不下百万。如果形势有利，则可以出兵攻城略地；形势不利，则可以据守关口发展农业。东下汉水，可以占领秦地；顺江南下，则可以震动荆州和扬州。这正是用天时、因地利是事业成功的有利条件。现在君主的声威天下共知，但号位还未确定，致使有志之士心存狐疑，应该迅速即帝位，使远方的人有归依的目标。"建武元年四月，公孙述自立为天子，国号"成家"，服色尚白。

　　自更始败后，光武方事山东，未遑西伐，关中豪杰，多拥众归述。其后平陵人荆邯见东方将平，兵且西向，说述曰："兵者，帝王之大器，古今所不能废也。隗嚣遭遇运会，割有雍州，兵强士附，威加山东。不及此时摧危乘胜，以争大命，而退欲为西伯之事[①]，偃武息戈，卑辞事汉，喟然自以文王复出也。今汉帝释关陇之忧专精东伐[②]，四分天下而有其三，使西州豪杰，咸居心于山东，发间使，招携贰，则五分而有其四。若举兵天水，必至沮溃。天水既定，则九分而有其八。陛下以梁州之地，内奉万乘，外给三军，百姓愁困，不堪上命，将有王氏自溃之变。臣之愚计，以为宜及天人之望未绝，豪杰尚可招诱，急以此时发国内精兵，令田戎据江陵，临江南之会，倚巫山之固，筑垒坚守，传檄吴楚，长沙以南，必随风而靡。令延岑出汉中，定三辅③，天水、陇西拱手自服，如此海内震摇，冀有大利。"述不听邯计。光武乃使岑彭、吴汉伐蜀，破荆门，长驱入江关。军至成都，述出战，初败被刺，洞胸死。夷述妻子，焚其宫室。至灵帝时，政理衰缺，王室多故，雄豪角逐，分裂疆宇，以刘焉为益州牧。焉死，子璋立，为刘备所围，遂降。

[注释]

①西伯：即周文王姬昌。商封为西伯，又称伯昌。②关陇：泛指函谷关以西、陇山以东地区。③三辅：汉景帝分内史为左、右内史，与主爵都尉同治长安城中。所辖皆京畿之地，合称"三辅"。

[译文]

自更始皇帝失败后，汉光武帝正致力于山东战事，顾不上西伐，关中豪杰大都率自己的部众归附公孙述。后来，平陵人荆邯看到东方很快将被平定，兵锋必定转向西方，就向公孙述建议说："军队是帝王手中的宝器，自古及今没有一个帝王能废掉它。隗嚣曾遭遇良机，割据雍州，兵马强盛，众心归附，威震山东。但他不乘此机会摧灭群雄，争夺帝王大位，反而想效仿周文王故事，偃武息戈，卑躬屈膝侍奉汉室，俨然以第二个周文王自居。如今汉帝放下了对关、陇地区的担忧，专力东伐，已拥有天下四分之三的地盘。致使关陇地区的豪杰都心向山东，如果刘秀派遣离间的使臣到关陇地区，招揽心怀二心的人，这样就可以占有天下的五分之四了。如果接着举兵直指天水，隗嚣的军队必然一触即溃。天水平定以后，汉室就九分天下而有其八了。现在陛下据有梁州，对内要供奉王室的需要，对外要供给军队的开支，百姓已经困苦不堪，这样下去，很可能重蹈王莽自我败亡的覆辙。依我的不成熟的看法，应乘当前上天和百姓对您仍抱有希望、四方豪杰尚可以招诱的时机，紧急征集国内精兵，令田戎占据江陵，进可东下江南，退可依守巫山之险，筑垒坚守，同时传檄吴楚，长沙以南定能望风披靡。再命令延岑出兵汉中，平定三辅，天水、陇西便可拱手归附。这样就能造成天下震荡的局面，对陛下将大有好处。"公孙述没有采纳荆邯的建议。光武帝刘秀便派岑彭、吴汉率兵伐蜀，攻破荆门，长驱直入江关。汉军兵临成都，公孙述出兵迎战，兵败，被刺胸而死。他的妻室儿女均被汉兵所杀，宫室被焚毁。汉朝延续至汉灵帝时，政治衰败，王室多发变乱，英雄豪杰相互逐鹿，分裂疆土，拥兵自重。其时，刘焉为益州牧。刘焉死后，其子刘璋立，刘璋被刘备围困，被迫向刘备投降。

初，刘备为豫州牧也，为曹公所破，走屯新野①。闻诸葛亮躬耕南阳，乃三诣亮于草庐之中，屏人言曰："汉室倾颓，奸臣窃命，主上蒙尘。孤不度德量力，欲信大义，行于天下，而智术浅短，遂用猖蹶，至于今日。然意犹未已，君谓计将安出？"亮答曰："自董卓已来，豪杰并起，跨州连郡者，不可胜数。曹操比于袁绍，名微而众寡，然遂能克绍，以弱为强者，非惟天时，抑亦人谋也。今操已拥百万之众，挟天子而令诸侯，此诚不可与争锋。孙权据有江东，已历三代，国险而民附，贤能为用，此可与为援，而不可图也。荆州北据江汉，利尽南海，东连吴会，西通巴蜀，此用武之国，而其主不能守，此殆天所以资将军也。益州险塞，沃野千里，天府之国，高祖因之以成帝业。刘璋暗弱，张鲁在北，民殷国富，而不知恤。智能之士，思得明后。将军既帝室之胄，信义著于四海，总览英雄，思贤如渴。若跨有荆、益，保其岩岨，西和诸戎，南抚夷越，结好孙权，内修政理。天下有变，则命上将将荆州之军，以向宛、洛；将军身率益州之众，出于秦川，百姓孰不箪食壶浆，以迎将军者乎？诚如是，则霸业可成，汉室可兴矣。"

[注释]

①新野：古县名。西汉置。治所在今河南新野。

[译文]

当初，刘备做豫州牧时，被曹操打败，撤退到新野。听说诸葛亮在南阳种田，于是曾先后三次亲自到诸葛亮居住的草庐拜访，屏退左右，对诸葛亮说："当今汉朝廷倾覆颓败，奸臣窃据王命，皇上蒙难。我本人不自量力，想使诚信大义推行天下，然而智慧和方法浅短，以至到今日狼狈的境地。但我并不甘就此罢休，您认为下步该如何办呢？"诸葛亮回答说："自董卓干乱朝政以来，豪杰纷纷崛起，跨州连郡、割据自雄的不可胜数。曹操同袁绍相比，名声卑微，拥众又少，然最终能够消灭袁绍，由弱变强，其原因不仅仅有天时的因素，还有人谋得当的因素。如今，曹操已拥有百万之众，挟持天子来号令诸侯，这实在难同他争高低。孙权割据江东，已经过三代人的经营，地理形势险要，人民倾心归附，贤能之士得到重用，可以利用他援助我们，而不可对他另有图谋。荆州北据江汉，可尽取南海（泛指南方）之利，东与吴会相连，西通巴蜀，这本是英雄用武之地，但它的主人却无能力永远守住它，这大概是上天要用此地来资助将军吧。益州周边有险塞为屏障，沃野千里，被称为天府之国，汉高祖就是据此成就了帝王大业。然而其主刘璋暗弱无能，张鲁在他的北方。巴蜀民殷国富，但刘璋却不善于抚恤民众。智慧才能之士都在思盼着贤明之主。将军既然是汉家帝王的后代，信义之举闻达四海，总揽天下英雄，思贤若渴。如果能占据荆州和益州，以其山川险阻为屏障，向西同诸戎族部落相和好，向南抚恤夷越部族，并同孙权结为友好，对内则力使政治清明。这样，一旦天下有变，即可命一上将率荆州的军队进军宛、洛；将军亲自统率益州的军队出兵秦川，天下百姓有谁能不提着饭菜酒食欢迎将军呢？如果能做到这一点，那么将军的霸王大业就可以成功，汉王室也可以复兴了。"

时曹公破荆州，先主奔吴。备用亮计，结好孙权，共拒曹公于赤壁①，破之。曹公北还，权乃以荆州业备。庞统说备曰："荆州荒残，人物殚尽，东有吴孙，北有曹氏，鼎足之计，难以得志。今益州国富人强，户口百万，郡中兵马，所出毕具，宝货无求于外，今可权借以定大事。"备曰："今指与吾为水火者，曹操也。操以急，吾以宽；操以暴，吾以仁；操以谲②，吾以忠。每与操反，事乃可成耳。今以小故而失信义于天下者，吾所不取也。"统曰："权变之时，固非一道所能定也。兼弱吞昧，五伯之事；逆取顺守，报之以义；各事定后，封以大国，何负于信？今日不取，终为人利耳。"备乃使关羽守荆州，欲自取蜀。

[注释]

①赤壁：山名。东汉建安十三年（208）孙权与刘备联军败曹军于此。即今湖北武昌西赤矶山，与纱帽山隔江相对。②谲（jué）：欺诈。

[译文]

此时，曹操攻破了荆州，刘备被迫投奔吴国。刘备采纳诸葛亮的计策，同孙权结盟，共同抗拒曹操，在赤壁大破曹军。曹操兵败，被迫北还，孙权便把荆州给刘备暂作立足之地。庞统向刘备建议说："荆州历经战乱，荒败残破，东有吴国孙权，北有曹操，要想据此实现三国鼎立的局面，还难做得到。现在益州民富国强，户口百万，郡中所需兵马粮草俱备，各种珍货宝物也无须外求，今天正可以借益州来奠定大业的基础。"刘备说:"今日的议论,正说明我同曹操相比,如水火之不相容:曹操为人苛急,我为人宽厚;曹操对人施以残暴,我对人施以仁爱;曹操为人诡诈,我为人忠信。每每与曹操相反,我才能成就事业。如今却要让我因小事在天下人面前失去信义,这是我所不能采取的做法。"庞统说:"当社会急剧变化的时候,本来就不能固守一种所谓的道德标准去衡量决定一切事物。兼并弱小,吞并愚昧,正是春秋五霸所做的事;凡所做事不能顺应时势民心的,就应该夺取它,顺应了时势民心就守卫它,这样做,人们都会认为是正义之举;等大事稳定之后,再把大国分封给他,这怎么能说有负于信义呢?今天即使我们不去取益州,最终还会落到他人的手中。"刘备于是派关羽守荆州,自己打算夺取益州。

会刘璋闻曹公向汉中讨张鲁,内怀恐惧。别驾张松说璋曰:"曹公兵强,无敌于天下,若因张鲁之资,以取蜀土,谁能御之?刘豫州,使君之宗室,而曹公之深仇也。若使之讨鲁,鲁必破;鲁破则益州强。曹公虽来,无能为也。"璋然之。遣法正迎先主。先主与璋会涪①。璋既还成都,先主当为璋北征汉中。统复说备曰:"阴选精兵,昼夜兼道,径袭成都,璋既不武,又素无豫备,大军卒至,一举便定,此上计也。杨怀、高沛,璋之名将,各仗强兵,据守关头,闻数有笺来谏璋,使发遣将军还荆州,将军未至,遣与相闻,说荆州有急,欲还救之,并使装束,外作归形。此二子俱服将军英名,又喜将军之去,必乘轻骑来见将军,因此执之,进取其兵,乃向成都,此中计也。返还白帝,连引荆州,徐还图之,此下计也。若沉吟不去,将致大困,不可久矣。"先主然其中计,即斩怀等。自葭萌南还取璋②。

时郑度说璋曰:"左将军袭我③,兵不满万,士众未附,野谷是资。计莫若尽驱巴西、梓潼人，内涪水以西，其仓廪野谷，一皆烧除，高垒深沟，静以待之。彼请战不许，久无所资，不过百日，必将自走，走而击之，则必禽矣。"璋不用度计。先主遂长驱，所过必克，而有巴蜀。

[注释]

①涪：涪县。西汉置。治所在今四川绵阳东，涪江东岸。②葭萌：古县名。治所在今四川广元西南。三国蜀汉时改名汉寿。③左将军：指刘备。客居为左，主居为右。

[译文]

此时，正值刘璋听说曹操准备征讨据守汉中的张鲁，内心恐惧不安。别驾张松向刘璋建议说："曹操兵马强盛，天下人都不是他的对手，如果他吞并了张鲁，以此为基地，再进攻蜀地，谁能抵御住他的进攻？刘豫州刘备是您的同宗，也是曹操的仇敌。如果让刘备征讨张鲁，张鲁必定被攻破；攻破了张鲁，益州就会更加强大。曹操即便向蜀地用兵，也难以有所作为。"刘璋同意张松的看法，就派法正去迎接刘备。刘备同刘璋在涪县会见后，刘璋便返回成都。刘备正准备为刘璋征讨汉中，庞统又向刘备建议说："暗中选拔精兵，昼夜兼程，直袭成都，刘璋既不善于统兵打仗，又素无戒备，大军突然袭击，便可一举平定成都，此为上计。杨怀、高沛是刘璋手下名将，各统帅强兵把守关口。听说他们数次致书刘璋，建议他发遣将军返还荆州。将军可派人送信给他们，就说荆州局势紧张，想还军救援，并安排部队装作要班师回荆州的样子。杨怀、高沛二人素来佩服将军的英名，又很高兴您撤军离去，必定轻骑前来为您送行，可借此机会生擒二人，进而夺取他们的军队，然后再进兵成都，此为中计。返还白帝城，与荆州相连，再慢慢图谋以后的进取办法，此为下计。如果犹豫不决，流连此地，将陷入严重的困难之中，难以作长久之计。"刘备同意施行庞统所说的中计，斩了杨怀等人以后，自葭萌向南攻取成都的刘璋。

此时郑度向刘璋建议说："左将军袭击我们，兵不满万人，当地百姓尚未诚心归附他，所以只能靠吃野谷子过日子。依我之计，不如把巴西、梓潼的百姓全部赶走，把涪水以西的仓库野谷全部焚毁，深沟高垒，静守以待。他们请战不能，持久又无粮草，不过百日，必将自行撤退，此时我发兵进击，一定能生擒刘备。"刘璋未能采纳郑度的计策，刘备得以长驱而下，所向必克，于是尽有巴蜀之地。

群臣劝先主称尊号①，先主未许。诸葛亮曰："昔吴汉、耿纯等劝世祖即帝位②，世祖辞让，前后数四。耿纯进言曰：'天下英雄，喁喁冀有所望，如不从议者，士大夫各归求主，无为从公也。'世祖感纯言深至，遂然诺之。今曹氏篡汉，天下无主。大王刘氏苗族，绍世而起，即帝位，乃其宜也。士大夫久勤苦者，亦望尺寸之功名，如纯言耳。"先主于是即帝位。

[注释]

①先主：即刘备。②世祖：汉光武帝刘秀。

[译文]

群臣劝刘备称帝号，刘备没有答应。诸葛亮对刘备说："从前，吴汉、耿纯劝世祖刘秀即皇帝位，世祖辞让不就，前后辞让了四次。于是耿纯进言说：'天下英雄殷切希望您即帝位，如果您不依众人的建议，士大夫将各有所归，再求新主，没有人再跟从主公了。'世祖感到耿纯所言至为深刻，便答应了众臣的请求。如今曹操篡夺汉室政权，天下无主。大王为刘氏苗族，继先世而起，即帝位是合时宜的。士大夫长期为大王辛勤效力，也是希望得到尺寸之封的功名，正如耿纯所说的一样啊！"刘备于是即皇帝位。

时曹公拔汉中。法正说先主曰:"曹操一举降张鲁,定汉中,不因此势以图巴蜀,而留夏侯渊、张郃屯守,身遽北还。此非其智不逮,力不足也,将内有忧逼故耳。今算渊、郃才略,不胜国之将率,举众往讨,则必克之。克之日,广农积谷,观衅伺隙,上可以倾覆寇敌,尊奖王室;中可以蚕食雍、凉,广境拓土;下可以固守要害,为持久之计。此盖天以与我,时不可失也。"先主善其策。乃率诸将进兵汉中,正亦从行。先主由阳平南渡沔水,缘山稍前,于定军山岭作营。渊将兵来争其地。正曰:"可击矣。"先主命黄忠乘高鼓噪,攻之,大破渊军。渊等授首,遂奄有梁汉。时魏使夏侯楙镇长安,蜀将魏延就诸葛亮请兵从褒中出①,循秦岭而东,当子午而北②,以袭长安,亮不许。

[注释]

①褒:古邑名。在今陕西勉县东南。②子午:即子午道。从关中至汉中的南北通道。古人以"子"为北,"午"为南,故名。

[译文]

此时,曹操已经攻拔了汉中。法正向刘备说:"曹操一举降服了张鲁,平定了汉中,但他却不乘胜进兵巴蜀,而留夏侯渊、张郃屯守,自己却迅速北返。这并不是因为他智能低下,看不到这一有利的形势,也不是因为他还不具备向巴蜀用兵的军事实力,恐怕是他的朝内发生了足以令他担忧的事情,所以他才如此匆匆北归。现在料算夏侯渊和张郃的才略,比不上我们国内的将帅,如果我乘机挥军往讨,必能一举而克汉中。攻克汉中后,我就可以利用汉中优越的条件大力发展农业,积储粮食,等待时机而出兵。最好的情况是倾覆曹寇,嘉奖汉家王室;其次则可以蚕食雍州、凉州,开拓疆土;最下者尚可以固守汉中要害之地,保证国家的长久安全。这是天赐良机,切莫失掉这个机会。"刘备非常赞同法正的计策,于是统率诸将向汉中进兵,法正也跟从前往。刘备由阳平关南渡沔水,缘山前进,进至定军山岭扎营。夏侯渊率兵前来同汉军争夺山岭,法正说:"可以出击了。"刘备命黄忠擂响战鼓,乘高向下俯冲,大破夏侯渊。夏侯渊等被斩首,刘备于是尽有梁汉之地。此时,魏使夏侯楙镇守长安,蜀将魏延向诸葛亮请兵,出褒中,缘秦岭东进,从子午道北上,袭击长安,诸葛亮没有准许。

其后吴孙权袭关羽,取荆州。先主怒吴,伐之。败绩,还蜀,至永安而崩。后主禅即位①。先是,吴主孙权请和,丞相诸葛亮虑权闻先主殂,有异计,乃遣邓芝修好于权。权果狐疑,不时见芝。芝自表请见,权语芝曰:"孤诚愿与蜀和亲,然恐蜀主幼弱,国小势逼,为魏所乘,不自保全,以此犹豫耳。"芝对曰:"吴、蜀二国,四州之土。大王命世之英,诸葛亮一时之杰也。蜀有重险之固,吴有三江之阻。合此二长,共为唇齿,进可兼并天下,返可鼎足而立。此理势之自然也。大王今若委质于魏,魏必上望大王之入朝,下求太子之内侍。若其不从,则奉辞伐叛,蜀必顺流见可而进。如此,江南之地,非复大王之有也。"权默然良久曰:"君言是也。"遂自绝魏,与蜀连和。

[注释]

①后主禅:即蜀后主刘禅。刘备之子。字公嗣,小字阿斗。公元223年至263年在位。

[译文]

其后,吴主孙权袭击镇守荆州的关羽,夺取了荆州。刘备对吴国的举动异常愤怒,于是兴兵讨伐吴国,兵败还蜀,到达永安时死去,后主刘禅即位。此前,吴主孙权主动向蜀汉求和,丞相诸葛亮考虑到孙权听到刘备去世的消息,很可能另作图谋,于是就派邓芝前往吴国与孙权修好。孙权果然狐疑不决,不及时接见邓芝。邓芝主动请求接见,孙权向邓芝说:"我真心诚意希望同蜀国亲睦和好,然而又担心蜀主幼弱，国家弱小，形势紧迫，如果魏国乘机向蜀用兵，蜀国恐怕难以自我保全，因此我才犹豫不定。"邓芝回答说："吴、蜀两国据有四州的国土，大王为经略世界的英才，诸葛亮又为当世的俊杰。蜀国周边有千重万险为屏障，吴国又有三江为险阻。结合两方的优势，结为唇齿之交，进可以兼并天下，退可以鼎足而立。这是目前天下总的格局形势所决定的。大王如果要委附于魏国，魏国必定上希望大王亲自北上朝拜，下求太子到魏国做人质。如果不答应他的要求，他就可以借口讨伐叛逆，蜀国就可以顺流而下，见机而进。这样下去，江南之地，恐怕就不再为大王所有了。"孙权沉默良久，然后说："您讲得很对。"于是孙权同魏国绝交，同蜀国联盟。

时司徒华歆、司空王朗等，与诸葛亮书，陈天命，欲使举国称藩。亮不答书，作正议曰："昔在项羽，起不由德，虽处华夏，秉帝者之势，卒就汤镬，为后来戒。魏不审鉴，今次之矣。免身为幸，灭在子孙。而二三子多逞苏、张诡靡之说，奉进驩兜滔天之辞[①]，欲以诬毁唐帝，讽解禹、稷，所以徒怀文藻，烦劳翰墨。大雅君子，所不为也。又《军志》曰：'万人必死，横行天下。'昔轩辕氏挈卒数万，制四帝，定海内。况以数十万之众，据正道而临有罪，可得干拟者哉？"亮死后，魏令邓艾伐蜀，蜀兵败。后主用谯周策降魏。晋时，李特复据蜀，晋桓温灭之。至宋义熙中，谯纵又杀益州刺史毛璩于成都，称成都王。宋使朱龄石灭之。此蜀国形也。

[注释]

①驩兜：传说中的恶人。

[译文]

此时魏国司徒华歆、司空王朗等人致书诸葛亮，陈述天命所归，想要蜀向魏国称臣。诸葛亮不给他们回信，作《正议》说："从前的项羽，不靠德行起家，虽然据有华夏之地，并具有成就帝王之业的势力，但最终的下场仍然是兵败身死，成为后世之戒。魏不能借鉴历史的教训，就将成为第二个项羽。如果能身免一死，就是大幸，但其子孙必定被人所灭。而有一些人却秉承发扬苏秦、张仪诡辩之说，奉进驩兜滔天谎词，企图诬蔑诋毁唐尧，讥讽禹稷政权。但结果也只能空有华丽的辞藻，并烦劳了翰墨。这些都是大雅君子绝对不去做的事情。《军志》说：'万人必死，横行天下。'从前轩辕氏率领数万士卒，制伏四帝，平定海内。更何况蜀汉拥数十万之众，居正义之道俯临有罪之国，谁能与我相抗衡相比拟呢？"诸葛亮死后，魏国派邓艾统兵伐蜀，蜀兵战败。后主刘禅采纳了谯周的建议向魏国投降。晋朝时，李特重新割据蜀地，晋将桓温将其讨灭。至宋义熙年间，谯纵又杀益州刺史毛璩，自称成都王。宋又派朱龄石率兵灭了谯纵。这是蜀国的情形。

丑为星纪，吴、越之分①。上应斗、牛之宿，下当少阳之位②。古人有言曰："大江之南，五湖之间，其人轻心，扬州保强。三代要服③，不及以正。国有道则后服，无道则先叛。"故《传》曰："吴为封豕长蛇，荐食上国。"为上国之患，非一日之积也。

汉高帝时，淮南王英布反，反书闻。上召诸将，问布反为之奈何，汝阴侯滕公曰："臣客故楚令尹薛公有筹策，可问。"上乃召见，问薛公，薛公对曰："布反，不足怪也。使布出于上计，山东非汉之有也；出于中计，胜败之数，未可知也；出于下计，陛下安枕而卧矣。"上曰："何谓上中下计？"令尹曰："东取吴，西取楚，并齐取鲁，传檄燕赵，固守其所，山东非汉之有也。何谓中计？东取吴，西取楚，并韩取魏，据敖仓之粟，塞成皋之口，胜败之数，未可知也。何谓下计？东取吴，西取下蔡，归重于越，身归长沙，陛下安枕而卧，汉无事矣。"上曰："是计将安出？"令尹对曰："出下计。"上曰："何为废上中计而出下计？"令尹曰："布故骊山之徒也。自致万乘之国，此皆为身不顾其后，为万世虑者。故曰出下计。"上曰："善。"果如策。

[注释]

①丑为星纪，吴、越之分：星纪为十二星次之一，对应十二地支为丑，是吴、越的分野。古代将天上的星宿配对地上的州国。②少阳：指东方。③要服：指距王畿很远的地区。

[译文]

丑为星纪，吴越的位置上应斗、牛星宿，下当少阳之位。古人曾经说过："大江之南，五湖之间，这个区域内的人轻浮，又倚恃扬州逞强。在尧、舜、禹三代的时候，这个地区是偏远地区，还不属正式管辖的地区。当中原王朝政治清明强盛时，这个区域最晚表示臣服天子。当中原王朝政治腐败衰弱时，此地又最先背叛。"所以《左传》说："吴国就像一头大猪，一条长蛇，不断吞食北方上国。"可见吴为北方国家的大患，不是一天两天的事情了。

汉高祖时，淮南王英布起兵反汉，消息传到朝廷，皇上召集诸将商讨对策。汝阴侯滕公说："我的门客前任楚令尹薛公有处置的策略，可向他询问。"汉高祖就召见薛公询问平定对策，薛公回答说："英布反汉，不足为怪。假如英布用上策，那么山东地区就不为汉家所有了；如果用中策，谁胜谁负，难以预料；如果用下策，陛下就可以高枕而卧了。"汉高祖问："什么是上中下三计？"薛令尹回答说："东取吴地苏州，西取楚地荆州，兼并齐鲁，传檄文至燕、赵，然后固守已经取得的地盘，这样山东就不为汉家所有了。什么是中计呢？东取吴地，西取楚地，兼并韩、魏之地，据有敖仓粮食，把守阻塞成皋关口，这样谁胜谁负就难以预料了。什么是下计呢？东取吴地，西取下蔡，又回身把重点放在越地，最后返还长沙，这样陛下可以安枕而卧，汉家就平安无事了。"汉高祖说："既然这样，英布将出何计？"令尹回答说："英布必定用下计。"汉高祖问："为什么英布将舍弃上中计而用下计呢？"令尹回答说："英布本来是骊山脚下为秦始皇修墓的工徒，他妄想做万乘之国的皇帝，可见他是一位只顾自身和当前，而不为后代和长远考虑的人，所以说他肯定用下计。"汉高祖说："你讲得很好。"后来英布的行动果如薛公所言。

是后，吴王刘濞以子故而反①。初发也，其大将田禄伯曰："兵屯聚而西，无他奇道，难以就功。臣愿得奇兵五万人，别循江淮而上，收淮南长沙，入武关，与大王会，此亦一奇也。"吴王太子谏曰："王以反为名，此兵难以藉人，藉人亦且反王。"吴王不许。其少将桓将军复说吴王曰："吴多步兵，步兵利险阻；汉多车骑，车骑利平地。愿大王所过城邑，不下，宜弃去，疾西据洛阳武库，食敖仓之粟，阻山河之险，以令诸侯。虽无入关，天下固已定矣。即大王徐行，留下城邑，汉车骑至，驰入梁、楚之郊，事败矣。"王问诸老，诸老曰："此年少摧锋之计耳，安知大虑！"吴王不从桓将军之计，乃自并将其兵。汉以太尉周亚夫击吴、楚②。亚夫用其父客计，遂败吴。

[注释]

①以子故：吴王的儿子被皇太子所杀。②周亚夫：西汉名将。官至太尉。绛侯周勃之子。

[译文]

其后，吴王刘濞因为他儿子被皇太子所杀的缘故起兵造反。初起兵时，他的大将田禄伯说："兵马集结后即向西用兵，如果没有其他奇兵配合，就难成功。我请求您给我奇兵五万人，另道循江淮而上，收复淮南长沙，入武关，同大王会师，这也算上用兵一奇。"

吴王太子却谏阻吴王说："大王以造反为名，那么这支奇兵就不能借给他人指挥，如果借给他人，他人也会以此兵来反叛大王。"因此吴王没准许田禄伯的请求。吴王少将桓将军又向吴王建议说："吴国的步兵多，步兵善于攀越险阻；汉廷多战车和骑兵，车骑便利野战。希望大王进军途中遇到城邑，如果不能顺利攻克，应舍城而去，迅速占据洛阳武库，并占有敖仓的粮食，凭借山河险阻，以便号令诸侯，虽然尚未入关，但已经决定了天下大局。如果大王进兵徐缓，攻克城邑，留兵驻守，汉车骑部队赶来，驰入梁、楚城郊，那么大事就失败了。"吴王以此计向诸位长老请教，诸长老说："这是年轻人猛冲猛打的摧锋之计，哪里懂得深思熟虑？"于是吴王又未采纳桓将军的计策，并亲自率兵进军。汉朝廷命太尉周亚夫率兵征讨吴、楚。周亚夫采纳其父亲门客的计策，打败了吴王。

淮南王刘安怨望其父厉王长死，谋为叛逆。问伍被曰："吾举兵西向，诸侯必有应者，即无，奈何？"被曰："南收衡山，以击庐江①，有浔阳之船②，守下雉之城③，结九江之浦，绝豫章之口④，强弩临江而守，以禁南郡之下，东收江都、会稽，南通劲越，屈强江淮间，犹可一举得延岁月之寿。"王曰："善。"未得发，会事泄，诛至。

[注释]

①庐江：郡名。楚、汉之际分秦九江郡置。治所在舒（今安徽庐江西南）。②浔阳：古江名。指长江流经浔阳县境一段。在今九江市北。③下雉：汉置县名。故城在今湖北阳新县东南。④豫章：郡名。治所在豫章（今江西南昌市）。

[译文]

淮南王刘安对其父厉王刘长被汉文帝废黜、不食而死一事怀恨在心，阴谋反叛朝廷。他问伍被说："我如果集结兵马向西进军，诸侯中肯定会有人响应，如果没有响应，该怎么办呢？"伍被回答说："向南收取衡山，然后攻击庐江，占有浔阳船只，固守下雉城，在九江边上扎下营寨，阻绝豫章关口，令强弩手缘江守御，禁防南郡汉军东下，东取江都（即扬州）、会稽，南通劲越，在江淮间顽强支撑，还可能延长一些时日。"淮南王说："你说得很好。"计划尚未施行，阴谋败露，被诛杀。

后汉灵、献时，阉人擅命，天下提契，政在家门。时长沙太守孙坚杀南阳太守张咨，袁术得据其郡。坚与术合纵，欲袭夺刘表荆州，坚为流矢所中，死。孙坚死，子策领其部曲，击扬州刺史刘繇，破之，因据江都。策闻魏太祖与袁绍相持于官渡，将渡江袭许，未济，为洗贡客所杀。策死，弟权领其众。属曹公破袁绍，兵威日盛，乃下书责孙权，求质①。张昭等会议不决，权乃独将周瑜，诣其母前定议。瑜曰："昔楚国初封于荆山之侧，不满百里之地。继嗣贤能，广土开境，立基于郢，遂据荆、扬，至于南海，传业延祚，九百余年。今将军承父兄余资，兼六郡之众，兵精粮多，将士用命，铸山为铜，煮海为盐，境内富饶，人不思乱，泛舟举帆，朝发夕到，士风劲勇，所向无前，有何逼迫，而欲送质？质子一人，不得不与曹氏；曹氏命召，不得不往，便见制于人也。岂与南面称孤同哉？不如勿与，徐观其变。若曹氏率义以正天下，将军事之未晚；若图为暴乱，兵犹火也，不戢②，必将自焚。韬勇枕威，以待天命，何送质之有！"权母曰："公瑾议是也。"遂不送质。

[注释]

①求质：求取人质。②不戢：不止息。

[译文]

后汉灵帝、献帝时，宦官专权，指挥天下，发号施令，其行政大权掌握在臣下手中。当时长沙太守孙坚杀南阳太守张咨，袁术借机占据南阳郡。孙坚同袁术联合，准备夺取刘表据有的荆州，孙坚却被流矢击中而死。孙坚死后，其子孙策继续统率其父亲的部众，攻击扬州刺史刘繇，大败刘繇，因而得以据有江都。孙策听说魏太祖曹操同袁绍在官渡对峙，准备渡江北上，乘虚袭取曹操的许都，还未来得及渡江北上，被冼贡客所杀。孙策死后，其弟孙权统率其部众。此时正值曹操在官渡大败袁绍，兵威日盛。曹操便下书责备孙权，并要求孙权入质朝廷。孙权的谋臣张昭等人会议商讨，犹豫未决。孙权于是抛开众臣，独自带着周瑜去见他的母亲，共决大事。周瑜说："从前，楚国刚刚被分封到荆山之侧时，地方不满百里。然而他的后代们有贤良的美德，有做事的才能，开拓疆土，以郢都为基础，随后逐渐据有荆、扬地区，以至延伸到南海，基业相传，达九百余年。如今将军得以继承父兄基业，统率六郡之众，兵马精良，粮草充足，将士乐于效命，铸山为铜，煮海为盐，境内富饶，人民安居乐业，泛舟举帆，朝发夕至，战士风格强劲刚勇，所向无敌，有什么迫不得已的事情，想要向曹操送人质？质子一旦入曹营，东吴就不得不归顺曹操；曹操召见大王，大王就不得不前往，这样就会受制于人。这岂能与南面称王同日而语？不若不送人质，慢慢观察形势的变化。如果曹操的确要用大义来匡正天下，将军此时再侍奉曹氏不迟；如果曹氏图谋不轨，欲为暴乱，那么，兵如烈火，如果不收敛，将会自焚于火海。我暂时收敛兵勇，隐藏军威，以待天命所归，有什么人质好送的！"孙权的母亲说："公瑾说得好。"孙权决定不向曹操送人质。

后曹公入荆州，刘琮举众降，曹操得其水军船、步卒数十万。吴将士闻之皆恐，孙权延见群下，问以计策。议者咸曰："曹公，豺虎也。托名汉相，挟天子以征四方，动以朝廷为辞。

今日拒之，事更不顺。且将军大势可以拒操者，长江也，今操得荆州，奄有其地，刘表治水军，艨艟斗舰，乃以千数。操悉以沿江，兼有步兵，水陆俱下，此为长江之险，已与我共之矣。而势力众寡，又不可论。愚谓大计，不如迎之。"周瑜曰："不然，操虽托名汉相，其实汉贼。将军以神武之雄才，兼仗父兄之烈，割据江东，地方数千里，精兵足用，英豪乐业，尚当横行天下，为汉家除残去秽，况操自送死，而可迎之耶？请为将军筹之。今使北土已安，操无内忧，能旷日持久，来争疆场，又能与我决胜负于舟楫，可也。今北方既未安，马超、韩遂尚在关西，为操后患；且舍鞍马，杖舟楫，与吴、越争衡，本非中国所长①；又今盛寒，马无蒿草；驱中国士众，远涉江湖之间，不习水土，必生疾病。此数四者，用兵之患也，而操皆冒行之。将军擒操，宜在今日。瑜请得精兵三万人，进住夏口②，保为将军破之。"权曰："老贼欲废汉自立久矣，徒忌二袁、吕布、刘表与孤耳。今数雄已灭，惟孤尚存，孤与老贼，势不两立。君言当击，甚与孤合，此天以君授孤也。"周瑜等水军三万，与刘备并力距曹公，用黄盖火攻策，遂破曹公于赤壁。曹公败，径北还。权遂虎视江表。

[注释]

①中国：泛指中原。②夏口：古地名。又称沔口、汉口、鲁口。指夏水（汉水下游的古称）注入长江处。

[译文]

后来曹操破了荆州，刘琮率部众投降，于是曹操尽有荆州战船及步卒数十万。东吴将士闻讯，十分恐惧。孙权召见群臣，询问对策。大家都说："曹操如同豺虎，托名汉家丞相，挟持天子征讨四方。如果今天拒持曹操，事理更为不顺。况且，将军唯一可以同曹操相抗衡的优势是长江，如今曹操得了荆州，并占据了荆州全境，刘表治水军，艨艟斗舰，数以千计。曹操全部战舰投入长江之上待命，同时又有步兵，水陆俱下，这说明所谓长江天险，曹操已与我共有了。而且军事实力的众寡悬殊，又无法同曹操相提并论。我们认为，为前途大计着想，不如迎接曹操。"周瑜说："形势并不像你们所说的那样严重。曹操托名汉家丞相，其实为汉家逆贼。将军以神武雄才，加上凭仗父兄的功业，割据江东，地方数千里，精兵足以备用，英雄豪杰乐于效命，目前正当横行天下，为汉家王朝除残去秽。况且，曹操自来送死，难道能迎接他，向他投降吗？请听我为将军分析筹划。假设北方已经安定，曹操无内顾之忧，可以旷日持久同我争夺疆场，又假设他有能力同我在水战上决胜负，这还可以另当别论。现在的情况是：曹操的北方并未安定，马超、韩遂尚割据关西，是曹操的后方之患；再加上舍弃鞍马骑战的优势，倚仗舟楫同吴越争高抗衡，这本不是中原的优势；现在又值天气寒冷，马无粮草；驱使北方士众，远涉江湖之间，不习水土，必生疾病。这四个方面都是用兵的大患，但曹操却冒这四项大忌而行事。将军擒获曹操，正在今日，我请求拨精兵三万，进驻夏口，保证为将军破曹操。"孙权说："曹操老贼企图废汉自立的野心已经很久了，只是忌讳二袁、吕布、刘表和我不答应而已。现在那几位英雄都已经被消灭，唯我尚存。我与老贼势不两立。您认为应当抗击曹操，正合我的心意，这正是上天把您授予我的啊！"周瑜等率水军三万，与刘备通力合作，抗拒曹操，采纳黄盖火攻计策，于赤壁大破曹军。曹操战败北还。此后，孙权虎视江表，声威大震。

初，周瑜荐鲁肃才宜佐时。权即引肃对饮曰："今汉室倾危，四方云扰，孤承父兄遗业，思有桓、文之功，君既惠顾，何以佐之？"肃对曰："昔高帝区区，欲尊事义帝而不获者，以项羽为害也。今之曹操，犹昔项羽，将军何由得为桓、文乎？肃窃料之，汉室不可复兴，犹曹操不可卒除。将军为计，惟有鼎足江东,以观天下之衅。规模如此,亦自无嫌。然后建号帝王,以图天下,此高帝之业也。"及是平一江浒,称尊号,临坛顾谓公卿曰:"昔鲁子敬尝道此,可谓明于事势矣。"黄武元年,魏使大司马曹仁步骑数万向濡须①,濡须督朱桓破之。七年,又使大司马曹休骑十万至皖城,迎周鲂,鲂欺之,无功而返。至权薨,皓即位,穷极淫侈,割剥蒸人,崇信奸回,贼虐谏辅。晋世祖令杜预等伐吴,灭之。至晋永嘉中,中原丧乱,晋元帝复渡江,王江南。宋、齐、梁、陈皆都焉。此吴国形也。

[注释]

①濡须:堡坞名。建安十七年(212),孙权令筑,以拒曹操。据濡须水(源出今安徽巢县西巢湖,经无为东南流入长江)口,故名。

[译文]

当初,周瑜向孙权推荐鲁肃,说他有辅佐时世的才能。孙权就请鲁肃饮酒,说道:"如今汉家王室面临着倾覆的危险,天下纷扰不安。我继承父兄的遗业,思盼建立齐桓、晋文辅佐王室那样的功劳。您既然慷慨前来相助,将为我出何种策略帮助我呢?"鲁肃回答说:"从前汉高祖区区一将,诚心诚意想尊事义帝,最终未能达到目的,是项羽为害的缘故。今日的曹操就是昔日的项羽,将军如何能建立齐桓、晋文的功劳呢?依我来看,汉室难以复兴,如同曹操不可能迅速除掉一样。将军制定策略,唯有鼎足立于江东以待天下之变。天下的大势如此,将军也不应该有什么心理上的嫌忌。然后建帝号,即帝位,以便进一步夺取天下,这样才能建立汉高祖那样的功业。"到后来孙权统一了江东之地,称帝王尊号,在祭坛上对公卿说:"从前鲁子敬曾预见今日的局面,可算是一位明于事势的人。"黄武元年,魏国派大司马曹仁率步骑数万向濡须进攻,濡须督朱桓将曹仁击退。黄武七年,魏国又派大司马曹休率十万骑兵进攻皖城,中周鲂计,无功而返。孙权死后,孙皓即位。孙皓穷极淫侈，残暴异常，崇信奸臣，残害犯颜谏阻的忠臣良将。晋世祖司马炎派杜预等统兵讨伐吴国，将吴国灭掉。一直到晋永嘉年间，中原战乱不息，晋元帝渡江，在江南称帝。宋、齐、梁、陈，都在此建都。以上是吴国的大体情形。

古者天子守在四夷，天子卑弱，守在诸侯。当汉之季，奸臣擅朝，九州不澄，四郊多垒。虽复诸侯释位，以间王政，然皆包藏祸心，各图非冀。魏太祖略不世出，灵武冠时。值炎精幽昧之期，逢风尘无妄之世，瞋目张胆，首建义旗。时韩暹、杨奉挟献帝自河东还洛阳。太祖议迎都许。或以为山东未定，不可。荀彧劝太祖曰："昔晋文纳周襄王，而诸侯景从；高祖东伐，为义帝缟素，天下归心。自天子播越，将军首倡义兵，以山东扰乱，未能远离关右。然犹分遣将帅，蒙险通使。虽御外难，乃心无不在王室。是将军匡天下之素志也。今车驾旋轸，义士有存本之思，百姓感旧而增哀。诚因此时奉主上以从人望，大顺也；秉至公以服雄杰，大略也；挟宏义以致英俊，大德也。天下虽有逆节，不能为累明矣。韩暹、杨奉其敢为害，若不时定，四方生心，后虽虑之无及。"太祖至洛阳，奉天子都许，维其弛紊，纫其赘旒①，俾我汉家不失旧物矣。于是运筹演谋，鞭挞宇内，北破袁绍，南虏刘琮，东举公孙康，西夷张鲁。九州百郡，十并其八，志绩未究，中世而殒。未能扶天下之危者，则据天下之安；能除天下之忧者，则享天下之乐；能救天下之祸者，则得天下之福。曹氏率义拨乱，代载其功。至文帝时，天人与能矣，遂受汉禅。

[注释]

①赘旒：赘，缀。旒，旌旗下面悬垂的饰物。喻指汉帝为摆设、饰物。

[译文]

在古代，天子利用华夏以外的周边部族来作守卫，后来天子的力量衰弱了，就只能倚靠诸侯做守卫了。汉朝末年，奸臣专擅朝政，九州混乱，王畿四郊多有战事。虽然有诸侯离开州郡封国直接参与朝廷政治，但都包藏祸心，各有非分之想。魏太祖曹操有盖世大略，神武冠绝当时。正值朝廷昏暗不明之时，适逢风尘无妄之世，曹操瞋目张胆，首举义旗。当时韩暹、杨奉挟持汉献帝自河东返还洛阳。曹操同诸将商议，打算迎汉献帝迁都许昌。有人认为山东尚未安定，迁都时机还不成熟。荀彧劝曹操说："从前，晋文公迎接周襄王，诸侯闻风响应；汉高祖东伐项羽，为义帝披麻戴孝，天下人心都归向了汉高祖。自从天子蒙难，将军首倡义兵，因山东局势混乱，未能远离关右。但仍然分派将帅，冒险通使。即使是抵御外难，您的心也无时无刻不在王室。这说明将军素有匡扶天下的志向。如今天子车驾返京，义士们都有复兴汉室的思想，老百姓也因感念旧情而平添了几分哀痛。如果能利用这个机会奉迎天子以顺从人们的真诚愿望，是大顺天下的举动；以至公之心使天下英雄豪杰诚心服从自己，这是经营天下的大略；倡导大义以招徕天下英才俊士，这是天下的大德。这样，即使天下有同您相对抗的事情发生，不会造成大的危害，是显而易见的。韩暹、杨奉很可能制造祸乱，若不及时采取行动，稳定局势，一旦四方生离散之心，那时即使想这样做，也已经来不及了。"曹操到洛阳奉迎天子建都许昌。重建汉家已经废弛的纲纪，恢复汉家旧制，使我汉家重新树立了王朝威严，不致倾危。自此以后，曹操运筹帷幄，征战宇内，北破袁绍，南擒刘琮，东灭公孙康，西平张鲁。天下九州百郡，曹操十有其八，但壮志未酬，中世而死。能够匡扶天下危难的人，才能真正据有一个安定的天下；能够除去天下忧患的人，才能真正享受天下的欢乐；能够拯救天下祸端的人，才能真正得到天下的幸福。曹操首倡义举，拨乱反正，功勋彪炳史册。魏文帝时，天命人心归于能者，于是接受了汉家的禅让。

王室虽靖，而二方未宾，乃问贾诩曰："吾欲伐不从命，以一天下，吴、蜀何先？"对曰："攻取者先兵权，建本者尚德化，陛下应期受禅，抚临率土，若绥之以文德，而俟其变，则平之不难矣。吴、蜀虽蕞尔小国，依山阻水，刘备有雄才，诸葛亮善治国，孙权识虚实，陆逊见兵势，据险守要，泛舟江湖，皆难卒平也。用兵之道，先胜后战，量敌论将，故举无遗策。臣窃料群臣无权、备对①，虽以天威临之，未见万全之势。昔舜舞干戚而有苗服。臣以为当今宜先文后武。"文帝不纳，后果无功。

[注释]

①无权、备对：没有孙权、刘备的对手。

[译文]

魏虽然取代了汉家王朝，王室得以安宁，但仍有吴、蜀两国尚未归附。魏文帝问贾诩："我准备讨伐不服从王命的吴、蜀，统一天下，你认为吴国和蜀国，先对哪一国用兵为好？"贾诩回答说："若要出兵征战，必须首先研读兵法权变；建国立本，务在推行德化。陛下顺应天命，受禅即位，御临海内，如果能够以推行文德来安定天下，等待吴、蜀自行变乱，这时讨平两国并不是困难的事情。吴、蜀虽是小国，但有山水为屏障，形势险要，刘备有雄才，诸葛亮善于治国，孙权懂得兵法虚实的道理，其部将陆逊善于创造有利的兵势。他们据守险要之地，泛舟江湖，这些都是我难以迅速平定的不利因素。用兵的原则是，先据有胜利的条件，稳操胜券后，再出兵交战，并仔细查明敌方的力量，论列比较双方将领的优劣，只有这样反复比较权衡，才能做到战而必胜，万无一失。我料算群臣之中尚无孙权、刘备的对手，虽然以陛下的天威征讨两国，但也难看出万全必胜的形势。从前，舜舞动一下兵器，有苗氏诚心归服。我认为当前应该先文德后武功。"文帝未采纳贾诩的建议。

后来果然无功而返。

至甘露元年，始以邓艾为镇西将军，拒蜀将姜维，维军败，退守剑阁①。钟会攻维不能克，艾上言曰："今贼摧折，宜遂乘之。从阴平由邪径经汉、德阳亭，趣涪，出剑阁西四百里，去成都三百余里，奇兵冲其腹心，剑阁之守必还赴涪，则会方轨而进；剑阁之军不还，则应涪之兵寡矣。《军志》有言：'攻其不备，出其不意。'今掩其空虚，破之必矣。"冬十月，艾自阴平行无人之地七百余里，凿山通道，山高谷深，艾以毡自裹，推转而下，将士皆攀木缘崖，鱼贯而进，先登至江油。蜀将诸葛瞻自涪还绵竹，列阵待艾。艾遣子忠等出战，大破之，斩瞻。进军到洛县，刘禅遂降。至晋末，谯纵复窃蜀，宋刘裕使朱龄石伐蜀，声言从内水取成都，败衣羸老进水口。谯纵果疑其内水上也，悉军新城以待之。乃配朱龄石等精锐，径从外水，直至成都，不战而擒纵。此灭蜀形也。

[注释]

①剑阁：此指剑门山。在四川北部，东北西南走向，长达七十余公里。主峰大剑山在剑阁县北。有剑门七十二峰，峭壁中断，两崖相嵌，形似剑门，故名。

[译文]

到甘露元年，魏任命邓艾为镇西将军，同蜀将姜维对阵，姜维战败，退守剑阁。魏将钟会久攻姜维不克。邓艾上书魏帝说："蜀贼已遭到严重的打击和挫折，我应乘胜追击。从阴平（今甘肃文县境内）由小道经汉（治所在今四川剑阁县东北）、德阳亭（今四川江油市东北）直扑涪县，出剑阁以西四百里，距离成都三百余里，派奇兵直冲蜀国心脏，剑阁守军必定还救涪，钟会即可大踏步前进；如果剑阁守军不还救涪，那么涪县守军就难以支持。《军志》

上说:'攻其不备,出其不意。'我直捣其空虚之处,必能破蜀。"景元四年冬十月,邓艾自阴平穿行无人之地七百余里,凿山通道,山高谷深,邓艾用毡裹在身上,从山上滚转而下,将士攀木缘崖,鱼贯而进,进至江油城。蜀将诸葛瞻从涪县还军绵竹,列阵等待邓艾。邓艾派其子邓忠出战,大破蜀军,斩诸葛瞻。魏军行至洛县,后主刘禅向魏国投降。到晋朝末年,谯纵割据蜀地,宋刘裕派朱龄石率兵伐蜀,声言要从内水攻取成都,并派老弱残兵上船入水口,作出要从水路进攻的形势。谯纵果然认为朱龄石将由内水(今四川涪江及其下游嘉陵江)而上,于是把军队全部屯驻在新城严阵以待。然而刘裕却拨予朱龄石精兵,从外水(今四川成都市府河及其下游岷江)直抵成都,不战而擒谯纵。这是灭蜀的大概情形。

魏嘉平中,孙权死。征南大将军王昶、征东大将军胡遵、镇南将军毌丘俭等表征吴。朝廷以三征计异,诏访尚书傅嘏,嘏对曰:"昔夫差胜齐陵晋,威行中国,不能以免姑苏之祸;齐闵辟土兼国,开地千里,不足以救颠覆之败。有始者不必善终,古事之明效也。孙权自破蜀兼荆州之后,志盈欲满,凶忒已极。相国宣、文王先识取乱侮亡之义①,深达宏图大举之策。今权已死,托孤于诸葛恪。若矫权苛暴,蠲其虐政,民免酷烈,偷安新惠,外内齐虑,有同舟之惧,虽不能终自保完,犹足以延期挺命于深江之外矣。今议者或欲泛舟径济,横行江表;或欲倍道并进,攻其城垒;或欲大佃疆场,观衅而动。此三者皆取贼之常计。然施之当机则功成;若苟不应节,必贻后患。自治兵已来,出入三载,非掩袭之军也。贼丧元帅,利存退守。若罗船津要,坚城清野,横行之计,其殆难捷也。贼之为寇几六十年,君臣伪立,吉凶同患。若恪蠲其弊,天夺之疾,崩溃之应,不可卒待也。今贼设罗落,又持重密。间谍不行,耳目无闻。夫军无耳目,投察未详,而举大众以临巨险,此为希幸徼功,先战而后求胜,非全军之长策也。惟有大佃最差完牢,兵出民表,寇钞不犯;坐食积谷,不烦运士;乘衅讨袭,无远劳费。此军之急务也。夫屯垒相逼,巧拙得用。'策之而知得失之计,角之而知有余不足之处。'情伪将焉所逃?夫以小敌大,则役烦力竭;以贫敌富,则敛重财匮。故'敌逸能劳之,饱能饥之',此之谓也。然后盛众厉兵以振之,参惠倍赏以招之,多方广似以疑之。由不虞之道,以间其不戒。比及三年,左提右挈,虏必冰散瓦解,安受其弊,可坐算而得也。昔汉氏历世常患匈奴。朝臣谋士,早朝晏罢;介胄之将,则陈征伐;搢绅之徒,咸言和亲;勇奋之士,思展搏噬。故樊哙愿以十万横行匈奴,季布面折其短;李信求以二十万独举楚人,而果辱秦军。今诸将有陈越江陵之险,独步虏庭,即亦向时之类也。以陛下圣德,辅相贤智,法明士练,错计于全胜之地,振长策以御之,虏之崩溃,必然之数。故兵法曰:'屈人之兵而非战也,拔人之城而非攻也。'若释庙胜必然之理,而行百一不全之略,诚愚臣之所虑也。故谓大佃而逼之计最长。"时不从嘏言。诏昶等征吴。吴将诸葛恪拒之,大败魏军于东关。魏后陵夷,禅晋。太祖即位。

[注释]

①宣、文:指宣王司马懿和文王司马昭。

[译文]

魏嘉平年间,孙权去世。魏国征南大将军王昶、征东大将军胡遵、镇南将军毌丘俭等上表朝廷,请求征讨吴国。朝廷因三位将军所陈征吴方略不一致,就下诏征求尚书傅嘏的意见。傅嘏说:"从前,夫差曾经战胜齐国、欺凌晋国,声威震中原,但最终不能避免姑苏亡国灭身之祸;齐闵王开辟疆土,兼并邻国,拓地千里,但也挽救不了自己被颠覆的命运。有良好辉煌的开端,未必能有好的结局，往古的史实已经证明了这一点。孙权自从大破蜀军兼并荆州以后，骄傲自满，凶暴已极。相国宣王和文王最先懂得夺取侵侮乱亡之国的大义，通达施展宏图大举的策略。现在孙权已经死去，将儿子孙皓托付给诸葛恪。如果他能矫正往日孙权的苛暴政治，使人民免于暴政的酷烈，在新政的恩惠下偷安，有同舟共济的危急忧患意识，内外齐心，如果吴国能做到这些，即使最终逃脱不了灭亡的命运，但尚足以在大江之外延续一些时日。现在筹划进兵策略的人，有的主张乘船渡江强攻，横行江表；有的主张绕道并进，进攻东吴的城垒；还有的主张军屯疆场，观衅而动。这三种主张都是进攻敌人的一般方法。如果施行的时机得当，就可以成功；如果施行的时机不成熟，各环节配合不当，则必遗后患。自从同吴国交兵以来，已历时三载，看来吴军也不是靠掩杀突袭就能轻易战胜的军队。现在吴贼刚丧元帅，以收缩固守为主要战略。如果吴人把战船集结在重要口岸，坚城清野，我渡江强攻、横行江表的作战计划恐怕很难奏效。吴国割据江东为寇近六十年，已经形成了稳固的君臣关系，上下同吉凶共患难。如果诸葛恪能够革除弊政，老天又不降灾难于吴，吴国崩溃的兆应也不是立等可待的。现在吴贼遍设网罗，又持重严守秘密，间谍不能行，耳目闭塞。用兵打仗，没有耳目通报情况，就不可能详察敌情。在这种情况下，发大军南进，企图跨越长江天险，这是希冀侥幸成功，先投入战斗而后寻求胜利的条件，不是保全军队、稳操胜券的良策。唯有让军队屯田疆场之计最稳妥可靠。兵出于民，秋毫无犯；吃自己种的粮食，不烦劳士卒运粮；乘衅击敌，无远来劳顿之苦。这些才是军队的当务之急。屯军设垒、逼近敌人，巧拙两种方法都可以得到运用。'经过筹算来分析敌人作战计划的优劣，同敌人进行小小的交锋，来了解敌人兵力的虚实强弱。'敌情的真实或伪诈怎么能逃出我们的分析？以弱小的力量同强大的力量抗衡，就会使弱小的一方差役繁重，实力枯竭；以贫穷同富裕相抗衡，贫穷的一方必定征敛繁重，财力匮乏。所以兵法说：'敌人安逸，能使其劳顿；敌人粮食充足，能使其无粮可食。'讲的正是这个道理。然后征调大军，秣马厉兵，旌旗浩盛，耀兵疆场，以军威震慑敌人，用恩惠重赏来招降敌人，多方布兵以迷惑敌人。从敌人毫无防备的道路出击，直捣其不戒备之处。这样下去，大约三年时间，就能使敌人冰散瓦解，自取败亡。我可以坐算庙堂之上夺取最后的胜利。从前，汉朝历代都以匈奴的侵扰为大患，朝臣谋士早朝刚散，戴盔披甲的将军们便去向朝廷陈述征伐匈奴的策略。文官大都主张和亲，武将大都主张动武。樊哙愿请十万精兵征讨匈奴，季布则当面驳斥其策略的不可行之处；李信请以二十万精兵攻取楚人，结果使秦军败辱。现在有人向朝廷上书，自称能越过长江，跨越险阻，在吴王宫廷之上独步，和上面的例子同属一类。以陛下的圣德，宰辅丞相的贤良智慧，法纪严明，将士干练，把进兵大计建立在全胜的基础之上，以长远之策来驾驭时局，吴虏迟早要崩溃是必然的。所以兵法上说：'使敌人的军队屈服并不通过战争，占领敌人的城池并不靠强攻。'如果放弃庙堂胜算的策略，而去实行没有百分之一成功希望的用兵计划，这的确是我做臣下的最为担忧的事情。所以我认为疆场屯田、步步逼近敌人的计策最为可取。"魏帝未能采纳傅嘏的策略，诏命王昶等率兵伐吴。吴国将领诸葛恪率兵迎战，在东关大败魏军。此后魏朝廷逐渐衰弱，最终禅让给晋，晋太祖即位。

至世祖时，羊祜上平吴表曰："先帝顺天应时，西平巴蜀，南和吴会，海内得以休息，兆庶有乐安之心。而吴复背信，使边事更兴。夫期运虽天所授，而功业必由人而成。不一大举扫灭，则众役无时得安。非所以隆先帝之勋，成无为之化也。故尧有丹水之伐，舜有有苗之征，咸以宁静宇宙，戢兵和众者也。蜀平之后，天下皆谓吴当并亡。自此来十三年，是谓一周，平定之期，复在今日。议者常言吴楚有道后服，无礼先强，此乃诸侯之时耳。当今一统，不得与古同论。夫适道之论，皆未应权。是故谋之虽多，而决之欲独。凡以险阻得存者，谓所敌者同力，足以自固。苟其轻重不齐，强弱异势，则智士不能谋，而险阻不可保也。蜀之地，非不险也，高山寻云霓，深谷肆无景，束马悬车，然后能济。皆言一夫荷戟，千人莫当。及进兵之日，曾无藩篱之限，斩将搴旗，伏尸数万，乘胜席卷，径至成都。汉中诸城，皆鸟栖而不敢出。非皆无战心，诚力不足相抗。至刘禅降服，诸营堡者，索然俱散。今江淮之难，不过剑阁；山川之险，不过岷汉；孙皓之暴，侈于刘禅；吴越之困，甚于巴蜀。而大晋兵众，多于前世；资储器械，盛于往时。今不于此平吴，而更阻兵相守，征夫苦役，日寻干戈，经历盛衰，不可长久。宜当时定，以一四海。今若引梁、益之兵，水陆俱下；荆楚之众，进临江陵；平南、豫州，直指夏口；徐、扬、青、兖并向秣陵，鼓旆以疑之，多方以误之。以一隅之吴，当天下之众，势分形散，所备皆急。巴汉奇兵，出其空虚，一处倾坏，则上下震荡。吴缘江为国，无有内地，东西数千里，以藩篱自持。所敌者大，无有宁息。孙皓恣情任意，与下多忌；名臣重将，不复自信。是以孙秀之徒①，皆畏逼而至。臣疑于朝，士困于野，无保势之计，一定之心。平常之日，犹怀去就；兵临之际，必有应者。终不能齐力致死，已可知也。其俗急速，不能持久，弓弩戟楯，不如中国。惟有水战，是其所便。一入其地，则长江非复所固。还保城池，则去长入短。而官军悬进，人有致节之志；吴人战于其地，有凭城之心。如此，军不逾时，克可必矣。"帝深纳焉。乃令王濬等灭吴。天下书同文，车同轨矣。

[注释]

①孙秀：孙策幼弟孙匡之孙，不为吴主孙皓所容而奔晋，任晋骠骑将军。

[译文]

晋世祖时，羊祜上平吴表说："先帝顺应天命时势，西面讨平了巴蜀，南面则同吴国建立和平友好关系，海内得以休养生息，老百姓安居乐业。而吴国却背弃信义，在边境制造事端。朝代循环的周期和命运虽然是由上天授予的，但利用这一时机建立功业则必须靠人去完成。如果不大举义兵彻底扫灭吴国，那么老百姓就永远摆脱不了兵役劳役的痛苦，永远过不上安定的日子。不这样做也不能够光大先帝的功勋、成就教化人民的业绩。所以唐尧有征服南蛮的丹水之战，虞舜有征伐有苗氏的战争，他们都是为了使宇宙宁静、兵革停息、人民和睦。讨平蜀汉之后，天下人都认为吴国也应该随之灭亡，至今已经十三年了，这是岁星循环的一个周期，所以今天又循环到讨平东吴的时候了。人们常说，吴、楚两国在中原王朝政治清明强盛时往往最后表示臣服，当中原王朝政治腐败衰落时，又是它们两国最先反叛。这说的是天下分裂、诸侯纷争时期的情形。如今天下一统，当然不能同往古时期相提并论。符合一般道理原则的论点都未必适应特殊的情形。因此进计献策的人虽然很多，但决策时就更需要决策者独断。凡是依赖险要的地理形势才得以存在的国家，则是因为它的敌国同它实力相当，它才能利用险要的地理形势来自固。假如双方轻重不齐、强弱悬殊，那么即使充满了智慧的人也难以为它谋求生存，这时只靠险阻的地形就很难保全它的国家了。巴蜀之地，不可谓不险，山高入云端，谷深不见影，通往蜀地的道路，马不得过，车不得行，只有把战马捆绑约束起来，把车辆悬起来方能通过。都说蜀道一人扛枪把关，千人难以通过。但等到向蜀地进兵时，险峻的地形不曾起到一道篱笆的限制作用，魏军斩将夺旗，杀得蜀军伏尸数万，乘胜席卷，一直杀到成都。汉中诸城如同小鸟栖息在窝中不敢出战。并不是因为他们都没有抗战的决心,而是因为他们的实力的确不足以同魏军相抗衡。等后主刘禅降服后,蜀地诸营堡顿时瓦解。如今,江淮之难攻,难不过剑阁;山川之险峻,险不过岷江和汉江;吴主孙皓的残暴,有过于刘禅;吴越的困境,有甚于巴蜀。而大晋朝的军队比前世多,军资器械更非往日可比。不乘此有利时机平讨吴国,仍然屯兵相守,那么征夫苦于兵役差役,日动干戈,你来我往。不应该这样长久相持。应该抓住战机,统一海内。如果我们率梁州、益州的军队水陆俱下;派荆楚的军队进抵江陵;平南、豫州的军队直指夏口(在今武汉市黄鹄山上,为历代兵家必争之地);徐、扬、青、兖四州的军队同时直趋秣陵(今南京市)。以战鼓旌旗来迷惑敌人,利用多种方法造成敌人判断和决策的失误。以东南一隅的吴兵去抵挡天下庞大的军队,势必造成兵力分散、处处设防、处处告急的被动局面。另外部署巴汉奇兵直捣吴国空虚之处,一处失守,必定使吴国上下震荡、军心不稳。吴国缘江为国,没有腹地,东西绵延数千里,以长江作为护国的藩篱和屏障。因为其防御的战线过长,所以难有宁息之日。吴主孙皓恣情任意,对下属颇多猜忌,名臣重将已失去胜利的自信,因此孙秀等人都被迫逃至晋国。吴国的大臣被朝廷猜疑,战士被困于疆场,已经没有保全自己的计策,丧失了誓死抵抗的决心。在平时和平情况下尚且有离心离德的倾向,等我大军压境之时,其内部必定有人响应。吴人终究难以做到团结一致、誓死抵抗,这一点是可想而知的。吴人性格急躁,难以持久,操持弓弩戟楯的技术也不如中原。唯有水战是他们的优势。我一旦跨越长江,则长江便失去了作为吴国屏障的作用;吴人被迫退守城池,吴人就不得不去其所长而用其所短。晋军悬军深入,人人有效命守节的志气;吴人在自己的国土上作战,有入城守御的被动心理。这样不需要多长时间,就能战胜吴国。"晋帝非常赞赏羊祜的意见,于是派王濬等率军灭掉了吴国。天下书同文、车同轨,实现了统一。

至晋惠庸弱,胡乱中原,天子蒙尘,播迁江表。当时天下复分裂矣。出入五代,三百余年。隋文帝受图,始谋伐陈矣。尝问高颎取陈之策①,颎曰:"江北地寒,田收差晚。江南土热,水田早熟。量彼收获之际,微征士马,声言掩袭,贼必屯兵坚守,足使废其农时;彼既聚兵,我便解甲。再三如此,贼以为常。后更集兵,彼必不信。犹豫之顷,吾乃济师登陆而战,兵气益倍。又江南土薄,舍多竹茅,所有储积,皆非地窖,密遣行人,因风纵火,待其修立,复更烧之。不出数年,自可财力俱尽。"上行其策,陈人益弊。

[注释]

①高颎:隋臣。官至尚书左仆射,执掌朝政。先后推荐苏威、杨素、贺若弼、韩擒虎为将相。后因议论朝政被杀。

[译文]

晋惠帝昏庸暗弱,五胡乱华,战乱不息,天子蒙尘,被迫迁都江南。这时天下出现了分裂局面,前后经历了五个朝代(东晋、宋、齐、梁、陈),历时三百余年。隋文帝建立隋朝,统一中原后,开始筹划讨伐陈朝的事宜。隋文帝曾经向高颎询问攻取陈朝的策略,高颎回答说:"江北地区气候寒冷,收获时节较江南为晚。江南气候温暖,水田较北方早熟。正值南方收获之际,稍稍征调兵马,声言将对南方用兵,陈贼必定集结兵力固守,足使他们耽误农时;等到他们兵马集结以后,我便解甲罢兵。反复这样做几次,他们便会习以为常,不再严加戒备。以后我再集结兵力、声言讨伐时,他们必定不再相信。乘他们犹豫未决之时,我迅速渡江登陆作战,士气旺盛。另外,江南土质湿软,房舍多用茅竹建成,所以粮食积储都不藏在地窖。我可秘密派人乘风纵火,等他们修复以后,再派人纵火烧毁。不出几年,自然财力俱尽。"隋文帝采纳了高颎的计策,陈朝日益衰败。

后发兵,以薛道衡为淮南道行台尚书,兼掌文翰。及王师临江,高颎召道衡,夜坐幕下,因问曰:"今师之举,克定江东与否,君试言之。"道衡答曰:"凡论大事成败,先须以至理断之。《禹贡》所载九州本是王者封域。后汉之季,群雄竞起,孙权兄弟,遂有吴楚之地。晋武受命,寻即吞并。永嘉南迁,重此分割。自尔已来,战争不息。否终斯泰,天道之恒。郭璞有云:'江东偏王三百年,还与中国合。'今数满矣。以运数而言,其必克一也。有德者昌,无德者亡。自古兴灭,皆由此道。主上躬履恭俭,忧劳庶政。叔宝峻宇雕墙,酣酒荒色,上下离心,人神同愤,其必克二也。为国之体,在于任寄。彼之公卿,备员而已。拔小人施文庆,委以政事。尚书令江总,惟事诗酒,本非经略之才。萧摩诃、任蛮奴,是其大将,一夫之勇耳,其必克三也。我有道而大,彼无德而小。量其甲士,不过十万。西自巫峡,东至沧海①,分之则援悬而力弱,聚之则守此而失彼,其必克四也。席卷之兆,其在不疑。"颎忻然曰:"君言成败理甚分明,吾今豁然也。本以才学相期,不意筹略乃至此也。"遂进兵,虏叔宝。此灭吴形也。自隋开皇十年庚戌岁灭陈,至今开元四年丙辰岁,凡一百二十六年,天下一统。

[注释]

①沧海:我国古代称东海为沧海。

[译文]

后来隋朝发兵进攻陈朝,任薛道衡为淮南道行台尚书,并兼管起草文书的工作。隋大军逼临长江,高颎召见薛道衡,夜坐军帐之中,问道:"这次军事行动,是否能平定江东?请你就这一问题谈谈你的看法。"薛道衡回答说："凡论述大事的成败，必须首先用经典原理来作判断。根据《尚书·禹贡》的记载，九州本来是天子分封给诸侯王的封域。后汉末年，汉王室衰弱，群雄竞起，割据一方，孙权兄弟于是据有吴楚之地。晋武帝敬受天命，取代魏国不久，即发兵兼并了东吴。晋永嘉年间，皇室南迁，南北重新分裂。自那时以来，战争从未停息过。然而，否极泰来，这是永远颠扑不破的自然规律。郭璞曾经说过：'江东地区独立称王三百年后，就会重新被中原所统一。'现在三百年的时限已经满了。从命运天数来说，战胜陈朝是必然的，此其一。能够推行德政的国家就昌盛，不能推行德政的国家就会败亡。自古以来，王朝的兴灭，都是由这一规律所决定的。我大隋皇上事必躬亲、恭敬俭朴，为百姓操劳不已。而陈后主陈叔宝却为政苛暴、大兴土木、荒淫酒色，上下离心，人神同愤。这是我定能克服陈朝的第二个根据。治理国家的大体和关键在于知人善任。而陈朝的公卿大臣都是不务实际、徒具虚名的备员而已。提拔小人，重用舞文弄墨之徒。尚书令江总，只会赋诗饮酒，本非能够经营治理天下的人才。萧摩诃、任蛮奴是陈朝的大将，但都是一介勇夫，并无韬略可言。这是我定能克服陈朝的第三个根据。我隋朝有道而强大，陈朝无德而弱小。料算它的军队不过十万。西自巫峡东至沧海，分兵把守则兵力薄弱，难以相互为援；聚兵防守则顾此而失彼。这是我定能克服陈朝的第四个根据。根据这些征兆来分析，我席卷江南的预兆是不容怀疑的。"高颎忻然答道："您所讲的双方成败的道理非常明白，使我心胸豁然开朗。本以为您只是才学广博，没想到您筹谋计略也是如此高明。"于是进兵，俘虏了陈后主陈叔宝。以上是灭吴的大体情形。自从隋开皇十年庚戌岁灭陈，至今开元四年丙辰岁，凡一百二十六年，天下一统。

论曰：传称："都城过百雉①，国之害也。"又曰："大都偶国，乱之本。"古者诸侯不过百里，山海不以封，毋亲夷狄，良有以也。何者？贾生有言："臣窃迹前事，夫诸侯大抵强者先反。淮阴王楚最强，则最先反；韩信倚胡则又反；贯高因赵资则又反；陈豨兵精则又反；彭越因梁则又反；黥布用淮南则又反；卢绾最弱最后反；长沙乃在二万五千户耳，功小而最完，势疏而最忠。非独性异人也，亦形势然也。曩令樊、郦、绛、灌据数十城而王，今虽以残亡可也。令信、越之伦，列为彻侯而居，虽至今存可也。然则天下之大计亦可知已。欲诸王之皆忠附，则莫若令如长沙王；欲臣子之勿菹醢，则莫若令如樊、郦等；欲天下之治安，则莫若众建诸侯而少其力。"以此观之，今专城者，皆提封千里，有人民焉，非特百里之资也；官以才居，属非肺腑，非特毋亲之疏也；吴据江湖，蜀阻天险，非特山海之利也；跨州连郡，形束壤制，非别偶国之害也。若遭万世之变，有七子之祸，则不可讳，有国者不可不察。

[注释]

①雉（zhì）：古代计算城墙面积的单位。长三丈、高一丈为一雉。

[译文]

作者论说道：《左传》说："都城超过百雉，反而会给国家造成祸害。"又说："大都邑同国都的大小一样，是造成国家动乱的本源。"古代诸侯封地不超过百里，山海不在分封之列，不使诸侯同周边夷狄相亲近，这的确是有充分根据的。为什么呢？贾谊曾说过："我考察历史发现，诸侯中一般是强大的最先反叛。淮阴侯韩信做楚王时，楚国最为强大，因此最先反叛；韩王信倚恃胡人的支持，也反叛了朝廷；贯高凭借赵国的力量而反叛；陈豨因兵马精强而反叛；梁王彭越据梁而反叛；淮南王黥布据淮南而反叛；燕王卢绾最弱最后反叛；长沙王吴芮封国人口仅有二万五千户，因功小而能善始善终，因势弱而最忠诚。并不仅仅是因为人的天性有差别，强弱形势也是一个重要因素。假设使当年的樊哙、郦商、绛侯周勃、灌婴都封为拥有数十城的王，今天也可能遭致残灭败亡的下场。假设使韩信、彭越之流都封为彻侯，时至今日还可能保存着爵位。所以，安定天下的大计就可以因此而总结出来。如果要想使诸侯王都忠诚归附于朝廷，就应该使他们都像长沙王一样弱小；要想使臣子不遭诛戮的命运，那么就应该使他们都像樊哙、郦商等人；要想使天下长治久安，就应该众建诸侯，以使他们各自的势力弱小难以为害。"由此来看，当今专城而居的藩镇首领，辖地数千里，同时管理着其辖地上的人民，不仅仅是古代不过百里的封地了；提拔任命各部管职则根据才能的大小，他们并不一定是皇室肺腑之人，这样的用人制度造成的结果也不仅仅是各级官员并非皇室亲族而已；吴据有江湖，蜀据有险阻，它们所据有的也不仅仅是山川大海所带来的经济利益；跨州连郡，划地而治，这也不能同诸侯国所造成的危害相区别。一旦稍有变化，就会有汉朝吴楚七国之乱那样的祸端发生。这一点不可讳言，坐天下的人不可不注意研究这一问题。

卷七（权议）

惧戒第二十

《易》曰："汤、武革命，顺乎天而应乎人。"《书》曰："抚我则王，虐我则仇。"《尸子》曰："昔周公反政①，孔子非之曰：'周公其不圣乎，以天下让，不为兆人也。'"董生曰②："虽有继体守文之君，不害圣人之受命。"古语曰："穷鼠啮狸，匹夫奔万乘。"故黄石公曰："君不可以无德，无德则臣叛。"孙卿曰③："能除患则为福，不能则为贼。"

何以明之？昔文王在酆④，召太公曰："商王罪杀不辜，汝尚助余忧人，今我何如？"太公曰："王其修身，下贤，惠人，以观天道。天道无殃，不可以先唱⑤；人道无灾，不可以先谋。必见天殃，又见人灾，乃可以谋。与民同利。同利相救，同情相成，同恶相助，同好相趋。无甲兵而胜，无衡机而攻，无渠堑而守。利人者天下启之，害人者天下闭之。天下非一人之天下也。取天下若逐野兽，得之而天下皆有分肉；若同舟而济，皆同其利，舟败皆同其害。然则皆有启之，无有闭之者矣。无取于民者，取民者也；无取于国者，取国者也；无取于天下者，取天下者也。取民者民利之，取国者国利之，取天下者天下利之。故道在不可见，事在不可闻，胜在不可知，微哉，微哉！鸷鸟将击，卑身翕翼；猛兽将搏，俛耳俯伏。圣人将动，必有愚色。惟文惟德，谁为之式？弗观弗视，安知其极？今彼殷商，众口相惑；吾观其野，草茅胜谷；吾观其群，众曲胜直；吾观其吏，暴虐残贼，败法乱刑，而上不觉，此亡国之则也。"文王曰："善。"

[注释]

①反：同"返"。归，还。②董生：即董仲舒。③孙卿：即荀子。战国时期思想家、教育家。名况。赵国人。时人尊其号为卿。汉人避宣帝刘询讳，称为"孙卿"。著有《荀子》。④酆：古地名。在今陕西长安西北沣河以西。⑤唱：唱导，亦作"倡导"。

[译文]

《易》说："商汤周武革命，上顺天意，下应民心。"《尚书》说："能抚恤爱护我们的人，我们就拥戴他做王；虐待我们的人，我们视他为仇敌。"《尸子》说："从前，周公还政于成王，孔子对此不以为然，非议说：'周公莫非算不上圣人吗？拿天下让人，而不为广大百姓着想。'"董仲舒说："虽然君主继承了先帝大统，恪守先帝遗制，但仍可能被上受天命的圣人所取代。"古语说："老鼠被逼急了会去咬猫，匹夫百姓被逼急了会对天子造反。"所以黄石公说："做君王的不能没有道德，没有道德，臣子就会反叛。"荀子说："能够除去祸患的人能得到幸福，不能除去祸患的人则为祸患所残害。"

用什么来证明上述的论点呢？从前文王在酆，把太公召来问道："商纣王妄杀无辜，你经常教导我要替人民而忧劳，现在我该怎么办呢？"太公回答说："大王应该继续修炼自身，礼贤下士，向人民播施恩惠，以观察天命所归。天道如果尚没有给商王降下祸殃，大王就不能首先倡导；如果人事方面还没有什么灾祸，大王就不能首先图谋推翻商王。必须看到上天给商王降下了祸殃，人事方面又有灾害，这时才可以兴兵谋取。要与人民共同分享所有的利益。同利才可能相互救援，同情才能够相辅相成，同恶才能相互帮助,同好才能奔向同一个目标。做到了这些,即使没有甲兵也能够取胜,没有器具也能攻拔城池,没有壕堑也能固守。能为人民带来利益的人,天下百姓就会开门迎接他;为人带来危害的人,天下百姓就会闭门拒绝他。天下绝不是一个人的天下,夺取天下好比是人们在野外共同狩猎,得到了,天下人都应分得自己的一份;又好比同舟共济,如果安全到达了彼岸,那么大家共同享受其利,如果覆于水中,那么大家共受其害。所以说对大家有利,天下人就开门欢迎;对大家无利,天下人就会闭门不纳。不以夺取人民为目的,反而能夺取人民;不以夺取国家为目的,反而能夺取国家;不以夺取天下为目的,反而能够夺取天下。取得了人民,能使人民得到利益;取得了国家,能使国家得到利益;取得了天下,能使天下得到利益。所以道贵在人们永远看不见,事功贵在人们不知道,胜利贵在不知不觉之中。这其中的道理实在是太玄妙了!雄鹰将要搏击猎物时,总是缩身敛翅;猛兽将要搏击捕食时,总要缩耳俯身。圣人将有所作为时,则必须大智若愚。文质彬彬,播施德行,谁也无法限制你;听而不闻、视而不见,谁也看不透你究竟想做什么。如今商朝上下,众口相互欺骗;我观看他们的田野上,茅草比庄稼长得还旺盛;我观察他们的民众,邪恶压住了正直;我观察商朝的官吏,暴虐残贼,败法乱刑,但商王却仍然若无其事,这是行将亡国的征兆。"文王说:"你讲得非常好。"

楚恭王薨,子灵王即位。群公子因群丧职之族,杀灵王而立子干。立未定,弟弃疾又杀子干而自立。初,子干之入也,韩宣子问于叔向曰①:"子干其济乎?"对曰:"难。"宣子曰:"同恶相求,如市贾焉,何难?"对曰:"无与同好,谁与同恶?取国有五难:有宠而无人,一也;有人而无主,二也;有主而无谋,三也;有谋而无民,四也;有民而无德,五也。子干在晋十三年矣，晋、楚之从，不闻达者，可谓无人；族尽亲叛，可谓无主；无衅而动，可谓无谋；为羁终世②，可谓无人；亡无爱征，可谓无德。王虐而不忌，楚君子干，涉五难以杀旧君，谁能济之？有楚国者，其弃疾乎？君陈、蔡③，城外属焉。苛慝不作④，盗贼伏隐，私欲不违，民无怨心，先神命之，国人信之。芈姓有乱，必季实立，楚之常也。获神一也，有民二也，命德三也，宠贵四也，居常五也。有五利以去五难，谁能害之？子干之官，则右尹也；数其贵宠，则庶子也；以神所命，则又远之。其贵亡矣，其宠弃矣，民无怀焉，国无与焉，将何以立？"

宣子曰："齐桓、晋文，不亦是乎？"对曰："齐桓，卫姬之子也，有宠于僖⑤，有鲍叔牙、宾须无、隰朋以为辅佐，有莒、卫以为外主⑥，有国、高以为内主。从善如流，下善齐肃，不藏贿，不从欲，施舍不倦，求善不厌，以是有国，不亦宜乎？我先君文公，狐季姬之子也，有宠于献公。好学不贰，生十七年，有士五人。有先大夫子余、子犯以为腹心，有魏犨、贾佗以为股肱，有齐、宋、秦、楚以为外主，有栾、郤、狐、先以为内主。亡十九年，守志弥笃。惠、怀弃民⑦，从而与之，献无异亲，民无异望，天方相晋，将何以代之？此二君者，异于子干。恭有宠子，国有奥主，子干无施于民，无援于外。去晋，晋不送；归楚，楚不逆，何以冀国？"子干果不终，卒立弃疾，如叔向言。

[注释]

①韩宣子：即韩起。春秋时晋卿。叔向：即羊舌肸。春秋时晋卿。②羁(jī)：在外地作客。这里指漂泊外地。③陈、蔡：西周所分封的诸侯国。陈都宛丘（今河南淮阳），蔡都上蔡（今河南上蔡）。④苛：苛刻；繁细。慝(tè)：邪恶；恶念。⑤僖：指齐僖公。春秋时齐国国君。公元前730年至前698年在位。⑥莒：西周分封的诸侯国。春秋时都莒（今山东莒县）。卫：西周分封的诸侯国。春秋时都楚丘（今河南滑县）。⑦惠、怀：春秋时晋国国君

晋惠公和晋怀公。惠公为献公第三子，名夷吾。怀公为惠公之子，名圉。

[译文]

楚恭王死后，他的儿子即位，这就是楚灵王。楚恭王的儿子们利用已经丧失了职权的公族杀了楚灵王而另立子干。子干尚不及即位，子干的弟弟弃疾又杀了子干而自立为楚王。当初，子干回国时，韩宣子向叔向问道："子干能够成功吗？"叔向回答："很难。"韩宣子说："人有同样的憎恶，就有相互需求，好比市场做买卖，有什么难的呢？"叔向回答说："人无共同的喜好，又怎么会有共同的憎恶？要取得国家有五难：受到国王的宠爱但却得不到贤人的支持，此其一；有了贤人的支持但却无人做内应，此其二；有人做内应但却不擅长谋略，此其三；有谋略但却得不到民众的支持，此其四；有民众的支持但自己却没有德行，此其五。子干在晋国十三年了，晋国和楚国跟从他的人中，不曾听说有知名之士，这可谓没有贤人支持；族人都不在楚国，亲人又叛离，可谓没有内应；尚没有间隙可乘，便轻举妄动，可谓不善谋略；终身在外作客，可谓没有民众的支持；长期流亡在外，竟看不出楚国人有怀念他的迹象，可谓没有德行。楚灵王暴虐无忌，是自取灭亡。然而楚国的公子们冒取国五难杀了楚灵王另立子干，还有谁能使子干成功呢？将来取得楚国王位的，恐怕只有弃疾了吧？他统治着陈、蔡两地，方城山以外的地方也都属他管辖，苛暴邪恶的事情没有发生，盗贼伏隐不出，私欲不违越礼法，老百姓没有怨恨之心，祖先神灵授命给他，国内的老百姓都相信他。王室大姓发生动乱，小儿子就会被拥立，这是楚国的常例。弃疾一有祖先神灵的保佑，二有民众的支持，三有美德，四是受宠显贵，五是符合继立王位的常例。利用这五项有利条件而除去冒犯五难的人，有谁能够阻止得了他？子干的官职不过是右尹；若论贵宠，他又不是嫡生；若论神灵委命，他又离得很远。他没有尊贵的地位，没有受到宠爱，没有得到人民的怀念，国内又没亲附的人内应,他将凭什么条件继立王位呢?"

韩宣子问道:"齐桓公、晋文公不是同子干的情况一样吗?他们为什么能继立王位呢?"叔向回答说:"齐桓公是卫姬的儿子,受到僖公的宠爱,有鲍叔牙、宾须无、隰朋等贤智为辅佐,有莒国、卫国做外援,有国氏、高氏等齐国上卿做内应。再加上齐桓公从善如流,深受部属的尊敬,不贪财货,不放纵私欲,施舍众人不知疲倦,追求善行没有满足,因此而取得王位,不是在情理之中吗?我们的先君晋文公是狐季姬的儿子,受晋献公的宠爱。勤奋好学,专心致志,年仅十七岁时,就有五位杰出人士跟随他。有先大夫子余和子犯做腹心,有魏犫、贾佗为左右臂膀,有齐、宋、秦、楚等国做外援,有栾枝、郤縠、狐突、先轸等人做内应。在外流亡十九年,意志更加坚定。晋惠公、晋怀公抛弃晋民,人民都跟随了晋文公。晋献公除了晋文公已没有其他亲人,老百姓别无其他希望。上天在保佑晋国,有谁能够取代晋文公呢?这两位国君同子干的情况不同。楚恭王有自己宠爱的儿子,还有高深莫测的弃疾,子干对百姓没有什么恩施,他离开晋国时,晋国没有人送行,到楚国时,楚国不派人迎接,有什么希望取得楚国的王位呢?"子干后来果然没有达到目的,楚人最终拥立弃疾为王,如同叔向所预言的一样。

鲁昭公薨于乾侯①。赵简子问于史墨曰②:"季氏出其君而民服焉,诸侯与之,君死于外而莫之或罪,何也?"对曰:"物生有两、有三、有五、有陪贰。故天有三辰③,地有五行,体有左右,各有妃耦。王有公,诸侯有卿,皆其贰也。天生季氏,以贰鲁侯,为日久矣。民之服焉,不亦宜乎?鲁君世纵其失,季氏世修其勤,民忘君矣。虽死于外,其谁矜之!社稷无常奉,君臣无常位,自古以然。故《诗》曰:'高岸为谷,深谷为陵。'三后之姓④,于今为庶,主所知也。在《易》卦,雷乘乾曰大壮,天之道也。政在季氏，于此君也，四公矣。民不知君，何以得国？是以为君，慎器与名，不可以假人⑤。"

[注释]

①乾侯：地名。春秋时晋邑。故址在今河北磁县境。②赵简子：赵鞅。史墨：春秋时晋国史官。③三辰：日、月、星。④三后：古代三王。一般认为是夏禹、商汤、周文王；一说指夏禹、商汤、周文王和周武王。这里则指虞舜、夏禹、商汤。⑤假：给予。

[译文]

鲁昭公在乾侯死去，赵简子向史墨问道："鲁国的季氏赶走了自己的国君，而百姓顺服他，诸侯认可他，使自己的国君死在外国，而没有人指责他的罪行，这是为什么呢？"史墨回答说："事物的存在，有的成双，有的成三，有的成五，有的相辅。所以天有三辰（日、月、星），地有五行（金、木、水、火、土），身体有左右，各有配偶，王下有公，诸侯下有卿，这些是物有陪辅的例子。天生季氏，让他辅佐鲁国的国君，时间已经很久了，人民顺服他，不也在情理之中吗？鲁国的国君世代放纵自己的过失，而季氏却世代勤勉，致使人民已经忘掉自己的国君了。虽然客死国外，又有谁肯怜悯他呢？社稷没有永恒不变的祭奉对象，君臣的位置也不是永固不变的，自古以来都是如此。所以《诗经》上说：'高岸可以变为深谷，深谷也可以变为丘陵。'虞、夏、商的后代，今天都成了普通百姓，这是您也知道的。在《易经》卦中，雷在乾之上叫做'大壮'，这是天道规律。鲁国政权落到季氏手中，到鲁昭公已经是第四代了。人民连自己的国君都不知道，他怎么还会得到国家呢？因此，作为国君，对待车马、服饰和爵号要特别慎重，决不可轻易委托于他人。"

孔子在卫，闻齐田常将欲为乱①，而惮鲍、晏②，移其兵以伐鲁。孔子会诸弟子曰："鲁，父母之国，不忍观其受敌，将欲屈节于田常以救鲁，二三子谁使？"子贡请使③，夫子许之。遂如齐，说田常曰："今子欲取功于鲁实难，若移兵于吴则可也。夫鲁，难伐之国，其城薄以卑④，地狭以泄⑤，其君愚而不仁，大臣伪而无用，其士民又恶甲兵之事，此不可与战。夫吴，城高以厚，地广以深，甲坚以新，士选以饱，重器精兵，尽在其中，又使明大夫守之，此易伐也。"田常忿然作色曰："子之所难，人之所易；子之所易，人之所难。而以教常，何也？"子贡曰："夫忧在内者攻强，忧在外者攻弱。今君忧在内矣。吾闻君三封而三不成，是则大臣不听也。今君破鲁以广齐，战胜以骄主，破国以尊臣，而子之功不与焉，则交日疏于主。是君上骄主心，下恣群臣，求以成大事，难矣。夫上骄则恣，臣骄则争。是君上与主有郄，下与大臣交争也。如此，则子之位危矣。故曰不如伐吴。伐吴而不胜，民人外死，大臣内空。是君上无强臣之敌，下无民人之过，孤主制齐者，惟君也。"田常曰："善。然兵业已加鲁矣，不可更，如何？"子贡曰："子缓师，吾请救于吴，令救鲁而伐齐，子以兵迎之。"田常许诺。

[注释]

①田常：即田成子。或作陈恒、陈成子。春秋时齐国正卿。②鲍、晏：指鲍牧、晏圉。均为齐国世袭卿大夫。③子贡：即端木赐，字子贡。卫国人。孔子的得意门徒。④卑：低。与"高"相对。⑤泄（yì）：众多。引申为杂乱。

[译文]

孔子在卫国听说齐国的田常准备作乱，只是畏惧鲍氏、晏氏。田常征调军队准备攻打鲁国，想以此来建立功勋，扩大自己的影响力。孔子便召集弟子们说："鲁国是我们的父母之国，不忍看它受到敌人的侵略，我想对田常屈节相求，以拯救鲁国，你们谁能完成这一使命？"子贡请求出使，孔子同意。子贡于是来到齐国，对田常说:"现在您想对鲁国用兵建立功勋,实在很困难,如果引兵进攻吴国倒还可以。鲁国是一个很难进攻的国家,它的城墙单薄低矮,土地狭小低洼,它的国君愚昧不仁,大臣伪诈而无用,它的士民又厌恶战争,这就是您不能同鲁国交战的原因。而吴国城墙高大宽厚,土地深广,盔甲既坚又新,士卒精练,斗志饱满,精良的武器装备应有尽有,又有精明的将军统领守备,这就是吴国容易被战胜的原因。"田常听后,愤然大怒,说道:"你认为难的,都是人们认为容易的;你认为容易做到的,都是人们认为难以做到的。你却拿这些不着边际的歪理来教导我田常,你这是想干什么?"子贡回答说:"忧患在国内的,就要进攻强国;忧患在外部的,就要进攻弱国。而今天您的忧患正在国内。我听说您曾三次要封赏,但三次都未能实行,这是因为大臣们不同意。今天您要攻破鲁国来扩大齐国的领土,战胜鲁国使您的主上骄横,攻破鲁国使您国内的大臣更为尊荣,而您并不能得到什么好处,只能使您和主上的关系日益疏远。您这样做的结果只能是对上使国君更加骄横,对下使大臣更加恣睢无忌,因此而想成就事业是很困难的。国君骄傲,就会更加恣睢任意;大臣骄傲,就会相互争夺。这样,您上同国君的关系发生裂痕,下同大臣交锋争斗。这样下去,您的地位就会发生危险。所以我说不如征伐吴国。征伐吴国如果不能取胜,则人民战死国外,朝中丧失了大臣。这样您上无强臣为敌,下无过多的百姓,这样孤立主上、控制齐国的人,也就非您莫属了。"田常听后说:"您说得太好了。然而,军队已经逼临鲁国了,难以更改,这又该怎么办呢?"子贡说:"您延缓进攻的时间,我到吴国请求救援,让吴国援助鲁国攻伐齐国,您率兵迎战吴国的军队。"田常答应了子贡。

　　秦始皇游会稽①,至沙丘②,疾甚。始皇令赵高为书,赐公子扶苏③,未授使者,始皇崩。赵高因留所赐扶苏玺书,而谓公子胡亥曰："上崩，无诏封王诸子，而独赐长子书。长子至，即位为皇帝，而子无尺寸之地，为之奈何？"胡亥曰："固然也。吾闻明君知臣，明父知子。父既捐命，不封诸子，何可言也？"赵高曰："不然。方今天下之权，存亡在子与高及丞相耳，愿子图之。且夫臣人与见臣于人，制人与见制于人，岂可同日而道哉？"胡亥曰："废兄而立弟，是不义也；不奉父诏而畏死，是不孝也；能薄而材谫④，强因人之功，是不能也。三者逆德，天下不服。"高曰："臣闻汤、武杀其主，天下称义焉，不为不忠；卫君杀其父，而卫国载其德，孔子著之，不为不孝。夫大行不细谨，大德不辞让，乡曲各有宜，而百官不同功。故顾小而忘大，后必有害；狐疑犹豫，后必有悔。断而敢行，鬼神避之，后有成功。愿子遂之也。"胡亥喟然叹曰："今大行未发，岂宜以此事干丞相哉？"高曰："时乎，时乎！间不及谋，赢粮跃马⑤，惟恐后时。"

[注释]

①会稽：郡名。秦始皇二十五年（前222）在原吴、越地置。治所在吴县（今江苏苏州）。②沙丘：古地名。在今河北广宗西北。③扶苏：秦始皇长子。④谫（jiǎn）：浅薄。⑤赢：通"赢"。背，担。

[译文]

秦始皇巡游会稽，到了沙丘病情加重。秦始皇便命赵高给公子扶苏写信，信写好后，还未来得及派使者送出，秦始皇就死了。赵高便扣留了秦始皇赐给扶苏的玉玺和书信。他对公子胡亥说："皇上已经驾崩，没有下诏书封诸子为王，唯独赐给长子一封书信。长子一来，就即皇帝位，而您却没有尺寸封地，这如何是好呢？"胡亥回答说："本来就该如此。我听说圣明的君王了解他的臣下，圣明的父亲了解他的儿子。父亲既然已经有了诏命，不分封诸子为王，还有什么话可说呢？"赵高说："不是这样的。现在天下的大权就在您我和丞相的手中，希望您认真谋划。况且使他人做自己的臣子同自己做他人的臣子，统治他人同被别人统治，难道能同日而语吗？"胡亥说："废黜兄长而另立他的弟弟，这是不义之举；不奉行父亲的诏命而怕死，这是不孝之举；能力微薄，才疏学浅，却要强占别人的功业，是没有能力的表现。这三项悖逆了道德，天下人不会心服。"赵高说："我听说商汤、周武杀了他的主上，天下百姓却视之为正义的行为，并不认为他们不忠；卫君曾杀了他的父亲，而卫国人却作为德行载入史册，孔子还写在书上，并不认为这是不孝之举。干大事业不能拘泥小节，大德行不推辞谦让。乡曲间的规矩彼此不同、各有所宜，百官建功的标准也彼此不同。所以照顾小节而忘了大业，将来必受其害；犹豫不决，疑心重重，将来一定后悔。当机立断，果敢而行，连鬼神都会躲避他，将来定能成功。希望您也能如愿。"胡亥长叹一声说："现在大行（皇帝死后未葬称大行）还未发丧，难道能因这件事去打扰丞相吗？"赵高说："时间太紧迫了！顾不得考虑那么多了。好比打仗，背着粮食，扬鞭催马，唯恐误了时间。"

胡亥既然高之言，高乃谓丞相斯曰[①]："上崩，赐长子书，与丧俱会咸阳，而立为嗣。书未行，今上崩，未有知者，事将何以？"斯曰："安行亡国之言耶？"高曰："君自料才能，孰与蒙恬？功高，孰与蒙恬？谋远不失，孰与蒙恬？无怨于天下，孰与蒙恬？长子旧而信之，孰与蒙恬？"斯曰："此五者皆不及蒙恬，而君责之何深也！"高曰："高故内宫之厮役也，幸得以刀笔之吏进入秦宫，管事二十余年，未尝见秦免罢丞相、功臣有封及二世者也，卒皆以诛亡。皇帝二十余子，皆君之所知。长子刚毅而武勇，信人而奋事，即位必用蒙恬为丞相，君侯终不怀通侯之印归于乡里，明矣。高受诏教习胡亥学法，仁慈笃厚，轻财重士，秦之诸子，皆莫及也。可以为嗣，君计而定之。"斯曰："斯，上蔡闾巷布衣也，上幸擢为丞相者，固将以存亡安危属臣也。岂可道哉！夫忠臣不避死而庶几，孝子不勤劳而见危，君其勿复言。"高曰："盖闻圣人迁徙无常，就变而从时，见末而知本，观指而睹归，物固有之，安得常法哉？方今天下之权，悬命于胡亥，高能得志焉。且夫从外制中谓之惑，从下制上谓之贼。故秋霜降者草华落，水风摇者万物作，此必然之效也，君侯何见之晚也？"斯曰："吾闻晋易太子，三世不安；齐桓兄弟争位，身死为戮；纣残贼亲戚，不听谏者，国为丘墟。三者逆天，宗庙不血食，斯其犹人哉？安足与谋？"高曰："上下合同，可以长久；中外若一，事无表里。君听臣之计，则长有封侯，世世称孤，必有松、乔之寿②，孔、墨之智③。今释此而不从，祸及子孙，足为寒心。善者因败为福，君何处焉？"斯乃仰天而叹，垂涕太息曰："既已不能死，安托命哉？"乃听高立胡亥，改赐玺书，杀扶苏、蒙恬。

[注释]

①斯：即李斯。秦朝政治家。楚上蔡（今河南上蔡）人。秦始皇时任丞相。②松：赤松子。神话传说人物。相传为神农时雨师。一说为帝喾之师。后为道教所信奉。乔：王子乔。神话传说人物。相传为周灵王太子，喜吹笙作凤凰鸣声，由浮丘公引往嵩山修炼，三十年后在缑氏山顶上向世人告别，升天而去。③孔、墨：孔子、墨子。

[译文]

胡亥同意了赵高的意见后，赵高又对丞相李斯说："皇上驾崩，赐给长子扶苏诏书一封，让他到咸阳会理丧事，并立他为嗣，即皇帝位。诏书未及发出，现在皇上已经驾崩，没有人知道这件事，事情应该如何办呢？"李斯说："怎么能口出导致亡国的语言呢？"赵高说："请您自己分析一下，同蒙恬相比：谁的才能高？谁的功劳大？谁的谋虑深远、行而无失？谁对天下的百姓无怨？谁同长子扶苏的交情深、信任度高？"李斯回答说："这五个方面我都比不上蒙恬，您对我的指责是何等的深刻啊！"赵高说："我赵高本来是内官一个听差的小厮，幸而略知文墨而进入朝廷，管事至今已二十余年了，还不曾见到过秦朝免罢丞相、功臣封赏能够传至两代的，他们都以遭杀身之祸而告终。始皇帝有二十多个儿子，他们的性格为人您都很了解。长子扶苏刚毅武勇，深得人们的信赖，而勤奋做事。他如果即皇帝位，肯定用蒙恬为丞相，您最终不能带着列侯的印玺回归乡里，这是显而易见的。我赵高曾奉诏命教习胡亥学习法律，胡亥为人仁慈、诚实厚道，轻蔑财货，推重有才能的人，诸公子中谁也赶不上他，应该嗣立为皇帝，请您考虑定夺。"李斯说："我李斯本来是上蔡闾巷中一名普通百姓，皇上之所以把我提拔为丞相，本来是要把国家的存亡安危嘱托于我，这还有什么话好说的！忠臣不畏避死亡才算得上忠臣，孝子不勤劳就会遭致危险，请您不要再多言。"赵高说："听说圣人迁徙无常，随时变化，看到事物的末端就能推知它的本根，观人所指就能知道他的目的所在。事物的道本来就是如此，哪里有永恒不变的处事法则呢？现在天下的权柄和命运就悬在胡亥手上，我赵高是能够得志的。况且，由朝廷外部控制朝廷内部叫做别有用心，在下的控制在上的叫做逆贼。所以秋霜降临而草木叶落，春水摇动而万物萌生，这就是事物运行的必然规律，您为什么迟迟不明白事理呢？"李斯说："我听说晋国曾因变易太子，结果三世不得安宁；齐桓公兄弟争夺王位，许多人身遭屠戮；纣王残灭亲戚，不听谏言，他的国家后来化为丘墟。这三者都是因为逆天悖理，才使得宗庙不保。我李斯怎么能重蹈前人覆辙呢？不足以同你们同谋！"赵高说："上下通力合作，就能够保持长久；中外团结一致，事情就无表里之分。您如果能够听从我的计划，就可以长久封侯，世世称孤，寿比仙人赤松子和王子乔，智比孔子和墨子。如果不从此计，必然祸及子孙，着实令人寒心。最好的办法是转败为福，您将何去何从呢？"李斯于是仰天长叹，流着泪水说："我既不肯殉难，将如何活命呢？"于是听从了赵高的计划，拥立胡亥为皇帝，修改秦始皇赐扶苏的玺书，杀了扶苏和蒙恬。

秦二世末，陈涉起蕲①，兵至陈②，张耳、陈余说涉曰③："大王兴梁、楚，务在入关，未及收河北也。臣尝游赵，知其豪杰，愿请奇兵略赵地。"于是陈王许之，与卒三千，从白马渡河④，至诸郡县，说其豪杰曰："秦为乱政虐刑，残灭天下。北为长城之役，南有五岭之戍⑤，外内骚动，百姓罢敝。头会箕敛，以供军费，财匮力尽，重以苛法，使天下父子不相聊生。今陈王奋臂为天下唱始，莫不响应。家自为怒，各报其怨。县杀其令丞，郡杀其守尉，今已张大楚，王陈。使吴广、周文将卒百万西击秦，于此时而不成封侯之业者，非人杰也。夫因天下之力，而攻无道之君，报父兄之怨，而成割地之业，此一时也。"豪杰皆然其言。乃行收兵，下赵十余城。

[注释]

①蕲：古县名。在今安徽宿州东南。②陈：古县名。春秋陈国，秦置县。治所在今河南淮阳。③张耳、陈余：均为大梁（今河南开封）人，著名游说之士。④白马：古津渡名。在今河南滑县东北，秦汉白马县西北古黄河南岸。⑤五岭：山名。即大庾岭、骑田岭、都庞岭、萌渚岭、越城岭。

[译文]

秦二世末年，陈胜在蕲起兵反秦，率兵进至陈，张耳、陈余向陈涉建议说："大王从梁、楚兴起，目标在西入关中，还未顾及收复河北之地。我曾在赵国游历，了解当地的豪杰之士，我请求率一支奇兵向北略取赵地。"陈王答应了他们的请求，拨予他们兵卒三千,从白马津渡过黄河,到达赵地诸郡县,二人对当地的豪杰们说:"秦实施暴政虐刑,残害天下。北有修筑长城的苦役,南有五岭地区的兵役戍卫,内外又骚动不安,百姓疲惫不堪。用簸箕收敛财物来充作军费,搞得百姓财匮力尽,法令严苛,致使天下民不聊生。现在陈王奋臂大呼,为天下首倡义旗,天下人无不响应。家家都愤怒而起,各报家怨家仇。各县杀了他们的县令县丞,各郡杀了他们的郡守郡尉,现在已经建立了大楚的国号,在陈地称王。派吴广、周文二将军率领百万大军向西攻打秦王朝,在这个时候还不能建立封侯大业的人,就算不上人中豪杰。借天下反秦的力量,攻击残暴无道的君主,报父兄的仇怨,建立割地封侯的业绩,现在正是不可多得的大好时机。"豪杰们都很赞同他们二人的见解,开始招兵买马,很快攻下赵地十余座城池。

韩信既平齐,为齐王,项王恐,使盱眙人武涉往说齐王,使三分天下,信不听。武涉已去,蒯通知天下权在韩信[①],欲为奇策而感动之,以相人说韩信曰:"仆常受相人之术。"韩信曰:"先生相人何如?"对曰:"贵贱在于骨法,忧喜在于容色,成败在于决断,以此参之,万不失一。"信曰:"先生相寡人如何?"对曰:"愿请间。"信曰:"左右远。"蒯通曰:"相君之面,不过封侯,又危不安;相君之背,贵乃不可言。"韩信曰:"何谓也?"

蒯通曰:"天下初发难,俊雄豪杰,建号一呼,天下之士,云合雾集,鱼鳞杂沓,烟至风起。当此之时,忧在亡秦而已。今楚、汉分争,使天下无罪之人肝胆涂地,父子暴骸,骨肉流离于中野,不可胜数。楚人起于彭城,转斗逐北,至于荥阳,乘利席卷,威震天下。然兵困于京、索之间,迫西山而不能进者,三年于此矣。汉王将数十万之众,距巩、洛[②],阻山河之险,一日数战,无尺寸之功,折北不救。败荥阳,伤成皋,遂走宛、叶之间③,此所谓智勇俱困者也。夫锐气挫于险塞,而粮食竭于内藏,百姓罢极,怨望容容,无所依倚。以臣料之,其势非天下贤圣,固不能息天下之祸。当今两主之命,悬于足下:足下为汉则汉胜,与楚则楚胜。臣愿披腹心,输肝胆,效愚计,恐足下不用也。诚能听臣之计,莫若两利而俱存之,三分天下,鼎足而居,其势莫敢先动。夫以足下之贤圣,有甲兵之众,据强齐,从燕、赵,出空虚之地而制其后,因民之欲,西向为百姓请命,则天下风起而响应矣,孰敢不听?割大弱强,以立诸侯。诸侯已立,天下服听而归德于齐。案齐之故,有胶、泗之地,怀诸侯以德,深拱揖让,则天下之君王,相率而朝于齐矣。盖闻'天与不取,反受其咎;时至不行,反受其殃'。愿足下熟虑之。"

[注释]

①蒯通:秦汉之际策谋之士。范阳(今河北徐水固城镇)人。著有《隽永》八十一篇,今佚。②巩、洛:即巩县、洛阳。③宛:战国时楚邑,秦置县,治所在今河南南阳市。叶:春秋楚叶邑,秦置县。故地在今河南叶县。

[译文]

韩信平定了齐国旧地,做了齐王。项王闻讯,十分震恐,急派盱眙人武涉前往劝齐王韩信与刘邦、项王三分天下,韩信不答应。武涉离去以后,蒯通深知天下的主动权此时正操在韩信手中,想用奇策来打动他,于是就扮作观相的人对韩信说:"我曾经学习过观相的理论和方法。"韩信问:"先生为人看相的本领怎么样?"蒯通回答说:"一个人高贵或卑贱要看他的骨法,忧愁或喜悦要看他的容色,一个人的成功或失败,要看他在复杂的环境中能否当机立断。从这三个方面来看人,万无一失。"韩信说:"先生也给我相相面,我属于哪一类人呢?"蒯通说:"我希望和你单独谈谈。"韩信吩咐左右退下。蒯通便对韩信说:"看您的面部,贵不过封侯,但又面临着危险和不安；要看您的背部，则贵不可言。"韩信问："这怎么讲？"

蒯通说："当初天下刚开始向秦朝发难时，英雄豪杰们各树旗帜，振臂一呼，天下反秦之士如云合雾集，鳞次栉比，迅猛之势，烟至风起。这个时候，各路英雄，志在消灭秦王朝，尚无暇它虑。现在楚汉相争，致使天下无辜的百姓肝胆涂地，父子暴尸疆场、骨肉亲人流离荒野的人，不可胜数。楚人在彭城起兵，转战南北，进军到荥阳，乘胜席卷中原，威震天下。然而，他们被困在京师和索邑（在今河南荥阳）之间，被西山（在今陕西宝鸡市西北）阻隔而不能前进，至今已经三年了。汉王刘邦率数十万军队，在巩、洛同项羽相持，也被险峻的山河形势所阻，虽然一日数战，但却不得前进一步，频受挫折和失败，却无人救援。在荥阳、成皋连遭失败后，败逃到宛、叶之间。这正是人们常说的智（刘邦）勇（项羽）俱困的情况。战斗的锐气在险峻的山川形势下受到严重挫伤，所需军资粮饷府库已告枯竭。百姓疲惫已极，满腔怨愤溢于容色，但却仍然无所依归。据我分析，目前天下的总态势是，没有圣贤出现，就难以平息天下的灾祸。现在楚汉两主的命运就操纵在您的手中：您站在汉王的一边则汉胜，站在楚王的一边则楚胜。我甘愿披肝沥胆，奉献计策，只怕您不能采纳。如果您真能听从我的计策，不如对楚、汉双方都维持友好关系，使楚汉共存，造成三分天下、鼎足而立的局面，这样的态势，谁也不敢轻举妄动。以您的贤能和圣明，加之庞大的军事实力，以强大的齐国为根据地，联合燕赵，出兵于楚、汉两国的空虚之处，控制楚汉的后方，顺从人民的愿望，然后引兵西向，为百姓请命，这样，天下百姓就会风起而响应大王，有谁敢不听从您的指挥？您可以把大国分割成小国，把强国分割成弱国，众建诸侯国。诸侯建立以后，天下就会对您惟命是从，并对齐国感恩戴德。齐国据有胶东、泗水等肥沃的土地，用德行来感召诸侯,并对他们恭谨礼让,这样天下的诸侯就会纷纷到齐国来朝拜。您大概也听说过这样的话:'上天赐予的东西不去接受,反而会受到上天的责备;时机已经到来,却不付诸实行,就会受到祸殃。'请您认真考虑。"

韩信曰:"汉王遇我厚,载我以其车,衣我以其衣,食我以其食。吾闻之,乘人车者,载人之患;衣人衣者,怀人之忧;食人之食者,死人之事。吾岂可以向利背义乎?"蒯生曰:"足下自以为善汉王,欲建万世之业,臣窃以为误矣。始常山王、成安君为布衣时①,相与为刎颈之交,后争张黡、陈泽之事②,二人相怨。常山王奉项婴头鼠窜,归于汉王。汉王借兵东下,杀成安君泜水之南,头足异处,卒为天下笑。此二人相与,天下至欢。然而卒相擒者,何也?患生于多欲,人心难测也。今足下欲行忠信以交于汉王,必不能固于二君之相与也,而事多大于张黡、陈泽。故臣以为足下必汉王之不危己,亦误矣。大夫种、范蠡存亡越,霸勾践,立功成名而身死亡。谚曰:'野兽尽而猎狗烹,敌国破而谋臣亡。'夫以交友言之,则不如张耳之与成安君也;忠臣言之,则不过大夫种之于勾践也。此二人者,足以观矣,愿足下深虑之。且臣闻勇略震主者身危,而功盖天下者不赏。臣请言大王功略:涉西河,虏魏王,擒夏说③;引兵下井陉,诛成安君;徇赵,胁燕,定齐;南摧楚人之兵二十万;东杀龙且④,西向以报。此所谓功无二于天下,而略不世出者也。今足下载震主之威,挟不赏之功,以归楚,楚人不信;归汉,汉人震恐。足下欲持是安归乎?夫势在人臣之位,而有震主之威,名高天下,窃为足下危之。"韩信谢曰:"先生且休矣,我将念之。"

[注释]

①常山王、成安君:即张耳、陈余。②张黡、陈泽:均为赵王偈的部将。

③夏说:陈余的部将。④龙且:楚霸王项羽的部将。

[译文]

韩信说:"汉王待我很厚,他把自己的车让给我乘坐,把自己穿的衣服让给我穿,把自己的一份食物让给我吃。我听说,乘坐别人车的人要分担别人的忧患,穿了别人衣服的人就应该替别人分担忧愁,吃了别人食物的人就要肯为别人效死命。我怎么能够为获取利益而背弃信义呢?"蒯通说:"您自以为同汉王的交情很深,想帮他建立万世大业,我认为您的这种想法是非常错误的。当初,常山王张耳、成安君陈余做普通百姓时,相互结为刎颈之交,后来因张黡、陈泽的事情(张耳被秦军围困时,派张、陈二人向陈余求援,陈余拨援兵五千给张、陈,张、陈没于秦军),二人结下怨仇。后来常山王拿着项婴的首级逃归汉王。汉王借兵东下,在泜水南岸杀了成安君,使成安君头和脚分离两处,被天下人所耻笑。张耳、陈余的交情,可以说是天下最好的,但最终相互擒杀,是什么原因呢?因为祸患都从多欲而产生,人心难测的缘故。今天您也想以忠信的行动来加深同汉王的交情,但无论您同汉王的情谊有多深,也一定赶不上张耳和陈余的交情,但您同汉王之间的纠葛比张黡、陈泽的事情要复杂得多、严重得多。所以我说,您如果认为汉王一定不会对您造成危害,这又是非常错误的看法。大夫文种和范蠡保存了濒临灭亡的越国,并辅佐勾践称霸,功成名就之后,或遭杀身之祸,或被迫亡命江湖。有句谚语说:'打完野兽后猎狗就会遭到烹杀,打败敌国以后谋臣就得被迫逃亡。'您和汉王的关系,以朋友而论,则比不上张耳同成安君的关系;以忠臣而论,则比不上大夫文种和勾践的关系。以上二人的教训是很值得汲取的。请您再作深入的分析。况且我还听说勇略震动主上的人面临着生命危险,功盖天下的人无法给予封赏。请让我说一说大王的功略:横渡西河,俘虏魏王豹,生擒夏说;带领部队夺取井陉,杀了成安君;攻占了赵国，震服了燕国，平定了齐国；向南摧垮楚国军队二十万；东杀项羽的大将龙且，西向汉王报捷。这可称为功劳之大，天下无人匹敌；谋略之高，当世无比啊！现在您带着使人主震恐的威势，挟着应给予极大封赏的战功，投奔楚国，楚人肯定不信任；归附汉王，汉人会感到震恐。您带着如此大的战功和声威将归向何方呢？您现在身居人臣的位置，却有使主上震恐的威望，名望高于天下所有的人。我为您的危险处境感到担忧。"韩信拜谢道："先生就说到这里吧。让我考虑考虑。"

后数日，蒯通复说曰："夫听者，事之候；计者，事之机也。听过计失而能久安者，鲜矣。听不失一二者，不可乱以言；计不失本末者，不可纷以辞。夫随厮养之役者，失万乘之权；守儋石之禄者①，阙卿相之位。故智者，决之断也；疑者，事之害也。审毫厘之小计，遗天下之大数。智诚知之，决不敢行者，百事之祸也。故猛虎之犹豫，不如蜂虿之致螫②；骐骥之跼躇，不如驽马之安步；孟贲之狐疑，不如庸夫之必至也；虽有舜禹之智，沉吟而不言，不如瘖聋之指麾也。夫功者，难成而易败；时者，难得而易失也。时不再来，愿足下详察之。"韩信犹豫不忍背汉，又自以为功多，汉王终不夺我齐，遂谢蒯生。蒯生曰："夫迫于苛细者，不可与图大事；拘于臣虏者，固无君王之意。"说不听。因去，佯狂为巫。

[注释]

①儋石：一石为石，再石为儋。②虿（chài）：蝎类毒虫。

[译文]

又过了几天，蒯通又对韩信说："能够倾听别人的意见，才能预见事物发展的征兆和趋向；遇事反复比较分析，才能抓住事物成功的关键。采纳错误的建议、作出了错误的决定，而仍然能够长久平安无事的例子是很少有的。听取别人意见判断基本正确的人，就很难用华丽的言辞去扰乱他；筹划计谋不至本末倒置的人，也很难用花言巧语搅乱他的方寸。甘愿为人做劈柴饲养差事的人，就失去了做万乘君王的机会；安心微薄俸禄的人，就不可能取得卿相的职位。所以，当机立断才是聪明的举动，犹豫不决是做事的祸害。专在细小的事情上动心思，就会丢掉天下的大事。智慧足以明辨是非，作出了决定，又没勇气付诸实施，这是导致事情失败的祸根。所以说，猛虎犹豫不动，还比不上蜂蝎类动物螫人厉害；骏马踟躇不进，还比不上劣马一步一步往前走；虽然勇猛如古代的勇士孟贲，但如果狐疑不决，还比不上平庸的人有不达目的誓不罢休的决心；虽然有舜禹一般的智慧，但如果沉默不语，还比不上聋哑人手语的作用。事功，难于取得而易于失败；时机，难于遇到而容易丧失。时机一旦失去，就很难再遇到，希望您仔细考虑斟酌。"韩信仍然犹豫不决，不忍心背叛汉王。又自以为功勋卓著，汉王不会夺去他的齐王之位，于是谢绝了蒯通的建议。蒯通说："斤斤计较于细节的人，难以同他图谋大事业；拘泥于臣子位置的人，当然不会有做君王的雄心。"他的计谋不被韩信采纳，因而离开了韩信，假装疯癫，做了巫师，以避免杀身之祸。

吴王濞以子故不朝，及削地书至，于是乃使中大夫应高诱胶西王[①]，无文书，口报曰："吴王不肖，有宿夕之忧，不敢自外，使喻其欢心。"王曰："何以教之？"高曰："今者主上兴于奸雄，饰于邪臣，好小善，听诡贼，擅变更律令，**侵夺诸侯之地**，征求滋多，诛罚良善，日以益甚。语有之曰：'舐糠及米。'吴与胶西，知名诸侯也，一时见察，恐不得安肆矣。吴王身有内病，不能朝请二十余年，常患见疑，无以自白。今胁肩累足[②]，犹惧不见释。窃闻大王以爵事有适，所闻诸侯削地，罪不至此，此恐不得削地而已。"王曰："然，有之。子将奈何？"

高曰："同恶相助，同好相留，同情相成，同欲相趋，同利相死。今吴王自以为与大王同忧，愿因时循理，弃躯以除患害于天下，抑亦可乎？"王瞿然骇曰："寡人何敢如是！今主虽急，固有死耳，安得勿戴？"高曰："御史大夫晁错荧惑天子，侵夺诸侯，蔽忠塞贤，朝廷疾怨，诸侯皆有背叛之意，人事极矣。彗星夕出，蝗虫数起，此万世一时，而愁劳圣人之所起也。故吴王内欲以晁错为讨③，外随大王后车，彷徉天下④。所向者降，所指者下，天下莫敢不服。大王诚幸而许之一言，则吴王帅楚王，略函谷关，守荥阳、敖仓之粟，距汉兵，治次舍，待大王。大王有幸而临之，则天下可并，两主分割，不亦可乎？"王曰："善。"七国皆反，兵败伏诛。

[注释]

①誂（tiǎo）：逗引；诱惑。②胁肩累足：耸起肩膀，两足相迭，不敢正立。形容畏惧之状。③以晁错为讨：以讨伐晁错为名。④彷徉：游散之意。

[译文]

吴王刘濞因其子被皇太子杀害的缘故长期不赴京师朝拜。当朝廷削诸侯封地的诏书下达到吴国以后，吴王就派中大夫应高去诱惑胶西王。应高没有吴王的文书，仅是捎吴王的口信说："吴王不才，因有此前不愉快的事情，不敢亲自外出，所以派我来向您表示他对您的欢娱之情。"胶西王问："不知有何见教？"应高说："当今皇上被奸雄所怂恿，被邪臣所迷惑，贪图小利，听信诡诈谗言，擅自变更祖宗律令，侵夺诸侯的封地，横征暴敛日益增多，对善良大臣的诛罚也日甚一日。有句俗语说：'吃了糠皮就连及吃米。'吴国和胶西都是著名的诸侯，同时遭到审察，以后恐怕很难有安宁的日子了。吴王因身患疾病，不能赴京朝拜达二十余年，常担心被人怀疑，难以自我表白。今天就是缩着脖子、捆住双脚赴京向朝廷请罪，恐怕也很难得到谅解了。我听说大王以前曾因卖爵的事情有所不便，又听说这次朝廷削夺诸侯封地，并不是为了惩罚这件事，这件事恐怕朝廷不会仅仅削地而善罢甘休吧？"胶西王说："确有此事。您认为该如何办呢？"

应高说："具有相同憎恶的人应该互相帮助，具有共同爱好的人应该互相团结，处境相同的人应该彼此成全，具有相同欲望的人应该彼此接近，具有共同利益的人应该同生共死。现在吴王认为与大王具有共同的忧患，愿意顺应时势和事理，甘愿牺牲自己来为天下除害，您认为行不行呢？"胶西王非常惊骇地说："我哪里敢这样做！皇上虽然逼得急迫，我本当一死，怎么能不拥戴他呢？"应高说："御史大夫晁错蛊惑天子，侵夺诸侯封地，蔽塞忠贤效命朝廷的道路，朝中大臣疾怨甚多，诸侯都有背叛的想法，人事方面已达到非爆发不可的程度了。现在彗星出现，蝗灾数起，这正是千载难逢的机会，要烦劳圣人崛起。所以吴王对内要以讨伐晁错为名，在外愿跟随大王的战车之后，遍行天下，所向之处，皆望风而降；所指之地，破竹而下。天下没有敢不服从的。大王如果允许，吴王就会率楚王直指函谷关，据有荥阳、敖仓的粮食，抗拒汉兵，安营扎寨，等待大王。大王若有幸前来，就可并吞天下，两主分割天下，这不是很好吗？"胶西王说："很好。"于是七国起兵反汉，结果兵败被诛。

淮南王安怨望厉王死，欲谋叛逆，未有因也。及削地之后，其为谋益甚。与左吴等日夜按舆地图①，部署兵所从入。召伍被与谋，被曰："上宽赦大王，王复安得亡国之言乎？臣闻子胥谏吴王，吴王不用。子胥曰：'臣今见麋鹿游于姑苏之台。'臣今亦见宫中生荆棘，雾露沾衣也。臣闻聪者听于无声，明者见于未形。故圣人万举万全。昔文王一动，而功显于世，列为三代，此所谓因天心以动作者也。故海内不期而随。此千岁之可见者。夫百年之秦，近世之吴、楚，亦足以喻国家之存亡矣。臣不敢避子胥之诛，愿大王无为吴王之听。

"昔秦绝圣人之道，杀术士，燔诗书，弃礼义，尚诈力，任刑罚，转负海之粟，致之西河。当是之时，男子疾耕，不足于糟糠；女子绩纺，不足以盖形。遣蒙恬筑长城，东西数千里，暴兵露师，常数十万，死者不可胜数。僵尸千里，流血顷亩，百姓力竭。故欲为乱者，十家而五。又使徐福入海求异物及延年益寿之药，还为伪辞曰：'臣见海中大神曰：以令名振男女，与百工之事，即得之矣。'秦皇大悦，遣振男女三千人，资之五谷、百工而行。徐福得平原广泽，止王不来。于是百姓悲痛相思，欲为乱者，十家而六。又使尉佗逾五岭②，攻百越，尉佗知中国劳极，止王不来。使人上书，求发无夫家者三万人，以为士卒衣补，秦皇可其万五千人。于是百姓离心瓦解，欲为乱者，十家而七。客谓高皇帝曰：'时可矣。'高皇帝曰：'待之，圣人当起东南间。'不一年，陈胜、吴广发矣。高皇始于丰沛一唱，天下不期而响应者，不可胜数也。此所谓蹈瑕候间，因秦之亡而动者也。百姓愿之，若旱之望雨。故起于行阵之中，而立为天子，功高三王，德传无穷。

"今大王见高皇得天下之易也，独不观近世之吴、楚乎？夫吴王赐为刘氏祭酒，受几杖而不朝。王四郡之众，地方数千里，内铸铜以为钱，东煮海以为盐，上取江陵木为船，国富人众。举兵而西，破于大梁，败于狐父，奔走而东，至于丹徒，越人擒之，身死绝祀，为天下笑。夫以吴、楚之众，不能成功者，何也？诚逆天道而不知时也。方今大王之兵众，不能十分吴、楚之一；天下安事，又万倍于秦时。愿大王从臣之计。大王不从臣之计,今见大王事必不成而语先泄也。臣闻微子过故国而悲,于是作《麦秀之歌》,是痛纣之不用王子比干也。故孟子曰:'纣贵为天子,死曾不若匹夫。'是纣先自绝于天下久矣,非死之日而天下去之也。今臣亦窃悲大王弃千乘之君,必且赐绝命之书,为群臣先死于东宫也。"于是王气怨结而不扬,涕满眶而横流,即起,历阶而去。

[注释]

①左吴:淮南王刘安的谋士。②尉佗:即赵佗。南越王。

[译文]

淮南王刘安对其父厉王之死心怀怨恨,一直图谋造反,只是找不到借口。等朝廷削夺了诸侯的封地之后,他反汉的心情更为急切,与左吴等人日夜研究地图,部署发兵的路线。又召伍被参与谋划,伍被说:"皇上已经宽赦了大王,大王为什么还说出这些将会导致亡国的话呢?我听说,伍子胥曾劝谏吴王,吴王不接受伍子胥的谏言,伍子胥便对吴王说:'我就要看到麋鹿游于姑苏台了(意为吴国将亡)!'我今天也看见宫中生出荆棘,雾露沾湿衣裳了。我还听说,聪听的人能够于无声处听到声音,眼睛明亮的人能够看到尚未成形的东西。所以圣人做事能够万无一失。从前,周文王一旦行动,便建立了举世震动的功业,名列于万世瞩目的三代。这就是顺应天意而行动,所以天下不约而随,这是千年以前的事情。百年以前的秦朝,近世的吴、楚,也足以向我们昭示国家存亡的道理。我不敢逃避伍子胥身遭诛戮的下场,请大王不要像吴王那样拒不听谏言。

"从前,秦朝断绝圣人治理国家的原则和方法,杀方术之士,焚毁诗书,抛弃礼义,崇尚诈力,专任刑罚,将沿海一带的粮食转运到西河地区。当时的情况是:男子全力耕作,却连糟糠也吃不饱;女子勤于纺织,却仍然衣不遮体。派蒙恬修筑长城,东西数千里，经常将数十万军队暴露野外，死者不可胜数，僵尸千里，血流遍野，百姓精疲力竭。所以当时想起而反秦的，十有五家。又派徐福等人入东海求仙物异草和延年益寿的药物，徐福回来后编造谎言说：'我在海上见到了大神，大神说用童男童女和百工匠人就能够求得仙药了。'秦始皇听后十分高兴，派童男童女三千人、各种作物的种子及各类工匠前往。徐福在海上找到了一块平原广泽，因而就地称王，不再返回秦朝。这时，老百姓思念远方的子女，十分悲痛，想起而反秦的，十家有六。秦始皇又派尉佗率军远涉五岭，进攻百越，尉佗深知中国疲惫已极，于是留在南越称王，不再北返。同时派人上书朝廷，请求征发尚未出嫁的女子到南越，为战士缝补衣裳，秦始皇准一万五千人前往。这时，老百姓对秦朝离心瓦解，想起而造反的十有七家。这时，有人对汉高祖说：'时机到了，应该采取行动了。'汉高祖说：'再等一等，将有圣人从东南方起事。'不到一年，陈胜、吴广首倡义兵，向秦朝发难。汉高祖在丰、沛振臂一呼，天下不约而同、群起而响应的人不可胜数。这就是所谓等待时机，顺应秦朝将要灭亡的态势而采取行动。老百姓盼望灭亡秦朝，就如同大旱的禾苗盼望雨水。所以汉高祖能从军中崛起，最终立为天子，功高可以同三王相媲美，他的圣德将流传百世。

"现在大王只看到高皇帝得天下容易，为什么不看近世吴、楚等国反汉的可悲下场呢？皇上赐吴王做刘氏宗族的祭酒，又授予几杖，准许可以不赴京朝拜。吴王统有四郡的民众，地方数千里，内有铜山，可以铸钱；东有大海，可煮海为盐；沿江而上，可以取江陵的木材造船。可称得上国家殷富，人民众多。然而却举兵西向反汉，结果首先在大梁吃了败仗，接着在狐父再吃败仗，狼狈向东逃窜，到丹徒被越人擒住，身败名裂，祭祀断绝，被天下人所耻笑。以吴、楚等国如此众多的军队，仍然不能成功，其原因何在呢？这是他们悖逆天道而行、不识时务的缘故。如今大王的军队数量不及吴楚等国军队的十分之一；天下平安无事又万倍于秦朝。希望大王能听从我的建议。大王如不听从我的建议，我看大王肯定不能成功，而且机密会事先泄露出去。我听说微子（纣王的庶兄）从故国经过时感慨万千，作《麦秀之歌》，对纣王不听王子比干的劝谏倍感痛惜。所以孟子说：'纣王生时贵为天子，而死的时候却比不上一位普通百姓。'这是因为纣王自绝于天下百姓已经很久了，并不是在他死的时候，天下人才抛弃他的。今天我同样对大王抛弃千乘之君的尊贵地位，将被赐绝命诏书、先群臣而死于东宫的悲剧而感到痛惜。"淮南王听后，气怨郁结，涕泪横流，难以平息，当即起立，气冲冲地走开了。

后复问伍被曰："汉廷治乱？"被曰："窃睹朝廷之政，君臣之义，父子之亲，夫妇之别，长幼之序，皆得其理。上之举措，遵古之道，风俗纲纪，未有所缺。南越宾服①，羌僰入献②，东瓯入降③。广长榆，开朔方④，匈奴折翅伤翼，失援不振，虽不及古太平之时，然犹为治也。王欲举事，臣见其将有祸而无福也。"王怒，被谢死罪。王曰："陈胜、吴广，无立锥之地，千人之众，起于大泽，奋臂大呼，而天下响应，西至于戏，而兵百万。今吾国虽小，然而胜兵者可得十余万，非直适戍之众，钑凿棘矜也，公何以言有祸无福？"被曰："秦无道，残贼天下，兴万乘之驾，作阿房之宫，收太半之赋，发闾左之戍，父不宁子，兄不便弟，政苛刑峻，天下熬然若焦。民皆引领而望，倾耳而听，悲号仰天，扣心而怨上。故陈胜一呼，天下响应。当今陛下临制天下，一齐海内，泛爱蒸庶，布德施惠。口虽未言，声疾雷霆；令虽未出，化驰如神。心有所怀，威动万里，下之应上犹影响也。而大将军材能，不特章邯、杨熊也，大王以陈胜、吴广喻之，被以为过。"

[注释]

①南越：古族名。古代南方越人的一支。也作南粤。秦于其地置桂林、南海、象郡。秦末，龙川令赵佗兼并三郡，建立南越国。②羌僰：古族名。我国古代西部少数民族。③东瓯：古族名。古越族中的一支。相传是越王勾践的后裔。④朔方：古县名。西汉置。治所在今内蒙古杭锦旗北。

[译文]

后来，淮南王又问伍被："朝廷的情况是治还是乱?"伍被回答说："我看朝廷之政，君臣之义，父子之亲，夫妇之别，长幼之序，都各得其理。皇上的重大举措，都遵循祖先的原则，风俗纲纪也没有缺失。南越宾服朝廷，羌僰入朝贡献，东瓯入降。拓广长榆塞，开辟朔方郡，断匈奴臂膀，使其失去援助，一蹶不振，虽然同古代的太平之世相比还有距离，但仍不失为治世。大王想举兵起事，我看只能招来祸害，不会得到幸福。"淮南王大怒，伍被连忙谢罪。淮南王说："陈胜、吴广无立锥之地，仅凭千把人在大泽起义，奋臂大呼，而天下的人纷纷响应，向西进至戏水（在今陕西临潼东，源于骊山，北入渭河），部队已发展至百万。如今，我的国家虽小，然而胜任打仗的就达十余万，不仅是戍边的乌合之众，武器也不是镰刀、斧头、木枝和竹矛，您凭什么说有祸无福呢?"伍被说："秦朝政治残酷腐败，残害天下百姓，兴驾巡游淫乐，修筑阿房宫，把老百姓大半的收入征收作赋税，又征发闾左贫弱百姓戍边，致使天下百姓做父亲的难以保全儿子，做兄长的难以便利弟弟，政治苛刻，刑法严峻，天下百姓嗷嗷然，如在水火之中。人民都引颈而望，倾耳而听，仰天悲号，从心底怨恨秦皇。所以陈胜振臂一呼，天下人民纷纷响应。而当今陛下统治天下，统一海内，泛爱广大百姓，推行德政，广施恩惠。皇上虽未发言，声音已响如雷霆；命令虽未发出，就已化行如神。只要心有所想，其威力就能震动万里，下面响应上面的号令，就如同影之随形，响之应声。朝廷中将军们的才能，不是章邯、杨熊所能比得上的。而大王却拿陈胜、吴广自喻，我认为是错误的。"

王曰："苟如公言，不可侥幸耶？"被曰："被有愚计。"王曰："奈何？"被曰："今朔方之郡，田地广，水草美，民徙者不足以实其地。可伪为丞相御史请书，徙郡国豪杰任使，及有耐罪以上①，赦令除家产五十万以上者，皆徙其家属朔方之郡，益发甲卒，急其会日。又伪为左右都司空、上林中都官诏狱，逮诸侯太子、幸臣。如此则民怨，诸侯惧。即使辨武随而说之，倘可侥幸，十得一乎？"王曰："此可也。"欲如伍被计。使人伪得罪而西，事大将军丞相，一日发兵，使人即刺杀大将军青②，而说丞相下之，如发蒙耳。又欲令衣求盗衣，持羽檄，从东方来呼曰："南越兵入！"欲因以发兵，未得发，会事泄，诛。

[注释]

①耐：古代的一种刑罚，颜师古引应劭："轻罪不至于髡，完其耐鬓，故曰耐。古耐字从彡，发肤之意也。"耐，通"耏"。②大将军青：即西汉名将卫青。

[译文]

淮南王说："假如真像您所说的这样，难道不可能侥幸取胜吗？"伍被说："我有一条不成熟的计策。"淮南王问："怎么办？"伍被说："如今朔方郡田地广阔，水草肥美，已经迁徙到此地的百姓还远远不够。可伪造丞相御史奏书，书中请求迁徙各郡国豪杰任使，以及有轻罪以上的人全部赦免，凡家产不到五十万以上的，其家属全部迁往朔方郡，并多派甲兵，加紧集合上路。再伪造左右都司空、上林中都官的诏狱书，下令逮捕诸侯太子及其幸臣。这样就会激起人民的怨恨，诸侯的恐惧。这时再派辨武游说诸侯。倘若能侥幸得手，或许有十分之一的希望吧？"淮南王说："这个办法可行。"准备实行伍被的计策，使人假装得罪了淮南王西入京师，去侍奉大将军和丞相，等到发兵的那一天，所派的人就刺杀大将军卫青，进而再劝说大丞相依从淮南王，就会像启发蒙童一样容易。淮南王还计划派人身着追捕盗贼的服装，从东方大呼而来："南越兵打过来了！"拟于此时发兵。还未来得及实施，事情泄露，淮南王被诛。

后汉灵帝以皇甫嵩为将军①，讨破黄巾，威震天下。而朝政日乱，海内虚困，故信都令阎忠干说嵩曰："难得而易失者，时也；时至不旋踵者，机也。故圣人顺时以动，智者因机以发。今将军遭难得之运，蹈易骇之机，而践运不抚，临机不发，将何以保大名乎？"嵩曰："何谓也？"忠曰："天道无亲，百姓与能。今将军受钺于暮春，收功于末冬。兵动如神，谋不再计，摧强易于折枯，消坚甚于汤雪。旬月之间，神兵电扫，封户刻石，南向以报德，威名震本朝，风声驰海外，虽汤、武之举，未有高将军者也。今身建不赏之功，体兼高人之德，而北面庸主，何以求安乎？"嵩曰："夙夜在公，心不忘忠，何故不安？"

[注释]

①皇甫嵩：东汉大臣。安定朝那（今甘肃平凉）人。在镇压黄巾起义中屡建战功。

[译文]

后汉灵帝任命皇甫嵩为将军，皇甫嵩大破黄巾军，威震天下。此时，朝廷政治混乱，国家空虚疲困。信都令阎忠向皇甫嵩说："难以遇到而又最容易失去的东西就是时机。所以，圣人顺应时势而采取行动，富于智慧的人抓住事物成功的机会而发动。现在将军遇到了难得的时运和令人振奋的机会；而将军对来到的时运不抓住，面临的机会不利用，将怎样继续保持您的名位呢？"皇甫嵩说："您这话是什么意思？"阎忠回答说："天道对人不分亲疏远近，老百姓拥戴有才能的人。如今将军在暮春时节受命兵权，在末冬时节就建立了大功。用兵如神，计无不成，摧毁强寇比折断枯木还容易，攻坚比以汤浇雪还顺利。旬月之间，将军率领军队闪电般扫灭贼寇，建立了封户刻石的功勋，南向报德百姓，威名震朝野，风声驰海外，即使商汤、周武的功勋也不比将军的功勋高。现在将军建立了难以封赏的功劳，又身兼无人可比的崇高道德，却面北侍奉平庸的主上，这样怎么能求得平安呢？"皇甫嵩说："我昼夜为公家操劳，又对皇上忠心耿耿，又凭什么感到不安呢？"

忠曰："不然。昔韩信不忍一飧之遇，而弃三分之业，利剑已揣其喉，方发悔毒之叹者，机失而谋乖也。今主上势弱于刘、项，将军权重于淮阴①。指挥足以震风云，叱咤可以兴雷电。赫然奋发，因危抵颓，崇恩以绥先附，振武以临后服，征冀方之士，动七州之众，羽檄先驰于前，大军响振于后，蹈流漳河，饮马孟津，诛阉宦之罪，除群怨之积。虽童儿可使奋拳以致力，女子可使褰裳以用命，况厉熊罴之卒，因迅风之势哉？功业已就，天下已顺，然后请呼上帝，示以天下，混齐六合，南面称制。移宝器于将兴，推亡汉于已坠，实神机之至会，风发之良时也。夫既朽之木不雕，衰世之朝难佐。若欲辅难佐之朝，雕朽败之木，是犹逆坂走丸，迎流纵棹，岂云易哉？且今宦竖群居，同恶如市，上命不行，权归近习。昏主之下，难以久居。不赏之功，谗人侧目。如不早图，后悔无及。"嵩惧曰："非常之谋，不施于有常之势。创国大功，岂庸才所致！黄巾细孽，敌非秦项。新结易散，难以济业。且民未忘主，天不祐逆。若虚造不冀之功，以速朝夕之祸，孰与委忠本朝，守其臣节？虽云多谗，不过放废，犹有令名，死且不朽。反常之论，所不敢闻。"忠知说不用，因亡去。

[注释]

①淮阴：淮阴侯韩信。

[译文]

阎忠说："道理并非如此。从前韩信不忍心背弃汉王一顿饭的恩惠，从而丧失了三分天下有其一的大业。当利剑已放在自己的脖子上时，才醒悟过来，发出悔不当初的叹息，这是丧失时机、谋划严重失误造成的。如今皇上的势力比当年刘邦、项羽的势力弱小，而将军的权势却比当年韩信的权势重大。发号施令、指挥天下足以震动风云，叱咤如兴发雷电。如果奋发而起，于危困的时局中力挽颓败的局面，对先降附的人用恩德去抚慰，对观望不服的人用强大的武力去震慑。招揽北方的名士，发动七州的民众，先将檄文传布各地，大军随后跟进，涉漳河、渡孟津，剪诛阉宦，清除积怨。如果这样做，即使是童子也可以调动他们挥拳助力，女子也可以动员她们厮打效命，更何况率领的是一支如熊罴一般勇猛的士卒，借助的是如疾风一般痛恨阉宦的气势呢？等功成业就、天下理顺以后，再敬请上帝，昭示天下，统一天下，南面称帝。把国家的宝器转移到必将兴起的人手中，把行将坠亡的汉朝推倒，实在是神赐风发的大好时机。已经腐朽的木头不可雕琢，行将衰亡的朝廷难以辅佐。如果要想辅佐难以再辅佐的王朝，雕琢已经朽败的木头，这就好比踩着石板在弹丸上行走，又好比逆水行舟，难道说是件容易的事情吗？况且现在阉宦奸臣相聚为害，相与为恶如买卖东西，主上的诏命不能贯彻执行，大权旁落皇帝的贴身小人。在昏庸的朝廷下，难以长久安居。您的难以封赏的功劳，令谗佞小人为之侧目。不如及早另作图谋，将来悔恨就无济于事了。"皇甫嵩听后颇有惧色，说："非常的计谋，不能在正常的情势下施行，创立国家的大功，哪里是平庸的人所做的事？黄巾军这样细弱的敌人，同秦朝项羽不可相提并论。况且刚刚组建的军队凝聚力不强，难以共图大业。再加上人民尚未忘掉皇上，上天也不会佑助叛逆。如果幻想建立难以实现的功业，只能加速祸端的到来，怎么能比得上向本朝效忠，固守做臣子的气节呢？虽说对我的谗毁很多，大不了罢官还乡，尚能留下好的名声，死而不朽。您的违反常规的论说，我是不敢听从的。"阎忠看到自己的计策难以被采纳，就逃走了。

王莽时，寇盗群发。莽遣将军廉丹伐山东。丹辟冯衍为掾，与俱至定陶。莽追诏丹曰："将军受国重任，不能捐身中野，无以报恩塞责。"丹惶恐，夜召衍，以书示之。衍因说丹曰："衍闻之，顺而成者，道之所大也；逆而功者，权之所贵也。是故期于有成，不问所由；论于大体，不守小节。昔逢丑父伏轼而使其君取饮①，称于诸侯；郑祭仲立突而出忽，终得复位，美于《春秋》。盖以死易生，以存易亡，君子之道也；诡于众意，宁国存身，贤者之虑也。故《易》曰：'穷则变，变则通，通则久。'是以自天佑之，吉无不利。若夫知其不可而必为之，破军残众，无补于主，身死之日，负义于世，智者不为，勇者不行。且衍闻之，得时无怠。张良以五代相韩，椎秦始皇于波浪之中，勇冠乎贲、育②，名高于太山。将军之先，为汉信臣。新室之兴，英俊不附。今海内溃乱，民怀汉德，甚于诗人之思召公也。爱其甘棠，而况子孙乎？民所歌舞，天必从之。方今为将军计，莫若屯据大郡，镇抚吏士，砥砺其节，百里之内，牛酒日赐，纳雄杰之士，询忠智之谋，要将来之心，待纵横之变，兴社稷之利，除万人之害。则福禄流于无穷，功烈著于不灭。何与军覆于中原，身膏于草野，功败名丧，耻及先祖哉？圣人转祸而为福，智士因败而为功。愿将军深计而无与俗同。"丹不能从。进及睢阳，复说丹曰："盖闻明者见于未形，智者虑于未萌，况其昭晰者乎？凡患生于所忽，祸发于细微。败不可悔，时不可失。公孙鞅曰：'有高人之行，必负非于世；有独见之虑，必见赘于民。'故信庸庸之论，破金石之策；袭当世之操，失高明之德。夫决者，智之君也；疑者，事之役也。时不再来，公勿再计。"丹不听。进及无盐，与赤眉战死。衍乃亡命河东。

[注释]

①轼：设在车厢前供人凭倚的横木。②贲、育：即孟贲、夏育。均为战国时的勇士。

[译文]

王莽时，寇盗蜂起。王莽派将军廉丹率兵征讨山东地区，廉丹即任命冯衍为掾，并一起赶至定陶。王莽又给廉丹下诏书到定陶，诏书说："将军身受国家重任，如果不能在中原为国家效命捐躯，就无法报效皇恩、推卸责任。"廉丹惶恐不安，连夜召见冯衍，把诏书给冯衍看。冯衍借机向廉丹建议说："我听说，顺应时势去成就事业，是成功的原则和方法中所推重的；在逆境中取得成功，是权变谋略所追求的。因此，希冀于成功，而不管采取什么途径和方法；着眼于事物的大体，不必在小节问题上固守不放。从前逢丑父趴在车上装扮齐君，而让他的国君装扮差役取水得以逃脱的故事，在诸侯中广为传颂；郑祭仲拥立公子突而逼迫公子忽出走，最后使公子忽复位，也被《春秋》所赞美。以死亡换取生存，或者以存在取代灭亡，这是君子做事的原则和方法；虽然违背众人的意愿，但却可以使国家得到安宁，使自身立于不败，这是贤者所考虑和追求的。所以《周易》说：'当一种道路一种方法行不通时，就要施行一定的变革，变革能够促使事业顺利通行，通行顺利就能够长久。'因此，只要有上天的保佑，就能大吉大利。至于明知事情不可以做却一定要去做，结果破坏了军队，残害了将士，不但对主上没有任何帮助，而且自己以身殉难，仍负义于世人，这些都是有智慧的人不愿做，勇敢的人不愿行的事情。况且我还听说，得到了时机切莫怠惰。张良家五世都是韩国的宰相，他在博浪沙用铁锥袭击秦始皇，其勇敢胜过古代的勇士孟贲和夏育，其名望又高于泰山。将军的先人是汉朝受宠信的大臣，王莽新朝兴起，英雄俊杰不肯归附。如今天下崩溃混乱，人民仍然怀念着汉朝的德政，其情绪的强烈，胜过《诗经》中所述人们对召公的思念。人们对自己曾憩息过的甘棠树尚存爱怜之心，更何况是曾经有德于百姓的汉室子孙呢？凡是人民所歌颂的，上天也一定会顺从人民的愿望。现在为将军筹划，不如屯兵据守大郡，镇抚官吏士卒，砥砺他们的名节，对百里之内的人民天天赏赐他们酒肉，招揽英雄豪杰，征询忠诚智士的谋略，笼络感召尚未归附的人们的心，等待纵横驰骋的时机，为社稷兴利，为万民除害。那么福禄就会像江河奔流，永无穷尽；功烈就会载于史册，永世不灭。这与率军覆灭于中原，葬身于草野，功败名丧，耻辱祖先，怎能同日而语呢？圣人能转祸为福，富于智慧的人能够在困败的环境中获取成功。希望将军深思熟虑，不要与俗人同见。"廉丹未能听从冯衍的计策。军进至睢阳，冯衍又向廉丹进言说："听说眼睛明亮的人能够洞见未成形的东西，富于智慧的人能够在事情尚未萌发之前预设防范的措施，更何况已经明白无误的事情呢？凡祸患产生于疏忽大意，灾祸从细微处萌发。事情一旦失败，后悔莫及；时机一旦丧失，难以再来。公孙鞅说：'有高于常人的才行，必定遭到世人的非议；有独特超群的见解，必定不能被普通大众所理解。'所以如果要听信凡夫平庸之论，就会丢弃金石一般的良策；固守当世的所谓节操，就会丧失高大圣明的德行。善于决断，是智慧的主宰；狐疑不定，是事功的奴隶。时机一旦失去，不会再来，请您不要顾虑不定了。"廉丹仍不予采纳。进军至无盐，同赤眉军交战，廉丹战死，冯衍于是逃往河东。

来歙说隗嚣遣子入侍①。嚣将王元以为天下成败未可知,不愿专心内事。遂说嚣曰:"昔更始西都,四方响应,天下喁喁,谓之太平。一旦坏败,大王几无所措。今南有子阳②,北有文伯③,江湖海岱,王公十数。而欲率儒生之说,弃万乘之基,羁旅危国,以求万全,此循覆车之轨,计之不可者也。今天水完富,士马最强。北取西河、上郡,东收三辅之地,案秦旧迹,表里山河。元请以一丸泥为大王东封函谷关,此万代一时也。若计不及此,宜蓄糗粮,养士马,据隘自守,旷日持久,以待四方之变。图王不成,其弊犹足以霸。要之,鱼不可脱于泉,神龙失势,即还与蚯蚓同。"嚣然元计。虽已遣子入质,犹负于险厄,欲专制方面。遂背汉。

[注释]

①来歙:东汉初南阳新野人,字君叔。初事刘玄为吏,旋归刘秀,任大中大夫。说隗嚣归汉。后嚣叛,他以精兵破其众,尽取陇右。②子阳:彭修,字子阳。新莽末年南方割据势力。③文伯:卢芳。字君期。曾割据五原、朔方等五郡。建武十六年降汉,封代王。后复叛,留匈奴十余年,病死。

[译文]

来歙劝说割据西北的隗嚣派自己的儿子入汉廷做人质。隗嚣的部将王元认为天下成败尚难预料,因而不主张专心侍奉汉朝,于是就向隗嚣说:"从前更始称帝西都,四方响应,人民议论纷纷,认为天下从此太平。更始皇帝一旦崩溃,大王几乎手足无措。现在南部有子阳,北部有文伯,江湖海岱,拥兵割据的王公多以十数。而您却打算听从儒生的说教,丢弃帝王大业,寄身危险的国度里,徘徊不定,反而还想求得安全,这无异于在将导致倾覆败亡的道路上前进,这种计策是万万要不得的。现在我们所据有的天水军备完善,土地富饶,兵马最强。向北收取西河、上郡,向东收复三辅之地（即京畿地区所设京兆尹、左冯翊、右扶风的合称，相当于今陕西关中地区），据有秦国旧地，表里山河。我只请求用一丸泥为大王封住函谷关，这正是建立万代基业的大好时机。如果不用此计，也应该积储粮草，精养兵马，据守关隘要塞，旷日持久，等待四方有变。虽然不图帝王大业，但起码还可以称霸一方。总之，鱼不能脱离水，神龙一旦失去赖以发挥威力的条件，就同蚯蚓没有什么两样了。"隗嚣采纳了王元的计策，虽然已经派遣自己的儿子入朝为人质，但仍然依附险隘，割据一方，之后背叛了汉朝。

魏太祖与吕布战于濮阳，不利。袁绍使人说太祖连和，使太祖遣家居邺。太祖将许之。程昱见曰："窃闻将军欲遣家居邺，与袁绍连和，诚有之乎？"太祖曰："然。"昱曰："意者，将军殆临事而惧，不然，何虑之不深也？夫袁绍据燕、赵之地，有并天下之心，而智不能济也。将军自度能为之下乎？将军以龙虎之威，可为韩、彭之事耶？昱愚不识大旨，以为将军之志，不如田横。田横，齐一壮士耳，犹羞为高祖之臣。今将军欲遣家往邺，将北面而事袁绍①。夫以将军之聪明神武，而反不羞为袁绍之下，窃为将军耻之。今兖州虽残，尚有三城，能战之士，不下万人。若与文若、昱等收而用之②，霸王之业可成也。愿将军更虑之。"太祖乃止。

[注释]

①北面：古代君王坐北朝南，臣子拜见君王则面向北。故以北面代指向人称臣。②文若：即荀彧。字文若。曹操的谋士。

[译文]

魏太祖曹操与吕布在濮阳交战，曹操失利。袁绍派人向曹操表示友好，并劝曹操迁居邺（在今河北临漳西南邺镇），曹操打算答应。程昱来见曹操说："我听说将军准备举家迁往邺地，同袁绍连和,真有此事吗?"太祖回答:"真有此事。"程昱说:"从您的行动来分析,将军大概是临危而惧了,如果不是这样,考虑问题为什么会这等浅薄呢?袁绍据有燕、赵之地,又有兼并天下的野心,只是他的智慧还达不到这样的水平。将军自料能够甘心屈居于袁绍之下吗?将军凭借自己的龙虎神威,难道能够去做韩信、彭越屈膝侍奉他人的事情吗?程昱我愚鲁无知,不懂得大道理,但我认为将军的志向还不如田横。田横不过是齐国的一名壮士,尚以做汉高祖的臣子为羞耻。现在将军却要举家往邺,面向北侍奉袁绍。以将军的聪明和神武,反而不以甘居袁绍之下为羞耻,而我却替将军感到羞耻。现在兖州虽然残破,但仍保有三城,胜任战斗的士卒不下万人。如果让我和荀彧把这些人集合起来,加以利用,仍然可以成就霸王之业。请将军再考虑一下。"曹操于是放弃了迁往邺地的打算。

袁绍为盟主,有骄色。陈留太守张邈正义责之[①]。绍令曹操杀邈,操不听。邈心不自安。及操东击陶谦,令其将陈宫屯东郡。宫因说邈曰:"今天下分崩,雄杰并起。君拥十万之众,当四战之地,抚剑顾盼,亦足以为人豪。而反受制于人,不亦鄙乎?今州军东征,其处空虚。吕布壮士,善战无前。若迎之共据兖州,观天下之形势,俟时事之变通,此亦纵横之一时也。"邈从之而反曹公。

[注释]

①张邈:字孟卓。汉献帝时为陈留太守。

[译文]

袁绍做了各路诸侯的盟主,面有骄色。陈留太守张邈谴责了袁绍。袁绍命令曹操杀张邈,曹操拒不听从。张邈内心颇感不安。曹操向东攻击陶谦时,命令部将陈宫屯守东郡。陈宫便借机对张邈说:"现在天下分崩离析,英雄豪杰纷纷崛起。您拥有十万之众的军队，处于四战之地，抚剑顾盼，也称得上人中豪杰了。现在却受别人的牵制，岂不是太卑贱了吗？现在曹操率州军东征，内部空虚。吕布是一位壮士，英勇善战，一往无前。如果迎接他来共同据有兖州，静观天下形势，等待时事的变化，这也算是纵横一时的机会。"张邈听从了陈宫，背叛了曹操。

钟会、邓艾既破蜀，蜀主降。会构艾，艾槛车征。会阴怀异图，厚待蜀将姜维等。维见而知其心，谓可构成扰乱，徐图克复也。乃诡说之曰："闻君自淮南以来，算无遗策，晋道克昌，皆君为之。今复定蜀，威德震世。民高其功，而主畏其谋，欲以此安归乎？夫韩信不背汉于扰攘，而见疑于既平；大夫文种不从范蠡于五湖，卒伏剑而妄死，岂暗主愚臣哉？利害使之然也。今君大功既立，大德已著，何不法陶朱泛舟绝迹，全功保身，登峨眉之岭，而从赤松游乎[①]？"会曰："君言远，我不能行。且为今之道，或未尽于此也。"维曰："其他则君智力之所能，无烦于老夫矣。"由是情好欢甚。会自称益州牧以叛，欲授维兵五万人，使为前驱。魏将士愤发，杀会及维。

[注释]

①赤松：古代神话传说中的仙人赤松子。

[译文]

钟会、邓艾共同征伐蜀国，蜀主刘禅投降。钟会谗毁邓艾，于是邓艾被囚进槛车，押送京师。钟会心怀异图，对蜀将姜维等人特别宽厚。姜维对钟会的阴谋洞若观火，认为可以借机使他们自相扰乱，然后再慢慢图谋恢复蜀汉。于是就伪装诚意，对钟会说："我听说您自从淮南用兵以来，料算从未有过失误，晋连战连克，不断昌盛，都是您的力量。现在又平定了蜀地，威德震撼当世。人民虽然称颂您的功劳，而主上却对您的深谋远虑颇多畏惧，鉴于这种情况，您将何去何从呢？韩信不在时势扰攘之时背叛汉王，在天下平定后却遭到主上的猜疑；大夫文种不随从范蠡泛舟江湖，最后妄死利剑之下。这难道仅仅是因为主上昏暗、臣下愚鲁吗？这是利害关系造成的。现在您已经建立了盖世功勋，大德著名当世，为什么不效法陶朱公（即范蠡）泛舟江湖，隐身绝迹，保全性命，登峨眉山，像仙人赤松一样逍遥漫游呢？"钟会说："您说得太远了，我很难实行。况且今天的形势，尚未发展到这一地步。"姜维说："若论其他，是您的智力都能办到的，我就不再多说了。"因此二人的关系更加融洽。后来，钟会果然自称益州牧背叛魏朝，并准备授姜维兵五万，使姜维做先锋。魏军将士愤怨情绪爆发，杀了钟会和姜维。

晋怀帝时，辽东太守庞本私憾杀东夷校尉李臻。鲜卑索连、木津等为臻兴义①，实因而为乱。遂攻陷诸将。大单于慕容廆之长子翰言于廆曰②："臣闻求诸侯莫如勤王。自古有为之君，靡不仗此以成事业者也。今连、津跋扈，王师覆败，苍生屠脍，岂甚此乎？竖子外以庞本为名，内实幸而为寇。辽东倾没，乘便二周，中原兵乱，州师屡败。勤王仗义，今其时也。单于宜明九伐之威，救倒悬之命，数连、津之罪，合义兵以诛之。上则兴复辽邦，下则并吞二部。忠义彰于本朝，私利归于我国。此则吾鸿渐之始也，终可以得志于诸侯。"廆善之。遂戒严讨连、津，斩之，立辽东郡。

[注释]

①索连、木津：二人均为晋末鲜卑族将领。②慕容廆：晋末鲜卑族首领。其孙慕容儁于公元352年建立前燕政权，追尊廆为武宣皇帝。

[译文]

晋怀帝时，辽东太守庞本因私仇击杀东夷校尉李臻。鲜卑族索连、木津等人为李臻兴起义兵，实际则是借机叛乱，随后攻陷诸镇守将。大单于慕容廆的长子慕容翰对廆说："我听说请求诸侯帮助不如起兵勤王（出兵救助王室叫做勤王）。自古以来有作为的君王，没有不是倚仗这一行动成就事业的。现在索连、木津横行跋扈，王室军队覆败，苍生涂炭，难道还有比这更惨的吗？那些家伙外以讨伐庞本为名，实际则是为乱的寇贼。辽东倾覆于贼手，使叛贼得便已经有两周的时间了。中原兵乱，州中的军队屡屡败北。仗义勤王，现在正是时候。单于应该于此时显示九伐的威力，救王师于倒悬，宣布索连、木津的罪行，联合义兵，诛灭叛贼。上可以兴复辽东，下可以吞并索连、木津两部的军队。忠义传颂于晋朝，而私利则归于我鲜卑国。这是我鲜卑腾飞昌盛的开端，最终可以自强于诸侯之林。"慕容廆很赞同慕容翰的建议。于是调集部队征讨索连、木津，擒斩二人，重立辽东郡。

后秦王苻生杀害忠良①，秦人度于一时，如过百日。权翼乃说东海王坚曰②："今主上昏虐，天下离心。有德者昌，无德受殃，天之道也。一旦有风尘之变，非君王而谁？神器业重，不可令他人取之。愿君王行汤、武之事，以从民心。"坚然之，引为谋主。遂废生，立坚为秦王。

[注释]

①后秦：当为前秦。②权翼：苻坚的谋士。坚，即苻坚。前秦皇帝。

[译文]

后秦王苻生杀害忠良之臣，秦国百姓度过一个时辰，如同一百天。权翼便向东海王苻坚建议说："现在主上昏庸暴虐，百姓早已离心。有德的人昌盛，无德的人受殃，这是天道规律。王室政权一旦有风尘之变，天下不归君王您，还能归谁呢？帝王神器、帝王大业是非常贵重的，不能让他人取得。希望您践行商汤、周武革命的故事，以顺从人民的心愿。"苻坚深以为然，请权翼做自己的谋主。

于是废掉了苻生，拥立苻坚为秦王。

宋孔熙先者，广州刺史默之子也，有奸才，善占星气。言江州分野出天子①，上当见弑于骨肉。及大将军彭城王义康幽于安城郡，熙先谓为其人也。遂说王詹事范晔曰②："先君昔去广州，朝谤纷纭。藉大将军深相救解，得免艰危。曩受遗命，以死报德。今主上昏僻，殆天所弃。大将军英断聪敏，人神相属，失职南垂，天下愤怨。今人情骚动，星文舛错。时至则不可拒，此之谓乎？若顺天人之心，收慕义之士，内连宠戚，外结英豪，潜图构于表里，疾雷奋于肘腋，然后诛除异义，崇奉圣明，因人之望，以号令天下，谁敢不从！小人维以七尺之躯，三寸之舌，立功立事，而归诸君子。大人谓为何如？"晔甚愕然。

[注释]

①江州：战国时秦置县。治所在今重庆嘉陵江北岸。三国蜀汉时移置南岸。②范晔：南朝宋史学家。字蔚宗，顺阳（今河南淅川）人。曾任尚书吏部郎、宣城太守，后迁左卫将军、太子詹事，掌管禁旅，参与机要。因孔熙先等谋迎立彭城王刘义康一案牵涉，被杀。著有《后汉书》。

[译文]

南朝宋孔熙先是广州刺史孔默之的儿子，有奸邪之才，善于占卜星象吉凶。他曾声称以江州为分野，当出天子，当今皇上必定被自己的骨肉同胞所杀。当大将军彭城王刘义康被幽囚在安城郡时，孔熙先说此人正是杀当今皇上的人。于是便向彭城王詹事范晔说："先父从前离开广州时，朝内诽谤之词纷纷，全凭大将军（刘义康）鼎力救援开脱，才得以走出危难的处境。我曾受父亲遗命，要以死来报答大将军的恩德。现在皇上昏庸邪僻，大概是上天要抛弃他。大将军英明果断，聪慧敏捷，百姓神灵都寄予厚望。现在却被解职囚禁在南方，引起天下人民的愤怨。现在人情骚动不安，星文也出现异常。时势必然，难以抗拒，所说的正是现在的形势吧？如果顺应天命人心，招揽仗义之士，朝内联结受宠的外戚，朝外联结英雄豪杰，事业的宏图在内外秘密酝酿成熟，迅雷从肘腋爆发，然后诛除不义之人，崇奉圣明的君主，顺应人民的愿望，号令天下，谁敢不服从！我愿奉献七尺身躯，三寸不烂之舌，事业的功劳归于君子。您认为这样行吗？"范晔大为吃惊。

熙先重曰："昔毛琢竭节①，不容于魏武；张温毕议，见逐于孙权。彼二人者，国之信臣，时之俊乂。岂疵瑕暴露，言行玷缺，然后至于祸哉？皆以廉直劲正，困于邪枉；高行妙节，不得久容。丈人之于本朝，不深于二主；人间雅誉，有过于两臣。谗夫侧目，为日久矣。比肩竞逐，庸可遂乎？近者殷铁一言，而刘班碎首，彭城斥逐，徐童见疑。彼岂父母之仇，万代之怨，寻戈拔棘，自幼而然？所争不过荣名势利，先后之间耳。及其末也，惟恐陷之不深，发之不早，戮及百口，犹曰不厌。是岂书籍远事？可为寒心悼栗者也。今建大勋，奉贤哲，图难于易，以安易危，比之泰山，而去累卵，何苦不就？且崇树圣明，至德也；身享卿相，大业也；授命幽居，鸿名也；比迹伊、周，美号也。若夫至德、大业、鸿名、美号，三王五霸所以覆军杀将而争之也。一朝包括，不亦可乎？又有迩于此者，愚则未敢道。"晔曰："何谓？"熙先曰："丈人奕叶清华②，而不得联姻帝室，国家作禽兽相处，丈人曾未耻之。"晔门无内行，故熙先以此为激。晔默然。自是情好遂密，阴谋构矣，熙先专为谋主。事露，皆伏诛。

[注释]
①毛琢：东汉末曹操的部属。②奕叶：即世世代代。奕，重、累。叶，世。
[译文]
孔熙先又说："毛琢竭尽臣节，仍不为魏武帝曹操所容；张温

谏议刚结束，就被吴王孙权所驱逐。这两个人都是国家的忠信之臣，当时的俊杰才士。难道是因为缺点暴露、言行有失，然后才遭灾祸的吗？恰恰相反：是因他们廉洁正直而被邪枉的人所陷害；他们的高尚行为和节操不能被长期容忍。大人您在本朝的恩遇，比不上曹操对毛琢、孙权对张温更深厚；而您在人们中间的声誉却有过于毛、张二臣，谗夫为之侧目，为时已经很久了。他们竞相向主上进您的谗言，您怎么能够遂心如意呢？最近因为殷铁一句话，刘班人头落地，彭城王被贬斥驱逐，徐童被怀疑。他们之间难道是因为父母有仇、世代有怨，所以舞枪弄棒，从幼年开始就是宿敌吗？他们所争的不过是名利权势、谁先谁后的地位而已。到后来，唯恐对方陷得不深、事发得不早，杀戮对方百口，仍然不解心头之恨。这难道是史籍所记载的非常遥远的事情吗？想起来就令人不寒而栗。现在要建立功勋，奉迎贤哲，化危难为平易，用安宁替代危险，好比去累卵之危而就泰山之安，为什么不朝着这个方向去做呢？况且，崇敬树立圣明的君王，是最大的德行；身享卿相之位，是伟大的功业；授命给幽居的贤人，将赢得崇高的名誉；效法伊尹周公的事迹，将赢得优美的称号。像伟大的德行、伟大的功业、崇高的名誉和优美的称号，正是三王五霸不惜覆军杀将所追求的事业。而您一朝之内却能包揽四项圣人所追求的事业，这不是很值得去做的事情吗？还有比这更近的事情，我未敢出口。"范晔问："什么事情？"孔熙先说："先生世代清正华贵，却不能同帝室联姻，国家把您作为禽兽来看待，您也不感到羞耻。"范晔家族不曾有人入宫廷，所以熙先故意拿此事激励他。范晔默然不语。从此以后，两人感情很好。于是开始密谋策划，孔熙先做谋主。后因机密泄露，均被诛杀。

周大将军郭荣奉使诣隋高祖，高祖谓荣曰："吾雅尚山水，不好缨绂①。过藉时来，遂叨名位。愿以侯归第，以保余年，何如？"荣对曰："今主上无道，人怀危惧。天命不常，能者代有。明公德高西伯②，望极国华，方据六合以慰黎庶，反效童儿女子，投坑落阱之言耶？"高祖大惊曰："勿妄言，族矣。"及高祖作相，笑谓荣曰："前言果中。"后竟代周室。

[注释]

①缨绂：缨，系在脖子上的帽带。绂，系印章或佩玉用的丝带。缨绂，这里比喻华美的饰物、尊贵的地位。②西伯：即周文王。

[译文]

北周大将军郭荣奉使来见隋高祖杨坚（此时杨坚在定州任职），杨坚对郭荣说："我喜好山水，而对做官不感兴趣。以前不过借助好的财运，才有了今日的名位。我很希望以侯爵还归乡里，以度余年，您看怎样？"郭荣说："现在皇上昏庸无道，人人自危。天命无常，有能力的人取而代之。明公您德行高于西伯文王，威望超过国中精华，正可据有天下，以抚慰广大百姓，怎么倒效法幼儿女子，尽说些没有大志向的话呢？"杨坚大惊失色说："切莫胡说，要诛灭九族的。"杨坚做了北周宰相时，笑着对郭荣说："从前果然让您说中了。"后来杨坚取代周室，做了皇帝。

隋高祖崩，葬于太陵。初疾也，玺书征汉王谅①。谅闻高祖崩，流言杨素篡位②，大惧，以为诈也，发兵自守，阴谋为乱。南袭蒲州，取之。司马参军裴文安说谅曰："兵以拙速，不闻巧迟。今梓宫尚在仁寿，比其征兵东进，动移旬朔。若骁勇万骑，卷甲宵行，直指长安，不盈十日。不逞之徒，擢授高位，付以心膂，共守京城，则山东府县非彼之有。然后大王鼓行而西，声势一接，天下可指麾而定也。"谅不从。乃亲率大军，屯于并、介之间③。上闻之，大惧，召贺若弼议之④。弼曰："汉王，先帝之子，陛下之弟。居连率之重⑤，总方岳之任。声名震响，为天下所服。其举事毕矣。然而进取之策有三：长驱入关，直据京师，西拒六军，东收山东，上策也，如是则天下未可量；顿大军于蒲州，使五千骑闭潼关，复齐旧境，据而都之，中策也，如是以力争；若亲居太原，徒遣其将来，下策也，如是成擒耳。"上曰："公试为朕筹之，计将何出？"弼曰："萧摩诃亡国之将，不可与图大事；裴文安少年虽贤，不被任用；余皆群小，顾恋妻孥，苟求自安，不能远涉。必遣军来攻蒲州，亲居太原，为之窟穴，臣以为必出下策。"果如弼所筹。乃以杨素为将，破之。

[注释]

①汉王谅：即杨谅。隋文帝杨坚第五子，封汉王。开皇十七年，出任并州（治所在今山西太原）总管，统治北部五十二州。太子杨勇被废，他愤愤不平。炀帝即位，他起兵反叛，为杨素所败，废为庶人。②杨素：隋大臣。在灭陈战争中立下战功，参与废太子杨勇。官至司徒，封楚国公。③并、介：即并州、介休。④贺若弼：隋初大将。字辅伯。曾任吴州总管，献灭陈十策。因灭陈功，封宋国公。官至右武侯大将军。后因议论朝政，被炀帝杀死。⑤连率：指地方长官。古代十诸侯国为连。连有帅。率，通"帅"。

[译文]

隋高祖死后，埋葬在太陵。当初患病时，曾以玺书征诏汉王杨谅。杨谅听到高祖驾崩的消息，又听到杨素图谋篡位的流言，大为恐惧，认为诏他进京一事一定有诈，所以发兵自守，阴谋为乱。他南袭蒲州，并占领了蒲州。司马参军裴文安劝杨谅说："用兵的法则，指挥虽拙，但可以速度取胜，不曾听说指挥工巧而旷日持久、速度迟缓的现象。现在皇上的灵柩还在仁寿宫，等朝廷征兵东进，至少也需十天半月。我如果以万骑骁勇，卷甲夜行，直指长安，则不需十天。对于不得志的人授以高官、委以重任，共守京城，这样，京城以东的府县就不归朝廷所有了。然后大王鼓行西进，东西声势相呼应，天下就可以传檄而定了。"杨谅未采纳裴文安的建议。于是亲率大军屯兵于并州（治所在今山西太原）、介州（今山西介休）之间。皇上听到杨谅起兵的消息后，十分恐惧，急忙召贺若弼商议对策。贺若弼说："汉王是先帝的儿子，陛下的弟弟。他身居地方要职，担负一方重任。其声名震天下，为天下所敬服。他举事的条件都已经具备。不过，他进兵的策略不外三种：长驱入关，直接占领京师，西抗拒六军，东取山东，此为上策，他果真采取这一策略，天下的归属尚难预料；将大军驻于蒲州（治所在今山西永济西南蒲州镇），派五千骑兵封闭潼关，收复北齐旧境，并于此建都，此为中策，如果这样，双方则需力争，方可决定胜负；如果他自己留居太原，只派他的部将前来，此为下策，这样必被我生擒。"皇上问："请您为我再分析一下，杨谅会采取哪一种策略呢？"贺若弼说："萧摩诃是亡国之将，不可与他共图大事；裴文安年资较浅，虽然贤能，但却不被重用；其他群小之辈，顾恋妻室儿女，苟求一时之安，不愿远征。所以杨谅必定派军来进攻蒲州，自己亲居太原，稳固巢穴。所以我认为杨谅必定用下策。"事实果如贺若弼所料。皇上以杨素为将，粉碎了杨谅的叛乱。

隋炀帝亲御六军伐高丽①。礼部尚书、楚国公杨玄感据黎阳反②。李密说玄感曰③："天子远征辽左④，地去幽州⑤，悬隔千里。南有巨海之限，北有胡戎之患，中间一道，路极艰危。今公拥兵出其不意，长驱入蓟，直扼其喉，前有高丽，退无归路，不过旬月，赍粮必尽，举麾一召，其众自降，不战而克，计之上也；关中四塞，天府之国，有卫文升⑥，不足为意，今若率众西入长安，天子虽还，失其襟带，据险临之，故当必克，万全之策，计之中也；若随近逐便，先向东都，顿兵坚城之下，胜负俱未可知，此计之下也。"玄感利洛阳宝货，曰："公之下策，我之上策也。"遂围之。玄感失利,宵溃,王师追斩之。李密乃亡归翟让⑦。

[注释]

①高丽:高丽国。朝鲜封建王朝。②黎阳:古地名。今河南浚县。③李密:隋末瓦岗起义军领袖。④辽左:泛指辽河以东地区。⑤幽州:汉武帝所置十三刺史部之一。隋唐时辖境相当于今北京市及所辖通州、房山、大兴及天津武清、河北永清、安次等县。⑥卫文升:隋朝大臣。曾任刑部尚书、京兆内史等职。⑦翟让:隋末瓦岗农民起义军首领。

[译文]

隋炀帝御驾亲征,统率六军,东伐高丽。礼部尚书、楚国公杨玄感据黎阳起兵反隋。李密向杨玄感建议说:"天子远征辽东,其地距幽州远隔千里,南有大海相隔,北有胡戎侵略的忧患,中间一条道路,其形势按常理分析,必定艰险不便。现在您如果率兵出其不意,长驱入蓟(今北京),直接扼制官军咽喉,官军前有高丽,退无归路,旬月之间,粮草用尽。这时您旗帜一招,官军士卒必定自愿投降,不战而克,此为上计。关中地区四面有要塞为屏障,土地肥沃,为天府之国,虽有卫文升守御,但不足为意。现在如果率众西入长安,天子即使还师,也如同失去了襟带,我凭借险要,抗拒官军,就一定能消灭它,此为中计。如果图近就便,先攻取东都洛阳,屯兵于坚城之下,胜负难以预料,此为下计。"杨玄感贪图洛阳珠宝财货,说:"您说的下策,我恰恰认为是上策。"于是下令围攻洛阳,失利,趁夜逃遁,官军乘胜追击,擒斩杨玄感。李密于是逃跑,投奔翟让。

隋炀帝初猜忌唐高祖①,知之,常怀危惧。为太原留守,以讨击不利,恐为炀帝所谴,甚忧之。时太宗从在军中②,知隋将亡,潜图义举,以安天下。乃进曰:"大人何忧之甚也?当今主上无道，百姓愁怨，城门之外，皆已为贼。独守小节，必且旦暮死亡。若起义兵，实当人欲。且晋阳，用武之地，足食足兵，大人居之，此乃天授。正可因机转祸，以就功业。既天与不取，忧之何益？"高祖大惊，深拒之。太宗趋而出。明日，复进说曰："此为万全之策，以救灭族之事。今王纲弛紊，盗贼遍天下。大人受命讨捕，其可尽乎？贼既不尽，自当获罪。且又世传李氏姓膺图秉箓。李金才位望隆贵③，一朝族灭。大人既能平贼，即又功当不赏，以此求活，其可得乎？"高祖意少解，曰："我一夜思量汝言，大有道理。今日破家灭身，亦由汝；化家为国，亦由汝。"于是定计。乃命太宗与晋阳令刘文静，及门下客长孙顺德、刘弘基等募兵，旬日之间，众且一万。斩留守副王威、高君雅，以其诡请高祖祈雨于晋祠，将为不利故也。用裴寂计，准伊尹放太甲④、霍光废昌邑故事⑤，尊炀帝为太上皇，立代王侑以安隋室。传檄诸郡，以彰义举。秋七月，以精甲三万，西图关中。高祖仗白旗，誓众于太原之野，引师即路，遂亡隋族，造我区夏。

[注释]

①唐高祖：李渊。唐朝皇帝。公元618年至626年在位。②太宗：即唐太宗李世民。李渊次子。公元627年至649年在位。③李金才：隋末贵族。④伊尹放太甲：传说太甲即位商王后怠于政事，被伊尹放逐，三年后又迎他复位。⑤霍光废昌邑：汉昭帝死后，大司马、大将军霍光等迎立昌邑王刘贺为帝，不久废，又迎立宣帝。

[译文]

隋炀帝开始猜忌唐高祖李渊，李渊知道这一情况后，常感忧惧。在做太原留守时，因征讨叛军不利，害怕受到隋炀帝的谴责，更加焦虑不安。这时太宗李世民随从军中，他预见隋朝行将灭亡，暗中策划起义，以安定天下。于是向李渊进言说："您为什么这样忧愁呢？现在主上昏庸无道，老百姓愁苦怨恨，城门之外，都成了反隋的叛贼。如果此时仍然固守小节，早晚必定死亡。如果举起义兵，正顺应了人民的欲望。况且，晋阳本是用武之地，兵广粮足，您现在据有此地，正是上天授予的。正可借机转祸为功，成就大业。上天已经授予了机会，而不去夺取，忧愁又有什么用呢？"李渊听后大惊，坚决拒绝了他。李世民恭敬退出。第二天，李世民又劝李渊说："我昨天所说的正是万全的策略，可以挽救我灭族的灾难。现在王朝纲纪废弛紊乱，盗贼遍天下。您受命讨捕盗贼，能够把他们讨灭净尽吗？既然不能把反贼全部讨灭，当然要获罪于朝廷，况且世上纷纷传言李氏秉应帝王图箓。李金才可谓地位高、威望隆，一朝之间，满族诛灭。大人即使讨灭了叛贼，则又有了无以封赏的功劳，在这种情况下要寻求活命，能办到吗？"高祖李渊情绪稍有缓解，说："你讲的话我考虑了一夜，觉得很有道理。今日破家灭身，是因为你；化家为国也是因为你。"于是决定反隋。于是命李世民和晋阳令刘文静及门下食客长孙顺德、刘弘基等人招募兵马，旬日之中，得兵一万人。杀太原副留守王威、高君雅，借口是他二人诈请李渊到晋祠祈雨，图谋加害李渊。又采用裴寂计策，效仿伊尹放逐商王太甲、霍光废昌邑王的故事，尊隋炀帝为太上皇，另立代王杨侑为皇帝，以暂时稳住隋王室。传檄文至诸郡，以宣扬义举。大业十三年秋七月，李渊以精兵三万，西进关中。李渊手仗白旗，在太原郊外誓师，接着举兵而进，于是灭亡了隋朝，建立了大唐。

　　由此观之，是知天下者，非一人之天下也，天下之天下也。所以王者必通三统①，明天命所受者博，非独一姓也。昔孔子论《诗》，至于"殷士肤敏，裸将于京"，喟然叹曰："富贵无常，不如是，王公其何以诫慎，民萌其何以劝勉！"《易》曰："安不忘危,存不忘亡。"是以身安而国家可保也。故知惧而思诫,乃有国之福者矣。

[注释]

①三统:指夏、商、周三代的正朔。夏正建寅,以正月为岁首,称为人统;商正建丑,以十二月为岁首,称为地统;周朝以十一月为岁首,称为天统。这里借三统的更替变化比喻王朝的兴衰更迭。

[译文]

由此看来,就可以知道,天下,并不是某一个人的天下,是天下人共同的天下。所以做君王的必须通晓三统,懂得可以受天命的人很多,并不是只有某一个姓氏才有这种权利。从前,孔子谈论《诗经》时,当读到"殷人美好敏捷,在周朝京都举行祭祀"时,喟然长叹道:"富贵不是恒常不变的,如果不是这样的话,那将用什么来诫慎王公,用什么来劝勉百姓呢?"《易》说:"安不忘危,存不忘亡。"只有这样,才能保证自身的安全,从而也保住国家政权。所以懂得以前人的教训为戒,才是做君王的幸福的源泉。

时宜第二十一

夫事有趋同而势异者。非事诡也,时之变耳。何以明其然耶?昔秦末,陈涉起蕲,兵至陈,陈豪杰说涉曰:"将军被坚执锐,帅士卒以诛暴秦,复立楚社稷,功德宜为王。"陈涉问陈余、张耳两人,两人对曰:"将军瞋目张胆,出万死不顾一生之计,为天下除残贼,今始至陈而王之,示天下以私。愿将军无王,急引兵而西,遣人立六国后①,自为树党。如此,野无交兵,诛暴秦,据咸阳以令诸侯,则帝业成矣。今独王陈,恐天下解也。"

[注释]

①六国后:即齐、楚、燕、韩、赵、魏六国诸侯的后代。

[译文]

事情往往有目标相同、方法相同,但造成的结果却截然不同的情况。这并不是因为方法本身有什么问题,而是时势不同造成的。用什么来说明是这样的呢?秦朝末年,陈涉在蕲起兵反秦,进军到陈时,当地的豪杰向陈涉建议说:"将军披坚执锐,率领士卒诛灭残暴的秦朝,恢复楚国的社稷,如此功德,应该称王。"陈涉以此征求张耳、陈余两人的意见,两人说:"怒目张胆,出生入死,不顾个人安危,为天下诛除残暴的贼首。现在刚进至陈地,就匆匆称王,是在把自己的私心昭然袒示给天下的人民。希望将军暂时不要称王,迅速引兵西进,派人复立六国诸侯的后代,令其自己树集党羽,这样就可以野无交兵,减轻前进的阻力,诛灭残暴的秦朝,占据咸阳,号令诸侯,那么就可以成就帝王之业了。仅在陈地称王,恐怕天下义军会从此解体。"

及楚汉时,郦食其为汉谋挠楚权,曰:"昔汤伐桀,封其后于杞①。武王伐纣,封其后于宋②。今秦失德弃义,侵伐诸侯社稷,灭六国之后,使无立锥之地。陛下诚能复立六国后,此其君臣百姓必皆戴陛下德,莫不向风慕义,愿为臣妾。德义以行,陛下南面称霸,楚必敛衽而朝。"汉王曰:"善。"

张良曰:"诚用客之谋,陛下事去矣。"汉王曰:"何哉?"良因发八难,其略曰:"昔者汤伐桀,封其后于杞者,度能制桀之死命也。今陛下能制项籍之死命乎?其不可一也;武王入殷,表商容之闾③,释箕子之囚,封比干之墓,今陛下能封圣人之墓,褒贤者之闾乎?其不可二也;发巨桥之粟,散鹿台之财,以赈贫民,今陛下能散府库以赐贫穷乎?其不可三也;殷事已毕,偃革为轩,倒载干戈,示天下不复用武,今陛下能偃武修文,不复用兵乎?其不可四也;放马华山之阳,示无所为,今陛下能放马不复用乎?其不可五也;休牛桃林之野,示天下不复输积,今陛下能乎?其不可六也;且夫天下游士,离亲戚,弃坟墓,去故旧,从陛下者,日夜望咫尺之地。今复六国,立韩、魏、燕、赵、齐、楚之后,余无复立者,天下游士各归事其主,从亲戚,反故旧,陛下与谁取天下乎?其不可七也;且楚惟无强,六国去者复挠而从之,陛下安得而臣之哉?其不可八也。诚用客之谋,则大事去矣。"时王方食,吐哺,骂郦生曰:"竖儒几败我事。"

趣令销印。此异形者也。

[注释]

①杞：周初分封的诸侯国。在今河南杞县。②宋：周初分封的诸侯国。在今河南商丘。③商容：商代贵族。相传被纣王废黜，周武王灭商以后，曾在闾里加以表彰。

[译文]

楚汉相争时，郦食其为汉王谋划削弱楚王的方略时说："从前，商汤灭了夏朝，把杞地分封给夏桀的后人。周武王灭了商朝，把纣王的后代分封到宋国。如今秦朝丧失道德、抛弃信义，侵伐诸侯社稷，灭了六国诸侯以后，使诸侯的后代无立锥之地。陛下如果能重新立六国诸侯的后代，这样，六国的君臣百姓必定感激陛下的恩德，莫不向风慕义，甘愿做陛下的臣子。陛下的德义行天下，南面称霸，楚国必定会恭恭敬敬前来朝拜。"汉王说："很好。"

张良则对汉王说："如果真的采纳了此人的计谋，陛下的大事也就化为泡影了。"汉王问："为什么？"张良便从几个方面予以驳斥，大意是："从前商汤灭了夏朝以后，之所以把夏桀的后代分封到杞地，是因为商汤自信能够制夏桀于死地。如今陛下有把握制项籍于死命吗？这是不可复立六国诸侯后代的第一条理由。周武王灭商后，在谏臣商容的居住地树立旌表，把箕子从狱中释放出来，祭奠王子比干的墓地。如今陛下能够祭扫圣人之墓，褒扬贤者的居处吗？这是不可复立六国诸侯后代的第二条理由。武王能够分发巨桥的粮食，散尽鹿台的财货，以赈济贫民。如今陛下能够散府库的财货来赈济贫穷吗？这是不能复立六国诸侯后代的第三条理由。武王在伐殷事宜完结以后，将甲胄干戈全部载入车中，以向天下表示从此不再用武。如今陛下能够偃武修文，不再用兵吗？这是不可复立六国诸侯后代的第四条理由。放马于华山之南，以示无用。如今陛下能够把战马放归山野，以示不用吗？这是不可复立六国诸侯后代的第五条理由。放牛于桃山之野，向天下老百姓表示从此不再转输军粮。如今陛下能做到这一点吗？这是不可复立六国诸侯后代的第六条理由。况且天下的游士离别亲戚、丢弃祖宗坟墓、辞别故友，跟从陛下南北转战，日夜企盼的就是有朝一日能有一方封地。如今却要复立韩、魏、燕、赵、齐、楚六国诸侯的后代，其余的则不能立为诸侯。这样，天下的游士就会各自重新侍奉旧主，返回到亲戚和故旧身边，陛下还将依靠谁去打天下呢？这是不能复立六国诸侯后代的第七条理由。除非楚国已不再强大，否则，六国重新屈膝侍奉楚国，又有谁来做陛下的臣子呢？这是不可复立六国诸侯后代的第八条理由。所以说，如果真采纳了那位先生的计谋，陛下的大事必将化为泡影。"当时，汉王正在吃饭，听了张良的话以后，吓得将口中的食物吐出来，骂郦食其道："这个蠢儒险些坏了我的大事！"急忙令人销毁印信。这是"事同形异"的例子。

七国时，秦王谓陈轸曰："韩、魏相攻，期年不解。或曰救之便，或曰勿救便。寡人不能决，请为寡人决之。"轸曰："昔卞庄子方刺虎①，馆竖子止之曰：'两虎方食牛，牛甘必争，争必斗，斗则大者伤，小者死。从伤而刺之，一举必有两虎之名。'今韩、魏相攻，期年不解，必是大国伤，小国亡。从伤而伐之，一举必有两实，此卞庄刺虎之类也。"惠王曰："善。"果如其言。

初，诸侯之叛秦也，秦将章邯围赵王于钜鹿。楚怀王使项羽、宋义等北救赵②，至安阳，留不进。羽谓义曰："今秦军围钜鹿，疾引兵渡河，楚击其外，赵应其内，破秦军必矣。"宋义曰："不然。夫搏牛之虻，不可以破虱。今秦攻赵，战胜则兵罢，我承其弊；不胜，则我引兵鼓行而西，必举秦矣。故不如斗秦、赵。夫击轻锐，我不如公；坐运筹策，公不如我。"羽曰：

"将军戮力而攻秦,久留不行。今岁饥民贫,士卒食半菽,军无见粮,乃饮酒高会,不引兵渡河,因赵食,与并力击秦,乃曰承其弊。夫以秦之强,攻新造之赵,其势必举赵;赵举而秦强,何弊之承!且国兵新破,王不安席,扫境内而属将军。国家安危,在此一举。今不恤士卒而徇私,非社稷臣也。"即夜入义帐中斩义。悉兵渡河,沉舟破釜,示士卒必死,无还心,大破秦军。此异势者也。

[注释]

①卞庄子:春秋时鲁国卞邑大夫。有勇力。②宋义:秦末农民起义军将领,原楚国令尹。

[译文]

七国争雄时,秦王对陈轸说:"韩、魏两国交战,打得难解难分,已经一年了。有人说出兵救援对我有利,有人说坐观其斗对我有利。我也拿不定主意,请你为我拿个主意。"陈轸说:"从前,卞庄子正准备刺杀老虎,馆竖子阻止说:'两只老虎正在吃牛肉,牛肉很好吃,两只老虎必定相争,争必斗咬,结果必定是大的受伤,小的被咬死。等老虎受伤后再刺,这样就可以一举而得两虎。'现在韩、魏两国交战,一年不决,其结果也必定是大国元气大伤,小国因而灭亡。趁其元气大伤时出兵讨伐,一举必有两得,这同卞庄刺虎的道理是一样的。"秦王听后说:"这个主意好。"事实果然如陈轸所言。

当初,诸侯反叛秦王朝,秦将章邯率军把赵王军队围困在钜鹿。楚怀王派项羽、宋义等率军北上救援,行至安阳,宋义便滞留不进。项羽对宋义说:"现在秦军包围了钜鹿,我迅速引兵渡河,楚军从外部进攻,赵军从内部呼应,内外夹击,定能打败秦军。"宋义说:"不是这个道理。要想扑杀牛身上的蚊虻,就不能把力量用在拍打虱子上面。现在秦军攻赵,秦军如战胜,则兵已疲惫,我可以攻其疲惫之师；秦军不胜，我可鼓行西进，必定灭亡秦朝。所以不如让秦赵相斗。若论披坚执锐，在战场上冲杀，我不如您；若论运筹帷幄，则您就不如我了。"项羽说："将军本应尽全力进击秦军，现在却久留不进。今年遇灾荒，人民贫困，士卒不能饱食，军中已无存粮，你却仍然饮酒会客，不率兵渡河，利用赵地的粮食，同赵军合力攻秦，还侈谈什么承秦军之弊。以强大的秦军攻击刚刚复立的赵国，其势必定克服赵军；攻破赵军，秦军就更加强大，哪来的疲弊可乘！再加上我楚军刚刚吃过败仗，楚王寝食不安，把举国的兵力嘱托给将军，国家安危，在此一举。如今你不体恤士卒而徇私情，算不上安定社稷的大臣。"当夜，项羽直入宋义帐中斩了宋义。继而全军渡河，下令破釜沉舟，以示死战的决心。结果钜鹿之战，大破秦军。这是"事同势异"的例子。

韩信伐赵，军井陉。选轻骑二千人，人持一赤帜，从间道升山而望赵军，诫曰："赵见我走，必空壁逐我，若疾入赵壁，拔赵帜，立汉赤帜。"信乃使万人先行，出背水阵。平旦，信建大将之旗，鼓行出井陉口，赵开壁击之。大战良久，于是信弃旗鼓，走水上军，水上军开入之。复疾战，赵空壁争汉旗鼓，逐韩信，韩信等已入水上军，军皆殊死战，不可败。信所出奇兵二千骑，其候赵空壁逐利，则驰入赵壁，皆拔赵旗，立汉赤帜二千。赵军已不能得信等，欲还归壁，皆汉赤帜，而大惊，以为皆已得赵王将矣。遂乱，遁走，赵将虽斩之，不能禁也。于是汉兵乘击大破之，虏赵军。诸将效首虏，皆贺信。因问曰："兵法右背山陵，前左水泽。今者反背水阵，然竟以胜，此何术也？"信曰："兵法不曰'陷之死地而后生，置之亡地而后存'？且信非得素拊循士大夫也[①]，此所谓驱市人而战之，其势非置之死地，使人人自为战。今与之生地，皆走，宁尚可得而用之？"

又，高祖劫五诸侯兵，入彭城②。项羽闻之，乃引兵去齐，与汉大战睢水上，大破汉军，多杀士卒，睢水为之不流。此异情者也。

[注释]

①拊（fǔ）循：安抚，抚慰。②彭城：古县名。在今江苏徐州市。

[译文]

韩信率军攻打赵国，屯军井陉关（在今河北井陉西北井陉山上）。选轻骑两千，每人手持一面红色的旗帜，从小道登上山岭，眺望赵军营垒。出发前，韩信嘱咐他们说："赵军见我军败走，必定倾巢而出追我，这时你们迅速冲入赵军营垒，拔掉赵军旗帜，树立汉军旗帜。"韩信派军一万为先锋，背水列阵。清晨时，韩信树起大将旗帜，鼓行出井陉口。赵军出营交战，两军大战良久，韩信便丢弃旗帜战鼓，急急奔向已列阵水边的汉军阵营，汉营打开阵营迎韩信入阵。稍后，韩信率军出阵交战，赵军此次空巢而出争抢汉军旗帜，追逐韩信，韩信又入汉军阵营，汉军战士都殊死而战，势不可挡。韩信此前派出的奇兵两千看到赵军倾巢而出时，迅速驰入赵军营垒，把赵军旗帜全部拔掉，树立两千面汉军旗帜。赵军看抓不到韩信，正想撤回营垒，猛然看到自己的营垒全是红色的汉军旗帜，因此大惊失色，都认为自己的将帅已经被汉军擒获，顿时大乱，竞相逃遁。赵将虽然立斩逃兵多人，仍然不能禁止。于是，汉军乘势掩杀，大破赵军，并俘虏赵军。诸将校首领纷纷献出自己斩获的首级和俘虏向韩信表示祝贺，并问道："按照兵法，布阵时右背靠山陵，前左面水泽。而您却背水列阵，竟然也能取胜，这是什么战术呢？"韩信回答说："兵法不是说'陷之死地而后生，置之亡地而后存'吗？况且，我韩信今天指挥的军队平时并没有得到我的抚慰和训练，这就好比驱使集市上的乌合之众去打仗，在这种情况下，就必须把他们置之死地，使每个人都为了保全自己的生命而战。今天如果给他们留条生路，他们就全部逃走了，还怎么利用他们去打胜仗呢？"

汉高祖劫夺五诸侯的兵马，进入彭城。项羽闻讯，便率兵离开齐地，同汉军大战于睢水岸边，大破汉军，多杀士卒，睢水为之不流。这是"事同而异情"的例子。

汉王在汉中，韩信说曰："今士卒皆山东人，歧而望归，及其锋东向可以争天下。"

后汉光武北至蓟①，闻邯郸兵到，世祖欲南归，召官属计议，耿弇慷曰："今兵从南来，不可南行。渔阳太守彭宠，公之邑人，上郡太守即弇父也。发此两郡，控弦万骑，邯郸不足虑也。"世祖官属不从，遂南驰，官属各分散。

[注释]

①蓟：古地名。在今北京城西南角。后为燕国国都。秦置县。

[译文]

汉王刘邦在汉中时，韩信对汉王说："军队的士卒都是山东人，都踮起脚尖盼望回到山东家乡。利用他们东归心切、锋锐难挡的有利条件，可以引兵向东争取天下。"

后汉光武帝率军进抵蓟时，听说邯郸兵来到了，就想南归。召下属商议，耿弇说："我的战士都是南方人，军队从南方来，就不宜向南走。渔阳太守彭宠是您的老乡，上郡太守是我的父亲。调发两郡的兵力，还可以得到骑兵万余人，邯郸兵来，也不足为虑。"光武帝的官属们都不同意耿弇的意见，于是引兵南归，结果官属也各自分散而去。

后汉李傕等追困天子于曹阳。沮授说袁绍曰："将军累世台辅，世济忠义。今朝廷播越①，宗庙残毁。观诸州郡，虽外托义兵,内实相图,未有忧在社稷、恤人之意。且今州城粗定,兵强士附,西迎大驾,即定邺都,挟天子而令诸侯,畜士马以讨不庭,谁能御之!若不早定,必有先之者。夫权不失机,功不厌速,愿其图之。"绍不从。魏武果迎汉帝,绍遂败。

[注释]

①播越:流亡;流离失所。播,迁。越,逸。

[译文]

后汉末年,李傕等人把天子追困在曹阳(在今河南陕县西)。沮授对袁绍说:"将军世代为朝廷台辅,世代忠义。现在朝廷蒙尘,宗庙残毁。观察各州郡诸侯,虽然打着义兵的旗帜,内心则想吞掉对方,壮大自己,没有为国家社稷担忧、体恤人民疾苦的意图。现在您所管辖的州城已基本稳定,兵马强盛,士人归附,向西奉迎天子大驾到邺都(在今河南北临漳县),挟持天子而号令诸侯,召集人马讨伐那些不来朝拜的人,谁能阻挡得住。如果不提早作出决定,就一定会有人抢先这样做。权谋不能丧失时机,建功不厌速度快,请您赶快行动。"袁绍未予采纳。魏武帝曹操果然奉迎汉帝,袁绍最终败在曹操手下。

梁武帝萧衍初起义,杜思冲劝帝迎南康王都襄阳,正尊号,帝不从。张弘策曰:"今以南康置人手中,彼挟天子以令诸侯,节下前去,为人所使,此岂岁寒之计耶①?"帝曰:"若前途大事不捷,故自兰艾同焚;若功业克建,谁敢不从?岂是碌碌受人处分于江南,立新野郡,以集新附哉?"不从。遂进兵克建邺而有江左。此情与形势之异者也。随时变通,不可执一矣。

[注释]

①岁寒:喻指长远。

[译文]

梁武帝萧衍初起义兵时,杜思冲劝萧衍迎接南康王建都襄阳,称帝号,萧衍没有答应。张弘策向萧衍说:"如果让南康王落在他人手中,他们就可以挟持天子而号令诸侯,您以后就得受他人的指使,这难道是长远之计吗?"萧衍说:"如果前途大事失败,我就会如同草木一样被焚毁;如果功业告成,谁还敢不服从?我怎么能够在江南地区碌碌无为,受人处分,重立新野郡,以召集众人呢?"萧衍没有采纳张弘策的建议,于是进兵攻克建邺(今南京)而据有江左。这是人情和形势不同的例子。所以应该随当时的具体情况而变化,不可固守一种方法。

卷八（杂说）

钓情第二十二

孔子曰:"未见颜色而言,谓之瞽。"又曰:"未信,则以为谤己。"孙卿曰:"语而当,智也;默而当,知也。"尸子曰:"听言,耳目不惧,视听不深,则善言不往焉。是知将语者,必先钓于人情,自古然矣。"

故韩子曰:"夫说之难也,在知所说之心,可以吾说当之。说之以厚利,则见下节而遇卑贱,必弃远矣;说之以名高,则见无心而远事情,必不收矣。事以密成,语以泄败。未必其身泄之也,而说及其所匿之事,如是者身危。贵人有过端,而说者明言善议,以推其恶者,身危。贵人得计而欲自以为功,说者与知焉,则身危。强之以其所不为,止之以其所不能已者,身危。"又曰:"与之论大人,则以为间己;与之论细人,则以为鬻权;论其所爱,则以为借资;论其所憎,则以为尝己;顺事陈意,则曰怯懦而不尽;虑事广肆,则曰草野而倨侮。此不可不知也。彼自知其计①,则无以其失穷之;自勇其断,则无以其敌怒之。"

荀悦曰:"夫臣下之所以难言者,何也?言出乎身,则咎悔及之矣。故曰,举过揭非,则有干忤之咎;劝励教诲,则有挟上之议。言而当,则耻其胜己也;言而不当,则贱其愚也。先己而同,则恶其夺己明也;后己而同,则以为从顺也。违下从上,则以为谄谀也；违上从下，则以为雷同也。与众共言，则以为顺负也；违众独言，则以为专美也。言而浅露，则简而薄之；深妙弘远，则不知而非之。特见独智，则众恶其盖之也，虽是而不见称；与众同智，则以为附随也，虽得之不以为功。谦让不争，则以为易穷；言而不尽，则以为怀隐。进说竭情，则以为不知；量言而不效，则受其怨责；言而事效，则以为固当。利于上，不利于下；或便于左，则不便于右；或合于前而忤于后。此下情所以常不通。仲尼发愤，称'予欲无言'者，盖为语之难也。"

[注释]

①知：同"智"。

[译文]

孔子说："不首先察言观色，就冒失发言，这样的人就如同瞎子一样。"又说："尚未取得对方的信任，讲话就直言不讳、无所顾忌，对方就会认为是在诽谤自己。"荀子说："话讲得恰到好处，是有智慧的表现；沉默得恰到好处，也是智慧的表现。"尸子说："听别人讲话时耳目不表示惊异，这说明他的视听不敏感或者听不进去。这时对他讲话即便是善良的有利的也等于白说。因此，在开口讲话之前，必须先搞清对方的心理状态，自古以来都是这样。"

所以韩非子说："游说的困难在于要了解游说对象的心理，并使他接受我的学说和建议。如果对方是一个喜好名誉的人，你却向他建议如何取得丰厚的经济利益，这样他必然鄙视你、疏远你、抛弃你。如果对方是个喜好实利的人，却向他建议如何赢得较高的名誉，他就会认为你的建议没有诚意、不切实际，他就不会接受你的建议。事情靠严格保密而取得成功，因说话时泄露秘密而失败。不一定你有意泄露人的秘密，当游说的人谈话涉及机密的事情时，那么游说的人也就危险了。尊贵的人有过失，游说的人直言不讳、多方议论去宣扬他的过失，那么游说的人就危险了。尊贵的人有了好的计谋,并且想独自以此建立功劳,而游说的人参与或了解了这一计谋,那么游说的人就危险了。强迫对方做他不能做或不愿做的事,阻止对方做他不能停止的事情,那么游说的人也就危险了。"韩非子还说:"与主上谈论大人物,就容易让人觉得你在离间他们的关系;同主上论说小人,则又有卖弄权势的嫌疑;同主上谈论他所珍爱的人或物,则有借资利用的嫌疑;同主上谈论他所憎恶的人或物,则有试探对方的嫌疑;顺着事情发展的趋势而陈述自己的意见,则有怯懦不敢尽言的嫌疑;论说旷达无羁,则又有草野之人傲慢无礼的嫌疑。以上都是游说进言的人不可不懂得的道理。当对方自认为他的计策很高明时,就不要抓住他的漏洞和失误不放,使他感到他的计策行不通;当对方自认为英勇果断、无与伦比时,就不要拿出堪与其相匹敌的对手去激怒他。"

荀悦说:"做臣下的说话难,为什么呢?一言出口,罪过和悔恨可能会随之而来。所以说列举主上的过失、揭露主上的错误,则有忤犯主上的罪过;劝勉鼓励、教诲引导,则可能招来挟持主上的非议。所言得当可行,主上就会因有人胜过他自己而感到羞耻;所言不合事理,难以实行,则又会因自己的愚笨而受到主人的鄙视。抢先说出了同主上想法一致的意见,主上就会憎恶你夺去了显示主上聪明的机会;稍后说出了同主上想法一致的意见,则被认为是顺从主上的旨意。违背下层的意见而顺从主上的意见,则被认为是谄媚巴结主上的举动;违背主上的意见而顺从下层的意见,则被认为与众雷同、没有主见。同大家的意见相同,则被认为顺风使舵;违背众言,独树一帜,则被认为逞能出风头。语言浅显易懂,则被认为简陋浅薄;语言深妙弘远,又会因为不易使人听懂而遭到非议。见解独特不群、充满了智慧,大家就会因为他智盖群芳、鹤立鸡群而憎恶他,虽然见解正确,也得不到大家的称颂;如果同大家的见解一致,则被认为是随波逐流,即使他说得对、做得好,人们也并不认为他有什么功劳。与人谦虚礼让，不相互争斗，则被认为是没有本领；言而不尽，则被认为内怀隐情；如果和盘托出，则又被认为鲁莽不聪明。对事物的分析和预言如果同事物发展的实际不相符合，就会受到责备和埋怨；对事物的预言准确、提出的建议获得了成功，人们则认为本来就应该如此。凡事情有利于主上，则可能不利于臣下；便利于左，则可能不便利于右；合于前则可能不合于后。这就是下情往往不能上达的原因。孔夫子曾因愤怨而声称'我打算不再讲话'，大概就是因为讲话的确是一件很难的事吧。"

何以明其难耶？昔宋有富人，天雨墙坏。其子曰："不筑且有盗。"其邻人亦云。暮而果大亡。其家智其子而疑邻人之父。

郑武公欲伐胡①，乃以其子妻之。因问群臣："吾欲用兵，谁可伐者？"关其思曰②："胡可伐。"乃戮关其思。曰："胡，兄弟之国也，子言伐之，何也？"胡君闻之，以郑为亲己而不备郑。郑人袭胡，取之。此二说者，其智皆当矣。然而甚者为戮，薄者见疑。非智之难也，处智则难。

[注释]

①郑武公：春秋时郑国国君。②关其思：春秋时郑国大夫。

[译文]

怎么证明向人游说进言是一件很难的事情呢？从前，宋国有一富有的人家，天雨不止，院墙损坏，他的儿子向他说："不赶快修复院墙，可能会失盗。"他的邻居也同样告诫他。当天晚上果然被盗，损失惨重。这家人便认为儿子很聪明，同时却对他的邻居产生了疑心。

郑武公想讨伐胡国，就把自己的女儿嫁给胡国的国君做妻子。借机问群臣："我准备对外用兵，你们看征伐哪国合适？"关其思回答说："胡国可以讨伐。"郑武公杀了关其思，并说："胡国与我亲如兄弟，你却要我征伐胡国，是何道理？"胡国的国君听说后，便认为郑国的确同自己亲善，从而对郑国未予戒备。郑国袭击胡国，并轻而易举地灭了胡国。以上两位劝说进言的人说得都很对。然而后果严重的被诛戮，轻的被怀疑。可见，具有相当高的智慧，看出问题的实质并不难，难的是如何运用自己的智慧，洞悉进言对象的心理。

卫人迎新妇，妇上车，问："骖马谁马也①？"御曰："藉之。"新妇谓仆曰："拊骖②，无苦服。"车至门，拔，教逆母："灭灶，将失火。"入室，见曰，曰："徙牖下，妨往来者。"主人大笑之。此三言皆要言也，然而不免为笑者，早晚之时失矣。此说之难也。

[注释]

①骖马：古时一车驾三马或四马，旁边的马称骖马，居中的马称服马。②拊：击，拍打。

[译文]

卫国人迎娶新娘，新娘上车，问："前边套的骖马是谁的马？"赶车的人回答说："是我借来的。"新娘便对仆人说："用鞭子抽骖马，不要抽服马。"车子到了夫家门口，新娘子下车，告诉随行的老妈子说："回去要把灶火灭掉，不然可能会失火。"进屋后看到石臼摆在中间，便说："把这个石臼移到窗下，它妨碍人通行。"夫家的人都笑话她。本来，她说的三句话都是很有用的话，然而却引来人们的讥笑，这是因为说话的早晚时机没掌握好。这就是说话进言的难处。

说者知其难也，故语必有钓，以取人情。何以明之？

昔齐王后死，欲置后而未定，使群臣议。薛公田婴欲中王之意①，因献十珥而美其一②。且日，因问美珥所在。因劝立以为王后，齐王大悦，遂重薛公。此情可以物钓也。

申不害始合于韩王，然未知王之所欲也，恐言而未必中于王也。王问申子曰："吾谁与而可？"对曰："此安危之要，国家之大事也，臣请深维而苦思之。"乃微谓赵卓、韩晁曰③："子皆国之辩士也。夫为人臣者，言何必用，尽忠而已矣。"二人各进议于王以事。申子微视王之所说，以言于王，王大悦之。此情可以言钓也。

[注释]

①薛公田婴：战国时齐相。齐威王少子，孟尝君之父。封于薛，称薛公。②珥：女子的珠玉耳饰。③赵卓、韩晁：战国时韩国善辩的谋臣。

[译文]

游说进言的人懂得了向人游说进言是一件很难的事情，所以在向人进言时，总是首先试探对方，以了解他的心理状态、喜怒好恶。如何来证明这一点呢？

从前，齐国的王后死了，齐王想再立王后，但尚未确定，于是召群臣商议。薛公田婴想选一位令齐王称心如意的王后，因此就向齐王进献了十对耳环，其中的一对特别精美。第二天便问齐王那对精美的耳环送给谁了，齐王如实相告，田婴就劝齐王立这位精美耳环的得主为王后，齐王非常高兴，于是对田婴非常器重。这是用器物来钓取人的心理喜好的例子。

申不害同韩王交往时，很想迎合韩王的爱好和欲望，但又担心自己的话不能令韩王称心如意。韩王问申子："我国应该同哪国结为友好呢？"申不害回答说："这是关系国家安危的大事，请让我认真考虑以后再禀报大王。"申不害暗中找赵卓、韩晁，向他们说："你们都是国家能言善辩的人。做臣子的向主人进言不可能做到言而必用，只要能为国家尽到忠心也就可以了。"于是二人就韩国的外交分别向韩王陈述自己的意见。申不害仔细观察韩王的表情反应，判断他喜欢什么不喜欢什么，然后根据韩王的喜好向韩王进言，韩王听了申不害的话非常高兴。这是用语言去钓取人的心理喜好的例子。

吴伐越，越栖于会稽，勾践喟然叹曰："吾终此乎？"大夫种曰："汤系夏台①，文王囚羑里②，重耳奔翟，齐小白奔莒，其卒霸王。由是观之，何遽不为福乎？"勾践既得免，务报吴。大夫种曰："臣观吴王政骄矣，请尝之。"乃贷粟以卜其事。子胥谏勿与，王遂与之。子胥曰："王不听谏，后三年，吴其墟矣。"太宰嚭闻之，谗曰："伍员貌忠而实忍人。"吴遂杀子胥。此情可以事钓也。

[注释]

①夏台：古台名。在今河南禹州。相传夏桀囚汤于此。②羑里：古地名。在今河南汤阴北。相传周文王被商纣王囚于此。

[译文]

吴国讨伐越国，越王勾践被困居在会稽山的时候，喟然叹道："难道我将死在这里了吗？"大夫文种说："商汤曾被关押在夏台，周文王曾被囚在羑里，重耳（晋文公）被迫出奔翟国，公子小白（齐桓公）被迫逃奔莒国，他们最终都得以称王称霸。由此看来，为什么担心我们不能转祸为福呢？"勾践后来被吴王赦免，以向吴国报仇为己任。大夫文种说："我观察吴国的政治骄慢，请对吴国作一试探。"于是越国便向吴国借粮食，以此来判断吴国的政治情况。伍子胥向吴王进言，切莫借给越国粮食。吴王没有采纳伍子胥的建议，随后借粮给越国。伍子胥说："吴王不听我的谏言，三年以后，吴国将化为一片废墟了。"太宰嚭闻讯，便向吴王进伍子胥的谗言说："伍员这个人貌似忠厚，内心残忍。"吴王听信谗言，杀了伍子胥。这是用事去钓取情况的例子。

客以淳于髡见梁惠王①。惠王屏左右，再见之，终无言。惠王怪之，让客。客谓淳于髡，髡曰："吾前见王，王志在驰逐，后复见王，王志在音声，是以默然。"客具以报王。王大骇曰："淳于先生，诚圣人也。前有献善马者，寡人未及试，会生来；后有献讴者，未及试，又会生来。寡人虽屏人，然私心在彼。"此情可以志钓也。

[注释]

①淳于髡：战国时齐国学者。以博学著称。齐威王任为大夫。后到魏国，魏惠王拟任为卿相，辞而不受。

[译文]

有人把淳于髡推荐给梁惠王。梁惠王把淳于髡接至客房，屏退左右，向淳于髡请教，如此两次，淳于髡都一言未发。梁惠王感到此人很奇怪，便责备推荐淳于髡的人。此人便把受到梁惠王责备的事告诉了淳于髡，并向他询问事情的缘由。淳于髡说："我第一次见梁惠王时，他内心的兴趣仍在狩猎上面；我第二次见梁惠王时，他的注意力则在音乐上面，因此我便默不作声。"推荐者把淳于髡的话报告给梁惠王，惠王大为吃惊，说道："淳于髡先生的确是圣人。第一次会见他时，有人向我进献了一匹良马，我还未来得及试骑，正好淳于髡先生来；第二次又有人向我进献了一位歌手，还未来得及试听，正好淳于髡先生来。我虽然屏退了左右的人，做出了请教的样子，但内心的兴趣仍在良马和歌手上面。"这是根据人的志向钓取其内心情感的例子。

智伯从韩、魏之君伐赵①，韩、魏用赵臣张孟谈之计②，阴谋叛智伯。张孟谈因朝智伯，遇智果于辕门之外③。智果入见智伯曰："二主殆将有变。臣遇张孟谈，察其志矜而行高。见二君色动而变，必背君矣。"智伯不从。智果出，遂更其姓为辅氏。张孟谈入见赵襄子，曰："臣遇智果于辕门之外，其视有疑臣之心，入见智伯而更其族。今暮不击，必后之矣。"襄子曰："诺。"因与韩、魏杀守堤之吏，决水灌智伯军。此情可以视钓也。

[注释]

①智伯：又称智襄子。春秋末晋四卿之一。②张孟谈：一作赵孟同。春秋末晋国权臣赵襄子的家臣。③智果：智伯的族人。

[译文]

智伯联合韩国和魏国的国君共同征伐赵国。韩国和魏国接受了赵国大臣张孟谈的计策，阴谋背叛智伯。张孟谈因此事前往拜见智伯，在辕门外遇见智果。智果看到了张孟谈，急忙入见智伯，说："韩、魏两国的国君伐赵的态度可能有变。我遇到张孟谈，看他神色和举止傲慢，不可一世的样子。又看到韩、魏两国国君神色激动、不同往常，他们肯定要背叛您。"智伯不同意智果的判断。智果出走，改姓为辅氏。张孟谈拜见赵襄子说："我在辕门之外遇见了智果，从他的眼神中可以断定，他已经开始对我怀疑了，他拜见智伯之后就改变了自己的族姓。如果今晚我们不出击，很可能就来不及了。"赵襄子说："好。就今晚行动。"于是，同韩、魏两国的军队杀了守护堤坝的部队首领，决开堤坝，水灌智伯的军队。这是用察言观色的方法钓取内情的例子。

殷浩仕晋①，有盛名。时人观其出处，以卜江左兴亡。此情可以贤钓也。

《钤经》曰："喜色洒然以出，怒色麋然以侮，欲色怃然以愉，惧色惮然以下，忧色惧然以静。"此情可以色钓也。由是观之，夫人情必见于物，能知此者，可以纳说于人主矣。

[注释]

①殷浩：东晋大臣，名士。官至建武将军、扬州刺史。

[译文]

东晋殷浩在朝做官享有盛名。当时，人们都以殷浩入朝做官或挂冠隐退来判断江左的兴亡。这是根据贤人的或隐或出来钓取内情的例子。

《玉钤经》说："喜色飘飘然而出，怒色则忿忿然带有很重的挑战性和侮辱性，欲色红润愉悦，恐惧的神色悻然卑下，忧愁的神色惊惧而又沉静。"这是通过人的神色钓取内情的例子。由此看来，人的内心情感必定要在某些事物上表现出来，懂得其中道理的人，就能取悦于人主。

诡信第二十三

孔子曰:"君子贞而不谅①。"又曰:"信近于义,言可覆也。"由是言之,惟义所在,不必信也。何以明之?叶公问孔子曰:"吾党有直躬者,其父攘羊②,而子证之。"孔子曰:"吾党有直躬者,异于是。父为子隐,子为父隐,直在其中矣。"

[注释]

①谅:诚信。②攘:窃取。

[译文]

孔子说:"君子忠贞但未必诚信。"又说:"信约合于义的要求,才可以付诸实行。"由此说来,只要符合义的要求,不必讲求诚信。用什么来证明这一道理呢?叶公问孔子:"我们那里有一位坦诚正直的人,他的父亲偷了别人的羊,他亲自作证。"孔子说:"我们那里也有坦诚正直的人,和你说的正好相反。做父亲的为儿子隐瞒,做儿子的为父亲隐瞒。这就是正直的表现。"

楚子围宋,宋求救于晋。晋侯使解扬如宋,使勿降楚,曰:"晋师悉起,将至矣。"郑人囚而献诸楚。楚子厚赂之,使反其言。许之。登诸楼车,使呼宋人而告之,遂致其君命。楚子将杀之,使与之言曰:"尔既许不穀而反之①,何故?非我无信,汝则弃之,速即尔刑。"对曰:"臣闻之,君能制命为义,臣能承命为信,信载义而行之为利。谋不失利,以卫社稷,民之主也。义无二信,信无二命。君之赂臣,不知命也。受命以出,有死无陨,又何赂乎?臣之许君,以成命也。死而成命,臣之禄也。寡君有信臣,下臣获考,死又何求?"楚子舍之以归。

[注释]

①不穀:不善。古代诸侯王自称的谦词。反之:即反失前言。

[译文]

楚子率军包围了宋国,宋国向晋国请求救援。晋国的国君派解扬到宋国,劝宋国不要向楚国投降,说:"晋国的军队已经全部发动,将要到达宋国了。"郑国人乘解扬路过郑国时把他囚禁起来并献给了楚国。楚子用丰厚的财货收买解扬,让他违反晋君的意思向宋国传话,解扬答应了楚子的要求。楚人让解扬登上楼车,向宋国人喊话,解扬借机准确传达了晋国国君带给宋国人的话。楚子准备杀解扬,派人质问他:"你既然已经答应了我们,却临机而反,是什么道理?不是我们不守信用,而是你抛弃了信约,赶快去接受对你的刑罚吧。"解扬回答说:"我听说,做国君的能制定可行的诏命叫做义,做臣子的能够执行国君的诏命叫做信,用信的行为使义的诏命得到实施,就叫做利。谋划不丧失利益,以达到保卫社稷的目的,这是人民赖以生活的保障。义不可能有双重的信用,信用也不可能同时执行敌对双方的国君的命令。做国君的贿赂臣下,就是不懂得一种信用不可能执行两种相反的命令的道理。既然接受了国君的命令出使宋国,宁死不可有辱君命,有什么可贿赂的呢?我之所以暂时答应您的要求,是想借机完成我的国君交给我的使命。以死来完成我的使命,是我的幸运。我们的国君有守信之臣,这同时也是我的成功,除死以外我还能有什么其他的追求呢?"楚子听说后,派人把解扬送回晋国去了。

颜率欲见公仲，公仲不见。颜率谓公仲之谒者曰："公仲必以率为伪也，故不见率。公仲好内，率曰好士；公仲啬于财，率曰好施；公仲无行，率曰好义。自今以来，率且正言之而已矣。"公仲之谒者以告公仲，公仲遽起而见之①。

[注释]

①遽：急速。

[译文]

周人颜率想会见韩相公仲，公仲拒不接见。颜率便向公仲手下负责接待的人说："公仲肯定是认为我颜率虚伪不诚实才不愿见我。本来公仲爱好女色，我却说他爱好人才；本来公仲吝啬财货，我却说他慷慨好施；本来公仲品行不端，我却说他爱好行义。从今以后，我颜率凡话照实说就是了。"负责接待的人把颜率的话回报公仲，公仲听后，赶快起身去见颜率。

齐伐燕，得十城。燕王使苏秦说齐，齐归燕十城。苏秦还燕，人或毁之曰："苏秦，左右卖国，反覆臣也，将作乱。"燕王意疏之，舍而不用。苏秦恐被罪，入见王曰："臣东周之鄙人也，无尺寸之功，而王亲拜之于庙，礼之于庭。今臣为王却齐之兵，而功得十城，宜以益亲。今来而王不官臣者，人必有以不信伤臣于王者。且臣之不信，王之福也。使臣信如尾生，廉如伯夷，孝如曾参，三者天下之高行，而以事王，可乎？"燕王曰："可也。"苏秦曰："有此臣，亦不事王矣。孝如曾参，义不离其亲宿昔于外，王又安得使之步行千里，而事弱燕之危王哉？廉如伯夷，义不为孤竹君之嗣，不肯为武王之臣，不受封侯，而饿死于首阳之下。有廉如此者，王又安能使之步行千里，而进取于齐哉？信如尾生，与女子期于梁柱之下，女子不来，水至不去，抱梁柱而死。有信如此，何肯扬燕、秦之威，却齐之强兵哉？且夫信行者，所以自为也，非所以为人也；皆自覆之术①，非进取之道也。且三王代兴，五霸迭盛，皆不自覆；君以自覆为可乎？则齐不益于营丘②，足下不窥边城之外。且臣之有老母于东周，离老母而事足下，去自覆之术，而行进取之道。臣之趋固不与足下合者：足下者，自覆之君也；仆者，进取之臣也。臣所谓以忠信得罪于君也。"

[注释]

①自覆：自我保护。覆，覆盖，喻指保护。②营丘：古邑名。在今山东淄博市临淄北。以营丘山得名。周武王封吕尚于齐，建都于此。后改名临淄。

[译文]

齐国进攻燕国，攻占燕国十座城池。燕王派苏秦出使齐国，劝说齐王归还燕国的十座城池，齐王答应了苏秦的请求，把十座城池归还给了燕国。苏秦回到燕国后，有人向燕王谗毁苏秦说："苏秦是一个时常出卖国家、反复无常的贼臣，将来一定会作乱。"燕王听了谗言，开始对苏秦疏远，不予重用。苏秦担心因此获罪于燕王。于是就入宫拜见燕王，说："我本来是洛阳乡野的一名普通百姓，没有建立一点什么功劳，而大王却把宗庙社稷的大权托付给我。现在我替大王退去了齐国的军队，取得了夺回十城的功劳，大王本应该更加亲近我。近来大王却夺了我的官职，其原因肯定是有人在大王面前诋毁我不诚信。而我的不诚信的品质正是大王的福气。假设我守信如尾生，廉洁如伯夷，孝悌如曾参，用这三个人的高尚品行来侍奉大王，大王认为可以吗？"燕王说："那当然太好了。"苏秦说："如果我具有三者的高尚品质，也不可能来侍奉大王了。孝如曾参，按孝道的要求，不能离开自己的父母在外借宿，大王又怎么能使他步行千里，去侍奉弱小燕国面临危难的国王呢？廉洁如伯夷，仗义不做孤竹君的嗣子，不肯做周武王的大臣，不受封侯，最后饿死于首阳山下。像这样廉洁的人，大王又怎么能使他步行千里，到齐国去夺回已经失去的城池呢？守信如尾生，同女子约定在梁柱之下相会，女子没有如期前来，这时大水汹涌而来，尾生仍不肯离去，最后抱梁柱而死。像这样讲求诚信的人，怎么肯去宣扬秦国和燕国联合的威力，迫使齐国强大的军队撤退呢？况且，所谓守信的品行可用来自我修炼和提高，不能用来为他人服务；都是自行保全的方法，不是进取成功的方法。三王更替兴起，五霸更替昌盛，都不仅仅是自我保全；大王认为仅仅自我保全就可以了吗？按自我保全的道理，齐国不应该在营丘以外扩展领土，您也不应该窥视边城之外的领土。况且我还有老母在洛阳，离开老母来侍奉您，抛弃自保自足生活，履行进取成功的道路。我的作为和目标之所以不能同大王的目标相投合的原因是：您是一位自保自足的君王，而我则是一位富于进取精神的臣子。我正是因为忠诚守信在大王面前获罪的啊。"

燕王曰："夫忠信又何罪之有也？"对曰："足下不知也，臣邻家有远为吏者，其妻私人，其夫且归，其私者忧之。其妻曰：'公勿忧也，吾已为药酒待之矣。'后二日夫至，其妻使妾奉卮酒进之。妾知其药酒也，进之则杀主父，言之则逐主母。乃佯僵弃酒，主父大怒而笞之。妾之弃酒，上以活主父，下以存主母，忠至如此，然不免于笞。此以忠信得罪也。臣之事适不幸而类妾之弃酒也。且臣之事足下，亢义益国①，今乃得罪。臣恐天下后事足下者，莫敢自必也。且臣之说齐，曾不欺之也。后之说齐者，莫如臣之言，虽尧、舜之智，不敢取之。"燕王曰："善。"复厚遇之。由此观之，故知谲即信也，诡即忠也。夫诡谲之行，乃忠信之本焉。

[注释]

①亢义：大义，高义。亢，高、大。

[译文]

燕王说:"做臣仆的忠信又有什么罪过呢?"苏秦回答说:"大王有所不知,我的邻居中有一家丈夫远出做小吏,他的妻子在家与人私通。丈夫快要回来时,与她私通的人很是忧虑。妻子说:'没有什么值得担忧的,我已经为他备好毒酒了。'过了两天,丈夫回来了,妻子就指使侍妾向丈夫进酒。妾知道是毒酒,如果进上就会毒死主父;告诉他酒中有毒,主母就会被赶出家门。于是就假装跌倒,把毒酒洒在地上。主父盛怒之下,打了侍妾竹板。侍妾把毒酒洒在地上,于上保住了主父的性命,于下使主母不至被逐出家门,如此尽忠,却不免挨板子。这就是因为忠信而获罪主人的例子。我现在遇到的不幸同侍妾弃酒的事情相类似。我侍奉您,仗义而行,有益于国,却获罪在身,我担心将来侍奉您的人,不会像我这样坚持大义了。再说,我到齐国去倡导合纵,并不曾欺骗齐国。以后再去游说齐王的人,如果没有我那样的语言艺术,即便有尧舜一般的智慧,恐怕也夺不回来十座城池。"燕王说:"你讲得好。"因此恢复了对苏秦的优厚待遇。

由此看来,欺诈就是诚信,诡辩奸猾就是忠诚。诡谲的行为是忠信得以实现的基础。

忠疑第二十四

夫毁誉是非不可定矣。以汉高之略，而陈平之谋，毁之则疏，誉之则亲。以文帝之明，而魏尚之忠①，绳之以法则为罪，施之以德则为功。知世之听者，多有所尤②，多有尤即听必悖矣。何以知其然耶？

《吕氏春秋》云："人有亡斧者，意其邻之子。视其行步颜色言语动作态度，无为而不窃斧者也。窃掘其谷而得其斧，他日复见其邻之子，动作态度，无似窃斧者也。"其邻子非变也，己则变之。变之者无他，有所尤矣。

[注释]

①魏尚：西汉臣。文帝时任云中太守。②尤：过错。

[译文]

毁誉和是非没有固定不变的标准。以汉高祖的胸襟和韬略，对陈平这种充满了智谋的人，有人诋毁陈平，汉高祖就疏远陈平；有人赞誉陈平，汉高祖又重新亲近陈平。以汉文帝的开明，对魏尚这样的忠臣，如果绳之以法，他就成了罪人；如果对他施以恩德，他又成了功臣。因此就可以知道，听别人汇报情况的人，判断经常会发生失误；判断失误，那么听到的情况同实际情况就可能差距很大。用什么来证明这一点呢？

《吕氏春秋》记载："有一个人丢了斧头，便怀疑是邻人的儿子偷去的。看他走路的姿势、面部神色、说话的特征、举止态度，都很像偷斧头的人。后来他在山谷中发掘出了自己的斧头。这时，再见到邻人的儿子，看他的动作态度，一点不像偷斧头的人。"邻人的儿子并没有什么变化，而是自己的看法改变了。促使自己看法改变的原因不是别的，是自己的判断有偏差。

邾之故①，为甲裳以帛。公息忌谓邾之君曰："不若以组。"邾君曰："善。"下令令官为甲必以组。公息忌因令其家皆为组。有伤之者曰："公息忌所以欲用组者，其家为甲裳多为组也。"邾君不悦，于是乎止，无以组。邾君有所尤也，邾之故为甲，以组而便也，公息忌虽多为组，何伤？以组不便，公息忌虽无以为组，亦何益？为组与不为组，不足以累公息忌之说也。凡听言不可不察。

[注释]

①邾：古国名。即邹。

[译文]

邾国的习俗，是用帛连缀战袍铠甲。公息忌向邾国国君说："用帛连缀不如用组（丝带）连缀。"邾君说："很好。"于是命令制作铠甲必须用组连缀。公息忌就让他家里的人都去织组。有人便向邾国君攻击公息忌说："公息忌之所以向您建议制作铠甲用组，是因为他家里人做甲裳多用组。"邾君很不高兴，随后命停止用组。邾国国君的判断有失误。邾国本来是用帛连缀战袍铠甲的，假如用组制作铠甲战袍更为方便合适，即使公息忌家因此而多织组，又有何妨呢？如果用组制作铠甲战袍不方便，即使公息忌因此不得织组，对国家又有什么好处呢？制作战袍用组或不用组的标准，不能以公息忌家是否多织组为转移，从而肯定或否定公息忌的建议。凡听别人建议，不可不认真分析。

楼缓曰①："公父文伯仕于鲁②，病而死。女子为自杀于房中者二人。其母闻之弗哭。其相室曰：'焉有子死而弗哭乎？'其母曰：'孔子，贤人也，逐于鲁而是人弗随之。今死，妇人为自杀，若是者，必其于长者薄，而于妇人厚。'故从母言之，是为贤母；从妻言之，是不免于妒妻也。"故其言一也，言者异，则人心变矣。

[注释]

①楼缓：战国时赵臣。曾侍奉赵武灵王。②公父文伯：春秋末鲁臣。

[译文]

楼缓说："公父文伯在鲁国做官，因病而死。两位女子为他而在房中自杀。他的母亲听说后却一声不哭。屋内侍候她的人说：'哪有自己的儿子死了却一声不哭的道理？'他的母亲说：'孔子是一位贤人，被鲁国驱逐，而我的儿子却不跟随孔子。现在病死了，妇人为他而自杀。这肯定是因为他对长者刻薄而对妇人厚道。'这件事，用做母亲的标准来衡量，她是一位贤良的母亲；如果用做妻子的标准来衡量，就不免成为爱嫉妒的妻子了。"所以说，同样的话，说话人的身份不同，其用意也就随之不同了。

乐羊为魏将而攻中山①，其子在中山，中山之君烹其子而遗之羹，乐羊尽啜之。文侯曰："乐羊以我故，食其子之肉。"堵师赞曰："其子且食之，其谁不食？"乐羊罢中山，文侯赏其功而疑其心。

[注释]

①乐羊：战国初魏国将领。

[译文]

乐羊是魏国的将领,率兵攻打中山国。乐羊的儿子在中山国,中山国的国君盛怒之下,就把乐羊的儿子煮成肉羹,并把肉羹送与乐羊吃,乐羊吃尽了肉羹。魏文侯听说此事后,颇有感慨地说:"乐羊为效忠于我,吃了自己儿子的肉。"堵师赞却说:"自己亲生儿子的肉都能吃得下去,还有谁的肉吃不下去呢?"战事结束后,魏文侯因战功而封赏乐羊,同时也怀疑乐羊心理的残忍。

《淮南子》曰:"亲母为其子挍秃①,出血至耳,见者以为爱子之至也。使在于继母,则过者以为戾也。事之情一也,所从观者异耳。从城上视牛如羊,视羊如豚,所居高也。窥面于盘水则圆,于杯则隋②。面形不变其故,有所圆有所隋者,所自窥之异也。"今吾虽欲正身而待物,庸讵知世之所自窥我者乎?是知天下是非,无所定也。世各是其所是,非其所非。今吾欲择是而居之,择非而去之,不知世之所是非者。孰是孰非哉?故有忠而见疑者,不可不察。

[注释]

①挍(xī):摩拭。②杯(póu):用手捧。隋:赵蕤注:隋,音随,训亏也。

[译文]

《淮南子》说:"生身母亲为她的儿子治疗头上的脓疮,血流至耳,看到这一情景的人都认为她疼爱儿子到极点了。假若他的继母这样做,人们就会觉得她太狠心了。事情都是一样的,但观察的角度不同,看法就会迥然各异。从城楼上看城下的牛像羊,看羊又像猪,这是站得太高的缘故。从一盘水中观照自己的面部是圆形完整的,从一杯水中观照自己的面部就可能小而不完整。面形并未有变化,有圆而完整和小而不完整的区别,是因为自己观照的方法不一样。"今天我虽然想以端正的态度接人待物，又怎么知道世人会用什么标准、从什么角度来对待我呢？由此可知天下没固定的是非标准。各自都用自己的是非标准来判断是非。今天我很想选择正确的予以保留和发扬，而把错误的抛弃掉，但却不知道世人所遵循的是非标准。究竟谁是谁非呢？所以有竭尽忠心而又受到怀疑的情况，不能不加以考察。

用无用第二十五

古人有言曰："得鸟者，罗之一目。然张一目之罗，终不能得鸟矣。鸟所以能远飞者，六翮之力也①。然无众毛之助，则飞不能远矣。"以是推之，无用之为用也大矣。故惠子谓庄子曰②："子言无用矣。"庄子曰："知无用而始可与言用矣。夫天地非不广且大也，人之所用容足耳。然则削足而垫之至黄泉，人尚有用乎？"惠子曰："无用。"庄子曰："然则无用之为用也亦明矣。"昔陈平智有余而见疑，周勃质朴忠而见信。夫仁义不足相怀，则智者以有余见疑，而朴者以不足取信矣。汉征处士樊英、杨厚③，朝廷若待神明，至，竟无他异。李固、朱穆以为处士纯盗虚名，无益于用。然而后进希之以成器，世主礼之以得众。原其无用，亦所以为用也。而惑者忽不践之地，赊无用之功，至乃诮讪远术，贱斥国华，不亦过乎？

[注释]

①翮（hé）：即羽根。这里代指鸟翼。②惠子：即惠施。战国时宋人。曾任梁相。善辩。③处士：德才兼备却又隐居不仕的人。

[译文]

古人说："捉住鸟的，只是罗网的一个小孔。但只设置有一个小孔的罗网，还是捉不住鸟的。鸟类之所以飞得很远，靠的是翅膀上六根粗茎的力量。但如果没有众多小羽毛的辅助，还是不能飞远的。"以这个道理来推论，看似无用的东西，实际上却能发挥很大的作用。惠子曾向庄子说："你所说的没有任何用处。"庄子说："懂得了无用的道理，才能够同他谈有用的道理。天地不能说不广大吧？但人所用的只是小小的一片容足之地而已。如果把除了供人立足以外的地方都挖至黄泉，那么人的这块立足之地还有用吗？"惠子回答说："没有用了。"庄子说："由此可知，无用的用处也就很明确了。"从前，陈平具有丰富的智慧反而被怀疑，周勃质朴忠诚而受到信任。当仁义还不足以使人们彼此信任的时候，那么富于智慧的人就会因为足智多谋而被猜疑，质朴的人反而因为智慧不足而得到信任。汉朝征召处士樊英、杨厚，朝廷待若神明，但始终也没有什么特别的作为。李固、朱穆认为处士纯粹是欺世盗名的人，没有任何实际的用处。然而后进的人仰慕他们的高风亮节，因而成就了大器，当世的君主也因为礼遇处士而赢得了众心。所以推究无用的东西，正可以"无用"为用。而那些迷惑的人忽视人迹不至的土地的作用，忽视了所谓"无用"的功用，以至于谴责讽刺远离正统道术的人，贱斥才学很高的隐士，这不是太过分了吗？

恩生怨第二十六

《传》称谚曰："非所怨，勿怨。寡人怨矣。"是知凡怨者，不怨于所疏，必怨于亲密。何以明之？高子曰："《小弁》，小人之诗也。"孟子曰："何以言之？"高子曰："怨乎。"孟子曰："固哉①，夫高叟之为诗也！有越人于此，开弓而射我，我则谈笑而道之，无他，疏之也；兄弟开弓而射我，我则泣涕而道之，无他，戚之也。然而《小弁》之怨，亲亲也。亲亲，仁也。"

晋使韩简子视秦师②，云："师少于我，斗士倍我。"公曰："何故？"对曰："出因其资，入用其宠，饥食其粟，三施而不报，所以来也。"

杜邺说王音曰③："邺闻人情，恩深者，其养谨；爱至者，其求谨。夫戚而不见异，亲而不见殊，孰能无怨？此《棠棣》《角弓》之所作也。"由此观之，故知怨也者，亲之也；恩也者，怨之所生也。不可不察。

[注释]

①固：鄙陋；固执不通。②韩简子：即韩简。春秋时晋国大夫。③杜邺：西汉臣。官至凉州刺史。王音：西汉臣。官至车骑将军、安阳侯。

[译文]

《左传》征引谚语说："不该怨恨的不要怨恨，寡人却怨恨了。"据此可知，凡怨恨者，不会去怨恨他所疏远的人，肯定是怨恨他所亲近的人。用什么证明呢？高子说："《诗经》中'小弁'这一篇就是小人之作。"孟子说："为什么这样说呢？"高子说："因为诗中充满了怨恨的情绪。"孟子说："高老先生讲诗真是讲得太死板了！假设有位越人，张弓向我射箭，事后，我会谈笑风生为别人讲述这件事，没有别的原因，因为越人同我的关系疏远。如果是我的兄弟张弓向我射箭，事后，我会哭泣着向人讲述这件事，没有别的原因，因为兄弟是自己的亲人。'小弁'诗篇中所表现的怨恨之情，则是出于对亲人的爱。而热爱亲人，正是仁的表现。"

晋国派韩简子去了解秦国军队的情况，回来后说："军队的数量比我们少，但能战斗的战士却比我们多。"晋公问道："什么原因呢？"韩简子回答说："君王逃离晋国靠的是秦国的帮助，回到晋国是因为得到了秦国的恩宠，发生了饥荒，吃的是秦国的粮食。秦三次施舍给我们恩德，而我们却未作任何报答，所以秦兵胸怀怒气而来，战斗力肯定比我们强。"

杜邺向王音说："我听说人之常情是：恩情深的人，对他的敬养须特别谨慎周到；特别亲爱的人，其要求也特别细腻周到。关系亲密而得不到特殊的对待，谁能无怨呢？这就是《诗经》中'棠棣'、'角弓'所创作的情感背景。"由此可知，所谓愤怨的情绪，是亲人之间的一种情感；所谓恩情，是怨恨情绪赖以产生的源泉。人生在世，不能不详察这其中的道理。

诡顺第二十七

赵子曰：夫云雷世屯，瞻乌未定，当此时也，在君为君，委质事人，各为其主用职耳。故高祖赏季布之罪，晋文嘉寺人之过，虽前窘，莫之怨也，可谓通于大体矣。

昔晋文公初出亡，献公使寺人披攻之蒲城①，披斩其祛②。及反国，吕、郤畏逼③，将焚公宫而杀之。寺人披请见，公使让之曰："蒲城之役，君命一宿，汝即至。其后余从狄君以田渭滨，汝为惠公来，求杀余，命汝三宿，汝中宿至。虽有君命，何其速也？"对曰："臣谓君之入也，其知之矣。若犹未也，又将及难。君命无二，古之制也。除君之恶，惟力是视。蒲人、狄人，余何有焉？今君即位，其无蒲、狄乎？齐桓公置射钩而使管仲相，君若易之，何辱命焉？行者甚众，岂惟刑臣。"公见之，以难告，得免吕、郤之难。

[注释]

①寺人：古代宫中供使令的小臣。披：人名。②祛：袖口。③吕、郤：吕甥、郤芮。均是晋惠公的大臣。

[译文]

我赵蕤说：阴云密布，雷电交加，世界一片混沌，领头的鸟雁尚未确定，当此之时，不管跟随哪位君主，都全身心侍奉他，各为自己的主公尽职尽责而已。所以汉高祖很赏识项羽手下的名将季布,并赦免了他的罪过;晋文公嘉奖曾逼自己于窘迫之地的宦官的罪过,不计前怨,可谓宽宏大量了。

从前,晋文公从晋国出逃的时候,晋献公派宦官披围攻在蒲城的晋文公,披斩断了晋文公的衣袖,但晋文公还是跑掉了。晋文公后来回到晋国做了国王以后,晋国的旧臣吕甥、郤芮害怕晋文公报复他们,准备焚烧宫室,杀害晋文公。宦官披请求拜见文公,文公派人责备披说:"蒲城之战,国君本来命你第二天到达,而你当天即率兵赶到了。后来我随狄国的国君在渭水边打猎,你又向晋惠公请战来杀我,国君本来命你三天赶到,你第二天就赶到了。虽然你是奉命行事,但你的速度为什么那么快呢?"披回答说:"我原来认为君王回国后,就会很快了解当前的情况,看来您尚不了解内情,这样下去,恐怕还将遭难。执行君王的命令,不能三心二意,这是古代的制度,除掉君王所憎恶的人,唯有尽力而为。无论蒲人还是狄人,与我又有什么关系呢?现在您做了国王,难道就不会像先君一样重演在蒲、狄追杀仇敌的情况吗?齐桓公置管仲曾指挥射中自己的带钩的前怨于不顾,任命管仲做齐相,您如果采取同齐桓公相反的态度,不劳您的命令,我就会自觉离开晋国的。而且出走的人会非常多,难道仅仅是像我这样受过宫刑的小臣吗?"晋文公很快接见了披,披就把吕、郤将发难的事情告诉了晋文公,使晋文公避免了一场灾难。

陈轸与张仪俱事秦惠王,惠王皆重之。二人争宠,仪恶轸于王曰:"轸重币轻使秦、楚之间,将为国交也。今楚不善于秦而善于轸,轸为楚厚,为秦薄也。轸欲去秦而之楚,王何不听之?"王乃召轸而问之,轸曰:"臣愿之楚,臣出,必故之楚①,且明臣为楚与不也。昔楚有两妻者,王闻之乎?"王曰:"弗闻。"轸曰:"楚有两妻者,人挑其长者,长者骂之;挑其少者,少者复挑之。居无几何,有两妻者死,客为挑者曰:'为汝娶少者乎,长者乎?'挑者曰:'娶长者。'客曰:'长者骂汝,少者复挑汝,汝何故娶长者?'挑者曰:'居人之所,则欲其挑我;为我之妻,则欲其骂人。'今楚王明主,昭阳贤相,使轸为臣,常以国情输楚,楚王将不留臣,昭阳将不与臣从事矣。臣何故之楚?臣出必故之楚,足以明臣为楚与不也。"轸出,仪入问王曰:"轸果欲之楚不?"王曰:"然。"仪曰:"轸不为楚,楚王何为欲之?"王复以仪言谓轸,轸曰:"然。"王曰:"仪之言果信矣。"轸曰:"非独仪知之,行道之人尽知之矣。子胥忠于君,而天下皆争以为臣;曾参、孝己爱于亲,而天下皆愿以为子。故卖仆妾不出闾巷售者,良仆妾也;出妇嫁于乡曲者,必善妇也。今轸若不忠于君,楚亦何以为臣乎?忠且见弃,轸不之楚,将何归乎?"王以其言为然,遂厚待之。惠王终相张仪,轸遂奔楚。

[注释]

①故之楚:依旧是原来的楚国。

[译文]

陈轸和张仪一起侍奉秦惠王,惠王对二人都很器重。二人不久彼此妒忌,相互争宠。张仪在秦王面前攻击陈轸说:"陈轸携带贵重的财货往来奔走于秦、楚之间,为秦国办外交,同楚国结好。现在楚国对秦国并不友善而对陈轸却非常友善,据此可知陈轸对楚国厚而对秦国薄。陈轸打算离开秦国到楚国去,大王为什么不听任他去呢?"秦王便召陈轸询问此事,陈轸说:"我愿意到楚国去。我离开秦国以后,楚国必将还是原来的楚国,这样就可以证明我是否如别人所指责的那样,为楚国的利益考虑而不为秦国的利益考虑。从前,有个楚人两妻的故事,大王听说过吗?"秦王说:"没有听说过。"陈轸说:"从前,楚国有个人,有两房妻子。有人挑逗他年长的妻子,被年长的妻子骂了一顿。有人挑逗他年少的妻子,年少的妻子就同人相互挑逗。没过多久,丈夫死去了。有人就对曾经挑逗过这两位妻子的人说:'为你娶年长的妻子呢,还是娶年少的妻子呢?'挑逗者说:'娶年长的妻子。'这人便说:'年长的妻子曾经骂你,年少的妻子曾和你相互挑逗,你为什么还要年长的?'挑逗者说:'是人家的妻子,我想让她挑逗我;作为我的妻子,我想让她骂人。'当今的楚王是一位明智的君主,昭阳是楚国的贤相。陈轸作为人臣,如果经常把秦国的机密报告给楚国,那么这次楚王肯定不会收留我这样的人臣,昭阳也不会愿同我这样的人共事。我为什么还要到楚国去呢?我离开秦国到楚国去,楚国必将还是原来的楚国,这样就足以证明我是否出卖秦国的利益给楚国。"陈轸出去后,张仪就进去问秦王:"陈轸是否想到楚国去?"秦王答:"是想到楚国去。"张仪说:"陈轸如果对楚国不好,楚王为什么会让陈轸到楚国去?"秦王又把张仪的话告诉了陈轸。陈轸说:"的确如张仪所说。"秦王说道:"张仪的话果然可信啊。"陈轸说:"不仅仅张仪知道这一点,连道上的行人也都知道。伍子胥忠于君王,而天下的君王都想让他做自己的臣子;曾参、孝己爱自己的亲人,所以天下的人都想让他们做自己的儿子。所以,出卖仆妾远不出自己邻里街巷的范围,这仆妾必定是很好的仆妾;姑娘出嫁,就嫁在自己的乡里,这姑娘必定很善良。我陈轸如果是不忠之臣,楚王又凭什么让我做他的大臣呢?忠君反而被抛弃,陈轸不到楚国去,又能到哪去呢?"秦王认为陈轸的话有道理,于是又厚待陈轸。秦惠王最终用张仪为相,陈轸于是到楚国去了。

韩信初为齐王时,蒯通说使三分天下,信不听。后知汉畏恶其能,乃与陈豨谋反。事泄,吕太后以计擒之。方斩,曰:"吾悔不听蒯通之计,乃为儿女子所诈,岂非天哉?"高祖归,乃诏齐捕通，至。上曰："若教淮阴侯反耶？"曰："然。臣固教之，竖子不用臣之策，故今自夷于此。如彼竖子用臣之计，陛下安得而夷之乎？"上怒曰："烹之①。"通曰："嗟乎！冤哉烹也！"上曰："若教韩信反，何冤？"对曰："秦之纲弛而维绝，山东大扰，异姓并起，英俊乌聚，秦失其鹿，天下共逐之。于是高材疾足者先得焉。跖之狗吠尧，尧非不仁，狗固吠非其主。当是时，臣独知韩信，非知陛下也。且天下锐精持锋，欲为陛下所求者甚众，固力不能耳，又可尽烹耶？"高帝曰："置之。"乃释通之罪也。

[注释]

①烹：古代酷刑。用鼎来煮杀人。

[译文]

韩信刚做齐王时，蒯通劝韩信同汉王和项王三分天下，韩信没有采纳。后来，当他了解到汉王畏惧嫌恶他的才能时，就同陈豨谋划反汉。谋反的事情泄露以后，吕太后用计生擒了韩信。临刑前，韩信感慨地说道："我悔恨当初没有听从蒯通的计策，竟被妇人小子所蒙骗，这难道不是天意吗？"汉高祖返回京城后，下诏齐国，捉拿蒯通。蒯通被押解到京城后，汉高祖问他："你曾唆使淮阴侯反汉吗？"蒯通答："是的。我竭尽全力策动他反汉，那小子不能用我的计策，所以今天落得自我毁灭的下场。如果那时韩信小子用了我的计策，陛下又怎么能杀他呢？"汉高祖非常气愤，吩咐说："给我煮了他！"蒯通喊道："煮了我实在是冤枉啊！"高祖说："你策动韩信谋反，有什么冤枉？"蒯通回答说："当秦朝纲纪紊乱废弛时，山东纷扰大乱，异姓纷纷崛起，英雄俊杰像乌鸦一样聚集在一起。秦朝的天子皇位如同逃跑的鹿在田野奔驰，天下的人竞相追逐它。这时，才能高、腿脚快的就能首先得到它。盗跖的狗见了尧帝也照样狂吠，这并不是因为尧帝不仁，而是因为狗见了其主人以外的生人都要狂吠。当时，我就知道韩信，而并不了解陛下您。况且，当时天下的精锐之士拿着锋利的武器，想做陛下要做的事的人很多，只是他们的力量还达不到而已，您能把他们都杀尽吗？"汉高祖听后，便说："放了他吧！"于是赦免了蒯通的罪过。

初，吴王濞与七国谋反，及发，济北王欲自杀①。齐人公孙玃谓济北王曰："臣请试为大王明说梁王，通意天子，说而不用，死未晚也。"公孙玃遂见梁王，曰："夫济北之地东接强齐，南牵吴、越，北胁燕、赵。此四分五裂之国，权不足以自守，劲不足以扞寇，又非有奇佐之士以待难也。虽坠言于吴，非其正计也。昔郑祭仲许宋人立公子突以活其君，非义也。《春秋》记之，为其以生易死，以存易亡也。向使济北见情，实示不从之端，则吴必先历齐，军济北，招燕、赵而总之。如此，则山东之从结而无隙矣。今吴、楚之王练诸侯之兵，驱白徒之众②，西与天子争衡。济北独底节坚守不下，使吴失与而无助，跬行独进③，瓦解土崩，破败而不救者，未必非济北之力也。夫以区区之济北，而与诸侯争强，是以羔犊之弱，而捍虎狼之敌也。守职不挠，可谓诚一矣。功义如此，尚见疑于上，胁肩低首，累足抚襟，使有自悔不前之心，非社稷之利也。臣恐藩臣守职者疑之。臣窃料之，能历西山，径长乐，抵未央，攘袂而正议者，独大王耳。上有全亡之功，下有安百姓之名，德沦于骨髓，恩加于无穷。愿大王留意详维之。"孝王大悦，使人驰以闻，济北王得不坐，徙封于菑川。

[注释]

①济北王：即刘志。西汉诸侯王。②白徒：未经军事训练临时被征募的壮丁。③跬（kuǐ）：古时举足一次为跬，举足两次为步。

[译文]

当初，吴王刘濞联合楚国等七国共同反汉，事发以后，济北王打算自杀。齐人公孙玃向济北王说:"请让我为大王劝说梁王,使梁王向天子通融,如果劝说无效,再死不晚。"公孙玃于是来见梁王,说:"济北之地东与强大的齐国相连接,南受吴越牵制,北面有燕、赵威胁。其形势是一个四分五裂的国家,其实力不足以自守,其军队又不足以抵抗外敌的入侵,又缺乏奇谋人才的辅佐来对付这场灾难。虽然一时失言,答应了吴王,但却是被迫的,并非出于本意。从前郑国祭仲被迫答应宋国立公子突为国君以便保护原国君公子忽的生命,这是不符合义理的;然而《春秋》予以记载,认为这是以生代替死、以存代替亡的举动。假设使济北王在当时的情形下,不顺从吴、楚,吴、楚必定先经过齐国,占领济北,召集燕、赵等国而统一在自己的指挥棒下。这样,山东诸国就形成了合纵之势而无隙可击了。今天吴、楚国王训练诸侯的军队,驱赶着未经训练的百姓,向西同天子的军队以争高低。济北王独自砥节,坚守不动,使吴王失去了援助,单兵独进,步履维艰,瓦解土崩,破败而得不到救援,这未必不是济北王的力量。如果以区区济北小国,而与吴、楚等诸侯争强,这就好比用弱小的羊羔牛犊去抵御虎狼的攻击,只能白白送死。尽职不屈,对皇上也算得上一片诚心了。功劳忠义如此,尚被皇上所怀疑,令臣下缩肩低首、捆足抚襟、产生悔不反汉的心理,这对国家没有什么好处。我担心天下诸侯和地方官员因此而产生疑虑。我曾暗自分析,能够经过西山,径直到长乐宫、未央宫,面见皇上,直言进谏的人,也只有大王您了。大王此举,上有挽救济北灭亡的功劳,下有安抚百姓的美名,德深骨髓,恩广无穷,请大王费心详加考虑。"梁孝王听后十分高兴,即派人驰报天子,济北王因此未受吴、楚之乱的牵连,徙封为菑川王。

陈琳典袁绍文章[①],袁氏败,琳归太祖。太祖谓曰:"卿昔为本初移书，但可罪状孤而已，恶止其身，何乃上及祖父耶？"琳谢曰："楚、汉未分，蒯通进策于韩信；乾时之战，管仲肆力于子纠。惟欲效计其主，取福一时。故跖之客，可以刺由；桀之狗，可使吠尧也。今明公必能进贤于忿后，弃愚于爱前，四方革面，英豪宅心矣。惟明公裁之。"太祖曰："善。"厚待之。由此观之，是知晋侯杀里克，汉祖戮丁公②，石勒诛枣嵩③，刘备薄许靖，良有以也。故范晔曰："夫人守义于故主，斯可以事新主；耻以其众受宠，斯可以受大宠。"若乃言之者虽诚，而闻之者未譬。岂苟进之悦，易以情纳；持正之忤，难以理求？诚能释利以循道，居方以从义，君子之概也。

[注释]

①陈琳：东汉末文学家。"建安七子"之一。②丁公：西汉薛（今山东滕县南）人。名固。季布同母异父弟。初为项羽部将，项羽败，丁公谒见刘邦，被杀。③石勒：十六国时期后赵建立者。

[译文]

陈琳曾做袁绍的机要文书，袁绍失败后，陈琳归服魏太祖曹操。曹操问陈琳："你从前为袁本初起草文书，只历数我的罪状也就够了，恶意的攻击也应局限于我自身，为什么上溯到我的祖父呢？"陈琳急忙谢罪，说："楚、汉相争，胜负未分的时候，蒯通向齐王韩信进献同汉王、项王三分天下的策略；乾时之战，管仲为齐桓公的政敌公子纠竭尽了全力。他们唯一的目的就是为主人效力，取得一时的幸福。所以盗跖的门客受主人之命，可以去刺杀许由；夏桀的狗，只要主人示意，就会去咬帝尧。现在明公如果能够在愤怒平息之后仍然提拔贤能的人才，淘汰那些虽然同您的关系亲密但又无能的人，这样就能使四方英豪革面定心，效力明公。请明公斟酌定夺。"曹操说："你讲得很好。"于是厚待陈琳。由此可知，晋侯杀不从君命的里克，汉高祖杀对项羽不忠的丁公，石勒杀枣嵩，刘备薄待卖主求荣的许靖，也是很有道理的。所以范晔说："人只有对旧主尽忠守义，侍奉新主才有可能忠心耿耿；耻于多方受宠信的人，才是值得受宠信的人。"说这话的人虽然出于一片诚心，但听的人未必能真正懂得其中的道理。岂不是谄媚取悦主人的话容易被主人接受，而持正的逆耳之言难以被主人理智地接受吗？真正做到抛弃私利，遵循道的原则，处世方正，遵从义的原则，这才是君子的风范。

难必第二十八

夫人主莫不欲其臣之忠，而忠未必信。故伍员流于江[①]，苌弘死于蜀[②]，其血三年而化为碧。凡人亲莫不欲其子之孝，而孝未必爱。故孝己忧而曾参悲。此难必者也。何以言之？

魏文侯问狐卷子曰："父子、兄弟、君臣之贤足恃乎？"对曰："不足恃也。何者？父贤不过尧而丹朱放，子贤不过舜而瞽叟拘，兄贤不过舜而象傲，弟贤不过周公而管、蔡诛，臣贤不过汤、武而桀纣伐。望人者不至，恃人者不久。君欲理亦从身始，人何可恃乎？"

[注释]

①伍员：春秋时吴国大夫。字子胥。楚大夫伍奢次子。他来到吴国，助吴王阖闾刺杀吴王僚，夺取王位。后攻破楚国，因功封于申，又称申胥。吴王夫差时，他劝吴王拒绝越国求和并停止伐齐，渐被疏远。后吴王赐剑命他自杀。②苌弘：周景王、敬王的大臣刘文公所属大夫。又称苌叔。刘氏与晋范氏世为婚姻，在晋卿内讧中帮助范氏，晋卿赵鞅以此来声讨，他被周人杀死。传说他的血三年后化为碧玉。

[译文]

做人主的没有不想让自己的臣子效忠于自己的，然而尽忠未必能守信。所以伍子胥被赐死抛尸江中，苌弘死在蜀地，他的血三年后化作碧玉。凡做父母的都希望自己的子女孝顺，而孝顺未必能得到疼爱。所以孝己感到忧愁而曾参感到悲伤。这就是难有固定依靠的道理。为什么这样说呢？

魏文侯问狐卷子："父子兄弟君臣的贤明足以依靠吗？"狐卷子回答说："不足依靠。为什么呢？做父亲的贤明谁也超不过唐尧，但是，他的儿子丹朱却被尧流放了。做儿子的贤明谁也超不过舜，但他却被自己的父亲瞽叟囚拘。做弟弟的明贤超不过周公，但他的哥哥管叔和蔡叔却被周公杀掉了。做臣子的明贤谁也超不过商汤和周武，但商汤讨伐并推翻了自己的君王夏桀，周武讨伐并推翻了自己的君王商纣。单单指望他人，就难以达到目的；仅仅依靠他人，就难以维持长久。您如果想把自己的国家治理好，就应该从自身做起，怎么能仅仅依靠他人呢？"

汉时梁孝王藏匿羊胜、公孙诡。韩安国泣说梁孝王曰[①]："大王自度于皇帝，孰与太上皇之与高皇帝及皇帝之与临江王亲？"孝王曰："弗如也。"安国曰："夫太上、临江，亲父子间，然而高帝曰：'提三尺剑，取天下者，朕也。'故太上终不得制事，居栎阳。临江王，嫡长太子也，以言过废王临江，用宫垣事，卒自杀中尉府。何者？治天下终不以私害公。语曰：'虽有亲父，安知其不为虎？虽有亲兄，安知其不为狼？'今大王列在诸侯，说一邪臣浮说，犯上禁，挠明法。天子以太后故，不忍致法于王。太后日夜泣涕幸大王自改，而大王终不觉悟。有如太后车即晏驾，大王尚谁攀乎？"语未卒，孝王出羊胜等。

[注释]

①韩安国：西汉大臣。初为梁孝王中大夫。吴、楚七国之乱时击退吴兵，由此著名。武帝时任御史大夫、卫尉等职。

[译文]

西汉时,梁孝王藏匿被朝廷通缉的羊胜和公孙诡,韩安国哭泣着劝梁孝王说:"大王揣度一下,您与皇上(汉景帝)的关系,同太上皇之与高皇帝、皇帝之与临江王(汉景帝的太子)比较,谁更亲密?"梁孝王回答说:"比不上他们之间的关系亲密。"韩安国说:"太上皇同高皇帝、皇帝同临江王,是亲生父子关系,然而,高皇帝却说:'手提三尺宝剑打天下的是我。'所以太上皇始终不得干预朝政,居住在栎阳宫。临江王本为太子,因一言的过错而被废为临江王,又因侵占宫垣事被迫自杀于中尉府。这说明什么道理呢?治理天下毕竟不能因私情而妨害公事。俗语说:'虽然有亲生父亲,怎能保证他不是将伤害自己的老虎?虽有一母同胞的兄长,怎能保证他不会成为伤害自己的狼?'现在大王位在列侯,赏悦一帮奸邪之臣的浮说,犯上禁纲,扰乱国法。天子因为太后的缘故,不忍心对大王绳之以法。太后日夜哭泣,盼望大王自我悔过,而大王至今仍不觉悟。假若太后去世,大王还能依攀谁呢?"话还未说完,梁孝王就把羊胜等人交了出来。

由是观之,安在其可必哉?语曰:"以权利合者,权利尽而交疏。"又曰:"以色事人者,色衰则爱绝。"此言财色不可必也。《墨子》曰:"虽有慈父,不爱无益之子。"黄石公曰:"主不可以无德,无德则臣叛。"此言臣子不可必也。《诗》云:"自求伊祜①。"有旨哉!有旨哉!

[注释]

①祜(hù):福。

[译文]

由此看来,哪有足可依靠的事物呢?俗语说:"因暂时的利益相结交的人,共同的利益没有了,交往也就随之疏远。"又说:"仅靠美色去侍奉人，当色衰时，所受的宠爱也就随之断绝。"这讲的是财货和美色都不足依靠。《墨子》说："虽然有慈祥的父亲，但他也不会去疼爱对自己毫无益处的儿子。"黄石公说："做君主的对臣子不能没有恩德，否则臣子就会背叛他。"这讲的是臣子也是不能无条件依靠的。《诗经》说："靠自己的力量求得幸福。"太深刻了！

运命第二十九

夫天道性命，圣人所稀言也。虽有其旨，难得而详。然校之古今，错综其纪，乘乎三势，亦可以仿佛其略。何以言之？荀悦云："凡三光、精气变异①，此皆阴阳之精也。其本在地，而上发于天。政失于此，则变见于彼，不其然乎？"今称《洪范》咎征，则有尧汤水旱之灾；消灾复异，则有周宣《云汉》"宁莫我听"；《易》称"积善余庆"，则有颜、冉短折之凶②。善恶之报，类变万端，不可齐一。故视听者惑焉。尝试言之。

[注释]

①三光：日光、月光、星光。②颜、冉：颜回、冉伯牛。均为孔子的学生。均以德行高尚著称。

[译文]

天道性命，是圣人也很少论及的问题。虽然有这些问题的要旨，但没有详细的论说。但校阅古今零星错综的记载，运用性命三势的道理分析研究，也可了解这一命题的概貌。怎么说明这一问题呢？荀悦说："日月星辰精气的变化，都是阴阳精气的变化。它们本来在大地上，向上升发到天上。所以人世政治一旦有失误，天上就必然有所反应。不是这样吗？"《尚书·洪范》记载的上天惩罚人间的征兆，有尧汤时期的水旱灾害；解除灾害、恢复正常，在《诗经·云汉》篇中有"宁莫我听"的歌颂;《易经》中说:"积善之人,必能丰裕幸福。"然而却有颜回、冉伯牛短命夭折的悲剧。或善或恶的报答,变化万端,没有固定统一的原则。所以令人的视听迷惑。试举例说明。

孔子曰:"死生有命。"又曰:"不得其死。"又曰:"幸而免者。"夫"死生有命",其正理也;"不得其死"者,未可以死而死也;"幸而免者",可以死而不死也。此皆性命三势之理也。推此以及教化,则亦如之。人有不教化而自成者,有待教化而后成者,有虽加教化而终不成者。故上智与下愚不移,至于中人则可上可下。推此以及天道,则亦如之。灾祥之应,无所疑焉。故尧、汤水旱,天数也;《洪范》咎征,人事也。鲁僖淫雨,可救之应也;周宣旱甚,难变之势也;颜、冉之凶,性命之本也。

《易》曰:"有天道焉,有地道焉,有人道焉。"言其异也。"兼三才而两之[①]",言其同也。故天人之道,有同有异。据其所以异,而责其所以同,斯则惑矣;守其所以同,而求其所以异,则取弊矣。迟速深浅,变化错乎其中,其故参差难得而均也。天地人物之理,莫不同之。故君子尽心焉,尽力焉,以邀命也。《易》曰:"穷理、尽性以至于命。"此之谓也。

[注释]

①兼三才而两之:把天道、地道、人道合并为两个方面,即天道与人道。

[译文]

孔子说:"或死或生都有一定的命数。"又说:"死得不合适。"又说:"有幸运而避免的。"所谓"死生有命",是一般的原则和道理;"不得其死",即没有以应有的时间和方式去死;所谓"幸而免者",是说本该死的而没有死。这就是性命三势的道理。把这样的道理推广运用到人的教化方面也是如此。人有不需要别人的教化而自我成就的，有经过教化而后成就的，也有虽加教化而最终不能成就的。所以说，特别聪明的人和特别愚鲁的人，是天生的，不可改变，至于中等的人则有可上可下的可塑性。把这一道理推广运用到天道方面也是如此。灾祥相感应的道理是无可怀疑的。尧汤时期的水旱灾害是天数决定的；《洪范》中记载的惩罚人间的征兆是人事决定的。鲁僖公时期的淫雨是可以挽救的灾害；周宣王时期严重的旱灾，却是难以改变的；颜回、冉伯牛的夭折，则是命运决定的。

《易经》说："天有天运行的法则，地有地运行的法则，人有人运行的法则。"讲的是三者之间的区别。"兼容天、地、人三者，归为两端，即天人"，这讲的是它们之间的相同之处。所以上天和人世运行的法则彼此有同有异。用天人运行法则的不同之处，去指责否定它们之间的相同之处，就会陷于困惑之中；用天人运行法则的相同之处去要求它们彼此的不同之处，这样就会获取弊端。上天人世运行的迟速深浅，其变化错综复杂，不可能整齐划一。天、地、人、物彼此运行联系的道理也都是如此。所以凡君子都以尽心尽力的行动去掌握自己的命运。《易经》说："追究万事万物的道理；使它们都能充分发挥自己的作用，这就是万事万物真正的命运。"讲的也是同样的道理。

大私第三十

《管子》曰:"知与之为取①,政之宝也。"《周书》曰②:"将欲取之,必故与之。"何以征其然耶?黄石公曰:"得而勿有,立而勿取,为者则己,有者则士,焉知利之所在?彼为诸侯,己为天子,使城自保,令士自取,王者之道也。"尸子曰:"尧养无告,禹爱辜人,此先王之所以安危而怀远也。圣人于大私之中也为无私。"汤曰:"朕身有罪,无及万方;万方有罪,朕身受之。"汤不私其身而私万方。文王曰:"苟有仁人,何必周亲。"文王不私其亲而私万国。先王非无私也,所私者与人不同,此知大私者也。由是言之,夫惟不私,故能成其私;不利而利之,乃利之大者矣。

[注释]

①与:给予。②《周书》:《尚书》的组成部分,所记为周代史实。

[译文]

《管子》说:"懂得给予就等于获取的道理,是为政的法宝。"《周书》说:"要想获取,必须首先给予。"用什么来印证这一道理呢?黄石公说:"要想得到,就不要首先去占有;为别国拥立了国君,不要吞并它;决策出于自己,而功劳归于他人,哪里有心去计较利益的归属?他人为诸侯,自己为天子,使他们各自保全自己的城邑，令将士自取敌国城池的财货。这就是君王应采取的统治法则。"尸子说："尧收养无所依靠的老人，禹爱护犯了罪的人，这就是先王所以能够安定危亡、感召偏远地区人民的原因。圣人能够在国家的大私之中行个人的无私。"商汤说："我自己犯了罪过，不会把惩罚扩展到万方百姓身上；如果万方百姓犯了罪过，我就应该受到惩罚。"商汤不为自己谋私利，而为万方百姓谋私利。周文王说："如果有仁人出现，又何必是周室的亲人。"文王不谋亲族的私利而谋万国的私利。先王并不是没有私心，只是他所为人谋私的对象同常人不同，这是懂得大私的道理。由此说来，正是不谋私利，反而能成就自己的私利；通过不为自己谋取利益的方法而为自己谋利益，才是利益中最大的利益。

功败第三十一

《文子》曰①:"有功,离仁义者必见疑;有罪,不失仁心者必见信。故仁义者,天下之尊爵也。"何以言之?昔者楚恭王有疾,召其大夫曰:"不穀不德,少主社稷,失先君之绪,覆楚国之师,不穀之罪也。若以宗庙之灵,得保首领以没,请为'灵'若'厉'②。"大夫许诸。及其卒也,子襄曰:"不然。夫事君者从其善,不从其过。赫赫楚国而君临之,抚征南海,训及诸夏,其宠大矣。有是宠也,而知其过,可不谓恭乎?"大夫从之。此因过以为功者也。

[注释]

①《文子》:撰者佚名。②灵:据《谥法解》,不勤劳成名为"灵"。厉:据《谥法解》,杀戮无罪的人称为"厉"。

[译文]

《文子》说:"虽然有功劳,但远离了仁义的原则,就会受到怀疑;虽然犯了罪过,但却没有丧失仁心的人,必定仍然受到人们的信任。所以说,仁义是天下最尊贵的东西。"为什么这样说呢?从前,楚恭王病重时,把楚国的大夫召来说:"我没有什么德行,年少时就开始主持社稷,丧失了先君的优良传统,使楚国的军队蒙受了巨大损失,这些都是我的罪过。如果在宗庙能够得到祖先神灵的保佑,让我保全脑袋死去,我就满足了。请把我的谥称为'灵'或者'厉'吧。"大夫们应许了楚王的要求。楚王死了以后,子襄说:"不能那样做。侍奉君王,主要应该看他的功绩,而不是他的过错。楚王统治着显赫的楚国,征讨安抚南海,感召华夏地区,他对天下的宠爱已经够大了。有这样大的功劳,又明白自己的过错,这还算不上'恭'吗?"大夫们听从了子襄的建议。这是因过为功的例子。

魏将王昶、陈泰兵败,大将军以为己过[①]。习凿齿论曰:"司马大将军引二败以为己过,过销而业昌,可谓智矣。"夫忘其败而下思其报,虽欲勿康,其可得乎?若乃讳败推过,归咎万物,上下离心,贤愚释体,是楚再败而晋再克,谬之甚矣。夫人君苟统斯理,而以御国,行虽失而名扬,兵虽挫而战胜。百败犹可,况再败乎?此因败以成功者也。故知智者之举事也,因祸为福,转败为功,自古然矣。

[注释]

①大将军:即司马懿。

[译文]

魏将王昶、陈泰吃了败仗,大将军司马懿把两次败仗引为自己的过错。习凿齿评论说:"司马大将军承担两次失败的过错,纠正了错误,使事业昌盛,可谓明智的举动。"上级不追究下级失败的责任,下级一心想予以报答,即使你不想事业昌盛,能够做得到吗?如果对失败讳莫如深,推卸责任,归咎于各种条件不成熟,致使上下离心,无论贤能的或愚鲁的都离散解体,这就如同当年晋楚城濮之战后,楚国再吃败仗、晋国再打胜仗一样,那是最荒谬的事情了。做君王的如果遵循这样的原则来统治自己的国家,行动虽然有所失误却使美名传颂,军队虽然遭遇了挫折但却能赢得战争的最后胜利。即使这样失败一百次也无妨大局,更何况仅仅失败了两次呢?这是借鉴失败的教训而获取成功的例子。由此可知:富于智慧的人做事,能够因祸为福,转败为功。自古以来都是这样。

昏智第三十二

夫神者，智之渊也①；神清则智明。智者，心之符也；智公则心平。今士有神清智明而暗于成败者，非愚也，以声色势利怒爱昏其智矣。何以言之？

[注释]

①渊：源泉。

[译文]

人的神志是智慧的源泉；神清才能智明。智慧是心灵的表现；智虑公允才能使心灵平和。当今有这样的人，他们神清智明，而又不明晓事情成功和失败的道理，这并不是因为愚笨，而是被声色、势力、怒爱等因素冲昏了头脑。为什么这样说呢？

昔孔子摄鲁相，齐景公闻而惧，曰："孔子为政，鲁必霸。霸则吾地近焉，我之为先并矣。"犁且曰①："去仲尼犹吹毛耳。君何不延之以重禄，遗哀公以女乐？哀公亲乐之，必怠于政。仲尼必谏，谏不听，必轻绝鲁。"于是选齐国中女子好者八十人，皆衣文绣之衣，而舞康乐，遗鲁君。鲁君受齐女乐，怠于事，三日不听政。孔子曰："彼妇人之口（口，疑为君），可以出走。"遂适卫。此昏于声色者也。

[注释]

①犁且：春秋时齐大夫。

[译文]

从前，孔子做了鲁国的宰相，齐景公听说这一消息后面有惧色，说："孔子总理朝政，鲁国必定称霸诸侯。鲁国称霸，我国同鲁国近邻，会首先被鲁国兼并。"犁且说："除去仲尼就如同吹起一根鸿毛一样容易。您何不用重金厚禄联络鲁哀公，并送给他女乐呢？哀公耽于女乐，必然怠于政事。仲尼必定劝谏，劝谏不听，孔子就会辞官离开鲁国。"于是精选齐国八十名美女，让她们穿上漂亮的文绣之衣，而且能歌善舞，送给了鲁哀公。哀公接受了齐国的女乐后，便怠于政事，三天不理朝政。孔子说："他是妇人的君王，我可以出走了。"于是孔子离开鲁国到了卫国。这是被声色冲昏了头脑的例子。

太史公曰："平原君①，翩翩浊代之佳公子也，然不睹大体。"语曰："利令智昏。"平原君贪冯亭邪说②，使赵陷长平四十余万，邯郸几亡。此昏于利者也。

后汉班固传评曰："昔班固伤司马迁云：'迁博物洽闻，不能以智免极刑。'然固身亦自陷大戮，可谓智及之而不能守，古人所以致论于目睫邪？"此昏于势者也。

[注释]

①平原君：即赵胜。战国时赵国贵族。惠文王之弟。任赵相。有食客数千人。②冯亭：战国时韩国上党太守。秦攻上党，冯不能守，便以上党属赵，赵封其为华阳君。与赵括拒秦军，战死长平。

[译文]

太史公说："平原君是混乱之世一位风度潇洒的公子，然而却不识大体。"俗语说"利令智昏"。平原君轻信冯亭的邪说，使赵国在长平之战中丧失了四十万大军,邯郸几乎失陷。这是被利益冲昏了头脑的例子。

后汉《班固传》的评语说:"从前班固感伤司马迁一生的遭遇,说:'司马迁博学多闻,却不能运用自己的智慧避免极刑。'然而班固自身也遭遇极刑,可谓智慧能够看清别人的问题,但自己却仍然不能避免。这大概就是古人关于目与睫关系的理论吧?人的眼睛能够极目远望,但却看不到就在它旁边的睫毛。"这是昏于形势的例子。

尸子曰:"夫吴、越之国,以臣妾为殉。中国闻而非之。及怒,则以亲戚殉一言。夫智在公则爱吴、越之臣妾,智在私则忘其亲戚。非智损也,怒弇之也①。"此昏于怒者也。好亦然矣。语曰:"莫知其子之恶。"非智损也,爱弇之也。是故论贵贱,辨是非者,必且自公心言之,自公心听之,而后可知也。故范晔曰:"夫利不在身,以之谋事,则智;虑不私己,以之断义,则厉。诚能回观物之智,而为反身之察,则能恕而自鉴。"

[注释]

①弇(yǎn):遮蔽;覆盖。

[译文]

尸子说:"吴、越之国的风俗,人死了要以臣妾殉葬。中原人听说后都非议这种陋俗。但当自己盛怒时,就会因说错了一句话使自己的亲戚丧命。当智慧公正的时候,就会为殉葬而死的吴、越臣妾感到惋惜;当智慧偏私的时候,就忘记了自己的亲戚。这并不是因为智慧受到了损伤,而是智慧被怒气遮蔽所致。这是被怒气冲昏了头脑的例子。好恶的道理也是一样。俗语说:"人们往往看不到自己的儿子的短处。"这并不是因为智慧的水平还达不到,而是溺爱的情感遮蔽了智慧的光芒。因此论贵贱、辨是非的人,必须以公正的心态来说，必须以公正的心态来听，然后才能作出正确的判断。所以范晔说："不计较自己的切身利益，用这样的心态去做事就是明智；考虑问题不为自己谋私利，用这样的心态去判断事物的得失就能严肃认真。如果真能够用观察他事他物的态度和方法来反观自身、检查自身，就能够于人宽恕、于己严肃了。"

卑政第三十三

《淮南子》曰:"济溺人以金玉,不如寻常之缧①。"韩子曰:"百日不食,以待粱肉,饿者不肯。"此言政贵卑以济事者也②。何以言之?

韩非曰:"所谓知者微妙之言,上知之所难也。今为众人法,而以为上知之所难也,则人无从识之矣。故糟糠不厌者,不待粱肉而饱;短褐不完者,不须文绣而好。以是言之,夫治世之事,急者不得,则缓者非务也。今所治之政,人间之事,夫妇之所明知者不用,而慕上知之所难论,则其于人过远矣。是知微妙之言,非人务也。"

[注释]

①缧(mò):绳索。②贵卑:以卑为贵。

[译文]

《淮南子》说:"救助落水的人,给他金玉财宝,不如给他一条普通的绳子。"韩子说:"许诺人,让他一百天不吃饭,然后给他吃酒肉好饭,他是不会答应的。"这些话说明的道理是:为政的措施无论高低贵贱,只要有助于事情的成功即可。为什么这样说呢?

韩非子说:"所谓智者的微妙言论,就是那些具有上等智慧的人也难以完全理解的。现在为普通百姓立法,运用的是具有上等智慧的人也难以完全理解的文字，普通百姓就更无从理解了。所以，连糟糠也吃不够的人，不奢望等待有了酒肉好饭才去吃饱；破衣短裤也穿不上的人，更不会要求穿文绣之衣来打扮自己。由此说来，治理世事，太着急了不行，太缓慢了也不行。现在所治理的政事，都是民间俗务，如果不用普通百姓都能明白的道理，而仰慕具有上等智慧的人也难以明白的理论，离人事也就太远了。据此可知，微妙高深的言论，不是治理世事所需要的。"

故《尹文子》曰①："凡有理而无益于治者，君子不言；有能而无益于事者，君子不为。"故君子所言者不出于名法权术，所为者不出于农稼军阵，同务而已。今世之人，行欲独贤，事欲独能，辩欲出群，勇欲绝众。夫独行之贤，不足以成化；独能之事，不足以周务；出群之辩，不可为户说；绝众之勇，不可与正阵。凡此四者，乱之所由生也。故圣人任道以通其险，立法以理其差，使贤愚不相弃，能鄙不相遗，此至理之术。故叔孙通欲起礼，汉高帝曰："得无难乎？"对曰："夫礼者，因时世人情而为之节文者也。"张释之言便宜事，文帝曰："卑之，无甚高论，令今可施行。"由是言之，夫理者，不因时俗之务而贵奇异，是饿者百日以待粱肉、假人金玉以救溺子之说矣。

[注释]

①《尹文子》：相传为战国时期尹文所著。经后人考证可能是魏晋间人伪托。仅一卷，分上下两篇。其说与黄老刑名之说相近。

[译文]

《尹文子》说："凡是虽有道理但对于治理政事没有益处的理论，君子是不讲的；凡能够显示自己的本领但对事功无益的事情，君子是不做的。"所以，君子所谈论的超不出名法权术的范围，所做的超不出农稼军阵的范围，同世务相结合而已。今世的人，品行想显示自己独特的贤良，做事想显示自己独特的才能，辩论想出群，勇敢想绝众。独特的贤良，不足以用来教化大众；独特的才能，不足以周济众务；出群的辩说，不能够用来劝动大众；绝众的勇敢，不能够参与正阵。凡此四项，是导致动乱的根源。所以圣人铺设道路，目的在于贯通险阻；制定法律，目的在于整齐划一。使有道德、有才能的人同愚笨、卑贱的人彼此不相互遗弃，这才是达到天下大治的方法。叔孙通打算制定朝班礼仪，汉高祖问："礼仪不难实行吗？"叔孙通回答说："礼仪，要根据时势、世情，对人的言行加以节制和修饰。"张释之向汉文帝谈利国便民的事，文帝说："讲得通俗一些，不要高谈阔论，讲现在就能够施行的。"由此说来，治理国家的人，抛开时俗最急待解决的事务而崇尚高贵奇妙的理论，无异于饥饿的人不吃粗茶淡饭而等待百日以后的酒肉好饭，又好比给人金玉以使他去救落水的人。

善亡第三十四

《易》曰:"积善之家,必有余庆。"又曰:"善不积,不足以成名。"何以征其然耶?孟子曰:"仁之胜不仁也,犹水之胜火也。今为仁者,犹以一杯水救一车薪之火,火不熄,则谓水不胜火,此又与于不仁之甚者也。"又:"五谷种之美者,苟为不熟,不如稊、稗①。夫仁亦在熟之而已矣。"《尸子》曰:"食所以为肥也,一饭而问人曰:'奚若?'则皆笑之。夫治天下大事也,譬今人皆以一饭而问人'奚若'者也。"由是观之,故知善也者,在积而已。今人见徐偃亡国②,谓仁义不足仗也;见承桑失统,谓文德不足恃也。是犹杯水救火、一饭问肥之说,惑亦甚矣。

[注释]

①稊(tí):一种形似稗的草,实如小米。②徐偃:徐偃王。西周徐国王。姓偃。为楚国所灭。

[译文]

《易经》说:"积善的家庭,必能得到丰裕可贺的生活。"又说:"不积善行,不足以成名。"用什么来印证这一道理呢?孟子说:"仁能战胜不仁,好比水能战胜火一样。如今实行仁政的人,却好比拿一杯水去扑一车干柴的烈火,火不熄灭,就认为水不能够扑灭火。这与不施仁政更有过之而无不及了。"又说:"五谷是粮食中好吃的种类,如果没有成熟,反倒不如稊子和稗子。仁也同五谷一样,只有在成熟以后才能收到应有的效果。"《尸子》说:"进食可以使人长胖,如果刚吃了一顿饭就问:'我长胖了吗?'这只能招来人们的嘲笑。"今人治理天下大事,追求急功近利,也好比吃了一顿饭就问人自己长胖了没有,同样地荒唐可笑。由此看来,所谓的善行,贵在积累而已。今人看到以仁义著称的徐偃亡了国,便认为仁义也不足倚仗;见承桑国修文废武而亡国,就认为文德也不足倚恃。这就好比杯水救火、一饭问肥的故事,是非常荒谬的。

诡俗第三十五

夫事有顺之而为失，义有爱之而为害，有恶于己而为美，有利于身而损于国者。何以言之？刘梁曰："昔楚灵王骄淫，暴虐无度。芈尹申亥从王之欲，以殡于乾溪，殉之以二女。"此顺之而失义者也。鄢陵之役，晋楚对战，榖阳献酒，子反以毙①。此爱之而害者也。臧武仲曰②："孟孙之恶我，药石也③；季孙之爱我，美疢也④。疢毒滋厚，药石犹生我。"此恶之而为美者也。韩子曰："为故人行私，谓之不弃；以公财分施，谓之仁人；轻禄重身，谓之君子；枉法曲亲，谓之有行；弃官宠交，谓之有侠；离俗遁世，谓之高慠；交争逆令，谓之刚材；行惠取众，谓之得人。不弃者，吏有奸也；仁人者，公财损也；君子者，人难使也；有行者，法制毁也；有侠者，官职旷也；高慠者，人不事也；刚材者，令不行也；得人者，君上孤也。此八者，匹夫之私誉，而人主之大败也。"由是观之，夫俗之好恶，与事相诡。惟明者能察之。

[注释]

①子反：春秋时楚国将领。②臧武仲：即臧孙纥。春秋时鲁国大夫。③药石：治病的药物和砭石。借指善意的谏言。④疢（chèn）：疾病，病毒。

[译文]

常常有这种矛盾现象：做事顺从了他人反而给人造成了损失，

行义爱护他人反而造成了危害，有的对自己充满了恶意反而成就了自己的美事，有的有利于自身反而有害于国家。为什么这样说呢？刘梁说："从前，楚灵王骄奢淫逸，暴虐无度，芈尹、申亥在楚灵王死后，顺从了灵王生前的欲望，把他葬在乾溪，并用两位女子殉葬。"这是顺从他人欲望从而丧失了义的原则的例子。在晋楚两国的鄢陵之战中，榖阳百姓用牛酒犒赏军队，子反喝酒误事，以至自杀身亡。这是爱护人反而给人造成危害的例子。臧武仲说："孟孙氏厌恶攻击我，这好比治病的药石；季孙氏爱我，好比是传我一种难以察觉的热病。热病的毒素更为深厚，而药石却能为我治病。"这是表面有恶意而实际却能成就美事的例子。韩子说："为故旧徇私舞弊的行为，称为不弃故旧；用公家的财物施舍人，称为仁人之举；轻蔑爵禄，重视自己的节操，称为君子；曲枉国法，包庇亲戚，称为有品行；不惜丢掉官位而为朋友尽力，被称为有侠义精神；脱俗遁世，被称为清高诚实；富于斗争精神、违令而行，被称为刚勇之材；广施恩惠，以争取众心，称为得人。实际上，不弃的行为是官吏施奸，仁人之举是损公家之财，君子难为人所使用，有品行造成法纪废弛，侠义精神造成官职旷废，清高诚实不能感召人来侍奉他，刚勇的人致使号令不行，得人的行为造成了君王的孤立。这八项，能使无知的人赢得私誉，却是人主的最大的失败。"由此看来，世俗中的好恶标准正好同人主成就事功的方向相违背。聪明的人才能看到这一点。

息辩第三十六

　　《中论》曰①："水之寒也，火之热也，金石之坚刚也，彼数物未尝有言，而人莫不知其然者，信著乎其体。"故知行有本，事有迹。审观其体，则无所窜情。何谓行本？孔子曰："立身有义矣，而孝为本；丧纪有礼矣，而哀为本；战阵有列矣，而勇为本。"太公曰："人不尽力，非吾人也；吏不洁爱，非吾吏也；宰相不能富国强兵，调和阴阳，安万乘之主，简练群臣，定其名实，明其令罚，非吾宰相。"此行本者也。

[注释]

① 《中论》：东汉末徐幹著。内容属儒家思想。

[译文]

　　《中论》说："水的寒冷，火的热烈，金石的坚刚，这几种物质从未曾自我表白过什么，但人没有不了解它们的属性的，因为它们的这些性质鲜明地表现在它们的质体上。"由此可知，行为必有其根据，事情定会留下痕迹，详细观察事物的本体，事物的真情就无所逃匿。什么叫行为的根本？孔子说："立身要遵循义的原则，而孝道就是义的根本；办丧事要遵循丧事的礼仪，而哀伤是丧礼的根本；打仗有军阵队列，而勇敢是军阵的根本。"太公说："人民不能为国尽力，就不是我的人民；官吏不能廉洁爱民，就不是我的官吏；宰相不能够富国强兵，调和阴阳，稳固君王的地位，选拔培养群臣，使他们的名实相符，严明法纪，做不到这些，就算不上我的宰相。"这就称之为行本。

何谓事迹？昔齐威王召即墨大夫而语之曰："自子之居即墨也，毁日至。然吾使人视即墨，田野辟，人民给，官无留事，东方以宁。是子不事吾左右以求誉也。"封之万家。召阿大夫而语之曰："自夫子之守阿也，誉日闻。然吾使人视阿，田野不辟，人贫苦；赵攻甄，子不能救；卫取薛陵，子不能知。是子常以币事吾左右以求誉也。"是日，烹阿大夫及左右常誉之者。齐国大理。

汉元帝时，石显专权。京房宴见，问上曰："幽、厉之君何以危①？所任者，何人也？"上曰："君不明而所任巧佞。"房曰："知其巧佞而用之也，将以为贤？"上曰："贤之。"房曰："然则今何以知其不贤也？"上曰："以其时乱而君危知之。"此事迹者也。由是言之，夫立身从政，皆有本矣；理乱能否，皆有迹矣。若操其本行，以事迹绳之，譬如水之寒、火之热，则善恶无所逃矣。

[注释]

①幽、厉：即周幽王和周厉王。

[译文]

什么是"事迹"？从前，齐威王把即墨大夫召来，向他说："自从你治理即墨以来，诋毁你的言论天天传到我这里来。然而，我派人到即墨视察，田野开辟出来了，家给人足，官府里没有遗留未处理的事情，东方因此安宁。这是因为你不来巴结我左右的近臣，以求得他们对你赞扬的缘故。"于是封赏即墨大夫万家作采邑。齐威王又把阿大夫召来向他说："自从您治理阿以来，天天都能听到对您的赞誉。然而，我派人到阿视察，田野不开垦，人民贫苦；赵国进攻甄时，您不能率兵救援；卫国攻取薛陵，您竟然不知道。尽管如此，仍能天天听到对您的赞誉。这是因为您经常用金钱来贿赂我左右的近臣，以求得他们对您多加颂扬的缘故。"当日即下令烹杀了阿大夫及威王左右经常赞扬阿大夫的大臣。自此，齐国大治。

汉元帝时，石显专制朝政。京房借朝宴之机问元帝："周幽王和周厉王为什么把国家搞到危亡的边缘？二王所任用的是哪些人？"元帝说："君王眼光不明，所任用的都是些巧言谄媚之臣。"京房说："二王是本来知道他们是巧言谄媚之臣仍然予以任用呢，还是认为他们是贤臣然后才予以任用呢？"元帝回答说："二王认为他们是贤臣才加以任用的。"京房问："那么今天我们又是怎么知道周幽王和周厉王所任用的不是贤臣的呢？"元帝说："是从二王两代国家混乱、君王危险的事迹中知道的。"这就是"事迹"。由此说来，立身从政，都有赖以实行的根本；国家的治乱，臣下的贤能与否，都有事迹可寻。做君王的如果能掌握臣下的行为之本，又用事迹去考察他们，这就好比水的寒冷、火的热烈，或善或恶，都逃不过君王的眼睛。

量过第三十七

孔子曰:"人之过也,各于其党。观过,斯知仁矣。"何以言之?太史公云:"昔管仲相齐,九合诸侯,一匡天下。然孔子小之曰:'管仲之器小哉!岂不以周道衰,桓公既贤,而不勉之至王,乃称霸哉?'"

虞卿说魏王曰①:"夫楚亦强大矣,天下无敌,乃且攻燕。"魏王曰:"向也子云天下无敌,今也子云乃且攻燕者,何也?"对曰:"今谓马多力则有之矣,若曰胜千钧则不然者,何也?夫千钧非马之任也。今谓楚强大则有矣,若夫越赵、魏而开兵于燕,则岂楚之任哉?"

由是观之,夫管仲九合诸侯,一匡天下,而孔子小之;楚人不能伐燕,虞卿反以为强大,天下无敌。非诡议也,各从其党言之耳。不可不察。

[注释]

①虞卿:一作虞庆、吴庆。战国时人,虞氏,名失传。因进说赵孝成王,被任为上卿,称虞卿。《汉书·艺文志》儒家著录有《虞氏春秋》十五篇,今佚。有清马国翰辑本。

[译文]

孔子说:"人所犯的错误,往往因各自地位和集团的不同而不同。观察他所犯的错误，就可以知道仁或不仁了。"为什么这样说呢？太史公说："从前，管仲做齐国的宰相时，曾九次会盟天下诸侯，匡扶安定天下。然而孔子仍然小看他，说：'管仲的气度太小了！为什么不因着周道已经衰微、桓公又贤能的优势，去劝勉齐桓公称王天下，而仅仅做天下的霸主呢？'"

虞卿曾劝魏王说："楚国也强大起来了，天下无敌，楚正准备攻打燕国。"魏王问道："您刚说过楚国天下无敌，又说它准备攻打燕国，是什么意思？"虞卿回答说："现在如果说马的力量很大还可以，如果说马可以负载千钧的重量就不可以了，为什么呢？负载千钧不是马所能胜任的事情。现在说楚国很强大则可以，但如果让楚国飞越赵、魏两国向燕国开战，这岂是楚国能够胜任的吗？"

由此看来，管仲九次会盟天下诸侯，匡扶安定天下，而孔子仍然小看他；楚国不能攻打燕国，而虞卿反而认为楚国强大，天下无敌。这些都不是诡辩之说，都是从各自不同的地位和所处的形势来谈论而已。不可不予以观察和区别。

势运第三十八

夫天下有君子焉，有小人焉，有礼让焉。此数事者，未必其性也，未必其行也，皆势运之耳。何以言之？《文子》曰："夫人有余则让，不足则争。让则礼义生，争则暴乱起。物多则欲省，求赡则争止。"

《淮南子》曰："游者不能拯溺，手足有所争急也；灼者不能救火，身体有所痛也。林中不卖薪，湖上不鬻鱼者，有所余也。故世治则小人守正，而利不能诱也；世乱则君子为奸，而刑不能禁也。"故《庄子》曰："当尧舜而天下无穷人，非智得也；当桀纣而天下无通人，非智失也。时势适然。"《新语》曰："近河之地湿，近山之木长者，以类相及也；四渎东流①，则百川无西行者，小象大而少从多也。"

是知世之君子，未必君子；世之小人，未必小人；世之礼让，未必礼让。夫势运者，不可不察。

[注释]

①四渎：指长江、黄河、淮河、济水。四条大河均注入大海。

[译文]

天下有君子，有小人，有礼让。君子之举、小人之举、礼让之举，未必出于人的本性，也未必是他们的品行本来如此，这些都是由于大势推动造成的。为什么这样说呢?《文子》说:"人衣食有余才可能谦让,衣食不足就会相互争夺。谦让产生礼义,争夺引起暴乱。物质丰富了,人的欲望就会减少;人的欲望得到了满足,争夺就会停止。"

《淮南子》说:"在水中游泳的人不便拯救溺水的人,因为他的手足难以两用;被灼伤的人不便去救火,是因为灼伤的疼痛难忍。林中不卖柴,湖边不卖鱼,因为这些东西很丰裕。所以在太平盛世,即使小人也能循规蹈矩,利益也不能引诱他;世道混乱时,君子也会去做奸邪的事情,刑罚也不能禁止他们。"所以《庄子》说:"尧舜之世,天下没有困窘不得志的人,并不是因为他们都是充满了智慧的人;桀纣之世,天下没有通达的人,也并不是因为他们的智力不足。这都是由时势造成的。"《新语》认为:"靠近河流的地方湿润,靠近山岭的树木高大,这是它们近水近山的缘故;四条大河向东流,而百川没有向西流的,原因在于小仿大、少从多。"

由此可知,世上的所谓君子,未必真是君子;世上的小人,也未必真是小人;世上的礼让,未必是真正的礼让。大势对人的塑造和推动的道理,不能不予以研究。

傲礼第三十九

《左传》曰："无傲礼。"《曲礼》曰："无不敬。"然古人以傲为礼，其故何也？欲彰于人德者耳。何以言之？昔侯嬴为大梁夷门监①，魏公子闻之，乃置酒大会宾客，坐定，公子从车骑，虚左，自迎夷门侯生。侯生引公子过市，及至家，以为上客。侯生谓公子曰："今日嬴之为公子亦足矣，嬴乃夷门抱关者也，而公子亲枉车骑。稠人广众之中，不宜有所过，今公子故过之。然嬴欲就公子之名，故久立公子车骑市中，以观公子。公子愈恭，市人皆以嬴为小人，而以公子为长者，能下士也。"

[注释]

①侯嬴：战国时魏人。年十七任大梁（今开封）的夷门小吏。后成为信陵君的上客。曾献计信陵君窃符救赵。

[译文]

《左传》说："不要傲视礼仪。"《曲礼》说："不可不敬。"然而，古人也有以傲慢为礼的，是什么原因呢？为显示他人的高尚品德而已。如何证明这一点呢？从前，侯嬴做大梁夷门的看守，魏公子听说了他的大名以后，便设宴大会宾客。等宾客坐定后，魏公子率领车马，把左边的位子空出来，亲往夷门迎请侯嬴。侯生引导魏公子的车马从繁华的街市通过，驶向魏公子府。魏公子待侯嬴为上客。侯生对魏公子说:"今天我的作为已经够难为公子的了。我侯嬴只是一个城门的看守,而公子枉驾亲往迎接,稠人广众之中,本不宜通过,公子却有意从那里通过。然而我侯嬴也想成就公子的美名,故意让公子的车骑停在市中久等,以观察公子的态度。公子愈是恭敬,市人都认为我侯嬴是小人,而认为公子您有长者之风,能够礼贤下士。"

张释之居廷中①,三公九卿尽会立。王生老人曰:"吾袜解。"顾谓张廷尉:"为我结袜。"人或谓王生曰:"独奈何廷辱张廷尉?"王生曰:"吾老且贱,自度终无益于张廷尉。张廷尉,方今天下名臣,吾故聊辱廷尉,使跪结袜,欲以重之。"诸公闻之,贤王生而重张廷尉。

由是观之,以傲为礼,可以重人矣。

[注释]

①张释之:西汉臣。字季。文帝时,以赀选为郎,累迁公车令、中郎将、廷尉。景帝时任为淮南相。

[译文]

张释之上朝,三公九卿都会立朝中。王生老人说:"我的袜带子开了。"回过头来向张廷尉说:"替我把袜带子系好。"有人事后向王生说:"为什么在朝中当着三公九卿的面侮辱张廷尉?"王生回答说:"我年纪大了,而且地位卑贱,自料最终也难以对张廷尉提供什么帮助。张廷尉现在是天下名臣,我有意小小羞辱一下张廷尉,使他跪着为我系袜带,目的在于通过这件事,让人们更加敬重张廷尉。"公卿听说这件事后,都称赞王生贤哲,同时更加敬重张廷尉。

由此看来,以傲为礼可以让人的名威望重。

定名第四十

夫理得于心，非言不畅；物定于彼，非名不辨。言不畅志，则无以相接；名不辨物，则识鉴不显。原其所以①，本其所由，非物有自然之名，理有必定之称也。欲辨其实则殊其名，欲宣其志则立其称。故称之曰，道、德、仁、义、礼、智、信。

[注释]

①原：追究根源。

[译文]

某种思想在心里酝酿成熟，如果不运用语言，就无法畅快表达；事物的性质确定以后，如果不给它命名，人们就不便于辨认。语言不能畅顺表达自己的情志，就无以同他人相交流；名称不能使事物彼此相区别，就不便于人们对事物进行认识和鉴别。考察事物的本原，追究事物的生成和发展，并不是事物本来就有名称，思想本来就有固定的称谓。要想辨认事物的本质，就必须区别事物的名称；要想表达自己的情志，就必须为这些情志设立称谓。所以把不同的思想分别称为道、德、仁、义、礼、智、信。

夫道者，人之所蹈也。居知所为，行知所之，事知所乘，动知所止，谓之道。德者，人之所得也。各得其所欲，谓之德。仁者,爱也。致利除害,兼爱无私,谓之仁。义者,宜也。明是非,立可否,谓之义。礼者,履也。进退有度,尊卑有分,谓之礼。智者,人之所知也。以定乎得失是非之情,谓之智。信者,人之所承也①。发号施令,以一人心,谓之信。见本而知末,执一而应万,谓之术。

[注释]

①承:辅助。

[译文]

所谓道,就是人们应该遵循的原则和方法。居家知道应该做什么,出行知道该往哪里去,做事知道该怎样做,行动知道什么时候该停止,这就称为道。所谓德,就是人们应该得到的东西。使人们都得到各自想要得到、应该得到的东西,这就称为德。所谓仁,就是爱人。为人们谋取利益,消除灾害,泛爱众人,不徇私情,这就称为仁。所谓义,就是适宜。明确是非的原则,设立可否的标准,这就称为义。所谓礼,就是履行的道路和规则。使人们进退适度,尊卑有序,这就称为礼。所谓智,就是人们的知识和经验。以此来判定事物的得失和是非等情况,这就称为智。所谓信,就是人们所承仰、所凭借的东西。据此发号施令,统一人心,这就称为信。观察事物的现在,即可推知事物的未来;抓住一端而应付万方,左右逢源,这就称为术。

《说苑》曰①:"从命利君,谓之顺;从命病君,谓之谀;逆命利君,谓之忠;逆命病君,谓之乱。君有过失,将危国家,有能尽言于君,用则留,不用则去,谓之谏;用则可,不用则死,谓之诤;能率群下以谏于君,解国之大患,除国之大害,谓之辅;抗君之命,反君之事,安国之危,除主之辱,谓之弼。"

[注释]

①《说苑》：西汉刘向撰。二十卷。内分君道、臣术、立节等二十门，分类纂辑先秦至汉代史实，杂以议论，借以阐明儒家的政治思想和伦理观念。又有《新序》一书。性质与此相类。

[译文]

《说苑》说："听从君王的诏命并有利于君王统治的，称之为顺；顺从君王的命令，但却会给君王的统治带来危害的，称之为谀；违抗君命，但却有利于君王统治的，称之为忠；违抗君命，又给君王统治造成危害的，称之为乱。君王有过失并将会给国家造成危害，有人能够向君王进言，劝他纠正过失，如果君王采纳了自己的建议，就留下来辅佐他，如果君王执迷不悟，拒不采纳，就挂冠而去，这就称之为谏；向君王进言，君王采用则已，如果不采用，就以死相谏的，称之为诤；能够率群臣共同劝谏君王，解除国家的大患，铲除国家的大害，称为辅。违抗君王的诏命，措置君王交办的事情，因此而使国家转危为安，消除君主将要受到的耻辱，称为弼。"

《庄子》曰："莫之顾而进，谓之佞；俙意导言，谓之谄；不择是非而言，谓之谀；好言人恶，谓之谗；称誉诈伪以败恶人，谓之慝；不择善否，两容颊适，偷拔其所欲，谓之险。"

古语曰："以可济否，谓之和；好恶不殊，谓之同；以贤代贤，谓之夺；以不肖代贤，谓之伐；缓令急诛，谓之暴；取善自与，谓之盗；罪不知愆①，谓之虐；敬不中礼，谓之野；禁而不止，谓之逆；禁非立是，谓之法；知善不行，谓之狂；知恶不改，谓之惑。"

[注释]

①愆（qiān）：罪；过失。

[译文]

庄子说:"没人理睬他,仍厚着脸皮进言的,叫做佞;迎合主上的心意进言的,叫做谄;不择是非而进言的,叫做谀;好说别人的坏话的,叫做谗;称誉诈伪以诋毁人的,叫做慝;不择善恶,两者兼容,暗中拔高他想要说的东西,叫做险。"

古语说:"用可行的冲淡不可行的,叫做和;好恶不分,叫做同;用贤代替贤,叫做夺;以不肖代替贤,叫做伐;法令本来和缓,但诛杀苛急,叫做暴;把好的东西据为己有,叫做盗;有罪而不知悔改,叫做虐;对别人尊敬,却不符合礼的要求,叫做野;有禁不止,叫做逆;禁非立是,叫做法;知善不行,叫做狂;知恶不改,叫做惑。"

太公曰:"收天下珠玉美女、金银彩帛,谓之残;收暴虐之吏,杀无罪之人,非以法度,谓之贼;贤人不至,谓之蔽①;忠臣不至,谓之塞;色取仁而实违之,谓之虚;不以诚待其臣,而望其臣以诚事己,谓之愚;分于道,谓之性;形于一,谓之命;凡人函五常之性,而刚柔缓急,音声不同,系水土之气,谓之风;好恶取舍,动静无常,随君上之情欲,谓之俗。"

[注释]

①蔽:遮蔽;不通明。

[译文]

太公说:"搜掠天下珠玉美女、金银彩帛,叫做残;网罗暴虐的官吏,用以杀戮无罪的臣民,不遵循法度,叫做贼;贤人不能选拔上来,叫做蔽;忠臣不能入朝从政,叫做塞;阳奉阴违的,叫做虚;不以诚心对待他的臣下,却指望臣下诚心侍奉自己的,叫做愚;人天生的性格、气质等秉性,叫做性;后天受外界因素影响而逐渐定形的,叫做命;凡人身上都包涵五常(仁义礼智信)综合的性格，只是它们表现得刚柔缓急、声音不同，这显示了不同水土之气的，叫做风；好恶取舍、动静无常，一切以迎合君上的情欲为标准，叫做俗。"

或曰：乐与音同乎？对曰：昔魏文侯问子夏曰："吾端冕而听古乐，惟恐卧。听郑卫之音，则不知倦。敢问古乐之如彼，新乐之如此，何也？"子夏曰："今君之所问者乐也，所好者音也。夫乐者，与音相近而不同。"文侯曰："敢问何如？"子夏曰："夫古乐者，天地顺而四时当，民有德而五谷昌，疾疢不作而无妖祥，此之谓大当。然后圣人为父子、君臣，以为之纪纲；纪纲既正，天下大定；天下大定，然后正六律①，和五声②，弦歌诗颂，此之谓德音。德音之谓乐。《诗》云：'貊其德音，其德克明，克明克类，克长克君，王此大邦，克顺克比，比于文王，其德靡悔，既受帝祉，施于孙子。'此之谓也。今君之所好者，溺于音乎？郑音好滥，淫志也；宋音燕安，溺志也；卫音趋数，烦志也；齐音傲僻，骄志也。四者皆淫于色而害于德，是以祭祀弗用。"此音乐之异也。

[注释]

①六律：即黄钟、太簇、姑洗、蕤宾、夷则、无射。②五声：古代五声音阶，指宫、商、角、徵、羽。

[译文]

有人问：乐与音相同吗？回答说：从前，魏文侯问子夏："我听古乐时正襟危坐，唯恐身歪打瞌睡；而听郑卫之音则不知疲倦。请问：为什么古乐和新乐之间的差别如此之大呢？"子夏回答说："您问的问题是有关乐的，而您喜好的却是音。乐与音相近，但却是两种不同的东西。"魏文侯说："请问二者有什么不同？"子夏回答说："古代的所谓乐，是在这样的背景下产生的：天地和顺，四时适宜，人民有德，五谷丰盛，疾疫不作，妖祥不兴，这就称之为大当；然后圣人制定父子君臣的纲纪，纲纪公正，天下大定；天下大定以后，正六律，和五声，在乐器的伴奏下吟唱《诗·颂》，这就是德音，德音就称为乐。《诗经》说：'清静淡泊，德行能够明辨是非，因此也就能够辨别善恶，能够尽力教化百姓，又能够赏善罚恶，办事公平。所以他在这个国家里做国王，对百姓慈善和气，使君臣上下相互亲热。到了文王的时候，由于其崇高的德行，没有人怨恨他。他自己享受着上帝赏给他的福气，还要传给他的子孙！'说的也正是德音。今天您所沉溺于其中的，大概是音吧？郑音动听而放荡，能消淫情志；宋音宴安，能消溺情志；卫音繁复，能烦乱情志；齐音傲僻，能骄人情志。这四种音均淫于色情，于德有害，因此，祭祀时就不采用这四种音。"这就是音与乐的区别。

或曰：音与乐既闻命矣，敢问仪与礼同乎？对曰：昔赵简子问揖让周旋之礼于太叔①，太叔曰："是仪也，非礼也。吉也闻诸先大夫子产曰②：'夫礼，天之经也，地之义也，民之行也。天地之经，民实则之。则天之明，因地之性，生其六气，用其五行，气为五味，发为五色，章为五声。淫则昏乱，民失其性，是故为礼以奉之。人有好恶喜怒哀乐，生于六气，是故审则宜类，以制六志。哀有哭泣，乐有歌舞，喜有施舍，怒有战斗，哀乐不失，乃能协于天地之性，是以长久。'故人能曲直以从礼者，谓之成人。"

[注释]

①太叔：复姓。相传为春秋时卫文公子太叔仪之后。②子产：即公孙侨、公孙成子。名侨，字子产。春秋时政治家。郑国贵族。

[译文]

有人问：音与乐的区别我已经领教了，请问，仪与礼相同吗？

回答说：从前，赵简子向太叔询问有关揖让周旋的礼节，太叔说："您所问的是仪，不是礼。吉曾听先大夫子产说过：'所谓礼，是天经地义、人民行为的准则。天地大经，人民在实际生活中都无时无刻不在遵循着。效仿天的光明，利用大地高下刚柔的特性，生其六气（阴、阳、风、雨、晦、明），用其五行（金、木、水、火、土），气为五味（酸、咸、辛、甘、苦），发为五色（青、黄、赤、白、黑），彰发为五声（宫、商、角、徵、羽）。如果这些东西过分了，就会迷失本性，人民就会丧失正常的性情，因此制定出礼来，作为人民遵奉的准则。人有好、恶、喜、怒、哀、乐六种情感，这六种情感是由六气而产生。因此，详细分析了六种情感应遵循的原则和方式并归于一定的种类，以便对六种情感予以适当的节制。悲哀之情的表达，可以通过哭泣的方式；欢乐之情的表达，可以通过歌舞的方式；喜悦时有施舍；愤怒时有战斗。哀、乐不失度，才能和天地的本性协调，这样才能长久。'所以，人的行动，无论曲直都能符合礼的要求的，就叫做成人。"

或曰：然则何谓为仪？对曰：养国子，教之六仪：祭祀之容，穆穆皇皇；宾客之容，俨恪矜庄；朝廷之容，济济跄跄；丧纪之容，累累颠颠；军旅之容，暨暨诒诒①；车马之容，騑騑翼翼。此礼仪之异也。夫定名之弊，在于钩镊析辞。苟无其弊，则定名之妙也。

论曰：班固九流②，其九曰杂家。兼儒、墨，合名、法。《傅子》九品③，其九曰杂才，以长讽议。由是观之，杂说之益，有自来矣。故著此篇，盖立理叙事，以示将来君子矣。

[注释]

①暨暨诒诒：果敢庄重貌。②九流：先秦九种学术流派，即儒、道、阴阳、法、名、墨、纵横、农、杂等九家。③九品：魏晋南北朝时品评人物时将

士人分为九个等级,称九品。

[译文]

有人问:那么,什么是仪呢?回答说:培养太学生,教他们六仪:祭祀时的容貌和气氛应该庄严肃穆;接待宾客的容貌和气氛应庄重、谦恭;朝廷的容貌和气氛应威严有序,步趋有礼;丧纪的容貌和气氛,应该忧思重重;军旅的阵容应该号令整齐;车马行进的容貌,应该行列整齐。这就是礼和仪的区别。为事物定名的弊端在于,一些怪僻的事物,词汇难以明确事物的本质和特性,造成名实不符。如果没有这一弊端,定名就非常完美了。

作者论说:班固的九流之说,第九家叫杂家。杂家兼容儒家和墨家,综合名家和法家。《傅子》中有九品之说,第九叫做杂才。杂才擅长讽议。由此看来,杂说的益处,是早有根据的。所以著作此篇,立论叙事,以供将来的君子借鉴。

卷九（兵权）

赵子曰：《诗》云："允文允武。"《书》称："乃武乃文。"孔子曰："君子有文事，必有武备。"《传》曰："天生五材，民并用之，废一不可。谁能去兵？"黄帝与蚩尤战，颛顼与共工争，尧伐驩兜，舜伐有苗，启伐有扈，汤伐有夏，文王伐崇，武王伐纣，汉高有京索之战，光武兴昆阳之师，魏动官渡之军，晋举平吴之役。故《吕氏春秋》曰："圣王有仁义之兵，而无偃兵。"《淮南子》曰："以废不义而授有德者也。"是知取威定霸，何莫由斯。自古兵书，殆将千计，若不知合变，虽多，亦奚以为？故曰：少则得，多则惑。

所以举体要而作兵权云。

[译文]

赵子说：《诗经》说："既有文德，又有武功。"《尚书》说："能文能武。"孔子说："君子有文事，必有武备。"《左传》说："上天生就了五种材料（金、木、水、火、土），人民一并予以运用，废一不可。有谁能够除去武器不用呢？黄帝同蚩尤大战，颛顼与共工争夺帝位，尧伐驩兜，舜伐有苗，夏启伐有扈氏，商汤伐夏，文王伐有崇氏，周武王伐纣，汉高祖有京索之战，光武帝有昆阳大捷，曹操有官渡之战，西晋有平东吴的战争。所以《吕氏春秋》说："圣明的君王有为推行仁义而发动的战争，而不偃武息兵。"《淮南子》说："战争的目的在于废除不义的君王而授予有德的人。"由此可知，树立威望，奠定霸业，不能不通过战争的方式来实现。

自古以来，兵书多以千计，如果不能融会贯通，举一反三，即使读的很多，又有什么用呢？所以说：抓住要领，少而精，就能有效运用；繁富而不得要领，就迷惑不解，不能有效运用。

所以提纲举要作兵权一卷。

出军第四十一

夫兵者，凶器也；战者，危事也。兵战之场，立尸之所，帝王不得已而用之矣。故曰：救乱诛暴，谓之义兵，兵义者王。敌加于己，不得已而用之，谓之应兵，应兵者胜。争恨小故，不胜愤怒者，谓之忿兵，兵忿者败。利人土地宝货者，谓之贪兵，兵贪者破。恃国之大，矜人之众，欲见威于敌，谓之骄兵，兵骄者灭。是知圣人之用兵也，非好乐之，将以诛暴讨乱。夫以义而诛不义，若决江河而溉萤火，临不测之渊而欲堕之①，其克之必也。所以必优游恬泊者何？重伤人物。故曰：远人不服，则修文德以来之。不以德来，然后命将出师矣。

[注释]

①堕：掉下来。

[译文]

刀枪剑戟，是凶残的器械；战争，是危险的事情。兵家交锋的战场，是断命抛尸的场所，所以武器、军队，是帝王在不得已的情况下才运用的。所以说：解救危乱、诛除残暴的军队，称为"义兵"，为正义而战，就可以称王。敌人硬把战争强加在我的头上，我被迫起兵自卫，叫做"应兵"，应兵能够夺取战争的胜利。因小事情结怨，进而不胜愤怒、诉诸武力的，叫做"忿兵"，忿兵必将失败。贪图别人的土地珠宝财货而起的军队，叫做"贪兵"，贪兵必被人击破。倚恃国家强大，人口众多，想耀兵逞威的，叫做"骄兵"，凡军队骄傲轻敌，必被人消灭。由此可知，圣人用兵，并不是本心喜欢这样做，目的在于诛除残暴、讨平逆乱。用正义的军队诛伐不义的军队，就好比决开汹涌的江河之水去扑灭像萤火虫一样小的火焰，又好比把敌人推临深不可测的深渊旁边，用举手之劳将敌人推下去，克敌制胜是必然的。为什么要求掌管军队武力的人，其心态应该悠闲恬淡？这是因为滥用武力，会给人民的生命和财产造成巨大伤害。所以说：偏远的人如果不臣服，就要进一步提高自己的文德教化去感召他们。如果文德教化仍不为所动，然后只好派将帅挥师出征。

夫将者，国之辅也，人之司命也。故曰：将不知兵，以其主与敌也；君不择将，以其国与敌也。将既知兵，主既择将，天子居正殿而召之，曰："社稷安危，一在将军，今某国不臣，愿烦将军应之。"乃使太史卜斋择日，授以斧钺。君入太庙，西面而立，将军北面而立。君亲操斧，持其首，授其柄，曰："从是以上至天者，将军制之。"乃复操柄，授与刃，曰："从是以下至渊者，将军制之。"将既受命，拜而报曰："臣闻国不可从外理，军不可从中御①，二心不可以事君，疑志不可以应敌。臣既受命，专斧钺之威，臣不敢还诸。"乃辞而行，凿凶门而出。

[注释]

①中御：由宫中指挥。

[译文]

统兵的将帅是国家的辅佐，是主宰人民生命的人。所以说：做将帅的不善用兵打仗，这就等于把自己的主上送予敌人；做君王的不能选派深谙兵法的将帅，这就等于把自己的国家送予敌人。统兵的将帅谙熟兵法,君王选择了能够胜任的将帅,这时,天子就可以端居大殿之上,把将帅召来说:"社稷的安危,将军系于一身,现在某国不臣服于我,烦劳将军前往征讨。"使太史占卜,选择吉日,斋戒,举行授釜钺仪式。君王进入太庙,面向西站立,将军面向北站立。君王亲自操釜,手持釜首,把釜柄授予将军说:"从此以上至天,都由将军制裁。"又手持钺柄,授予将军说:"从此以下至黄泉的地方,由将军制裁。"将帅受命以后,拜谢说:"我听说,国家不能从外部来治理,军队不可由宫中派人随军指挥,三心二意不能侍奉君王,心怀疑虑不可应敌作战。我既然受命,专制象征军权的釜钺的威严,不战胜敌人,我不敢班师交权。"于是,辞行,凿凶门而出。

故《司马法》曰①:"进退唯时,无曰寡人。"《孙子》曰:"将在军,君命有所不受。"古语曰:"阃以内②,寡人制之;阃以外,将军制之。"《汉书》曰:"唯闻将军之命,不闻天子之诏。"故知合军聚众,在于阃外,受推毂之寄,当秉旄之重,无天于上,无地于下,无敌于前,无君于后,乃可成大业矣。故曰:"将能而君不御者胜。"此之谓也。

[注释]

①《司马法》:古代兵书。②阃(kǔn):门槛。这里指城门的门槛。

[译文]

所以《司马法》说:"带兵打仗,进退应根据时势而决定,不能考虑君王的意图。"《孙子》说:"将帅统兵在外,如果军事形势不允许,君王的命令也可以不服从。"古语说:"宫门以内的事由君王决定,宫门以外的事由将军决定。"《汉书》说:"在军中,只听到将军的命令,而不曾听说天子的诏命。"于此可知,聚众整军,于宫城之外,接受天子推毂的寄托(古代军队出征,天子亲自推一下车轮相送,表示勉励),担当统率三军的重任,唯有具备无天于上、无地于下、无敌于前、无君于后的果断无畏的精神,才可以成就大业。

所以说:"将帅有才能而君王又不横加干预的军队才能够打胜仗。"讲的正是这一道理。

练士第四十二

夫王者帅师，必简练英雄，知士高下，因能授职，各取所长。为其股肱羽翼，以成威神，然后万事毕矣。腹心一人，谋士五人，天文三人，地形三人，兵法九人，通粮四人，奋威四人，鼓旗三人，股肱四人，通材三人，权士三人，耳目七人，爪牙五人，羽翼四人，游士八人，术士二人，法算二人，方士二人。

军中有大勇敢死乐伤者，聚为一卒；有勃气壮勇暴强者，聚为一卒；有学于奇正长剑雕弧①接武齐列者，聚为一卒；有破格舒钩、强梁多力，能溃破金鼓、绝灭旌旗者，聚为一卒；有能逾高超远、轻足善走者，聚为一卒；有故王臣失势，欲复见其功者，聚为一卒；有死罪之人，昆弟为其将报仇者，聚为一卒；有贫穷忿怒，将快其志者，聚为一卒；有故赘婿人虏，欲昭迹扬名者，聚为一卒；有辩言巧辞，善毁誉者，聚为一卒；有故胥靡免罪之人，欲逃其耻者，聚为一卒；有材伎过人，能负重行数百里者，聚为一卒。

夫卒强将弱曰"弛"，吏强卒弱曰"陷"，兵无选锋曰"北"，必然之数矣。故曰，兵众孰强，士卒孰练，知之者胜，不知之者不胜，不可忽也。

[注释]

①雕弧：雕有纹饰的弓。

[译文]

　　君王统帅军队，必须简选训练英雄，了解将士能力的高低，根据他们实际的才能授予他们相应的职务，发挥他们各自的长处。并为他们配置得力的股肱羽翼，组成一支威武神气的军队。至此，才算万事俱备了。军队内部的分工配置为：腹心一人，主管参谋军队诸要务；谋士五人，主管预测分析形势的变化，提出相应的计谋，明赏罚，授官位，决嫌疑等；天文三人，主管占星历气候、风雨灾异、天心去就等；地形三人，主管军队的行止、形势利害、远近险易、水涸山阻等；兵法九人，负责讲论兵法、简练兵器、察举非法等；通粮四人，负责军辎军粮的积储运输；奋威四人，负责军容仪仗等；鼓旗三人，负责护卫鼓旗、符节号令等；股肱四人，主任重赴难、军事工程等；通材三人，权士三人，主奇谋权变；耳目七人，主管情报；爪牙五人，主激励士气、攻坚赴难；羽翼四人，主瓦解策反敌军；游士八人，主侦察敌情；术士二人，主依托鬼神迷惑敌人；法算二人，财务总管；方士二人，主医治创伤。

　　把军中英勇无畏、不怕牺牲的人编为一队；把生气勃勃、壮勇暴强的人编为一队；把受过奇正战术训练、擅长剑弓、阵列有素的人编为一队；把善于突破封锁、强勇有力，能破坏敌军金鼓、毁坏敌军旌旗的人编为一队；把脚腿麻利、能跳善走的编为一队；把出身于已经失势衰落的王公大臣家庭，想借此重建功业的人编为一队；把那些兄弟被敌人杀害、想为其亲人报仇的人编为一队；把那些家庭贫困、走投无路、满心怨愤，想杀敌建功、以快心志的人编为一队；把那些曾被招婿入赘，或曾做过俘虏，想借此建功扬名的人编为一队；把能言善辩、巧于毁誉的人编为一队；把曾获罪免刑、想雪其耻辱的人编为一队；把身怀绝技、能负重行走数百里的人编为一队。

　　士卒强悍、军官懦弱的,军队的管理和指挥必然松弛,叫做"弛"。军官强悍、士卒懦弱的,军队的整体战斗力就差,叫做"陷"。向敌军进攻,没有组成一支英勇死战、攻坚破锐的尖刀分队,进攻就必然失败,叫做"北"。军队如果出现以上的情况,吃败仗是必然的。所以说,哪一方军队的武器装备精良、实力强大,哪一方军队的战卒训练有素,对双方军事实力的对比、外部形势的优劣了如指掌的将帅,能够赢得战争的胜利;对以上诸因素不甚了解的将帅就必然失败。这些问题决不可忽视。

结营第四十三

太公曰:"出军征战,安营置阵,以六为法。将军自居九天之上,竟一旬复徙,开牙门①,常背建向破,不饮死水,不居死地,不居地柱,不居地狱,无休天灶,无当龙首。"故曰,凡结营安阵,将军居青龙,军鼓居逢星,士卒居明堂,伏兵于太阴,军门居天门,小将居地户,斩断居天狱,治罪居天庭,军粮居天牢,军器居天藏。此谓法天结营,物莫能害者也。

[注释]

①牙门:古代军营门口置牙旗(以象牙装饰的将军旗帜),所以营门又称牙门。

[译文]

太公说:"出军征战,安营扎寨、布置军阵,空间分布应以六(或六百步或六千步)为原则。将军自居九天之上(九天为青龙之位),十天以后,重新打开军门,通常要背朝建的方向(北斗星柄所指方向叫建)向敌军发起进攻,不饮不流动的死水,不居死地(丘墓之间的地区),不居地柱(四周低、中间高),不居地狱(四周高、中间低),不在天灶(谷口)宿营,不在龙首(山顶)下寨。"所以,凡驻扎营盘,布置阵地,将军居青龙之位,军鼓居逢星之位,士卒居明堂之位,在太阴之位设下伏兵,把军门布置在天门之位，小将居地户之位，在天狱之位执行军法，在天庭之位判决罪人，军粮存放在天牢之位，军器存放在天藏之位（以上是按照十二地支的方位结营安阵：如在甲子旬中，子为青龙、丑为逢星、寅为明堂、卯为太阴、辰为天门、巳为地户、午为天狱、未为天庭、申为天牢、酉为天藏）。这就叫做根据自然的法则安营扎寨，外物就难以对军队造成危害。

道德第四十四

夫兵不可出者三：不和于国，不可以出军；不和于军，不可以出阵；不和于阵，不可以出战。故孙子曰："一曰道。道者，令人与上同意者也。故可与之死，可与之生，而人不畏危。"黄石公曰："军井未达，将不言渴；军幕未办，将不言倦；冬不服裘，夏不操扇，是谓礼。将与之安，与之危，故其众可合而不可离，可用而不可疲。接之以礼，励之以辞，则士死之。"是以含蓼问疾①，越王霸于诸侯；吮疽恤士，吴起凌于敌国。阳门恸哭，胜三晋之兵；单醪投河，感一军之士。勇者为之斗，智者为之忧，视死若归，计不旋踵者，以其恩养素畜，策谋和同也。故曰，畜恩不倦，以一取万。语曰："积恩不已，天下可使。"此道德之略也。

[注释]

①蓼（liǎo）：味辛辣的草本植物。

[译文]

凡用兵在三种情况下不可出：国内不和，不可以派军出征；军内不和，不可以布列军阵；军阵内不和，不可以出战迎敌。所以孙子说："决定战争胜负的首要因素是道。所谓道，就是能够使人民同君王的意愿保持一致，人民愿意为君王出生入死而毫无畏惧。"

黄石公说："在没有发现水井以前，做将帅的绝不能谈论口渴；在军帐未置办前，做将帅的决不说疲倦。冬日不穿裘皮，夏天不操扇子。这样的将领称为礼将。将帅同战士共安危，所以他手下的军队团结一致，不可分离，可使其连续作战而不知疲倦。对士卒以礼相待，用言辞加以鼓励，这样，战士就乐于效命。"因此，当年越王口尝苦药向战士慰问疾病，越国才得以称霸诸侯；吴起为受伤的战士吮吸脓疮，他的军队才能够所向无敌；宋国司空为一区区城门看守之死而恸哭，致使三晋的军队望而却步；楚王把人进献给他的一樽酒投入河中与民共饮，感动了全军将士。勇士肯为君王和将帅冲锋陷阵，充满智慧的人愿意为君王和将帅绞尽脑汁，出谋献策，视死如归，所战必克，计无不成，其原因在于：君王和将帅对人民和战士素有恩德，上下团结一致，同心同德。所以说，平时对人民和战士施恩不倦，战时就能够以一胜万。俗语说："不停地积恩施德，天下的人民就能为我所使。"这就是道德的战略作用。

禁令第四十五

孙子曰："卒未专亲而罚之，则不服，不服则难用。卒已专亲而罚不行，则不可用矣。"故曰："视卒如婴儿，故可与之赴深溪；视卒如爱子，故可与之居死地。厚而不能使，爱而不能令，乱而不知理，譬若骄子，不可用也。"经曰："兵以赏为表，以罚为里。"又曰："令之以文，齐之以武，是谓必取。"故武侯之军禁有七①：一曰轻，二曰慢，三曰盗，四曰欺，五曰背，六曰乱，七曰误。此治军之禁也。

[注释]

①武侯：即诸葛亮。

[译文]

孙子说："在士卒专一亲附之前对他们进行处罚，他们就难以心服，心不服，就难以使用他们。士卒已经专一亲附而赏罚不行，那么这支部队就不能用来打仗了。"所以说："对待士卒像对待婴儿那样关心和照顾，士卒就可以跟他共赴患难；对待士卒像对待爱子一样有亲情，士卒就可以跟他同生共死。厚待士卒但却不能使用他，溺爱士卒但却不能号令指挥他，违反军纪却不能有效地惩治他，这样的军队就好比娇惯坏了的孩子，是不能用来打胜仗的。"武经上说："治军以奖赏为表，以惩罚为里。"又说："用文德来教育感化战士的心理，用军纪军法来统一他们的行动，这样就一定能够打胜仗。"所以诸葛武侯的军禁有七条：轻、慢、盗、欺、背、乱、误。这就是治军的禁令。

若期会不到，闻鼓不行，乘宽自留，回避务止，初近而后远，唤名而不应，军甲不具，兵器不备，此谓轻军。受令不传，传之不审，以惑吏士，金鼓不闻，旌旗不睹，此谓慢军。食不禀粮，军不部兵，赋赐不均，阿私所亲，取非其物，借贷不还，夺人头首，以获功名，此谓盗军。若变易姓名，衣服不鲜，金鼓不具，兵刃不磨，器仗不坚，矢不著羽，弓弩无弦，主者（疑有误）吏士，法令不从，此谓欺军。闻鼓不行，叩金不止，按旗不伏，举旗不起，指麾不随，避前在后，纵发乱行，折兵弩之势，却退不斗，或左或右，扶伤舆死，因托归还，此谓背军。出军行将，士卒争先，纷纷扰扰，军骑相连，咽塞道路，后不得前，呼唤喧哗，无所听闻，失行乱次，兵刃中伤，长将不理，上下纵横，此谓乱军。屯营所止，问其乡里，亲近相随，共食相保，呼召不得，越入他位，干误次第，不可呵止，度营出入，不由门户，不自启白，奸邪所起，知者不告，罪同一等，合人饮食，阿私所受，大言惊语，疑惑吏士，此谓误军。斩断之后，万事乃理。所以乡人盗笠，吕蒙先涕而后斩①；马逸犯麦，曹公割发而自刑。故太公曰："刑上极，赏下通。"孙子曰："法令孰行，赏罚孰明，吾以此知胜。"此之谓也。

[注释]

①吕蒙：三国时孙权部将。字子明。曾袭破荆州，擒杀关羽。

[译文]

如果不能如期到达会合地点，听到鼓声却不前进，乘便滞留不进，该做的和不该做的都尽量回避，开始在近处，随着战事的紧张却躲到远处，点名不答应，盔甲不戴，军器不具备，这样的军队就叫做轻军。接受了军令而不向下传达，或传达了而不认真不明确，致使下层军官迷惑不解，听不到金鼓，看不到旌旗，这样的军队叫做慢军。不储备军粮，结营扎寨不根据兵法部署兵力，赏赐不均，徇私舞弊，掠取不应有的财物，借贷不还，抢夺他人斩敌的首级邀取功名，这样的军队叫做盗军。变易姓名，衣服不整，军中无金鼓，不磨兵器，器仗不坚实，箭上不带羽毛，弓弩上没有弦，主管吏士不服从法令，这样的军队叫做欺军。听到鼓声不前进，听到鸣金不停止，旗帜按下不卧倒隐蔽，旗帜举起仍卧而不起，麾动所指不跟随，逃避锋锐，躲于阵后，横行无序，乱射乱发，挫伤了兵弩的威势，心欲撤退，不肯战斗，时而跑到左边，时而又跑到右边，假装扶伤救死的样子，借机归还，这样的军队叫做背军。大军出征，士卒争先恐后，纷纷扰扰，步军和骑军相混连，堵塞道路，行动迟缓，呼唤喧哗，什么也听不清楚，不成行列，次序混乱，兵刃相互碰撞，造成人员伤亡，长官不能治理，上下纵横，乱作一团，这样的军队就叫做乱军。大军安营扎寨时，询问所在乡里，关系亲近的结帮在一起吃喝；传呼不到，越入他人防区，干误军中上下次第，不可呵止；出入营寨不经由门户，也不打招呼；奸邪的事情发生后，知情的人也不报告，同犯罪者一样治罪；聚众饮食，徇私受贿，大言惊语，疑惑官兵，这样的军队叫做误军。只有果断斩处违反禁令的人，才能把军中治理得井井有条。所以，三国时的将军吕蒙治军，自己的乡人偷了百姓一顶草笠，吕蒙挥泪斩了他；曹操因自己的坐骑受惊践踏了庄稼，而割发受刑。所以太公说："刑罚应该从最上层开始执行，赏赐应贯通到下层。"孙子说："哪一方的法令能够得到施行，哪一方的赏罚严明，我据此即可判断双方的胜负。"讲的也是同样的道理。

教战第四十六

孔子曰："不教人战，是谓弃之。"故知卒不服习，起居不精，前击后解，与金鼓之指相失①，百不当一，此弃之者也。故领三军，教之战者，必有金鼓约令，所以整齐士卒也。教令操兵起居，旌旗指麾之变。故教使一人学战，教成合之十人。十人学战，教成合之百人，渐至三军之众。大战之法，为其校阵，各有其道。左校青龙，右校白虎，前校朱雀，后校玄武，中校轩辕。大将之所处，左锋右戟，前盾后弩。中央鼓旗，兴动俱起。闻鼓则进，闻金则止。随其指麾，五阵乃理。

[注释]

①金鼓：金，钟。击金则退，击鼓则进。

[译文]

孔子说："不对战士进行训练就让他去打仗，这就等于把他抛弃给敌人。"由此可知，士卒未经教习训练，缺乏军中起居的经验，前锋正攻击交战，后备便已经瓦解，战士的行动与金鼓的指挥不配合不统一，百不当一，这就等于把他们抛弃给了敌人。所以统帅三军，教习他们作战，必须有金鼓号令，用来统一他们的行动。教习战士怎样使用兵器、怎样起居以及旌旗指挥的变化。所以教习一人学习战法，学成以后，使他会合十人进行演习。十人学成以后使他会合百人进行演习,逐渐扩大到三军之众。大战的方法,通过校阵,而校阵内又有不同的配置和变化方法。左校青龙,右校白虎,前校朱雀,后校玄武,中校则在轩辕方位(古代以青龙、白虎、朱雀、玄武来指代东、西、南、北及左右前后的方位)。大将所居之处,左有剑锋、右有长戟,前有盾牌、后有弓弩。中央有战鼓旌旗,全阵随金鼓旌旗的号令而行动。听到鼓声就前进,听到鸣金则停止。随金鼓旌旗的号令而行动,五阵(金、木、水、火、土)的布列就完毕了。

故曰:治众如治寡,分数是也;斗众如斗少,形名是也。言不相闻,故为鼓铎;视不相见,故为旌旗。夫金鼓旌旗,所以一人耳目也。是知鼓鞞金铎①,所以威耳;旌旗麾章,所以威目;禁令刑罚,所以威心。耳威于声,不可不清;目威于色,不可不明;心威于罚,不可不严。三者不立,虽胜必败。故曰,将之所麾,莫不从移;将之所指,莫不前死。纷纷纭纭,斗乱而不可乱;混混沌沌,形圆而不可败。此用众之法也。卒服习矣,器用利矣,将军乃秉旌麾众而誓之。于是气励青云,虽赴汤蹈火可也。此教战之法也。

[注释]

①金铎:古代金属乐器。铲状。是大铃的一种。盛行于春秋至汉代。

[译文]

所以说:统帅大部队如同带领小分队一样,这是因为军队的组织编制合理、管理科学;指挥大部队如同指挥小部队一样,这是因为指挥的号令明确有效。战场上语言号令难以听清,所以要用战鼓和金铎来传递作战的号令;战场上各阵各队彼此间的行动看不见,所以要用旌旗来协调指挥全军的行动。金鼓旌旗就是用来统一全军的视听、协调全军的行动的。由此可知,鼓鞞金铎,能使将士对军令听得清楚；旌旗麾章能够使将士对军令看得更醒目；禁令刑罚，则用来威慑将士的心理。战士被威武雄壮的金鼓之声所震动，对军令就不可能听不清；战士看到鲜艳的旌旗，就不可能不明白军令；战士被严明的刑罚所震慑，就不可能不严守军令。金鼓、旌旗和禁令刑罚三者不在军中设立或不能有效地使用，即便是本应取胜的军队，最终也必将打败仗。所以说，将帅的指挥旗一有所动，战士无不随之而动；将帅一有所指，战士无不冒死向前。旌旗纷纷，人马纭纭，在混乱的战场上，要使自己的军队阵法严整而不乱；扑朔迷离，混沌不清，必须周密部署，使敌人无隙可乘。这就是指挥大兵团作战的原则和方法。士卒得到了很好的训练，秣马厉兵、军辎器材准备停当了，将帅就可以手持令旗聚众誓师。这时士气旺盛，直冲青云，即使让他们赴汤蹈火，也必将义无反顾。这就是教练士卒的方法。

天时第四十七

孙子曰:"二曰天时。天时者,阴阳寒暑时制也。"《司马法》曰:"冬夏不兴师,所以兼爱吾人。"太公曰:"天文三人,主占风气,知天心去就。"故经曰:"能知三生,临刃勿惊,从孤击虚,一女当五丈夫。"故行军必背太阴,向太阳,察五纬之光芒①,观二曜之薄蚀②,必当以太白为主,辰星为候。合宿有必斗之期,格出明不战之势。避以日耗,背以月刑。以旺击困,以生击死。是知用天之道,顺天行诛,非一日也。

[注释]

①五纬:金、木、水、火、土五大行星的总称。②二曜:太阳和月亮。

[译文]

孙子说:"决定战争胜负的第二个因素是天时。所谓天时,是指昼夜、晴雨、寒暑等气候季节的变化。"《司马法》说:"冬季和夏季不要用兵打仗,目的在于爱护我们的战士不受严寒和暑热的痛苦。"太公说:"军中天文三人,负责占卜天象、气候,从而料算天时是否适宜。"经书上说:"能了解战争的过去和现在,并能预测战争的将来,这样的人在处于危险之中时,仍能面无惧色,泰然自若。跟从君王出征打仗,一位女子能抵得上五位大丈夫。"所以行军必须背向太岁凶星,而朝向太阳,观察五纬的光芒和日月相蚀的情况。以太白金星为主，以辰星为客，综合判断。如果太白星和辰星在同一处出现，则战争不可避免；如果二星出现在不同的方向，则说明没有战事。要避开日耗和月刑。以具有旺盛士气的军队攻击困乏的敌人，以生（太阳）击死（太阴）。因此可知，充分利用天时的条件，顺应天时而用兵，已是由来已久了。

若细雨沐军，临机必有捷。回风相触，道还而无功。云类群羊，必走之道；气如惊鹿①，必败之势。黑云出垒，赤气临军，六穷起风，三刑生雾，此皆见师之出，而不见其入者也。若烟非烟，此庆云也；若星非星，此归邪也；若雾非雾，此泣军也；若雷非雷，此天鼓也。庆云开有德，归邪有降人，泣军多杀将，天鼓多败军。是知风云之占，岁月之候，其来久矣。

[注释]

①惊鹿：惊恐奔走之鹿。

[译文]

如果出征时细雨蒙蒙，一旦交锋，必定能打胜仗。如果遇上顶风，必定无功而返。如果天空中的云，其形状如一群羊，这是败走的征兆；云气如同受惊的鹿，这是必败的征兆。如果军营的上空出现乌云，军队的上空有赤色之气，六合起风，在对人用刑的三个时辰下雾，这些都是能够看到军队出征、却难以看到军队凯旋的征兆。如果空中的云似烟非烟，这是庆祝胜利的云；如果天空中的星星呈现似星非星的样子，这是归服邪恶的征兆；如果出现似雾非雾的天象，这是令军队哭泣的征兆；如果空中发出似雷非雷的声音，这声音称为天鼓。天空中出现庆云，这是军队有德的征兆；归邪，预示着有人投降敌人；泣军，预示着将领多被杀；天鼓，预示着多打败仗。于此可见，占卜风云的吉凶，利用时令气候的条件，由来已久了。

故古者初立将，始出门，首建牙之时，必观风气之气。若风不旁勃，旌旗晕晕，顺风而扬举，或向敌终日，军行有功，胜候也。若逆风来应，气旁勃，牙杠折，阴不见日，旌幡激扬，败候也。若下轻其将，妖怪并作，众口相惑，当修德审令，缮砺锋甲，勤诚誓士，以避天怒。然后复择吉日祭牙旗，具太牢之馔①，震鼓铎之音，诚心启请，以备天问，观其祥应，以占吉凶。若人马喜跃，旌旗皆前指高陵，金铎之声扬以清，鞞鼓之音宛以鸣，此得神明之助。持以安于众心，乃可用矣。虽云任贤使能，则不占而事利；令明法审，则不筮而计成；封功赏劳，则不祷而福从；共苦同甘，则犯逆而功就。然而临机制用，有五助焉：一曰助谋，二曰助势，三曰助怯，四曰助疑，五曰助地。此五者，助胜之术。故曰，知地知天，胜乃可全。不可不审察也。

[注释]

①太牢：古代帝王、诸侯祭祀社稷时，牛、羊、豕三牲全备为"太牢"。亦作"大牢"。

[译文]

所以古代刚刚任命了大将，建旗出军时，必定首先观望风云之气。如果清风徐徐，旌旗猎猎，顺风飘扬，或旌旗飘动的方向终日指向敌军，则出师有功，这是胜利的征兆。如果逆风骤起，气势磅礴，旗杆被风折断，天昏地暗，不见太阳，旌幡激扬，这是失败的征兆。如果下层官兵轻蔑大将，怪异的事情不断发生，战士彼此传播谣言，相互蛊惑，就应当加强道德修养，完善明确军法军令，秣马厉兵，加强战备，勤勉军务，诚待士卒，以避开上天的震怒。然后重新选择吉日祭拜牙旗，并具备太牢祭品，敲响鼓铎之音，诚心诚意向上天启请，准备回答上天的提问，观察上天的反应，占卜出军的吉凶。如果人欢马叫，旌旗随风指向高陵，金铎之声清亮，在空中回荡，鞞鼓婉转而鸣，这说明出军得到了神明的佑助。把这些向全军宣传，以安定军心，这样的军队就可以用来打仗了。虽然说如果能够选拔任用贤能之人，则不需占问天意就能取得胜利；如果军令明确，军法严密，不需占卜就能获得成功；如果慷慨封赏有功劳的人，不需祷告幸福就会随之而来；全军上下同甘共苦，逆境之中同样能够成就功业。然而，根据战场的具体形势，制定具体的作战方针时，仍须充分考虑并利用有助于取得胜利的五个因素。这五个因素是：有助于成功的作战计谋和策略，有利的战场态势，旺盛的士气，制造疑阵、迷惑敌人，有利的地形条件。这五个方面，是取得胜利的五个条件。所以说：上知天文、下知地理，才有全胜的把握。不可不认真研究。

地形第四十八

孙子曰："三曰地利。地利者，远近、险易、广狭、死生也。"故不知山林、险阻、沮泽之形者，不能行军；不用乡导，不能得地利。故用兵有散地，有轻地，有争地，有交地，有衢地，有重地，有圮地，有围地，有死地。诸侯自战其地，为散地；入人之地而不深者，为轻地；我得则利，彼得亦利者，为争地；我可以往，彼可以来，为交地；诸侯之地三属，先至而得天下之众者，为衢地；入人难反之地深，倍城邑多者，为重地；行山林、险阻、沮泽，凡难行之道者，为圮地；所由入者隘，所从归者迂，彼寡可以击吾众者，为围地；疾战则存，不疾则亡者，为死地。是故散地则无战；轻地则无止；争地则无攻；交地则无绝；衢地则合交；重地则掠；圮地则行；围地则谋①；死地则战。

[注释]

①谋：即击敌之谋，败坏敌人的谋划。

[译文]

孙子说："决定战争胜负的第三个因素是地利。所谓地利，是指路途的远近、地势的险峻或平坦、作战地域的宽阔或狭窄、战场是否有利于攻守进退等地形条件。"又说：不熟悉山林、险阻、沼泽等地形情况，就不能行军；不用向导，就不能得到地利。根据用兵的原则，战地可以分为散地、轻地、交地、衢地、重地、圮地、围地、死地。诸侯在自己的国土上同敌人作战的地区，叫做散地。已进入敌人国土、但并未到达纵深的地区，叫做轻地。我军占领则对我军有利，敌军占领则对敌军有利的必争之地，叫做争地。我军可以去，敌军也可以来的地方，叫做交地。敌我双方同别的诸侯国相交界，谁先到达谁就能够得到天下援助的地方，叫做衢地。深入敌国境内，又越过很多城邑的地方，叫做重地。山林、险阻、沼泽等道路难行的地方，叫做圮地。所从进入的道路狭隘，所从退出的道路迂远，敌人以少量兵力即可打败我众多兵力的地方，叫做围地。迅速殊死奋战尚有可能生存，否则就死路一条的地方，叫做死地。正因为如此，散地不宜作战；轻地不宜停留；争地宜抢先占领它，如果敌人已经占据，就不要轻率进攻；在交地要使部队前后相互策应，不能脱节；在衢地要结交别的诸侯国；在重地要掠取敌人的粮秣；在圮地应迅速通过；陷入围地，要巧设计谋，出奇制胜；在死地唯有殊死奋战，死里求生。

又有六地：有通，有挂，有支，有隘，有险，有远。我可以往，彼可以来，曰通。居通地，先处其高阳，利粮道，以战则利。可以往，难以反，曰"挂"，挂形曰："敌无备，出而胜之；敌有备，出而不胜，难以反，不利。"我出而不利，彼出而不利，曰"支"。支形曰："敌虽利我，我无出，引而去也，令敌半出而击之，利。"隘形曰："我先居之，必盈之而待敌①；若敌先居之，盈而勿从也，不盈而从之。"险形曰："我先居之，必居高阳以待敌；若敌先居之，则引而去之，勿从也。"夫"远形势均，难以挑，战而不利"。凡此六者，地之道也，皆将之至任，不可不察。

[注释]

①盈：赵蕤注：盈，满也。以兵阵满厄形名，使敌不得进退。

[译文]

又可以从战术的意义上把地形划分为六种：通形、挂形、支形、隘形、险形、远形。凡是我军可以往，敌人也可以来的地区，叫做通形。在通形地区，要抢先占领向阳的高地，保证后方补给道路畅通，与敌人作战就有利。凡容易去，不容易回来的地区，叫做挂形。在挂形地区作战的原则是："如果敌人没有戒备，就可以突然袭击，战胜敌人；如果敌人有了戒备，出击难以取胜，又难以返回，那就是不利的。"凡是我军出击不利，敌军出击也不利的地区，叫做支形。在支形地区的作战原则是："敌人虽然以利引诱我军，也不要出战，最好是指挥部队假装撤退，待敌人追出一半时再予以回击，这样就有利。"在隘形地区的作战原则是："要抢先占领险隘之处，并用重兵把守隘口，以等待敌人的到来；如果敌人已经占据了隘口，并用重兵据守，就不要攻击；如果敌人没有用重兵把守隘口，就可以去攻击。"在险形地区的作战原则是："要抢先占领向阳的高地，等待敌人的到来；如果敌人已经占据了制高点，就应该撤退，不要去攻击。"在远形地区的作战原则是："在远形地区，因敌我双方相距很远，地势条件相同，不宜出兵挑战，勉强和敌人交战是不利的。"这六条是利用地形作战的原则，也是将帅的重大责任，是不能不认真考虑的。

故曰：深草蓊秽者^①，所以遁逃也；深谷阴险者，所以止御车骑也；隘塞山林者，所以少击众也；沛泽杳冥者，所以匿其形也。丈五之沟，渐车之水，山林石径，泾川丘阜，草木所在，步兵之地，车骑二不当一。丘陵漫衍相属，平原广野，此车骑之地，步兵十不当一。平原相远，仰高临下，此弓弩之地，短兵十不当一。两阵相近，平地浅草，可前可后，此长戟之地，剑盾三不当一。萑苇竹箾，草木蒙笼，枝叶茂接，此矛鋋之地②，长戟二不当一。曲道相伏，险扼相薄，此剑盾之地，弓弩三不当一。故曰"地形者，兵之助"。又曰"用兵之道，地利为宝"。赵奢趋山，秦师所以覆败；韩信背水，汉兵由是克胜。此用地利之略也。

[注释]

①葌秽：野草茂密。葌，茂盛貌。②鋋（chán）：小矛。

[译文]

所以说：草木繁茂的地区，便于隐蔽和逃遁；山谷幽深、阴暗险要的地形，可以用来抵御敌人的战车和骑兵；隘口、关塞、山林险阻，占据这样的地形，可以以少部兵力击败众多的敌人；低湿幽暗、迂阔幽远的地形，可以用来隐蔽部队。丈五宽的河沟，沟中的水能把车马淹没，山林石径，丘陵溪川，遍地草木，这些都是利于步兵作战的地形，战车骑兵二不当一使用。丘陵连绵但坡缓漫长，平原广野，是利于战车和骑兵作战的地形，步兵十不当一。远离平原，居高临下，有利于弓弩作战，若想短兵相接，十不当一。如果敌我军阵相距较近，地势平坦，浅草覆面，有利于长戟作战，剑盾三不当一。满地芦苇竹篁，草木葱茏，枝叶繁茂，这样的地形，有利于矛鋋作战，长戟二不当一。道路曲折，起伏不定，险而狭窄，这样的地形有利于剑盾作战，弓弩三不当一。所以说："地形是用兵作战的辅助条件。"又说："用兵的原则，充分运用有利的地形条件，是夺取胜利的法宝。"所以，赵奢抢占了山头，秦军因此而覆败；韩信背水列阵，汉兵因此取得了胜利。以上是运用地形的基本原则和方法。

水火第四十九

经曰:"以水佐攻者强,以火佐攻者明。"是知水火者,兵之助也。故火攻有五:一曰火人,二曰火积,三曰火辎,四曰火库,五曰火燧。行火必有因①,烟火素具,发火有时,起火有日。时者,天之燥也;日者,宿在箕、壁、参、轸也。凡此四宿者,风起之日也。太公曰:"强弩长兵,所以逾水战。"孙子曰:"水可以绝。"谓灌城也。又曰:"绝水必远水②。客绝水而来,勿迎之于水内,令敌半渡而击之,利。欲战,无附于水而迎客也。"谓处水上之军。故曰以水佐攻者强。

[注释]

①因:赵蕤注:因,奸人也。②绝水必远水:赵蕤注:引敌使渡也。

[译文]

经说:"用水来辅助进攻,威力强大;用火来辅助进攻,效果明显。"因此可知,水和火是用兵打仗的重要辅助手段。火攻有五种类型:一是火烧敌军的人马,二是火烧敌军的粮秣,三是火烧敌军的辎重,四是火烧敌军的仓库,五是火烧敌军的粮道。实施火攻必须具备相应的条件,火攻的器材必须在平时准备好。放火要看准天时,起火要选好日子。所谓天时,是指气候干燥的时候;所谓日子,是指月亮行经箕、壁、参、轸四个星宿时,因为月亮行经这四个星宿时,就是起风的时候。太公说:"强弓弩和长兵器,便于越水作战。"孙子说"水可以堵绝",意思是堰水灌城。又说:"渡过江河以后,一定要远离水流驻扎军队。敌人渡水向我进攻,不要等敌人上岸后再发起反击,在敌人渡过一半时发起攻击是最有利的。准备同敌人决战,不要在水边列阵待敌。"这是军队在江河地带行军作战的原则。所以说,用水辅助进攻,威力强大。

何以言之?昔韩信定临淄,走齐王田广①。楚使龙且来救齐,齐王广、龙且并军,与信合战,夹潍水阵。韩信乃夜令人为万余囊,盛沙壅水上流;引军半渡,击龙且,佯不胜,还走。龙且果喜曰:"固知信怯也。"乘追信,渡水,信使决壅囊,水大至,龙且军太半不得渡,即急击之,杀龙且,龙且水军东散走。此反半渡之势。

[注释]

①走齐王田广:赶跑齐王田广。走,使动词。

[译文]

用什么作证明呢?从前,韩信占领了临淄,齐王田广被迫逃跑。楚王派龙且率兵前往救援。齐王田广与龙且联合同韩信决战。两军在潍水两岸布阵,隔水相望。韩信派人乘夜用万余包沙袋在上流堵绝河水;然后渡水向龙且发起进攻,在军队渡过一半时,假装难以取胜,回军便跑。龙且果然上当,高兴地说:"我就知道韩信是个胆小鬼。"于是乘势挥军渡水追击韩信。这时,韩信便下令决开沙袋,河水汹涌而来,龙且的军队大半未能渡过潍水,韩信迅速命令出击,斩杀龙且。龙且的军队向东溃散。这是韩信反用"半渡而击"原则的成功尝试。

卢绾佐彭越攻,下梁地十余城。项羽闻之,谓其大司马曹咎曰："谨守成皋,即汉挑战,慎勿与战。"汉果挑楚军,楚军不出,使人辱之,大司马怒,渡汜水①,卒半渡,汉击,大破之。此欲战无附于水势也。故知水火之变,可以制胜,其来久矣。秦人毒泾上流,晋军多死;荆王烧楚积聚,项氏以擒;曹公决泗于下邳,吕布就戮;黄盖火攻于赤壁,魏祖奔衄。此将之至任,盖军中急者矣,不可不察。

[注释]

①汜水:水名。发源于河南巩义市东南,北流经荥阳汜水镇西,北注入黄河。

[译文]

卢绾辅佐彭越攻克梁地十余城。楚王项羽闻讯,便留大司马曹咎继续守成皋,并嘱咐说:"谨慎固守城皋,即便汉军挑战,切莫同它交战。"项羽离开成皋以后,汉军果然来向曹咎挑战,曹咎不战,汉王便派人辱骂曹咎。曹咎忍耐不住,挥军出垒,渡汜水向汉军攻击,在楚军渡过一半的时候,汉军发起攻击,大破楚军。这是兵法上所说的若想同敌人决战,不要背水列阵的例子。由此可知,灵活运用水势和火势,可以出奇制胜,也是由来已久了。秦人在泾河上流下毒,晋兵因此损兵折将;荆王火烧了楚军的军辎积储,项氏因此被擒;曹操在下邳决开了泗水,吕布因此失败被杀;黄盖火烧赤壁,曹操兵败奔逃。运用水火是将帅的重大责任,是用兵打仗应该首先考虑的问题。不能不认真研究考察。

五间第五十

《周礼》曰:"巡国传谍者,反间也。"吕望云①:"间,构飞言,聚为一卒。"是知用间之道,非一日也。故间有五间:有因间,有内间,有反间,有生间,有死间,五间俱起,莫知其道。因间者,因其乡人而用之者也;内间者,因其官人而用之者也;反间者,因敌间而用之者也;生间者,反报者也;死间者,为诳事于外,令吾间知之,而待于敌间者也。

[注释]

①吕望:即吕尚。周代齐国的始祖。姜姓,吕氏,名望,字子牙。辅佐武王灭商,封于齐。俗称姜太公。

[译文]

《周礼》说:"在别国巡回传播对这个国家不利的情报,叫做反间。"吕望说:"把那些擅长离间人的关系、编造挑拨性语言的人,编为一队。"因此可知,在战争中运用间谍,并不是一朝一夕的事情了。间谍有五种类型:因间、内间、反间、生间、死间。五种间谍同时使用,就能使敌人误入歧途,摸不着头脑。所谓因间,就是利用敌国的普通人做间谍;所谓内间,就是利用敌国的官员做间谍;所谓反间,就是收买敌方派来的间谍为我所用;所谓生间,就是派出间谍到敌方侦察情报,然后回国报告;所谓死间,就是故意散布假情报，让我方的间谍了解真情，等待敌人的间谍来搜取情报，然后回国报告。

昔汉西域都护班超，初为将兵长史，悉发诸国步骑二万五千击莎车①。莎车求救龟兹②，龟兹王遣左将军发温宿、姑墨、尉头③，合五万人助之。超召部曲及于阗、疏勒王议曰："兵少不敌，计莫如各解散去。于阗从此东，长史亦从此西归，夜半闻鼓声便发。"众皆以为然。乃阴缓擒得生口，生口归，以超言告龟兹。龟兹闻之喜，使左将军将万骑于西界遮超，温宿王将八千骑于东界遮于阗王。人定后，超密令诸司马，勒兵励士，至鸡鸣，驰赴莎车军营，掩覆之。胡皆惊走，斩首五千级，莎车遂降。

[注释]

①莎车：古西域国名。位于今新疆莎车一带。②龟（qiū）兹：古西域国名。故地在今新疆库车一带。③温宿、姑墨、尉头：均为古西域国名。位于今新疆温宿、阿克苏、哈拉奇一带。

[译文]

汉时，西域都护班超最初做将兵长史时，征调诸国步骑二万五千攻打莎车国。莎车向龟兹国求救，龟兹王派遣左将军调发温宿、姑墨、尉头三国共计五万人赴援莎车。班超召集部属和于阗、疏勒两国的国王商议，说："现在我们的兵少，敌不过他们，我考虑不如各自散归。于阗的军队从此向东，长史的军队由此西归，夜半听到鼓声立即出发。"大家都信以为真。于是班超命放松对龟兹国俘虏的看护，俘虏借机走脱，把班超的部署报告给龟兹。龟兹王听后非常高兴，命左将军率一万骑兵在西面阻击班超，温宿王率八千骑兵在东面阻击于阗王。班超吩咐停当后，密令各部勒兵励士，鸡鸣时分，率兵疾驰莎车军营，以迅雷不及掩耳之势破袭莎车。诸国援兵闻讯大惊，纷纷退去，斩首五千级，莎车于是向班超投降。

又耿弇讨张步①，步闻之，乃使其大将费邑军历下②，又分兵屯祝阿③，别于太山、钟城列营数十以待弇。弇渡河先击祝阿，拔之。故开围一角，令其众得奔钟城。钟城人闻祝阿已溃，大惧，遂空壁亡去。费邑分遣其弟敢守巨里，弇进兵，先胁巨里，多伐树木，扬言填塞坑堑。数日，有降者，言邑闻弇欲攻巨里，谋来救之。弇乃严令军中趣治攻具，后三日当悉攻巨里；阴缓生口，令得亡归。归者以弇期告邑，邑至日果自将来救之。弇喜谓诸将曰："吾所修攻具者，欲诱致邑耳，今来适吾所求也。"即分三千人守巨里，自引精兵上岗坂，乘高合战，大破之，临阵斩邑。此用因间之势也。

[注释]

①张步：东汉时齐地割据势力首领。②历下：古邑名。在今山东济南市西。因在历山之下而得名。③祝阿：古地名。故地在今山东历城西南。

[译文]

东汉名将耿弇率兵讨伐割据齐地的张步，张步闻讯，便派大将费邑屯兵历下，又分兵屯祝阿，另于太山、钟城（在今河南尉氏西北）列营数十，准备迎击耿弇。耿弇率兵首先攻击祝阿，攻克祝阿后，故意网开一面，让祝阿余众逃奔钟城。钟城人听说祝阿守军已经溃败，十分恐惧，于是全城人纷纷逃亡，钟城成了一座空城。费邑又派其弟费敢守巨里（即巨合，今山东章丘西龙山镇）城。耿弇进兵威胁巨里，大量砍伐树木，扬言将用林木填护城的坑堑。几天后，巨里城有人来投诚耿弇，说费邑听说耿弇准备进攻巨里，打算来救巨里。耿弇便命令军中加紧准备攻城器具，并说三天后攻城；同时故意放松对俘虏的看守，让他逃亡。逃归的俘虏把耿弇将攻巨里的日期报告给费邑，三天后费邑果然亲自率兵来救援巨里。耿弇闻讯，高兴地对诸将说："我之所以加紧修治攻城器具，目的在于引诱费邑前来救援，现在费邑果然前来，正合我的心意。"于是留三千人监视巨里，自己率精兵占领制高点，居高临下，大破费邑，在战场上斩杀费邑。这是使用因间的成功战例。

晋时，益州牧罗尚遣隗伯攻李雄于郫城①，迭有胜负。雄乃募武都人朴泰，鞭之见血，使谲罗尚，欲为内应，以火为期。尚信之，悉出精兵遣隗伯等率领从泰。李雄先使李骧于道设伏，泰以长梯倚城而举火，伯军见火起，皆争缘梯。泰又以绳汲上尚军百余人，皆斩之。雄因放兵，内外击之，大破尚军。此用内间之势也。

[注释]

①郫城：古邑名。在今四川成都平原中部，今郫县北。

[译文]

晋时，益州牧罗尚派隗伯率兵进攻郫城的李雄，双方互有胜负。李雄于是招募武都人朴泰，用鞭子把他抽得遍体是血，让他去向罗尚诈降，作为内应，以点火为号。罗尚轻信了朴泰，拨全部精兵给隗伯，跟随朴泰袭击李雄。李雄先命李骧在通往郫城的道路上布下伏兵，朴泰缘长梯登城举火，隗伯军见火起，纷纷缘梯登城，朴泰用绳子把百余名隗军的士兵拉上城来，统统杀掉。李雄乘机出兵，内外夹击，大破罗尚的军队。这是运用内间的成功战例。

郑武公欲伐胡，先以其子妻胡①。因问群臣曰："我欲用兵，谁可伐者？"大夫关其思曰："胡可伐。"武公怒而戮之曰："胡，兄弟之国，子言伐之，何也？"胡君闻之，以郑为亲己而不备郑。郑袭胡，取之。此用死间之势也。

陈平以金纵反间于楚军，间范增，楚王疑之，此用反间者也。

故知三军之亲，莫亲于间，赏莫厚于间，事莫密于间。非圣智莫能用间，非密微莫能得间之实。此三军之要，惟贤将之所留意也。

[注释]

①以其子妻胡：把自己的女儿给胡国国君做妻子。

[译文]

郑武公想攻伐胡国，先把自己的女儿嫁给胡国的国君做妻子。借机问群臣："我想对外用兵，你们看讨伐哪个国家更合适？"大夫关其思说："讨伐胡国最合适。"郑武公听后大怒，杀了关其思，说："胡国同我亲如兄弟，你却让我讨伐胡国，是什么意思？"胡国国君听说此事后，便认为郑国与己友好，对郑国不加防备。郑武公乘机突然袭击，灭了胡国。这是运用死间的成功战例。

陈平用金钱收买楚人，离间范增同楚王的关系，楚王果然怀疑范增同汉王有联系。这是运用反间的例子。

由此可知，统帅同将士的关系没有比与间谍更亲密的了，奖赏没有比给间谍更优厚的了，事情的机密也没有超过用间的了。不是睿智聪颖的人不能使用间谍，不是精细深算的人不能从间谍活动中得到真实的情报。用间是军中至关重要的工作，是做一名贤明的将帅必须留意的事情。

将体第五十一

《万机论》曰:"虽有百万之师,临机吞敌,在将也。"《吴子》曰①:"凡人之论将,恒观之于勇。勇之于将,乃万分之一耳。"故《六韬》曰②:"将不仁,则三军不亲;将不勇,则三军不为动。"孙子曰:"将者,勇智仁信必也。"勇则不可犯,智则不可乱,仁则爱人,信则不欺人,必则无二心。此所谓五才者也。三军之众,百万之师,张设轻重,在于一人,谓之"气机"。道狭路险,名山大塞,十人所守,千人不过,是谓"地机"。善行间谍,分散其众,使君臣相怨,是谓"事机"。车坚舟利,士马闭习,是谓"力机"。此所谓"四机"者也。夫将可乐而不可忧;谋可深而不可疑。将忧则内疑,谋疑则敌国奋。以此征伐,则可致乱。

[注释]

① 《吴子》:中国古代著名兵书。吴起与魏文侯、魏武侯论兵的辑录。《汉书·艺文志》记载《吴起》四十八篇。已佚。今本六篇系后人伪托。
② 《六韬》:中国古代兵书。传为周代吕望(姜太公)作。有人认为是战国时作品。

[译文]

《万机论》说:"虽然拥有百万人的强大军队,但临战消灭敌人，主要靠将帅巧妙的指挥。"《吴子》说："普通人谈论将帅的优劣，往往看他是否勇敢。其实，勇敢在一个优良的将帅所应具备的众多品质中，仅仅占万分之一而已。"所以《六韬》说："做将帅的如果不具有仁爱士卒的品质，那么全军将士就不可能亲密团结；做将帅的如果不具备勇敢的品格，就难以指挥调动全军的将士。"孙子说："将帅应具有勇敢、聪智、仁爱、诚信、忠实五种品质。"将帅勇敢，就有军威，不可侵犯；将帅充满了智慧，就不会被纷繁复杂的战场形势扰乱了头脑，误入歧途；将帅仁慈，就能抚爱士卒；将帅诚信，就不会欺骗将士；将帅忠实，则不怀二心。这就是做将帅应具有的"五才"。三军之众，百万之师，士气的盛衰、战斗力的强弱，关键在于将帅一人的指挥才能，这称之为"气机"（即调动士气的关键）。道路狭窄险峻，名山要塞，十人所守，千人不过，称之为"地机"（即运用地利的关键）。善于运用间谍，调动分散敌人的兵力，使敌方君臣相互怨恨，称之为"事机"（即运用计谋的关键）。战车坚固，战船速度快、威力大，士马练达，称之为"力机"（发挥战斗力的关键）。这就是将帅应该掌握运用的"四机"。做将帅的应该达观而充满信心，不可愁容满面；谋划应该深远果断，不可犹豫不决。将帅忧愁满面，战士就会心存疑虑而失去必胜的信心；谋划优柔寡断，就会使敌人的士气高涨。对战事充满忧虑，谋划犹豫不决，必定导致内乱。

　　故将能清能静①，能平能整，能受谏，能听讼，能纳人，能采善言，能知国俗，能图山川，能裁厄难，能制军权。危者安之，惧者欢之，叛者还之，冤者原之，诉者察之，卑者贵之，强者抑之，敌者残之，贪者丰之，欲者使之，畏者隐之，谋者近之，谗者覆之，毁者复之，反者废之，横者挫之，服者活之，降者说之。获城者割之，获地者裂之，获国者守之，获厄塞之，获难屯之，获财散之。敌动伺之，敌强下之，敌凌假之，敌暴安之，敌悖义之，敌睦携之②，顺举挫之，因势破之，放言过之，四纲罗之。此为将之道也。

[注释]

①清、静：赵蕤注：廉财曰清，不扰曰静。②携：分离。

[译文]

将帅应该做到：清正廉洁，不骚扰百姓，处事公平，待人一律，善于纳谏，明于断案，能够招揽人才，接受善言，了解风土民情，熟悉山川地理，在危难的环境中能泰然处之，能有效地控御全军。还应该做到：转危急为安详，使恐惧的人充满信心，使叛逃的人回到军中，昭雪蒙冤受屈的人，审察所有的诉讼案件，提拔尊崇有才能而地位卑下的人，抑制横行霸道的人，残杀敌对的人，重赏使用贪婪的人，充分使用想立功的人，隐蔽后置畏惧胆小的人，接近团结善谋略的人，对谗言不予相信，对诋毁人的言论要认真核察，对想谋反的人要废黜他，对蛮横的人要挫伤他，对伏罪的人要给条生路，对归降的人要收留款待他。对攻克城邑的人要给予封赏，对夺取土地的人要裂土封赏；夺取了别人的国家，则要分封贤人守御；夺取了险厄要塞，要分兵把守；夺取了难以夺取的地方要分兵屯驻；获得财货要分散给将士。敌人有所行动，要仔细侦察；敌人强大，则避而不战；敌人汹涌而来，则避而不战；敌人暴虐异常，则安之若素，以此激励战士的怒气；敌人悖乱，我则行义；敌人和睦团结，就设法离间他们；顺应天命人心，挫败悖逆天命人心的敌人。创造或利用于我有利的态势击破敌人，传播假情报造成敌人的失误，四面设围歼灭敌人。以上这些都是做将帅应具备的能力和素质。

故将拒谏则英雄散，策不从则谋士叛，善恶同则功臣倦，将专己则下归咎，将自臧则下少功①，将受谗则下有离心，将贪财则奸不禁，将内顾则士卒淫②。将有一则众不服，有二则军无试，有三则军乖背，有四则祸及国。

[注释]

①将自臧则下少功：赵蕤注：臧，善也。将自伐勋，忘下自用者，故曰少功也。②内顾：赵蕤注：思妻妾也。

[译文]

做将帅的如果拒绝纳谏，英雄豪杰就会各自奔散；如果一味拒绝采用谋士的计策，谋士就会叛逃；善恶不分、赏罚不明，功臣就会厌倦打仗；将帅独断专行，下属就会把过错全归咎于将帅；将帅把功劳归于自己，下层官兵就不愿多立战功；将帅喜欢听信谗言，下层官兵就会离心离德；将帅如果贪图财货，奸盗就难以禁止；将帅耽溺女色，士卒就会淫乱无度。将帅如果犯了上述中的一条，广大将士就不会心服；将帅犯了上述中的两条，那么军中就丧失了法纪；将帅犯了上述中的三条，则军心背离；将帅犯了其中四条，就会给国家带来祸患。

《军志》曰①："将谋欲密，士众欲一，攻敌欲疾。将谋密则奸心闭；士众一则群心结；攻敌疾则诈不及设。军有此三者，则计不夺。将谋泄则军无势；以外窥内则祸不制；财入营则众奸会。将有此三者，军必败。将无虑则谋士去；将无勇则吏士恐；将迁怒则军士惧。虑也谋也，将之所重；勇也怒也，将之所用。"故曰："必死，可杀也；必生，可虏也；忿速，可侮也；廉洁，可辱也；爱人，可烦也。此五者，将军之过，用兵之灾。"

[注释]

①《军志》：中国古代兵书。已佚。

[译文]

《军志》说:"将帅的谋划要机密,战士要团结一致,向敌人发起进攻的速度要迅疾。将帅谋划机密,奸心就不能得逞;战士团结一致,则众心巩固归一;向敌人进攻的速度迅疾,敌人就来不及设立诈谋。一支部队能做到这三条,作战计划就不会失败。将帅的作战计策如果泄露出去,军队就会失去有利的作战形势;敌人如果侦知到我方内部的情况,祸患就不可制止;敌人如果携财货入我军营,有奸心的人就会贪图财货而集中为害。将帅有此三点,军队必定打败仗。将帅不善谋虑而又不能听从谋士的策划,谋士就会离他而去;将帅不具备勇敢的气质,下层官兵就会产生怯战的恐惧心理;将帅如果时常迁怒于人,下层官兵就心不自安。深谋远虑,是作为将帅的重要条件;勇敢和愤怒,将帅应该特别留意,巧妙运用。"所以说:"只知道死拼,就可能被诱杀;一味贪生怕死,就可能当俘虏;情绪急躁、容易动怒,就容易遭到侮辱谩骂的刺激;廉洁好名,过于自爱,就可能经不起羞辱;爱护民众,就可能被烦扰而不得安宁。这五个方面是将帅应避免的五个弱点,也是用兵打仗的灾害。"

故凡战之要,先占其将而察其才,因刑用权,则不劳而功兴也。其将愚而信人,可谋而诈;贪而忽名,可货而赂;轻变,可劳而困;上富而骄,下贫而磔①,可离而间;将怠士懈,可潜而袭;智而心缓者,可追也;勇而轻死者,可暴也;急而心速者,可诱也;贪而喜利者,可袭也,可遗也;仁而不忍于人者,可劳也;信而喜信于人者,可诳也;廉洁而不爱人者,可侮也;刚毅而自用者,可事也;懦心喜用于人者,可使人欺也。此皆用兵之要,为将之略也。

[注释]

①磔(zhé):分裂牲体以祭神。引申为离散。

[译文]

用兵打仗，最重要的工作，首先应该对敌军的将帅有一个基本的了解，并认真考察其才能的高下，针对不同类型的将帅，采取相应的权变方法，这样就能以较小的气力换来较大的战功。如果将帅愚鲁而又肯轻信人，就可以对他施以欺诈的手段；如果将帅贪婪而且不计名誉，就可以用财货去贿赂他；如果将帅不善深谋远虑、狐疑多变，就可以设计使他烦劳困乏；上级军官富有而骄横，下层官兵贫穷而离心，就可以借此离间他们上下级的关系；将帅怠惰，战士松懈，就可以对他们实施突袭；将帅虽富于智慧，但决策较慢的，可以乘他尚未作决定时，发起突然袭击；将帅勇猛而不怕死，就可以设计激怒他，使其贸然轻进，然后消灭他；将帅性情急躁，立功心切，则可以诱敌深入；将帅贪婪好利，就可以诱之以利，设计伏击他；将帅仁慈，不忍心于下层的疾苦，就可以设计烦劳他；将帅为人诚信，而又肯轻信他人，就可以设计欺骗他；将帅自身廉洁，为人却近于刻薄的，可以轻侮他；将帅刚愎自用，可用花言巧语恭维他；将帅懦弱，惯于依赖他人，可以使人欺骗他。这些都是用兵的重要原则，将帅应具有的韬略。

料敌第五十二

夫两国治戎，交和而合，不以冥冥决事，必先探于敌情。故孙子曰："胜兵先胜而后战。"又曰："策之而知得失之计，作之而知动静之理。"因形而作胜于众，用兵之要也。若欲先知敌将，当令贱而勇者，将轻锐以当之，观敌之来。一起一坐，其政以理，其追北佯为不及，其见利佯为不知，如此者，将必有智，勿与轻战。若其众讙旗乱①，其卒自止自行，其兵或纵或横，其追北恐不及，见利恐不得，如此者，将必无谋，虽众可获。

[注释]

①讙（huān）：通"喧"。喧哗。

[译文]

两国或临战，或以外交构和，都不能稀里糊涂作出决断，必须首先侦察敌情。所以孙子说："能够打胜仗的军队，首先要创造必胜的条件，有了必胜的把握，然后再出兵作战。"又说："通过认真分析和筹算，可以了解敌人作战计划的利弊得失；诱使敌人行动，可以了解敌人的活动规律。"根据敌情变化制定切实可行的作战方针，把胜利摆在众人的面前，这是用兵打仗的重要原则。如果想先了解敌将的才能和性格，可以命令一位勇敢的下层军官率一支精锐部队同敌人交锋，借此观察敌人的反应。如果敌人或进或止，节奏稳妥，不急不躁；敌人追击败退的军队假装追赶不上，见到可图的利益却假装没看见。这样的军队的将领必定富于智慧，不要轻易同他们交战。如果敌军战士欢跃，旌旗纷乱；士卒或进或止，随意而为，兵阵纵横无序；追击败退的军队唯恐败军逃脱，见利唯恐得不到。这样的军队，其将领必定没有谋略，即便是人数众多，也不足为忧，同样可以获胜。

故曰：敌近而静者，恃其险也；敌远而挑人者，欲人之进也；众树动者，来也；众草多障者，疑也；鸟起者，伏也；兽骇者，覆也；尘卑而广者，徒来也；散而条达者，薪来也；少而往来者①，营军也；辞卑而益备者，进也；辞强而进驱者，退也；无约而请和者，谋也；半进半退者，诱也。杖而立者，饥也；汲而先饮者，渴也；见利不进者，劳也；鸟集者，虚也；夜呼者，恐也；军扰者，将不重也；旗动者，乱也；吏怒者，倦也；粟马食肉，军无悬甄，不及其舍者，穷寇也；谆谆翕翕②，徐言入人者，失其众也；数赏者，窘也；数罚者，困也；数顾者，失其群也；来委谢者，欲休息也。兵怒而相近，久而不合，又不相去，必谨察之。

[注释]

①少：赵蕤注：少，尘少也。②谆谆翕翕：恳切和顺状。曹操注：谆谆，语貌；翕翕，失志貌。

[译文]

所以说：敌人距我很近却寂静无声，是因为它占领着险要的地形；敌人距我较远却前来挑战，是想引诱我军前进；许多树木摇动，说明敌人隐蔽而来；草丛里有很多遮碍物，是敌人布下的迷阵；群鸟惊起而飞，说明敌人布有伏兵；野兽惊骇奔走，说明敌人要大举突袭；尘土飞扬得低而宽广，说明敌人的步兵到来；尘土飞扬，稀疏散乱，缕缕上升，呈条状相连的，是运送粮草的队伍在行进。尘土少而时起时落，说明敌人正在扎营；敌人的使者措辞谦卑却又在加紧备战，说明敌人正要对我发起进攻；敌人使者措辞强硬同时又做出进攻姿态的，说明敌人准备撤退；敌人无故前来求和，说明另有图谋；敌人半进半退，是想引诱我军。敌军战士倚着武器站立，是饥饿的表现；打水的人把水汲上来自己抢先饮用，是军中缺水、战士干渴的表现；敌人见了福利而不去争取，是疲劳的表现；敌人营垒上聚集着鸟雀，是营垒空虚的表现；敌营夜间呼叫，是心理恐惧的表现；敌人滋扰纷乱，是将帅没有威望的表现；敌人的旗帜摇动不定，是队伍混乱的表现；敌人将吏容易动怒，是疲惫的表现；用粮食喂马，杀牛马吃肉，收拾起行军炊具，不再返回营地，说明敌人已是拼命突围的穷寇；敌人将领低声下气地同部下讲话，说明已经失去了军心；不断犒赏士卒，说明已经没有别的办法；不断惩罚部属，说明已经陷入了困境；行路东张西望、左顾右盼，说明他们与大部队失去了联系；敌人派使者委婉致谢，是打算休战；敌人气势汹汹而来，但却很久不交战，又不撤退，必须谨慎观察他的企图。

敌来新到，行阵未定，可击也；阵虽定，人马未食，可击也；涉长道，后行未息，可击也；行坂涉险，半隐半出，可击也；涉水半渡，可击也；险道狭路，可击也；旌旗乱动，可击也；阵数动移，可击也；人马数顾，可击也。凡见此者，击之而勿疑。然兵者诡道也，能而示之不能，用而示之不用。故匈奴示弱，汉祖有平城之围①；石勒藏锋，王濬有幽州之陷。即其效也，可不慎哉？

[注释]

①平城之围：平城：秦置县。治所在今山西大同市东北。公元前200年，

匈奴大军围困晋阳（今山西太原），汉高祖刘邦亲率三十万大军迎战，被围困于平城白登山。后用陈平计，重赂冒顿单于的阏氏（皇后），始得突围。

[译文]

敌人刚刚来到战场，还未来得及安营布阵，这时可以向他们发起攻击；敌人的阵营虽然布设完毕，但人马还未来得及进食，可以向它发起攻击；长途跋涉后尚未得到休息，可以向他们发起攻击；在山坡上行军，或通过险要的地形，半隐半出，可以向他们发起攻击；敌人渡水渡过一半时，可以向他们发起攻击；敌人通过的道路险要狭窄，可以向他们发起攻击；敌人的旌旗混乱不定，可以向他们发起攻击；敌人营盘不定，迁移频繁，可以向他们发起攻击；敌人前后张望，左顾右盼，可以向他们发起攻击。凡见到以上情况，可以向敌人发起攻击，不要迟疑。然而，还应注意，用兵打仗，常常使用诡诈欺骗的手段，本来能打却装作不能打，要打却装作不打。匈奴向汉朝示弱，汉高祖上当，被围困在平城；石勒隐蔽锋锐，晋将王濬因此而丢掉了幽州。这些就是诡诈用兵的证明。所以用兵打仗不谨慎细心能行吗？

势略第五十三

孙子曰:"勇怯,势也。强弱,形也。"又曰:"水之弱至于漂石者,势也。"何以明之?昔曹公征张鲁,定汉中,刘晔说曰①:"明公以步卒五千,讨诛董卓,北破袁绍,南征刘表,九州百郡,十并其八,威震天下,势慑海外。今举汉中,蜀人望风,破胆失守,推此而前,蜀可传檄而定也。刘备,人杰也。有智而迟,得蜀日浅,蜀人未附。今破汉中,蜀人震恐,其势自倾。以公之神明,因其倾而压之,无不克也。若小缓之,诸葛亮明于理而为相,关羽、张飞勇冠三军而为将,蜀人既定,据险守要,则不可犯也。今不取,必为后忧。"曹公不从。居七日,蜀降者说蜀中一日数十惊,备斩之而不能禁也。曹公延问晔曰:"今尚可击否?"晔曰:"今已小定,未可击也。"

[注释]

①刘晔:三国时魏臣。官至侍中,封东亭侯。

[译文]

孙子说:"战士的勇敢或怯懦,是由军事态势的优劣决定的;军队的强大或弱小,则是由军事实力的对比决定的。"又说:"水本来很柔弱,但却可以冲走巨石,这是积聚起来的水势决定的。"怎样证明这一道理呢?从前,曹操征讨张鲁,平定了汉中。刘晔向曹操说:"您凭借五千兵卒,讨灭了董卓,北破袁绍,南征刘表,天下九州百郡,您已经吞并统一了十分之八,威震天下,势慑海外。如今又一举平定了汉中,蜀人望风,失魂落魄,由此乘胜前进,蜀地就可以传檄而定。刘备无愧是人中英杰,虽然富于智慧,但决策迟缓。加上他据有蜀地的时间不长,蜀人并未从心里依附于他。现在我已攻破了汉中,蜀人震恐,其势必定自我倾覆。以明公您的神明,借蜀人自我倾覆之势,以大军压境,定能攻无不克,战无不胜。如果稍有迟缓,诸葛亮明察事理,在蜀地做宰相,关羽张飞勇冠三军,为蜀军名将,蜀人稍稍稳定后,据守险关要塞,就难以进犯了。现在不去夺取蜀地,必定成为日后的忧患。"曹操未予采纳。七天后,蜀地前来投诚的人说曹军攻拔汉中后,蜀中一日发生数十次惊乱,刘备斩杀惊乱的人仍然不能禁止。曹操又向刘晔请教说:"现在还可以进攻蜀地吗?"刘晔回答:"现在蜀中已稍稍安定,不宜再出击了。"

又太祖征吕布,至下邳①,布败,固守城,攻不拔,太祖欲还,荀攸曰②:"吕布勇而无谋,今三军皆北,其锐气衰。三军以将为主,主衰则军无奋意。夫陈宫有智而迟,今及布气之未复,宫谋之未定,进急攻之,布可收也。"乃引沂泗灌城,城溃,生擒布。以此观之,当是时,虽诸葛之智,陈宫之谋,吕布之勇,关、张之劲,无所用矣。此谓"勇怯,势也。强弱,形也"。

故兵有三势③,善战者恒求之于势。势之来也,食其缓颊,下齐七十余城;谢石渡淝,摧秦百万之众。势之去也,项羽有拔山之力,空泣虞姬;田横有负海之强,终然刎颈。故曰,战胜之威,人百其倍;败兵之卒,没世不复。故水之弱至于漂石,此势略之要也。

[注释]

①下邳：古地名。在今江苏睢宁西北。②荀攸：三国时曹操的谋士。出身士族。屡进计谋，被曹操任为尚书令。③三势：赵蕤注：三势，一曰气势，二曰地势，三曰因势。

[译文]

魏太祖曹操征讨吕布，进至下邳，吕布战败，固守下邳。曹操攻城不克，打算退兵，荀攸建议说："吕布有勇无谋，现在三军全部败北，锐气大减。三军以将帅为主心骨，将帅锐气衰减，全军就不会有高昂的斗志。吕布的谋士陈宫虽然富于智慧，但决策迟缓。今天，乘吕布锐气尚未恢复，陈宫谋划尚未确定之时，向他发起猛攻，定能生擒吕布。"曹操采纳了荀攸的建议，引沂、泗之水灌下邳，城墙溃毁，生擒吕布。由此看来，在这样的形势下，即使有诸葛亮的智慧、陈宫的谋划、吕布的勇猛、关羽张飞的强劲，同样无济于事。这就是兵法所说的"战士的勇敢或怯懦，是由军事态势的优劣决定的；军队的强大或弱小，是由军事实力的对比决定的"。

用兵打仗的势有三种类型（气势、地势和因势）。善于带兵打仗的人往往充分利用和创造有利的军事态势。有利的态势形成以后，郦食其动一动嘴巴就拿下齐地七十余城；东晋的谢石在淝水摧垮了前秦符坚的百万雄师。有利的军事态势一旦失去，项羽虽然有力拔山岳的气概，垓下被围，也只好泣别虞姬；田横虽然有背负山海的强盛，最终也只得拔剑自刎。所以说：战胜的威力，可以使战士以一当百；打了败仗的士卒，就很难再鼓起勇气。所以水虽然很柔弱，但水势形成后却可冲漂巨石，这就是所谓势的原理。

攻心第五十四

孙子曰："攻心为上，攻城为下。"何以明之？战国时有说齐王曰："凡伐国之道，攻心为上，攻城为下；心胜为上，兵胜为下。是故圣人之伐国攻敌也，务在先服其心。何谓攻其心？绝其所恃，是谓攻其心也。今秦之所恃为心者，燕、赵也。当收燕、赵之权，今说燕、赵之君，勿虚言空辞，必将以实利，以回其心，所谓攻其心者也。"

沛公西入武关，欲以二万人击秦峣关下军①。张良曰："秦兵尚强，未可轻也。臣闻其将屠子贾竖，易动以利。愿沛公且留壁，使人先行，为五万人具食，益张旗帜诸山之上，为疑兵；令郦食其持重宝啖秦将。"秦将果欲连和，俱西袭咸阳，沛公欲听之。良曰："此独其将欲叛，士卒恐不从，不从必危。不如因其懈击之。"沛公乃引兵击秦军，大破之。此攻心者也。

[注释]

①峣关：故址在今陕西商县西北，因临峣山得名。自古为关中平原通往南阳盆地的交通要隘。

[译文]

孙子说："攻心为上，攻城为下。"用什么来证明这一道理的正确呢？战国时有人向齐王说："讨伐敌国的原则，以攻心为上策，攻城为下策；以战胜敌人的心理为上策，以战胜敌人的军队为下策。因此，圣人征伐敌国，进攻敌人，首要的目的在征服人心。什么是攻心？断绝敌人心理上的依靠，这就叫攻心。现在秦国心理上的依靠就是燕国和赵国，所以我们应该争取燕国和赵国。游说燕国和赵国的国君，切莫光说空话，一定要用实际的利益使两国回心转意，这就是所说的攻心。"

刘邦西入武关，准备投入两万兵力攻打秦峣关的守军。张良说："秦军现在依然很强大，不可轻视它。我听说秦将是屠户之子、商贾之辈，容易被财利所动。希望您暂且留在营中，先准备五万人用的炊具，另外在诸山头多设旗帜，作为疑兵；然后派郦食其携重宝前往贿赂秦将。"秦军诸将果然打算同刘邦连和，共同西进袭击秦都咸阳，刘邦准备答应秦将的要求。张良又对刘邦说："现在仅仅是秦军将领打算背叛秦朝，军中士卒恐怕未必愿意听从他们，如果部下不从，就危险了。不如乘秦军戒备松懈之机，向秦军发起突然袭击。"刘邦于是指挥部队向秦军发起攻击，大破秦军。这是攻心的成功战例。

伐交第五十五

孙子曰："善用兵者，使交不得合。"何以明之？昔楚莫敖将盟贰、轸①，郧人军于蒲骚②，将以随、绞、州、蓼伐楚师，莫敖患之。斗廉曰："郧人军于其郊，必不诫，且日虞四邑之至。君次于郊郢以御四邑，我以锐师宵加于郧。郧有虞心而恃其城，莫有斗志，若败郧师，四邑必离。"莫敖从之，遂败郧师于蒲骚。

[注释]

①贰、轸：均为国名。②蒲骚：古邑名。在今湖北应城西北。春秋时陨国地。

[译文]

孙子说："善于用兵打仗的人，能够破坏敌人的外交，使敌人失去联盟。"怎样来证明呢？从前，楚国的莫敖打算同贰、轸两国结盟，郧国却把军队驻扎在蒲骚，打算联合随、绞、州、蓼四国的军队共同进攻楚国的军队，莫敖为此而担忧。斗廉说："郧国人把部队部署在都城郊外，必然疏于戒备，而且盼望四国联军的到来，您在郢城郊外防御四国的军队，我率精锐之师乘夜突袭郧军。郧人盼望援军到来，又倚仗城池坚固，没有死战的决心，如果击败郧军，其他四国的军队必定望风而散。"莫敖采纳了斗廉的主张，在蒲骚击败了郐军。

汉宣帝时，先零与罕、开羌解仇，合党为寇。帝命赵充国先诛罕、开①，充国守便宜，不从。上书曰："先零羌虏欲为背叛，故与罕、开解仇。然其私心不能忘，恐汉兵至而罕、开背之也。臣愚以为其计，常欲赴罕、开之急，以坚其约。先击罕、羌，先零必助之。今虏马肥，粮方饶，击之恐不能伤害，适使先零得施德于罕、羌也。坚其约，合其党。虏交坚党合，诛之用力数倍，臣恐国家忧累，由此十数年，不一二岁而已。先诛先零，则罕、开之属，不烦兵服矣。"帝从之，果如策。

[注释]

①赵充国：西汉大将。熟悉匈奴和羌族情况。武帝、昭帝时率军攻击匈奴，任后将军。宣帝时，封营平侯。

[译文]

汉宣帝时，先零羌与罕、开羌和解，联合寇犯汉朝。汉宣帝命赵充国首先讨伐罕、开羌，赵充国鉴于具体形势，未服从宣帝的命令，上书说："先零羌想背叛汉朝，所以才同罕、开羌和解。然而内心的怨恨并未消解，它仍然担心汉军来到以后，罕、开羌重新背叛它。我认为先零正极力寻找机会，解救罕、开的急难，借以巩固他们之间的联盟。我如果首先进攻罕、开，先零必定出兵救援。现在羌虏马肥粮足，出兵恐不能给他造成重大杀伤，反而为先零提供了向罕、开施恩德的机会。使二羌巩固了盟约，加强了合作。二羌如果巩固了盟约，加强了合作，我再出兵讨伐，就要花费数倍的军力和财力，我担心国家将受二羌的牵累十数年，不只是一二年的事了。如果先讨伐先零羌，那么罕、开羌则不烦我出兵就会向我臣服。"宣帝采纳了赵充国的建议。事实果如赵充国所预料的那样。

魏太祖初伐关中，贼每一部到，太祖辄喜。贼破之后，诸将问其故，太祖曰："关中道远，若各依险阻，征之不一二年，不可定也。今皆来集，众虽多，莫能相服，军无适主，一举可灭。为攻差易，吾是以喜。"语曰："连鸡不俱栖，可离而解。"曹公得之矣。此伐交者也。

[译文]

魏太祖曹操讨伐关中的初期，每有一部敌众到来，曹操都很高兴。击破了敌人后，诸将请教其中的奥妙，曹操回答说："关中地广道远，如果贼众各部凭险据守，没有一二年的时间恐怕难以全部平定。今天却从各地向这里集结，数量虽多，但各部彼此不能统一指挥，军队没有主心骨，可一举消灭。这样反而比逐一消灭他们容易，我因此而高兴。"俗话说："缚在一起的鸡不愿栖居一处，可以离间瓦解它们。"曹操深深懂得并充分运用了这一道理。以上都是伐交的典型例子。

格形第五十六

孙子曰:"安能动之。"又曰:"攻其所必趋。"何以明之?昔楚子围宋,宋公使如晋告急。晋狐偃曰:"楚始得曹而新婚于卫,若伐曹、卫,楚必救之,则齐、宋免矣。"果如是计。魏伐赵,赵急请救于齐。齐威王以田忌为将①,以孙膑为师②,居辎车中为计谋。田忌欲引兵之赵,孙子曰:"夫解杂乱纷纠者不控拳,救斗者不搏撠。批亢捣虚,形格势禁,则自为解耳。今梁、赵相攻,轻兵锐卒必竭于外,老弱疲于内,君不若引兵疾走大梁,据其街路,冲其方虚,彼必释赵而自救。是我一举解赵之围,而收弊于魏也。"田忌从之,魏果去邯郸。

[注释]

①田忌:一作田期、田期思。战国初期齐将。封于徐州(今山东滕县南),又称徐州子期。率军先后在桂陵(今河南长垣西北)、马陵(今河南范县西南)大败魏军。后奔楚,封于江南。②孙膑:战国时兵家。齐国阿(今山东阳谷)人。大致与商鞅、孟轲同时。被齐威王任为军师。设计先后败魏军于桂陵和马陵。孙武的后代。有《孙膑兵法》传世。

[译文]

孙子说:"敌人驻扎安稳,我能设法调动它。"又说:"攻打敌人必定赴救的地方,以调动敌人。"如何来证明呢?从前,楚王率兵包围了宋国，宋国的国君急派人到晋国告急。狐偃向晋君建议说："楚国刚刚征服了曹国，最近又同卫国联姻，我如果出兵攻曹、卫两国，楚国必定救援，这样就可以解宋国之围，并可解除楚国对齐国的威胁。"后来的事实果如狐偃所预料的那样。魏国出兵讨伐赵国，赵国急忙向齐国求援。齐威王任命田忌为将，以孙膑为军师，坐于辎车之中为田忌谋划。田忌打算率兵直奔赵国，孙膑说："要想解开一团乱麻，就不能把拳头握起来；要想劝解开搏斗的双方，就不能亲自持戟上阵。直捣他们的要害和空虚之处，受形势的限制，搏斗就会自然解开。现在魏、赵两国相攻，魏国的精锐之师必定全部开赴赵国，魏国国内留守的必定是老弱残兵。您不如挥军急驰魏都大梁，占领它的交通要道，攻击它守备空虚的地方，那么包围邯郸的魏军必定解邯郸之围，回兵自救。这样我就可以一举而解了赵国的围困，同时又使魏国遭受了损失。"田忌依计而行，魏军果然撤围邯郸而回救大梁。

又曹操为东郡太守①，治东武阳，军顿丘②。黑山贼于毒等攻东武阳，太祖欲引兵西入山，攻毒本屯，诸将皆以为当还自救。曹操曰："昔孙膑救赵而攻魏，耿弇欲走西安，攻临菑。使贼闻我西而还，则武阳自解；不还，我能破虏家，虏不能拔武阳必矣。"乃行，毒闻之，果弃武阳还。曹操要击，大破之。

初，关羽围樊襄阳，曹操以汉帝在许近贼，欲徙都。司马宣王及蒋济说曹操曰："刘备孙权，外亲内疏，关羽得志，权必不愿也。可遣人劝蹑其后，许割江南以封权，则樊围自解。"曹操从之，羽遂见擒。此言攻其所爱则动矣。是以善战者无知名，无勇功，不争白刃之前，不备已失之后，此之谓矣。

[注释]

①东郡：郡名。秦置。治所在今河南濮阳。②顿丘：古县名。故址在今

河南清丰。

[译文]

曹操做东郡太守时,郡治在东武阳,而驻军在顿丘。黑山的贼兵在于毒等率领下进攻东武阳,曹操打算带兵西进入山进攻于毒的老巢,而诸将都认为应当回兵自救。曹操说:"从前,孙膑为救赵国而攻魏国,耿弇为了使西安县(今山东临淄西北)的守军逃跑,而去进攻临菑。我西进的目的在于使贼兵听说我西进的消息时还兵自救,这样东武阳之围自解;如果敌人不还兵自救,我则能够攻破贼兵的老巢,而贼兵却不能攻拔武阳,这是可以肯定的。"于是曹操引兵西进。于毒闻讯,果然舍武阳而还。曹操于途中掩击于毒,大破贼兵。

当初,关羽率兵围樊城和襄阳,曹操认为汉帝在许都,距离关羽很近,想迁都。司马宣王和蒋济对曹操说:"刘备、孙权表面亲善,内心疏远。关羽如得志,是孙权肯定不愿看到的。可派人劝孙权抄关羽的后路,并许诺割江南之地分封给孙权。这样樊襄之围就能自然而解。"曹操采纳了这一建议。果然关羽失了荆州,并被吴军生擒。这讲的是攻敌所爱就能调动敌人。因此,善于用兵打仗的人没有聪智的名声,没有攻城略地的战功,不在刀光剑影的沙场冒险拼杀,也不在失误之后再做准备,讲的也正是这样的道理。

蛇势第五十七

语曰:"投兵散地,则六亲不能相保;同舟而济,胡、越何患乎异心?"孙子曰:"善用兵者,譬如率然。"何以明之?汉宣帝时,先零为寇①,帝命赵充国征之。引兵至先零所在,虏久屯聚,解弛,望见大军,弃车重,欲渡湟水,道厄狭,充国徐行驱之。或曰:"逐利行速。"充国曰:"此穷寇不可追也。缓之则走不顾,急之则还致死。"诸将校皆曰:"善。"虏果赴水,溺死者数百,于是破之。

[注释]

①先零:古族名。汉代时西羌的一支。

[译文]

古语说:"把军队投放到散地(已进入别国领土但还未到达纵深的地区)作战,战士即便都是六亲族人,彼此也难以相互保护;如果是同舟共济,即便是胡越两国仇人,又何必担心他们不能团结一心呢?"孙子说:"善于用兵打仗的人,总体的兵力部署呈率然(常山的一种蛇)之势。"怎样说明这一道理呢?汉宣帝时,先零羌寇犯汉朝,宣帝命赵充国率兵讨伐,进抵先零地区。先零经过长时间屯聚坚守,终于支持不住,开始瓦解,望见汉朝大军,纷纷丢弃辎重,准备渡湟水而逃,然而道路狭窄,一片狼藉。赵充国却不急不躁，缓缓追赶。有人向赵充国说："追逐敌人的辎重财物，行军的速度应加快。"赵充国说："这些是穷寇，不能逼他们太急，我缓缓尾随，他们无暇回头，只顾逃命；逼急了，他们就会回过头来拼命。"诸将校都说："讲得好。"羌虏果然渡水，溺死者数百，赵充国乘势破了先零羌。

袁尚既败①，遂奔辽东，众有数千。初，辽东太守公孙康恃远不服。曹公既破乌丸②，或说公遂征之，尚兄弟可擒也。公曰："吾方使康斩送尚、熙首，不烦兵矣。"公引兵还，康果斩送尚、熙，传其首。诸将或问曰："公还而康斩尚、熙，何也？"公曰："彼素畏尚、熙，其急之则并力，缓之则自相图，其势然也。"

曹公征张绣，荀攸曰："绣与刘表相恃为强，然绣以游军仰食于表，表不能供也，其势必离。不如缓军以待之，可诱而致也；若急之则必相救。"曹操不从，进至穰，与绣战，表果救之，军不得矣。

故孙子曰："善用兵者，譬如率然。率然者，常山之蛇。击其头则尾至，击其尾则首至，击其中则首尾俱至。"或曰："敢问兵可使如率然乎？"孙子曰："可矣。夫吴人之与越人相恶，当其同舟而济则相救如左右手。是故方马埋轮，不足恃也；齐勇若一，政之道也。"此之谓矣。

[注释]

①袁尚：东汉末袁绍幼子。②乌丸：即乌桓，古族名。东胡族的一支。秦末，东胡被匈奴击破后，部分迁乌桓山，因以为名。以游牧射猎为生。

[译文]

袁尚被曹操打败后，奔往辽东，仍有部众数千人。当初，辽东太守公孙康倚恃辽东偏远，不服从袁氏统治。曹操征破乌丸部后，有人劝曹操乘胜征讨辽东，可一举生擒袁尚兄弟。曹操说："我正可以让公孙康斩袁尚、袁熙兄弟，并把二人的首级送来，不须烦我用兵征讨了。"曹操引兵还师，公孙康果然斩了袁尚、袁熙，并将二人的首级传送给曹操。诸将中有人问曹操："您还军后，公孙康果然斩了袁尚和袁熙，这是为什么呢？"曹操回答说："公孙康一向畏惧袁氏兄弟，我如果以武力相逼迫，他们就会联合起来对付我；形势缓和了，他们就会自相图谋。这是大势所趋。"

曹操征讨张绣，荀攸向曹操说："张绣和刘表相互依赖、相互援助，所以双方的力量都因此而加强。然而张绣是游寇，没有根据地，衣食仰仗刘表供给，刘表不可能长期供给他。二人势必分离。不如暂时停止征讨，以等待他们彼此相互猜忌，乘机引诱张绣归降；如果以武力相逼，二人必定相互救援。"曹操未予采纳，进军至穰县（治所在今河南邓州），与张绣交战，刘表果然率兵前往救援，曹军失利。

所以孙子说："善于用兵的人，能使部队彼此相顾，像率然一样。率然是生活在常山的一种蛇。打它的头部，尾巴就来救援；打它的尾部，头部就来救援，打它的中部，则头尾同时来救援。"有人问："用兵能够造成率然那样的形势吗？"孙子回答说："可以。吴国人和越国人虽然互为仇敌，如果让他们同乘一条船渡河，遇上大风，彼此相救就会如同左右手一样亲密。因此，拴住马腿，埋掉车轮，以示死战的决心，也不足为恃；使士卒齐心协力，像一个人那样，才是指挥军队所应遵循的原则。"讲的正是这样的道理。

先胜第五十八

孙子曰:"善用兵者,先为不可胜,以待敌之可胜。"何以明之?梁州贼王国围陈仓①,乃拜皇甫嵩、董卓各率二万人拒之。卓欲速进赴陈仓,嵩不听。卓曰:"智者不待时,勇者不留决。速战则城全,不救则城灭。全灭之势,在于此也。"嵩曰:"不然。百战百胜,不如不战而屈人之兵。是以先为不可胜,以待敌之可胜。不可胜在此,可胜在彼。彼守不足,我攻有余。有余者动于九天之上,不足者陷于九地之下。今陈仓虽小,城守固备,非九地之陷也;王国虽强,而攻我之所不救,非九天之势也。夫势非九天,攻者受害;陷非九地,守者不拔。国今已陷受害之地,而陈仓保不拔之城。我可不烦兵动众而取全胜之功。将何救焉?"遂不听。王国围陈仓,自冬迄春八十余日,城坚守固,竟不能拔。贼众疲弊,果自解去。嵩进兵击之,卓曰:"不可。兵法穷寇勿迫,归众勿追。今吾追国,是迫归众、追穷寇也。困兽犹斗,蜂虿有毒,况大众乎?"嵩曰:"不然。吾前不击,避其锐也;今而击之,待其衰也。所击疲师,非归师也。国众且走,莫有斗志,以整击乱,非穷寇也。"遂独进兵击之,使卓为后拒。连战,大破,国走而死。卓大惭恨。

[注释]

①陈仓：古县名。秦置。因山得名。治所在今陕西宝鸡市东，为关中、汉中之间的要冲，历来为战争要地。

[译文]

孙子说："善于用兵打仗的人，先创造自己不能被敌人战胜的条件，使自己立于不败之地，以等待可以战胜敌人的时机。"怎样说明这一道理呢？梁州反贼王国包围陈仓，汉帝命皇甫嵩、董卓各率二万人前往剿讨。董卓认为应全速前进，直抵陈仓，皇甫嵩不同意。董卓说："聪明的人不浪费时间，勇敢的人不犹豫不决。速战可以保全城池，不救则城池就会陷于敌手。或城全或城陷就在此一举了。"皇甫嵩说："道理并非如此。百战百胜，总比不上不战而使敌人屈服。因此应首先创造我不可被敌人战胜的条件，以等待可以战胜敌人的时机。不被敌人所战胜的主动权操在我方手中，能否战胜敌人的关键在于敌人是否暴露出可以战胜的弱点。敌人固守是因为兵力不足，我方进攻是因为兵力充足。兵力充足时向敌人发起进攻，如同从九天而下，使敌人无从防备。兵力不足时，则不向敌人暴露，若隐于九地之下，使敌人摸不清我方的虚实，不敢贸然向我进攻。现在，陈仓城池虽小，但城防坚固，守城的器具具备，并不是兵力严重不足、应隐于九地之下的情况；王国虽然兵力强大，但进攻我未必救援的城池，说明他也不具有如同从九天而下的威势。不具备九天而下的威势，进攻者必定受害；弱小不至于隐于九地之下，婴城固守，就不可攻拔。王国现在已经陷入了受害的境地，而陈仓可以保全而不可攻拔，我不必烦兵动众就可以收全胜的战功。这又有什么值得救援的呢？"于是皇甫嵩拒绝了董卓的建议。王国兵围陈仓，自冬天一直到第二年春天，共八十余天，陈仓城坚守固，不可攻拔。贼兵疲惫，果然自行解围而去。此时，皇甫嵩进兵追击，董卓劝阻说："不可。兵法上说不要追击走投无路的穷寇，不要追击归还的军队。现在我追击王国，就是要追逼归还的军队，追击走投无路的穷寇。疲困的野兽仍有搏斗的能力,蜂类尚有毒螫人,更何况是披坚执锐的大军呢?"皇甫嵩说:"不然。我先前之所以不向他进攻,目的在于避其锐气;现在向他进击,是因为敌人已经气衰。我现在要攻击的敌人是疲惫之师,而不是归师。王国的军队正在逃跑,没有斗志,用严整的军队攻击混乱的军队,并不是攻击走投无路的穷寇。"于是皇甫嵩不顾董卓阻拦,单独进兵追击,使董卓殿后。结果连战连胜,王国在败逃中被杀。董卓大为羞惭。

青州黄巾众百余万人东平①,刘岱欲击之,鲍永谏曰:"今贼众百万,百姓皆震恐,士卒无斗志,不可敌也。观贼众群辈相随,军无辎重,惟以抄掠为资。今若畜士众之力,先为固守,彼欲战不得,攻则不能,其势必离散。然后选精锐,据其要害,击之可破也。"岱不从,果为贼所败。

[注释]

①东平:国名。治所无盐(今山东东平东)。辖境相当于今山东济宁市、汶上、东平等地。

[译文]

青州黄巾军百余万人拥入东平,汉将刘岱准备向黄巾军发起攻击,鲍永谏阻说:"现在反贼拥有百万之众,百姓为之震恐,士卒也没有斗志,难以同反贼相抗衡。我观察贼军一群一群相追随,却没有辎重,唯有靠抄掠充作军用。现在我如果先休养士马,固守不战,贼军欲战不能,攻城又不具备攻城的器械,时间一长,必定分离四散。然后,我可选精锐部队把守要害关口,向贼军发起攻击,一定能打败贼军。"刘岱未予采纳,果然被贼兵所败。

晋代王开攻燕邺城①,慕容德拒战②,代师败绩。德又欲攻之,别驾韩谭进曰:"昔汉高祖云:'吾宁斗智,不能斗力。'是以古人先胜庙堂,然后攻战。今代不可击者四,燕不宜动者三。

代悬军远入,利在野战,一不可击也;深适近畿,顿兵死地,二不可击也;前锋既败,后军方固,三不可击也;彼众我寡,四不可击也。官军自战其地,一不宜动;动而不胜,众心难固,二不宜动;隍池未修,敌来无备,三不宜动。此皆兵机也。深沟高垒,以逸待劳,彼千里馈粮,野无所掠,则三军靡费。攻则众旅多弊,师老衅生,详而图之,可以捷也。"德曰:"韩别驾之言,良、平之策也。"此先胜而后战者也。

[注释]

①邺城:古都邑名。故址在今河北临漳县城西南约十余公里的邺镇。②慕容德:十六国时南燕建立者。公元398年至405年在位。

[译文]

晋朝代王开率兵攻打南燕的邺城,慕容德率燕军迎战,晋军失利败北。慕容德打算乘胜再战,别驾韩谭说:"从前汉高祖说:'吾宁斗智,不能斗力。'可见古人用兵,先在庙堂料算,确有胜利的把握时,然后出兵攻战。现在代王不可以攻击的理由有四个方面,我燕军不宜出动的理由有三个方面。代王悬军深入,利于野战,此一不可击;他们已深入到接近我京畿的地区,屯兵于死战之地,此二不可击;前锋刚刚失败,后军必定稳固,此三不可击;彼众我寡,此四不可击。官军在自己的领土上作战,这是不宜出动的第一个原因;一旦出动而不能取胜,军心难以巩固,这是不宜出动的第二个原因;城隍(护城壕沟)没有修固,敌人一旦打来,不及防备,这是不宜出动的第三个原因。以上都是用兵打仗的关键因素。我应该深沟高垒,以逸待劳。敌人悬军深入,千里运粮,在野外抄掠不到粮食军需,则三军被粮食军需所困扰。向我进攻则人众弊多,士气衰竭,就会产生很多漏洞。我周密计划,抓住机会,发起攻击,就能够取胜。"慕容德说:"韩别驾所说不愧是张良、陈平一样高明的良策。"以上都是先创造必胜的条件而后攻战的例子。

围师第五十九

孙子曰："围师必阙。"何以明之？黄巾贼韩忠据宛①，朱儁、张超围之②，结垒起土山以临城，因鸣鼓攻其西南，贼悉众赴之，乃掩其东北，乘城而入。忠退保小城，乞降。诸将欲听之，儁曰："兵有形同而势异者。昔秦、项之际，民无定主，故赏附以劝来耳。今海内一统，惟黄巾造寇，纳降无以劝善，讨之足以惩恶。今若受之，更开逆意，贼利则进战，钝则乞降，纵敌长寇，非良计也。"因急攻之，不克，儁登土山，顾谓张超曰："吾知之矣。贼今外围周固，连营逼急，乞降不受，欲出不得，所以死战也。万人一心，犹不可当，况十万乎？其害甚矣。不如撤围，并兵入城。忠见解围，势必自出，出则意散，易破之道也。"既而解围，忠果出战，遂破忠等。

魏太祖围壶关③，下令曰："城拔皆坑之。"连月不下。曹仁言于太祖曰："围城必示之门，所以开其生路也。今公许之必死，将人人自为守。且城固而粮多，攻之则士卒伤，守则引日持久。今顿兵坚城之下，以攻必死之虏，非良计也。"太祖从之，城降。此围师之道也。

[注释]

①宛：即宛城，古城名。故址在今河南南阳。②朱儁、张超：东汉臣。

③壶关：县名。今山西东南部、太行山西麓。

[译文]

孙子说："包围敌人一定要给敌人留一条生路。"怎样说明这一道理呢？黄巾军韩忠据守宛城，朱儁、张超率兵包围宛城，堆起土山攻城，在城西南鸣鼓，假装从西南攻城，黄巾军于是尽奔西南迎战，汉兵却乘虚攻城的东北，突入城内。韩忠退守小城，向汉军乞请设降。诸将主张答应黄巾军的请求，朱儁说："用兵打仗有事情相同而形势却不同的情况。在秦朝项王之际，天下百姓尚无定主，所以大力奖赏愿意归附的人，目的在于劝勉天下英雄来归顺。现在天下一统，唯有黄巾军反汉为寇。如果接受他们的乞降，不足以劝勉善行，而讨灭他们则足以惩治恶行。现在我如果答应了他们的乞请，更开叛逆之路。逆贼有利则进战，不利则乞降，这等于怂恿敌人长期为寇，不是良策。"于是，向黄巾军发起更猛烈的进攻，却未能得手。朱儁登上土山，观察城中动静，回头对张超说："我明白了。现在贼众外围被我死死围住，攻势猛烈，敌人乞请投降，又被我拒绝，想突围又突围不出去，所以只好拼死力战。万人一心，犹不可挡，更何况叛贼有十万之众呢？对我造成的危害就更大了。不如撤围，集合部队入城。韩忠看到城围已解，必定出城，贼兵一旦突围出城，就不再有死战的决心。这时破敌就容易了。"既而，汉军解围，韩忠果然率兵出战，于是大破韩忠等。

魏太祖曹操包围壶关，下令说："拿下城池后，把城中的人全部活埋。"结果连攻数月也未能攻下。曹仁向曹操说："围城之所以要留缺口，目的在于给敌人开一条生路。如今您却传令城中，一旦攻下城池，城中的人就得全部活埋，所以城中将人人自守。况且城池坚固储粮又多，我攻城就将遭到重大伤亡，城中固守却能旷日持久。屯兵于坚城之下，去攻打有死战决心的敌人，这不是良策。"太祖接受了曹仁的建议，城中守军果然很快就投降了。以上讲的是围敌作战的原则和方法。

变通第六十

孙子曰:"善动敌者,形之,敌必从之。"何以明之?魏与赵攻韩,齐田忌为将而救之,直走大梁,魏将庞涓去韩而归①,齐军已过而西矣。孙膑谓田忌曰:"彼三晋之兵,素悍勇而轻齐,齐号为怯。善用兵者,因其势而利导之。兵法曰:'百里而趋利者,蹶上将军。'使齐军入魏地为十万灶,明日为五万灶,明日为二万灶。"涓喜曰:"吾固知齐卒怯也,入吾地三日,士卒亡已过半。"乃弃其步兵,与轻锐倍日并行逐之。膑度其暮至马陵,道狭而多险,可伏兵,乃斫大树白书之曰:"庞涓死此树下。"令善射者万弩,夹道而伏,期曰:见火举而发。涓夜至斫木下,见白书,乃钻火烛之,读书。齐军万弩俱发,魏军大乱。涓乃自刭,曰:"果成竖子之名也。"

[注释]

①庞涓:战国时魏将。曾与孙膑同学兵法,自以为不如孙膑,心存妒忌。后来在魏国做了将军,便派使者把孙膑诱骗到魏国,对孙膑施以酷刑,截去其膝盖骨,孙膑遂成残废。

[译文]

孙子说:"善于调动敌人的将领,用假象去欺骗敌人,敌人就会听从调动。"用什么来证明呢?魏国同赵国进攻韩国,齐王派田忌为将军率兵前往救援,田忌率领部队直奔魏国的国都大梁。魏军将领庞涓闻讯,急忙离开韩国回救大梁,这时齐军已经进入魏国国境并继续向西挺进。田忌的军师孙膑对田忌说:"他们三晋(晋国后来分割为韩赵魏三国,故称三晋)的战士素来强悍勇敢、轻视齐军,齐军一向被认为怯懦。善于用兵的将领就应该因势利导。兵法说:'行军百里而争利的军队,先头部队及其将领就会遭到严重损失。'使我们齐国的军队进入魏国的第一天造十万人吃饭的灶,第二天造五万人吃饭的灶,第三天造二万人吃饭的灶。"庞涓侦知这一情况后高兴地说:"我本来就知道齐国的战士怯懦,进入我国土三日,士卒就已逃亡过半了。"于是,庞涓便舍弃辎重和步兵,率领轻骑倍道兼行,迎击齐军。孙膑料算魏军傍晚将到达马陵。此处道路狭窄险峻,是打伏击的好地形。孙膑命在一棵大树上,刮掉树皮,写道:"庞涓死此树下!"命一万多善射的弓箭手埋伏在道路两边,并约定:看到举火即发射。天黑后魏军果然来到马陵,庞涓看到刮了皮的大树,便命钻火照明,借火光读树上的字。这时,齐军万箭俱发,魏军顿时大乱。庞涓无路可走,拔剑自刎,说:"果然成就了孙膑小子的名声!"

虞诩为武都郡①,羌率众遮诩于陈仓崤谷。诩令吏士各作两灶,日增倍之。羌不敢逼。或问曰:"孙子减灶而君增之,兵法日行三十里以戒不虞,今且行二百里,何也?"诩曰:"虏众既多,吾徐行则易为所及,疾行则彼不测之。且虏见吾灶多,谓群兵来。至孙子见弱吾示强,势不同也。"故曰料敌在心,察机在目,因形而作胜于众,善之善者矣。此变通之理也。

[注释]

①虞诩:东汉臣。曾任武都郡太守。

[译文]

　　虞诩做武都太守时，羌族人在陈仓崤谷一带袭击了虞诩率领的部队。虞诩命令军中吏士在宿营时每人做两个灶具，每日灶具增加一倍。羌人见汉军灶具日渐增多，便不敢贸然追逼。有人问："孙子行军减灶而您却行军增灶，按兵法日行军以三十里为宜，以备不测，而今日行军将近二百里，这是为什么呢？"虞诩回答说："敌人的数量很多，我们如果行军速度慢了，很容易被敌人赶上。如果急行军则敌人难知我们的虚实。况且敌人看到我军的灶具日渐增多，就会认为我们的大部队已经到来。至于孙子向敌人示弱我向敌人示强，是彼此形势不同的缘故。"所以说，料算分析敌情靠心，侦察决定军事形势的关键和枢纽要靠眼睛，根据具体的战场形势随机应变，这才是上上之策。讲的就是这样的道理。

利害第六十一

孙子曰："陷之死地而后生，投之亡地而后存。"又曰："杂于利而务可伸，杂于害而患可解。"何以明之？汉将韩信攻赵，赵盛兵井陉口，信乃引兵未至井陉口三十里止舍。夜半传发，选轻骑二千人，持一赤帜从间道萆山而望见赵军①，诫之曰："赵见我走，必空壁逐我，若疾入赵壁，拔赵帜，立汉赤帜。"令其裨将传飧②，曰："今日破赵会食。"诸将皆莫信，佯应曰："诺。"信谓军吏曰："赵已先据便地为壁，且彼未见我大将旗鼓，未肯击前行，恐吾至阻险而还。"信乃使万人行，出倍水阵。赵军望见，大笑之。平旦，信建大将之旗鼓，鼓行出井陉口，赵开壁击之，大战良久。于是信与张耳弃旗鼓，走水上，水上军开壁入之。复疾战，赵空壁争汉鼓旗，逐韩信、张耳。韩信、张耳已入水上军，军皆殊死战，不可败。信所出奇兵二千骑，共候赵空壁逐利，则驰入赵壁，皆拔赵帜，立汉赤帜二千。赵军不得信等，欲还归壁，壁皆汉赤帜而大惊，以为汉皆已得赵主将矣。遂乱遁走，赵将虽击斩之，不能禁也。于是汉兵夹击，大破之。斩成安君泜水上③，擒赵王歇。诸将效首虏，毕贺，因问信曰："兵法右背山陵，前左水泽。今者将军令臣等反背水阵，曰'破赵会食'。时臣等不服，然竟以胜。此何术也？"信曰："此在兵法中，顾诸君不察耳。兵法不曰'陷之死地而后生，置之亡地而后存'？且信非得素抚循士大夫也，所谓驱市人而战，其势非置之死地，使人人自为战。今与之生地，皆走，宁尚可得而用之乎？"诸将曰："善。非所及也。"

[注释]

①荜（bì）：通"蔽"，隐蔽。②飧（sūn）：简单的饭食。③成安君：即陈余。

[译文]

孙子说："把军队投放到面临死亡危险的境地反而能够求得生存，把军队投放到险情四伏的困境反而能够越出困境，求得生存。"又说："充分考虑到作战的有利条件，有助于顺利完成作战任务；充分考虑到作战的不利因素，就能防止意外的祸患。"用什么来证明这一道理呢？汉将韩信率兵进攻赵国，赵大军驻井陉口迎战。韩信率兵在距井陉口三十里处扎营。夜半时分，突然命选轻骑二千，每人手执一面红旗，从小道登上可俯瞰赵军营垒的山岭上，并告诫他们说："赵军如果看我军败走，必定倾巢出动追击，这时你们可迅速冲下山岭，占领赵军营垒，拔掉赵军的旗帜，树立汉军的红色旗帜。"又命令他的部将传令便饭，并说："今天击败赵军再会餐庆祝。"诸将都不相信，随口答应说："遵命。"韩信对自己的部将们说："赵军已经抢先占领了有利地形结营，在他们看见我大将的旗鼓之前，是不会出营交战的，因为他们认为我若遇阻，就会不战而还。"于是韩信便命令万人为先锋，背水列阵。赵军看见韩信背水列阵，都大笑韩信不懂兵法。平明，韩信令打出大将旗帜，擂鼓而行，直奔井陉口。赵军出营迎战，双方大战了很长时间。这时，韩信、张耳假装敌不过赵军，丢弃旗鼓，退回河岸的汉军阵营，河岸的汉军打开阵门把韩信等迎入阵中。继而，韩信又率兵出阵交战。这时，赵军倾巢而出，争抢汉军丢弃的旗鼓，并追逐韩信和张耳。韩信和张耳同河岸上的汉军相会合迎战赵军。汉军背水列阵,没有退路,人人奋勇,殊死力战,不可战胜。这时,韩信先前派往山岭潜伏的两千骑兵望见赵军空营而出去抢夺战利品,便迅速驰入赵军营垒,拔掉赵军的旗帜,把两千面红色的汉军旗帜插在赵军营垒之中。赵军抓不到韩信、张耳等汉将,正打算引军回营,突然望见自己的营垒全部是汉军的旗帜,顿时大惊失色,都认为汉军已经俘虏了赵军的主将,于是军阵大乱,纷纷逃命,赵将虽临阵击斩逃亡的士兵,仍然不能禁止。于是汉军乘势两面夹击,大破赵军。在泜水岸边斩杀成安君,生擒赵王歇。诸将纷纷以斩杀的首级和抓到的俘虏向韩信报功,向韩信祝贺胜利,并借机请教韩信说:"兵法上说右边和背后应以山陵为依托,左边和前边以水泽为屏障。而今天将军却命我们背水列阵,并说'破了赵军会餐庆祝'。当时我们都表示怀疑,然而最终仍然取得了胜利。这是什么战术?"韩信回答说:"我用兵的方法都是兵法中讲过的,只是诸位没有注意而已。兵法上不是说'陷之死地而后生,置之亡地而后存'吗?况且,我韩信今天率领的军队,并不是我平时训练并倍加抚慰过的军队,这好比驱使集市上的乌合之众去作战,在这样的情势下,不把他们置于面临死亡威胁的危险境地,使他们人人奋勇力战,就难以取得胜利。如果把他们置于有生路的境地,恐怕他们都会逃跑,我如何能指挥他们去战胜敌人呢?"诸将听后,都非常佩服地说:"您讲得太好了。这是我们所达不到的。"

魏太祖征张绣[①],一朝引军退。绣自追之,贾诩曰:"不可追也。"绣不从,果败而还。诩谓绣曰:"促更追之,战必胜。"绣收散卒,赴追太祖,战果胜。还,问诩曰:"绣以精兵追退军,而公曰必败退;以败卒击胜兵,而公曰必克,皆如公之言。何其反而皆验也?"诩曰:"此易知耳。军势百途,事不一也。将军虽善用兵,非曹公敌也。魏军新退,曹必自断其后。追兵虽精,将既不敌,彼士亦锐,故知必败。曹公攻将军无失策,力未尽而还,必国内有故也。既破将军,必轻军速进,留诸将断后。诸将虽勇,亦非将军敌也,故虽用败兵而胜也。"绣乃服其能。此利害之变。故曰:"陷之死地而后生。""杂于害而患可解。"此之谓也。

[注释]

①张绣:东汉末董卓部将张济之侄。

[译文]

魏太祖曹操征讨张绣。一天,曹操引军而退,张绣打算率兵追击,贾诩劝阻说:"不宜追击。"张绣不听,引兵追击,果然败兵而还。贾诩对张绣说:"赶快整顿兵马,再行追击,必能取胜。"张绣收拾散卒,追击曹操,果然打了胜仗。张绣凯旋后,问贾诩:"我率领精兵追击撤退的军队,而您却说必定败退;我率刚刚打了败仗的军队追击刚刚打了胜仗的军队,而您却说必定能打胜仗,结果都应了您的预言。精兵而败,败兵而胜,违背常理,为什么却都应验了呢?"贾诩回答说:"这个道理很简单。军事形势千差万别,因而没有固定不变的战术和方法。将军您虽然善于用兵,但还不是曹操的对手。魏军刚刚实施撤退时,曹操必定亲自率精兵殿后。您的追兵虽然很精锐,但将领既然敌不过曹操,而且曹操殿后的军队同样很精锐,据此就可以知道您率兵追击必定要失败。曹操这次对将军用兵,自始至终并没有重大的失误,战斗力还未充分发挥出来,便匆匆撤兵,肯定是国内不稳。曹操打败了将军的追兵以后,必然轻军速进,留他的部将断后。他的部将虽然勇敢,但却不是将军您的对手。所以,虽然您率败兵追击,同样可以打胜仗。"张绣于是内心佩服贾诩的才能。以上讲的就是利害关系变化的道理。"把军队投放到面临死亡危险的境地反而能够求得生存。""充分考虑不利的因素,就能够防止可能出现的祸患。"讲的正是利害关系的道理。

奇正第六十二

太公曰:"不能分移,不可语奇。"孙子曰:"兵以正合,事以奇胜。"何以明之?魏王豹反汉,汉王以韩信为左丞相击魏。魏王盛兵蒲坂①,塞临晋②。信乃益为疑兵,陈船欲渡临晋,而伏兵从夏阳以木罂渡军袭安邑。魏王豹惊,引兵迎信,信遂虏豹,定魏为河东郡。是知奇正者,兵之要也。经曰:"战胜不过奇正,奇正之变,不可胜穷,如环之无端,孰能穷之?"此之谓矣。

[注释]

①蒲坂:古邑名。今山西永济西蒲州。战国时魏地。②临晋:古县名。秦置。治所在今陕西大荔东朝邑旧县东南,东汉末移今大荔。

[译文]

太公说:"不会相机对部队实行分散、转移、调动,就谈不上出奇制胜。"孙子说:"指挥作战,一般要以正面的部队同敌人相对抗,同时,根据具体的情况运用奇兵取得胜利。"怎样证明这一道理呢?魏王豹背叛汉王,汉王以韩信为左丞相领兵征讨魏王。魏王将大军集结在蒲坂,并扼守临晋关。韩信故意布置很多疑兵,把大批船只陈列于临晋关的黄河上,做出要从临晋渡河的态势,暗中却从夏阳(在今陕西韩城南)用木桶等简易渡河工具渡过黄河,突袭安邑（今山西夏县西北禹王城），魏王豹大惊，急忙引兵迎战韩信，韩信生擒魏王豹，平定了魏地，定为河东郡。由此可知，运用奇正，是用兵打仗的重要原则。兵法说："取得胜利的基本战术不过奇、正两种，奇正的配合变化，却是无穷无尽的。奇正的相互转化和变化，如圆环一样无始无终，谁能够穷尽它呢？"讲的正是奇正变化的精妙。

掩发第六十三

孙子曰："善战者，其势险，其节短。以利动之，以卒待之。"又曰："善动敌者，形之，敌必从。"何以明其然耶？燕平齐，围即墨城。即墨城中推田单为将以拒燕。田单欲激怒其卒，乃宣言曰："吾惟恐燕将劓所得齐卒，及掘城外坟墓，伤先人，可为寒心。"燕将如其言，即墨人皆涕泣，共欲出战，怒皆十倍。单乃收人金得千镒，令即墨富豪遗燕将书曰："即墨即降，愿不虏吾家族。"燕将大喜，益懈。乃收牛得千头，束苇于尾，烧其端，凿城数十穴，夜纵牛出，以壮士五千人随其后，牛尾热而奔燕，燕军大惊。所随五千因衔枚击之，燕军大败，杀其将骑劫①，复齐七十余城。

[注释]

①骑劫：战国时燕国将领。

[译文]

孙子说："善于指挥作战的人，所造成的军事态势是险峻的，发起冲击的节奏是短促的。用局部的利益去引诱调动敌人，以严整的军队等待敌人。"又说："善于调动敌人的指挥员，用假象去欺骗敌人，敌人就会听从调动。"用什么来证明呢？燕国出兵讨伐齐国，扫平齐国大部领土，围困即墨城。即墨人推举田单为将军指挥守城抗燕。田单为了激怒即墨的战士，坚定他们死战的决心，便派人到城外宣传说："我们即墨人最担心的就是燕军割掉齐军俘虏的鼻子，挖掘城外即墨人祖先的坟墓，如果这样伤害我们的先人，实在让人寒心。"燕将果然上当，割掉齐军俘虏的鼻子，挖掘了即墨人的坟墓。即墨人见状，都伤心落泪，纷纷要求出战，怒火中烧，十倍于前。田单又在城中收罗黄金千镒，让即墨的富豪把黄金赠送给燕将，并致书燕将，说："即墨愿意举城投降，希望燕军入城后不要抢掠即墨的百姓。"燕将看后十分高兴，同时也放松了戒备。田单收得牛千头，在牛尾上绑上芦苇，在城墙上凿了数十个洞穴，夜间将牛尾上的芦苇点燃，驱赶火牛出城，壮士五千人随火牛而出。牛尾被燃着，牛惊奔燕军，燕军顿时惊乱一团。随牛出城的五千名壮士，衔枚冲击燕军，杀燕将骑劫，收复被燕军占领的城池七十余座。

吕蒙西屯陆口①，关羽讨樊②，留兵备公安、南郡。蒙上疏曰："关羽讨樊而多留备兵，必恐蒙图其后故也。蒙常有病，乞分众还建邺，以治病为名。羽闻之，必撤备兵，尽赴襄阳。大军浮江，昼夜驰上，袭其空虚，则南郡可取，而羽可擒之。"遂称病笃，权乃露檄召蒙。羽果信之，稍撤兵赴樊。权闻之遂行，先遣蒙在前，伏其精兵于舸艟中，使白衣摇橹，作商贾服，昼夜兼行，至羽所置江边屯候，尽收缚之，是故羽不闻知。遂至南郡，士仁、糜芳皆降。蒙入据城，尽得羽将士家属，皆抚慰，约令军中不得干历人家，道不拾遗。羽还在道路，数使人与蒙相闻。蒙厚遇其使，使周旋城中，家家致问，或手书示信。羽使人还，私相参讯，咸知家门无恙，相待过于平时，故羽士卒无斗心。权至，获羽，遂定荆州。此掩发之变，故曰："始如处女，敌人开户；后如脱兔，敌不及距。"此之谓矣。

[注释]

①陆口：古地名。又名蒲圻口、蒲矶口、刀环口，俗名陆溪口。在今湖北嘉鱼西南，陆水入长江处。②樊：即樊城。故地在今湖北襄樊。

[译文]

东吴将领吕蒙屯军陆口，关羽进讨樊城，留兵守备公安、南郡。吕蒙据此上疏朝廷说："关羽进兵樊城，却在公安、南郡留下许多兵力守备，原因在于他担心我乘他出兵之机抄他的后路。我吕蒙时常患病，现在请让我以治病为名，率一部分军队回建邺（今南京，东吴国都）。关羽听说这一消息后，必定撤去守备的兵力，全部开往襄阳前线。我大军陈兵江上，乘关羽撤去备兵之机，昼夜西上，乘虚突袭，如此我可据有南郡并生擒关羽。"于是，吕蒙声称病重，孙权下檄书召吕蒙回建邺。关羽果然轻信了吕蒙的计策，撤去一部分兵力开赴樊城。孙权闻讯，便按原计划行动，派吕蒙做先锋，把精兵隐藏于船中，让战士穿上老百姓的服装摇橹，战士都穿上商人的衣服，昼夜兼行，到达关羽设在江边的哨所，尽缚守候的战士，此时，关羽一点也不知道。吴军到达南郡，士仁、糜芳投降吴军。吕蒙入据城中，尽得关羽部将和他们的家属，吕蒙对他们倍加抚慰，并传令军中不得骚扰城中百姓，城中秩序井然，道不拾遗。关羽在还军途中，数次派人同吕蒙联系。吕蒙厚待关羽派来的使者，让他们在城中周旋，挨家挨户问候，并让使者捎带书信。使者返回军中，将士纷纷向使者致问，得知家人安然无事，比此前受到的待遇还好，因而毫无斗志。孙权到了南郡，擒获关羽，平定了荆州。这就叫做"掩发"。兵法上说："开始时要像处女一样沉静，诱使敌人放松戒备，暴露弱点；然后要像奔跑的兔子一样迅速进攻，使敌人来不及抵抗。"讲的正是用假象作掩护、突然袭击敌人的道理。

还师第六十四

孙子曰："兴师百万，日费千金。"王子曰："四人用虚，国家无储。"故曰，运粮百里，无一年之食；二百里，无二年之食；三百里，无三年之食，是谓虚国。国虚则人贫，人贫则上下不相亲。上无以树其恩，下无以活其身，则离叛之心生。此为战胜而自败。故虽破敌于外，立功于内，然而战胜者以丧礼处之，将军缟素，请罪于君。君曰："兵之所加，无道国也。擒敌致胜，将无咎殃。"乃尊其官以夺其势。故曰："高鸟死，良弓藏；敌国灭，谋臣亡。"亡者非丧其身，谓沉之于渊。沉之于渊者，谓夺其威，废其权。封之于朝，极人臣之位，以显其功。中州善国，以富其心。仁者之众，可合而不可离，威权可乐而难卒移。是故还军罢师，存亡之阶，故弱之以位，夺之以国。故霸者之佐，其论驳也①。人主深晓此道，则能御臣将；人臣深晓此道，则能全功保首。此还师之术也。

论曰：奇正之机，五间之要，天地之变，水火之道，如声不过五，五声之变，不可胜听；色不过五，五色之变，不可胜观。在乎因机而用权矣，不可执一也。故略举其体之要。

[注释]

①驳：赵蕤注：驳，不纯道也。

[译文]

　　孙子说:"如果出动百万之师,每天耗费价值一千金。"王子说:"四人用虚,国家无储。"所以说,运粮到百里以外的地方供打仗的军队食用,就会造成国家一年无粮食储备;运粮到二百里以外的地方供打仗的军队食用,就会造成国家两年无粮食储备;运粮到三百里以外的地方供打仗的军队食用,就会造成三年无粮食储备。这就叫做使国家虚弱。国家虚弱则人民贫困,人民贫困则造成上下关系不亲密。君王没有可资利用的国家储备来树立自己的恩德,下层百姓没有基本的生活必需品来维持生活,那么就会产生离散叛逆的心理。在这种情况下,即便军队在外打了胜仗,君王的统治也会衰败。虽然在外边打败了敌人,在国内建立了功劳,指挥打了胜仗的将帅还须用丧礼来处置,将军还要穿上丧服向国君请罪。君王说:"我们用兵征讨的是政治败坏的国家,擒敌制胜,做将帅的没有什么过错。"于是对有战功的将军封官加爵,但同时削弱或剥夺了他们的军权。所以说:"翱翔于高空的鸟死了以后,就要把良弓收藏起来;敌国被消灭以后,谋臣就被逼逃亡。"所谓"亡"并不一定是要从肉体上消灭,而是要把他们的地位和权势降到底层深渊。所谓降到底层深渊,意谓侵夺他们的威势,废除他们手中的权力。对立功的将帅,在朝中给予最高的人臣位置,以此表彰他们的功劳;在中原划出最好的土地做他们的封国,以此安慰他们的心理。对于仁慈的大众,应加以笼络而不宜使他们离心,威势和权力则是人们都很喜欢而不愿最后交出来的东西。因此军队班师凯旋以后,是关系君王政权存亡的关键阶段,所以用尊崇的官爵来削弱功臣的威势,用拜王封国来侵夺功臣的军权。有关辅佐霸王的论说驳杂不一。做君王的如果真正懂得了其中的道理,就能有效控御文臣武将;做臣子的如果真正懂得了其中的道理,就能够保全自己的功名以及生命的安全。这些都是罢兵还师以后应该掌握的原则和方法。

作者论道：奇正变化的奥妙，五间使用的原则，天文地理条件运用的灵活，以及水火的运用方法，就好比声音不过五种声调（宫、商、角、徵、羽），但五声的组合变化却不可胜听；基本的色彩不过五种（白、黑、黄、青、赤），但五种色彩的组合变化却不可胜观。全在于随机应变，不可固执一种方法。所以在此仅仅列举了用兵的要点和原则。

周广业跋

是书见于《北梦琐言》。云"赵蕤者,梓州监亭县人也。博学韬钤,长于经世。夫妇俱有节操,不应交辟,撰《长短经》十卷,王霸之道,见行于世。"又见《唐书·艺文志·杂家》:"赵蕤《长短要术》十卷。蕤,字太宾,梓州人,开元中,召之不赴。"晁氏《郡斋读书志》亦载:"《长短经》十卷,唐赵蕤撰。论王霸极权,正变长短之术,凡六十三篇。第九十载兵权阴谋。"向尝购之未得,今夏鲍君以文以拜经楼写本见委是正,始快读之,其指归大率如孙、晁二公所云。乃其称引繁富,核对非易,自揣固陋,久未敢下笔。既值岁余,悉发斋中所有书,以次校勘,两旬始毕。讹者改之,阙者补之,疑者证之,两通者仍之。虽不能悉合,庶可上口矣。旧称十卷,六十三篇。今本蕤自序亦然。检之实止九卷,而篇有六十四。初颇疑之,及观《文献通考》引晁氏说,则首据《琐言》,后云第十卷阴谋家本缺,今现存者六十四篇。始知是书早无足本。今所有自序,已不尽原文。而近刻《读书志》,大有脱误也。但王阮亭尝见宋刻,云是徐健庵过任城得之,其跋亦言:"十卷,总六十三篇,唐梓州郪县长平山安昌岩草莽臣赵蕤撰。"与今正同。则其误自宋已然矣。《琐言》蕤贯监亭,而言郪者。《四川总志》云:"蕤监亭人,隐于郪县长平山安昌岩,博考六经诸家同异,著《长短经》,又注《关朗易传》,明皇屡征不起，李白尝造庐以请。"是也。案太白集有《淮南臣病书》，怀寄蜀中赵征君蕤诗。《广舆记》亦云："蕤笃学不仕，与白为布衣交，著《长短经》。"《梓州志》称其人杰。阮亭又引杨天惠《彰明逸事》曰："潼江赵蕤，任侠有气，善为纵横学，著《长短经》。"此皆读是书者所宜留意，故详述之。至《总志》谓其文《申鉴》《论衡》之流，窃观此书，命名取《国策》，刺事仿《吕览》，而杂采群言，又绝似《鸿烈》也。乾隆辛丑畅月长至后九日，海宁周广业识。